러시아 지방연구 Ⅵ

남부연방지구

경희대학교 러시아지역연구팀

KHUP 경희대학교 출판국

이 책은 지난 2년 동안 경희대학교 러시아지역연구팀이
수행해 온 연구의 성과물이다.

이 책은 2002년도 학술진흥재단의 지원에 의하여 연구되었음
(KRF-2002-072-BS2072)

목차

머리말

오늘날 국제사회는 빠르고 복잡하게 변화하고 있다. 이런 변화가 우리에게 한편으로는 불확실한 환경에 대응해야 하기에 도전이고, 다른 한편으로는 20세기의 부정적인 정체성을 극복하고 발전할 수 있는 기회가 될 수 있다. 역사적으로 한국의 운명은 지정학적인 특성으로 인해 종종 외부환경에 의해 결정되곤 했다. 그 과정에서 우리 자신이 부정되고 왜곡되면서 부정적인 정체성(minus identity)이 형성되었다. 이제 우리는 20세기 후반부터 형성되고 있는 새로운 국제환경에서 부정적인 정체성을 극복하고 새로운 발전을 모색할 수 있는 기회를 갖게 되었다.

최근 한국과 러시아간 교류가 다방면에 걸쳐 확대, 발전되고 있다. 이런 측면은 한반도 발전에 중요한 의미를 지니고 있다. 20세기의 한반도 운명에 결정적인 영향을 미쳤고, 향후 한반도에 중요한 영향을 미치는 나라가 러시아이다. 국권상실과정, 남북분단과정, 냉전체계에서 러시아적 요소는 우리에게 부정적이었지만 앞으로 러시아적 요소는 긍정적인 측면에서 한국의 발전에 중요한 역할을 할 것으로 기대된다. 한국과 러시아의 관계가 상호의존적으로 발전할 가능성이 매우 크기 때문이다.

냉전이후 우리의 국가발전전략 수립 과정에서 러시아의 정치적, 안보적, 경제적 측면이 중요한 역할을 하고 있다. 우리의 생존뿐만 아니라 발전적 측면에서도 러시아적 요소가 존재한다. 러시아는 한국의 국가안보 및 남북관계에도 적지 않은 영향을 미칠 수 있는 국가이며, 세계의 자원, 환경의 보고이며, 유라시아 물류의 통로이다. 나아가 유라시아 대륙과 태평양 세력을 연결시키는 교량적 위치의 활용이 우리 국가발전 전략의 주요개념으로 대두되고 있기 때문에 러시아와의 관계는 한국에 있어서 중요하다.

역사적으로 한국과 러시아의 관계는 150여년 전으로 거슬러 올라간다. 부정적이든 긍정적이든 양국관계가 확대됨으로써 그에 대한 연구도 적지 않게 진행되어 왔다. 각론적인 수준의 연구뿐만 아니라 점차 종합적인 연구도 시도되고 있다. 그렇지만 대부분의 연구가 중앙수준에서 진행됨으로써 러시아의 전체상을 이해하는데 한계가 있었다. 이런 경향은 중앙의 통제적 차원, 중앙집권적인 국가주도 차원에서 사회현상을 이해하려는 근대적 패러다임과 관련된다고 볼 수 있다.

러시아 지방 수준에서의 연구 필요성을 두 가지 측면에서 살펴 볼 수가 있다. 세계화, 지방화 추세라는 보편적인 측면과 러시아의 특수적인 측면에서 러시아의 지방에 대한 이해가 필요한 시점이다. 오늘날 보편적 측면에서 지구촌의 시대가 도래 하고 있다. 근대이후 국가라는 개념으로 통일되었던 영역이 한편으로는 지방화(localization), 다른 한편으로는 세계화(globalization)로 인해 서서히 약화되어 가고 있다. 탈근대, 탈냉전, 세계화 경향이 대두되면서 지방은 중앙을 거치지 않고 세계와 접촉하게 되었다. 즉 이런 세방화(glocalization)과정에서는 근대적 국민국가의 영역 못지않게 지방의 영역이 주요하게 대두되고 있다. 한편 특수적 측면은 러시아 국가성 형성과 관련하여 제기되고 있는 러시아 지방화 경향이다. 소련 붕괴 후 러시아연방이 해체위기를 맞으면서 국가권력의 수직적 배분과정이 러시아 정치의 주요요소가 되었다. 러시아 국가성의 형성 과정에서 지방의 영역 및 중앙과 지방의 관계는 본질적이게 되었다.

러시아 헌법에 따르면 러시아는 공화국 통치형태의 연방제 국가로서 연방은 다양한 권리를 갖는 러시아 연방 주체들로 구성되어 있다. 러시아에는 89개 연방 구성주체가 있으며, 주체는 21개 공화국(республика), 49개 주(область), 6개 변강주(край), 2개 연방시(город федерального значения), 1개 자치주(автономная область), 10개 자치구(автономный округ)로 규정된다. 러시아의 연방조약(Федеративный Договор)과 연방헌법에 따르면 러시아의 연방체계는 2가지 원칙, 민족원칙 (национально-территориальный) 과 지역원칙(административно-территориаль-ный)에 근거하고 있다. 89개 주체로 구성되어 있는 행정체제는 다시 7개 연방지구로 묶여져 기능적 측면에서 중앙의 통제를 받고 있다. 연방지구에는 중앙에서 파견한 대표가 행정을 총괄하는 형태를 띠고 있다. 이는 구소련 붕괴 이후 제대로 작동을 하지 않고 있는 국가관리 체제를 회복하기 위한 시도이다.

러시아에서 연방을 구성하는 단위(支邦)인 'субъект(主體)'는 지방(地方)을 뜻하는 'регион(region)'과 동의어로 사용되고 있다. 일반적으로 지방 이라는 개념에는 다양한 의미가 함축되어 있다. '지방'이라는 개념은 강한 위계를 전제하며 항상 '중앙'과 대비되어 사용되면서 중앙과 대비되는 '주변부 지역',

'농촌', '발전되지 않은 지역'등의 의미를 내포하고 있다. 여기서 '지방'과 '지역'이라는 개념은 종종 혼용되어 사용된다. '지역 활성화'와 같은 관용적인 표현이 있는가 하면 문화적인 측면에서 '지방'이라는 용어가 사용되기도 한다. 러시아에서 정치적, 경제적, 사회적 부분에서 지방(地方)이라는 용어는 본래의 지방(地方)과 연방의 구성단위인 지방(支邦)과 혼용되어 사용된다. 이는 러시아에서의 지방화(регионализация)의 경향은 근본적으로 연방 주체와 관련되기 때문이다. 따라서 중앙-지방의 관계, 지방자치, 지방정부, 지방엘리트(региональная элита), 지방선거(региональные выборы)와 같은 경우 '지방'이라는 용어가 러시아연방을 구성하는 지방 즉 러시아의 연방주체(субъект Россий ской Федерации)를 의미한다. 하지만 러시아 헌법에 따르면 지방자치(местное самоуправление)는 연방주체 이하인 지방행정 단위, 즉 도시, 농촌거주지역과 기타 구역에 해당한다.

본 연구는 러시아 '공간'의 지방적 특성에 대한 총체적 분석을 목적으로 한다. 러시아 '공간' 및 '공간'간 관계에 대한 보다 정확한 분석은 사회과학, 자연과학간의 학제 간 연계 하에서 가능할 것이다. 그런데 학제 간(interdisciplinary) 연구에서 진행된 주제도(主題圖)의 분석은 별도의 방법론에 근거하기에 그 한계점이 있다. 따라서 본 연구는 이런 한계점을 극복하기 위하여 기존의 요소 환원주의(reductionism)적 연구방법에 의하여 도출된 자료를 복잡성(complexity) 패러다임으로 범위를 재구성하여 러시아 지방의 특성들을 파악하고자 한다.

경희대학교 러시아지역연구팀은 2002년부터 학술진흥재단의 지원 하에 연구의 공간적 범주로서 러시아 지방에 대한 연구를 수행하고 있다. 지난 2년간 본 연구팀은 러시아 지방특성에 대한 분야별 자료조사를 위해 러시아 현지를 방문하고 3차례 세미나를 거쳤다. 1 단계 연구는 분야별 연구방법에 근거하여 각 지방의 특성을 파악하는 것이다. 즉 보편으로 분해 및 분석(解析)하는 귀납적 일반화(inductive generalization)단계이다. 1차적으로 구조적인 子시스템(89개 연방주체)은 기능적인 分시스템으로 고찰된다. 에너지를 중심개념으로 하는 자연시스템, 권력을 중심개념으로 하는 사회시스템, 정보를 중심개념으로 하는 문화시스템이 분석의 국면, 즉 분 시스템이 된다.

자연시스템 관계항목은 토양, 기후, 지형, 자원; 사회시스템 관계항목은 역사, 생활환경, 경제, 교통, 산업, 정치과정, 정치형태, 선거경향; 문화시스템 관계항목은 언어, 종교, 세계관, 신화, 의례, 정체성, 표현상징군 등으로 열거할 수 있다. 이 단계에서 중요한 것은 요소환원주의 (reductionism)적 방법으로 경험적인 자료를 수집하여 분류하는 것이다. 이런 분류체계는 '왜(why)'에 대한 설명(explanation)보다는 'what(무엇)'에 대해 '기술(description)'하게 된다. 이 자료들은 일반화된 관념들을 상호 제약 하에 둠으로써 실재세계에 대한 하나의 합리적 해석체계를 구축하는 '기술적 일반화(descriptive generalization)', 즉 일반화된 모델을 구체적이고 특수한 영역에 적용하여 '결과'의 해석보다는 '과정'의 성격을 항상 새롭게 해석하게 되는 '유비적 일반화(analogical generalization)'를 위한 첫 단계 작업이다.

공동연구의 1단계 작업을 마무리하면서 러시아 지방연구 시리즈를 출간하고자 한다. 시리즈는 이미 구획된 러시아 지역의 연방지구를 기준으로 하여 총 7권으로 구성된다. 이 시리즈는 지방특성의 이해에 있어서 필수적인 기초 자료를 제공할 것이다. 이 공동연구를 시작한지 2년이라는 시간이 흘렀다. 짧은 시간에 다양한 전공자들이 공통 주제로 연구하는 과정에서 많은 어려움도 있었지만, 소박하나마 결실을 보게 되었다. 이 연구가 러시아의 이해와 연구, 특히 러시아 지방연구에 도움이 되기를 기대한다. 아울러 연구시리즈 출판을 맡아 준 경희대학교 출판국에게 감사드린다.

러시아 지역연구팀
연구책임자 권 세 은

일러두기

1. 러시아어 고유명사의 한글표기

러시아어 고유명사를 한글로 표기할 때, 가능하면 원어민의 발음과 유사하게 표기하되 다음과 같은 원칙을 유지한다.

1) 모음표기:

- 모음약화는 허용하지 않는다.

  예: Ростов-на-Дону 로스또프 나 도누

- 모음 'е'는 자음 뒤에서는 'ㅔ', 음절의 맨 앞과 'ь', 'ъ', 다른 모음 및 'ш', 'щ'뒤에서는 'ㅖ'로 표기한다.

  예: Липецк - 리뻬쯔크, Екатеринбург - 예까쩨린부르크,
  Грибоедов - 그리보예도프, Ингушетия - 인구셰찌야

- 모음 'ы'는 'ㅣ' 로 표기한다.

  예: Тыва - 띠바

2) 자음표기

- 된소리를 허용하며 자음동화를 반영한다.

  예: Татарстан - 따따르스딴, Новгород - 노브고로트

  그러나 Ленинград(레닌그라드)처럼 우리 사회에 고착화되어 사용되는 표현은 그대로 둔다.

- 자음 'п', 'т', 'к'는 모음 앞에서는 'ㅃ', 'ㄸ', 'ㄲ'로, 공명음 앞에서는 'ㄲ', 'ㄸ', 'ㅃ'로 표기하고, 어말이나 장애음 앞에서는 'ㅍ', 'ㅌ', 'ㅋ'로 표기한다.

  예: Пенза - 뻰자, Казань - 까잔, Красноярск - 끄라스노야르스크,
  Брянск - 브랸스크

- 자음 'б', 'д', 'г'는 모음 앞에서는 'ㅂ', 'ㄷ', 'ㄱ'로, 다른 유성음 앞에서는 'ㄱ', 'ㄷ', 'ㅂ'로 표기하고, 어말이나 장애음 앞에서는 무성음화를 적용하여 'ㅍ', 'ㅌ', 'ㅋ'로 표기했다.

예: Бай кал - 바이깔, Дон - 돈, Гагарин - 가가린, Брянск - 브랸스크

- 자음 'с'는 모음 앞에서는 'ㅆ', 다른 자음 앞이나 어말에서는 'ㅅ' 로 표기한다.

  예: Саранск - 싸란스크, Ставрополь - 스따브로뽈

- 자음 'з'는 모음 앞에서는 'ㅈ', 다른 자음 앞에서는 'ㅈ', 어말이나 무성음화가 일어나는 곳에서는 'ㅅ' 로 표기한다.

  예: Загороск - 자고로스크, Берёзовский - 베료조프스끼, Кавказ - 까프까스

2. 연방 주체 명칭 표기

1) 러시아 주체 명칭에 대한 다양한 표기가 있지만 다음과 같이 통일한다.
республика - 공화국; область - 주; край - 변강주;
город федерального значения - 연방시; автономная область - 자치주;
автономный округ - 자치구.

2) 민족단위로 구성된 연방주체(공화국, 자치주, 자치구)의 명칭은 고유의 명칭을 그대로 유지한다.
예: Республика Татарстан - 따따르스딴 공화국,
Республика Саха(Якутия) - 싸하(야꾸찌야) 공화국

3) 민족단위가 아닌 연방주체의 명칭은 주도의 명칭을 사용한다.
예: Читинская область - 치따주, Пензенская область - 뻰자주,
Ленинградская область - 레닌그라드주

4) 연해 변강주(Приморский край)나 유태인 자치주(Еврей ская автономная область)처럼 이미 고착화되어 사용되는 경우는 그대로 유지한다.

남부연방지구 개관

남부연방지구는 아디게야 공화국, 다게스딴 공화국, 인구셰찌야 공화국, 까바르드-발까리야 공화국, 깔미끼야 공화국, 까라차이-체르께씨야 공화국, 북 오쎄찌야-알라니야 공화국, 체첸 공화국, 끄라스노다르 변강주, 스따브로뽈 변강주, 아스뜨라한 주, 볼고그라트 주, 로스또프 주 등 13개 연방 주체로 구성되어 있으며, 중심지는 로스또프-나-도누 (Ростов-на-Дону)이고 대통령 전권대표는 빅토르 게르마노비치 까잔쩨프(В. Г. Казанцев)이다.

남부지구의 총 면적은 2000년 기준 58만 9천 200㎢로서 러시아 전체 면적의 3.5%를 차지한다. 인구는 2천 169만 4천 700명으로 러시아 인구의 14.9%를 차지한다. 인구밀도는 ㎢당 36.8명이다. 남부지구에는 총 132개의 도시가 있고 이 중 주요도시로서는 다음과 같다: 로스또프-나-도누 (Ростов-на-Дону), 볼고그라트(Волгоград), 끄라스노다르(Краснодар), 아스뜨라한(Астрахань), 스따브로뽈(Ставрополь), 소치(Сочи), 마하치깔라(Махачкала), 블라지까프까스(Владикавказ), 따간로크(Таганрог), 볼슈스끼(Волжский) 등이다.

수십여 민족이 살고 있는 남부지구는 북까프까스와 볼가 남부지역으로 대별된다. 그 중 북까프까스 지역에는 오세트, 까바르드, 체첸, 다게스딴인들을 포함한 북까프까스 이슬람인들이 거주하고 있고 볼가 남부지역에는 끄라스노다르 변강주, 로스또프주, 볼고그라트주를 중심으로 남부지역의 인구 3/5를 차지하는 러시아 민족들이 거주하고 있다. 소련 붕괴 후 민족간 갈등과 분리주의 운동으로 비롯된 무력 충돌의 결과(체첸 독립 운동) 사회-경제적 상황이 악화되었다. 북까프까스, 볼가 남부지역의 따뜻하고 온화한 기후와 비옥한 흑토로 이루어진 남부지구의 천혜의 기후와 자연 환경적 조건은 농업을 발전시켰고 지역의 농업생산은 전체 러시아 대비 1/6을 차지한다. 또한 카스피해 연안의 가스와 석유의 매장지, 북 까프까스의 광천수 산지, 흑해의 휴양지, 흑해를 통한 대외교역의 중심지로서 각광 받고 있다.

주요 산업으로는 지역의 풍부한 천연자원과 농업자원에 기반을 둔 연료-에너지, 기계설비, 화학, 농업, 휴양 등이 중심을 이루고 있다.

러시아 연방

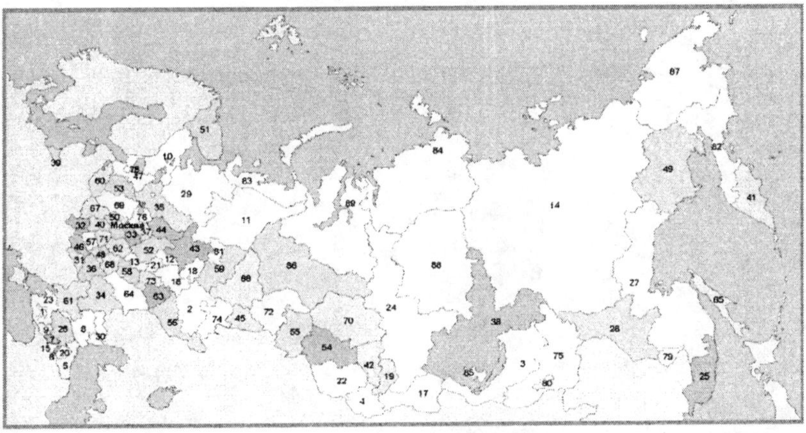

1. 아디게야 공화국 2. 바슈꼬르또스딴 공화국 3. 부랴찌야 공화국 4. 알따이 공화국 5. 다게스딴 공화국

6. 인구셰찌야 공화국 7. 까바르드-발까리야공화국 8. 깔미끼야 공화국 9. 까라차이-체르께씨야 공화국

10. 까렐리야 공화국 11. 꼬미 공화국 12. 마리 엘 공화국 13. 모르도비야 공화국 14. 싸하 (야꾸찌야)공화국

15. 북 오쎄찌야 공화국 16. 따따르스딴 공화국 17. 띠바 공화국 18. 우드무르찌야 공화국 19. 하까씨야 공화국

20. 체첸 공화국 21. 추바시야 공화국 22. 알따이 변강주 23. 끄라스노다르 변강주 24. 끄라스노야르스크 변강주

25. 연해 변강주 26. 스따브로뽈 변강주 27. 하바로프스크 변강주 28. 아무르주 29. 아르한겔스크주

30. 아스뜨라한주 31. 벨고로트주 32. 브랸스크주 33. 블라지미르주 34. 볼고그라트주 35. 볼로그다주

36. 보로네슈주 37. 이바노보주 38. 이르꾸쯔크주 39. 깔리닌그라트주 40. 깔루가주 41. 깜차트까주

42. 께메로보주 43. 끼로프주 44. 꼬스뜨로마주 45. 꾸르간주 46. 꾸르스크주 47. 레닌그라드주

48. 리뻬쯔크주 49. 마가단주 50. 모스크바주 51. 무르만스크주 52. 니제고로트주 53. 노브고로트주

54. 노보씨비르스크주 55. 옴스크주 56. 오렌부르크주 57. 오룔주 58. 뻰자주 59. 뻬름주 60. 프스꼬프주

61. 로스또프주 62. 랴잔주 63. 싸마라주 64. 싸라또프주 65. 싸할린주 66. 스베르들로프스크주

67. 스몰렌스크주 68. 땀보프주 69. 뜨베리주 70. 똠스크주 71. 뚤라주 72. 쭈멘주 73. 울리야노프스크주

74. 첼랴빈스크주 75. 치따주 76. 야로슬라블주 77. 모스크바 연방시 78. 쌍트 뻬쩨르부르크 연방시

79. 유태인 자치주 80. 아가-부랴찌야 자치구 81. 꼬미-뻬르먀크 자치구 82. 꼬랴크 자치구 83. 네네쯔 자치구

84. 따이미르(돌가노-네네쯔) 자치구 85. 우스찌-오르다 부랴찌야 자치구 86. 한띠-만씨스크 자치구

87. 추꼬트까 자치구 88. 에벤크 자치구 89. 야말-네네쯔 자치구

남부연방지구

모스크바
우크라이나
아조프해
로스토프 주
볼고그라드주
끄라스노다르변강주
아디게야
공화국
남부 연방 지구
까라차이-
체르께씨아 공화국
스따브로뽈
변강주
깔미끼야 공화국
아스뜨라한주
까바르드-발까리아
공화국
북 오세찌아-알라니아
공화국
인구세찌아 공화국
체첸 공화국
그루지아
다게스딴
공화국
카스피해
아제르바이잔

까라차이-체르께씨야 공화국

Карачаево-Черкесская Республика

Ⅰ. 개황

1. 기초정보

공화국 성립일: 1993년.

• 1991년 7월 - 러시아연방 까라차이-체르께씨야 사회주의 연방공화국

• 1957년 1월 9일 - 까라차이-체르께씨야 자치주 복원

• 1943년 11월 2일 - 까라차이인들이 나치 방조자로 몰려, 모두 중앙아시아로 강제이주 되고, 영토는 그루지야로 편입

• 1922년 1월 12일 - 까라차이-체르께씨야 자치주 성립

수도 : 체르께스크(Черкесск)

인구 : 431,000명(2001년 현재 : 러시아연방 전체의 0.29%, 89개 주체 중 75위)

인구밀도 : 30.56명/㎢

면적 : 14,100㎢(러시아연방 전체 면적의 0.08%; 89개 주체 중 83위)

소속지구 : 남부연방지구, 북까프까스 경제지구

한국과의 시차 : -6시간

2. 상징

까라차이-체르께씨야 공화국 문장

까라차이-체르께씨야 공화국 문장은 방패형태가 아닌 원형을 이룬다. 노란 바탕은 밝은 태양빛의 공화국을 상징하며, 중심에는 영원, 힘, 위대함을 상징하는 엘브루스(Эльбрус)산의 실루엣이 영원한 하늘과 푸른 물을 상징하는 푸른색의 원 위에 묘사되어 있다. 원의 직경과 호 길이의 비율은 1:2이다. 문장 양측에는 공화국의 독특한 고산 식물 중 하나이며, 평화와 건강, 순수를 상징하는 만병초 가지와 꽃이 그려져 있다. 문장 하단에는 공화국이 자치주 형태로 설립된 최초의 연도(1922년)가 표기되어 있다. 연도는 공화국 주민들의 호의를 상징하는 찻잔 형태로 부착되어 있다. 연도표기와 함께 문장 상단에 표기된 문자 РФ(러시아연방)는 주 원(圓)에 비해 돌출된 상태로 제작되어 주의를 끈다.

까라차이-체르께씨야 공화국기

까라차이-체르께씨야 공화국 국기는 가로 세로 2:1의 장방형 형태를 띠며, 너비가 동일한 3색(위로부터 청색, 녹색, 적색) 띠가 수평으로 그려져 있다. 녹색 띠 중앙에는 띠의 너비와 동일 직경의 원(圓: 반지)이 그려져 있으며, 여기에는 산 정상에서 솟아오르는 태양과 다섯 개의 굵은 빛줄기, 여섯 개의 짧고 가는 빛줄기가 묘사되어 있다.

국기의 색깔은 청색 - 평화, 안녕, 선; 녹색 - 자연, 풍요, 부(富), 창조, 지혜, 인내; 적색은 온후(溫厚)와 민족 간의 친선을 각각 상징한다.

3. 주요도시

체르께스크(Черкесск): 인구 122,600명; 북위 44°17′, 동경 42°4′
우스찌-제구따(Усть-Джегута): 인구 31,700명; 북위 44°5′, 동경 41°58′
(인구: 2002년 현재)

4. 주요 산업 및 농업

공화국의 주요 산업으로 기계제작, 식료품산업, 경공업, 원유, 가스 채굴업, 화학공업, 석탄산업, 광산업 등이 발달했으며, 농업부문은 주로 낙농업, 목양업, 양마, 사탕수수, 옥수수, 해바라기 재배. 과실수, 야채, 감자재배 등이 발달했다.

Ⅱ. 자연환경

1. 지리적 위치와 구성

까라차이-체르께씨야 공화국은 8개의 행정구(административный район), 4개의 시(город), 9개의 도시형마을(посёлок городского типа), 70개의 시골마을(сельская администрация)로 이루어져 있으며 러시아 유럽지역 남부, 볼쇼이 까프까스(Большой Кавказ) 북사면(이 곳에는 러시아연방에서 가장 높은 산인 5,642m의 엘브루스산이 있다)에 위치하고 있다.

끄라스노다르 변강주, 스따브로뽈 변강주, 까바르드-발까리야 공화국 그리고 그루지야와 경계를 이룬다. 남북의 길이는 140㎞, 동서의 길이는 170㎞이다. 숲의 면적이 30만ha 이상을 차지한다.

주요 하천은 꾸반(Кубань)강과 그 지류로서 우루프(Уруп), 볼쇼이 젤렌추크 (Большой Зеленчук), 말리 젤렌추크(Малый Зеленчук), 쩨베르다(Теберда) 강이 있다.

수도 체르께스크(Черкесск)와 모스크바 간의 거리는 1,674㎞이다.

2. 기후조건

온난기후대, 대륙성기후, 고산기후

1월 평균 기온 : -5℃(산기슭) ~ -10℃(고산지대)

7월 평균 기온 : 8℃(고산지대) ~ 21℃(산기슭)

산의 고도에 따라 기온 분포가 다르며 산악지대는 훨씬 더 추움.

연 강수량 : 550(평야지대) ~ 2,500㎜(산악지대)

식물 생장 기간 : 180일(북부지역), 50 ~ 75일(남부 산악지역)

식생 : 스텝 지대

토양 : 흑토 지대

삼림분포도 : 30%(활엽수림(평야)과 침엽수림(산악지대)

3. 주요 유용광물

가스, 원유, 다금속광, 석탄, 납, 아연, 철망간중석(텅스텐 원광), 몰리브덴

광석, 구리 등이 있다. 건축자재로는 쩨베르다 지역의 양질의 대리석과 화강암, 석영사암 등이 생산된다. 또한 광천수 원천이 있다.

주요 산지 :

몰리브덴 광석 : 크찌쩨베르진스크(Ктитебердинск) 산지.

구리 : 우루프(Уруп) 산지.

Ⅲ. 정치시스템

1. 역사[1)]

까라차이 및 체르께스 민족의 선조는 오래전부터 공화국의 영토에 살았다. 이에 대해서는 고고학적 유적들(석기시대의 정주지 - 까오도니크, 오베치까, 야보라)이 증명한다. 5-13세기의 유적들(림-고라, 아디유흐스꼬예 고로디쉐)은 원시공산제의 해체와 봉건적 관계의 탄생에 관해 말한다. 9-10세기에 까라차이-체르께씨야 지역은 초기봉건제적인 알란 국가에 들어갔으며 이 국가는 비잔틴, 하자르, 그루진들과 정치적, 경제적 관계를 갖고 있었다. 10세기 경 아듸게-체르께스 민족의 형성이 이루어졌다. 13-14세기에 까라차이 민족이 형성되었다. 주민들은 목축과 농경에 종사했다. 14-16세기에 까라차이-체르께씨야 지역에는 아브하지야에서 온 아브하지야인들이 정착했고 17세기에는 아조프 및 볼가 연안으로부터 따따르족의 일부인 노가이족(ногайцы)이 이주해왔다.

15-18세기에 공화국의 영토는 끄림-터키 봉건군주들의 침입을 받았다. 산악인들은 러시아 국가와 연합하여 그들로부터 방어하고자 했다. 1552년, 1555년, 1557년에 모스크바로 사절단이 파견되었고, 그 결과 러시아와 정치적 동맹이 체결되었다. 1790년에 현재의 체르께스크 시의 지역에서 산악인들의 부대가 참여한 러시아 군대에 의해 터키의 전투대신(戰鬪大臣, Батал-паши)의 군단이 분쇄되었다.

19세기 전반기에 까라차이-체르께씨야 지역은 러시아에 편입되었다. 러시아의 전반적 발전궤도에 이 지역이 포함되면서 자연경제의 폐쇄성이 깨졌고

---

1) 까라차이-체르께씨야 공화국 역사 부분은 다음을 번역, 정리하여 구성한 것이다. 인터넷 자료에 대한 검색은 주로 2003년 11월부터 2004년 1월 사이에 이루어졌다. Dontr.Ru|ЮФО|Республика Карачаево-Черкессия - Общая характеристика. http://www.dontr.ru/Environ/WebObjects/dontr.woa/wa/Ufo?item=general&section=11; Dontr.Ru|ЮФО|Республика Карачаево-Черкессия - История. http://www.dontr.ru/Environ/WebObjects/dontr.woa/wa/Ufo?item=history&section=11; Dontr.Ru|ЮФО|Республика Карачаево-Черкессия - Черкесск. http://www.dontr.ru/Environ/WebObjects/dontr.woa/wa/Ufo?item=cherkessk&section=11.

공동체의 해체가 일어났다. 1858-61년에 까라차이-체르께씨야 지역에는 까자크 마을이 건설되었으며 이는 까라차이 및 체르께스의 마을들과 함께 바탈파쉰스크 향에 들어갔고, 이후에는 꾸반 주의 국(局, отдел)으로 들어갔다. 1868년에는 농노제가 폐지되었다. 개혁기간에 광산, 식품산업의 크지 않은 기업들이 문을 열었다. 러시아족 이주자들 출신의 노동자들과 현지 주민들 사이의 관계가 확장되고 견고해졌으며 이는 까라차이와 체르께스 민족들의 경제, 생활 및 문화에 긍정적인 영향을 끼쳤다.

까라차이-체르께스 자치주는 스따브로뽈 변강주 소속으로 1922년에 세워졌다. 1926년에는 세 개의 부분, 즉 까라차이 자치주, 체르께스 민족지구, 바탈파쉰스크 라이온으로 나뉘어졌다. 1931년에 바탈파쉰스크 라이온은 폐지되었고, 그 영토는 까라차이, 체르께씨야, 스따브로뽈 변강주, 끄라스노다르 변강주로 나뉘어졌다. 까라차이 자치주는 1943년까지 존속했으며, 이후에는 폐지되었다. 주의 영토는 스따브로뽈 변강주, 끄라스노다르 변강주, 그루지야로 나뉘어졌고, 독일군대에 협력했다는 고발을 당한 주민들은 박해를 받고 중앙아시아와 까자흐스딴으로 이주되었다. 소련공산당 제20차 대회의 결정에 의해 1957년부터 까라차이 민족은 명예가 회복되었고 까라차이-체르께스 자치주는 다시 세워졌다.

1990년에 까라차이-체르께스 자치주는 러시아연방 소속의 공화국으로 개편되었다. 1991년에 공화국은 까라차이 공화국, 체르께씨야, 아바자 공화국, 바탈파쉰스크 까자크 공화국, 젤렌축스꼬-우릅스크 까자크 공화국 등 다섯 개의 부분으로 해체될 뻔 했다. 그러나 1992년 3월 국민투표가 실시되었고 여기에서 다수의 투표에 의해 공화국이 유지되었다.

까라차이-체르께씨야 공화국의 수도는 체르께스크 시이다. 체르께스크는 1790년에 게르만 장군의 지휘 하에 러시아 군대가 터키의 바탈-파샤의 4만명의 군대를 분쇄한 꾸반 국경선에서 러시아의 군사적 방어지로서 1804년에 건설되었다. 이 승리를 기리기 위해 바탈파쉰스크, 즉 '바탈-파샤가 분쇄된 바로 그곳에 있는' 마을이 건설되었다. 1880년부터 바탈파쉰스크 마을은 꾸반 주의 향(1886년부터는 국)의 행정적 중심이었다. 1922년부터 까라차이-체르께스 자치주의 중심이었고 1926년부터는 체르께스 민족지구의 중심, 1928-43년에는 체르께스 자치주의 중심이었다. 1931년부터는 바탈파쉰스크 시로 불렸다. 1934년에는 러시아 사회주의공화국 인민위원회의(국무회의)의 의장 술리모프의 성을 따서 술리모프로 개명되었다. 1937년에 술리모프는 체포, 구속되었으며, 이후 도시는 당시 내무 인민위원이었던 체포 및 처벌의 집행자 예조프(1895-1940)에게 경의를 표하기 위해 예조프-체르께스크로 개명되었다. 1939년에 예조프 역시 체포되었고, 이후 도시에는 명칭의 두번째 부분, 즉 체르께씨야의 중심으로서 체르께스크만이 유지되었다. 1957년부터 까라차이-체르께씨야 자치주의 중심이었고 1991년부터는 까라차이-체르께씨야 공화국의 수도가 되었다.

2. 권력구조[2)]

1) 전체 통치구조상의 특징

까라차이-체르께씨야 공화국에서 국가권력은 입법, 집행, 사법권력의 분립을 기반으로 실행된다. 각 권력기관은 독자적이다. 까라차이-체르께씨야 공화국은 러시아연방의 헌법적 구성의 기반에 따라 그리고 연방법률이 정한 국가권력의 대의 및 집행권력 조직의 일반적 원칙에 따라 공화국 국가권력 기관체계를 정한다. 국가권력을 실현하는 것은 까라차이-체르께씨야 공화국의 수반, 의회, 정부, 법원이다.

2) 집행기관: 까라차이-체르께씨야 공화국 대통령과 정부

(1) 까라차이-체르께씨야 공화국 대통령의 권한

까라차이-체르께씨야 공화국의 수반은 대통령이다. 그는 국가 및 집행권력의 수장으로서 까라차이-체르께씨야 공화국의 최고지도자이다. 대통령은 공화국의 헌법, 시민의 권리와 자유, 공화국의 안보와 영토적 완전성, 민족간 합의,

---

2) 까라차이-체르께씨야 공화국의 권력구조에 관한 내용은 공화국 헌법을 기본으로 하며 다음의 자료들을 번역, 정리하여 구성한 것이다. Конституция Карачаево-Черкесской Республики, 러시아연방 법령자료집 <러시아연방 남부지구 기본법: 개별주체의 헌법, 헌장> (용인: 경희대학교 비교문화연구소 러시아 지역연구팀, 학술진흥재단 지원 KRF-2002-072-BS2072), 1-34쪽. (이 법령자료집은 http://www.legislature.ru/regconst.html에 실린 각 연방주체들의 기본법을 모은 것으로서, 자료검색은 2003년 4월-5월에 이루어졌다.)

공화국의 권리와 법률적 이해를 보장한다. 대통령은 공화국의 법률, 공화국간 그리고 국제적 의무의 준수 및 공화국의 국가권력기관의 역할을 지원한다. 그는 러시아연방의 헌법과 법률의 준수, 공화국에서 그것의 발효 및 직접적 적용, 그리고 공화국 헌법과 법률의 정확하고 무조건적인 준수를 보장한다.

까라차이-체르께씨야 공화국 대통령은 공화국의 전역에서 이행되는 명령을 발포하며, 의회가 채택한 법률에 서명, 공표하거나 아니면 거부할 수 있으며 이 경우 법률은 재심의를 위해 의회에 송부된다. 연방 국가권력기관, 연방주체의 국가권력기관과의 관계에서 그리고 국제적 및 대외경제적 관계에서 공화국을 대표하며 공화국의 국가권력기관의 이름으로 조약 및 협약에 서명한다. 의회의 동의를 얻어 공화국의 공식적 대표를 임명한다. 러시아연방 국가권력기관과 공화국 국가권력기관의 공동관할 사항 중 자신의 권한과 관련된 것에는 공화국 이름으로 참여하며 공화국 영토에서 활동하는 연방기관의 지도부 임면과 관련하여 의회의 의장과 공동으로 연방권력기관에 동의할 수 있는 권한을 갖는다.

까라차이-체르께씨야 공화국 대통령은 의회의 동의를 얻어 총리를 임명하며, 총리의 제안하에 의회의 동의를 받아서 부총리, 경제 및 재정부 장관을 임명한다. 정부를 구성하고 집행권력기관의 지도자에 대한 임면권을 가지며 정부 전체 혹은 개별 성원들의 사임에 대한 결정을 내린다. 공화국 의회와의 협의 하에 러시아연방 검찰총수에게 공화국 검찰총수의 임명에 관한 동의안을 내며, 러시아연방 중앙은행에게 러시아연방 중앙은행의 공화국 지부의 총책임자 임면에 관한 동의를 한다.

까라차이-체르께씨야 공화국 대통령은 공화국 정부의 회의를 주재할 수 있으며, 의회의 동의를 얻어 집행권력기관의 구조와 운영구도를 확정하고 정부, 부 및 관청, 그에 예속된 다른 집행권력기관들의 규정이 상위법에 어긋날 경우 그 효력을 중지 혹은 폐기시킬 수 있다. 러시아연방과 공화국의 공동관할 영역에서 러시아연방 정부의 명령이 연방 헌법, 연방법률 그리고 러시아연방 대통령의 명령에 위배될 경우 러시아연방 대통령에 청원할 수 있으며, 연방헌법과 법률에 따라 러시아연방 헌법재판소에 청원할 수 있다. 공화국 대통령은 공화국의 국가권력기관들 간의, 공화국 국가권력기관과 지방자치기관 간의, 그리고 지방자치기관들 간의 이견을 없애기 위해 협의절차를 활용할 수 있다. 그리고 연방법원에 의해 유죄판결을 받은 공화국 시민의 특사 청원을 낼 수 있다.

까라차이-체르께씨야 공화국 대통령은 의회에서 입법발의권을 가지며 그에 의해 제출된 법률안은 의회에서 우선적으로 심의된다. 의회의 회의에 참석하고 연설할 수 있다. 공화국 대통령은 의회에 연례발송문을 보내며 필요한 경우 공화국의 정세, 공화국의 권리와 법률적 이해의 보장, 공화국의 다민족적 주민의 보호라는 가장 중요한 문제들에 대해 의회에 보고한다.

까라차이-체르께씨야 공화국 대통령은 의회, 지방자치기관의 다른 직위를 갖거나 의원이 될 수 없다. 정당, 사회단체의 회원자격을 갖거나 그들에 대한 지지, 선전활동을 할 수 없다. 이 제한은 연방 헌법과 연방법률이 정하는 국가권력기관에 공화국 대통령이 참여하는 것에는 해당되지 않는다. 대통령은 면책특권을 갖는다.

(2) 까라차이-체르께씨야 공화국 대통령의 선출

까라차이-체르께씨야 공화국 대통령은 4년 임기로 선출되며, 30세 이상의, 공화국에 최근 5년이상 상시적으로 거주하는 공화국 시민이 될 수 있다. 같은 인물이 두번이상 연속해서 대통령으로 선출될 수 없다.

까라차이-체르께씨야 공화국 대통령은 신임을 묻는 공화국의 국민투표 결과 해임될 수 있다. 주민투표의 진행은 의회가 탄핵안을 제출하고 러시아연방 헌법재판소가 공화국 대통령이 공화국 헌법, 법률, 그리고 자신이 한 선서를 위반했다는 판결을 내릴 때 이루어질 수 있다.

대통령이 자신의 의무를 수행할 수 없는 모든 경우에 그것은 한시적으로 총리가 대행한다. 대통령 권한대행은 국민투표를 지정하거나 부총리, 장관, 국가위원회 및 위원회의 위원장과 다른 집행권력기관의 지도자, 공화국의 공식적 대표를 임면할 권리를 갖지 못한다. 대통령의 해임, 사망 혹은 자신의 권한과 역할을 실행할 수 없는 자연적인 무능력상태의 경우 대통령 선거는 의회에 의해 이러한 상황이 발생한 순간부터 3개월 이내에 실시된다.

(3) 까라차이-체르께씨야 공화국 정부

까라차이-체르께씨야 공화국 정부는 집행권력기관으로서 총리, 부총리, 장관, 국가위원회 및 위원회의 위원장으로 구성된다. 총리는 의회의 동의를 얻어 대통령이 임명하며 임명된 지 14일 이내에 대통령에게 정부의 구조와 인적 구성을 제출한다. 정부는 상임위원회(Президиум Правительства)를 상설기관으로 두는데, 상임위원회는 총리, 부총리, 대통령과 정부의 행정실, 민족대표성을 고려한 정부의 성원으로 구성된다. 총리는 공화국 헌법과 법률, 대통령의 명령에 따라 정부의 기본 활동방향을 정하고 그 업무를 조직한다.

까라차이-체르께씨야 공화국 정부는 공화국의 예산안과 사회-경제 발전계획, 그 집행결산을 작성하고 의회의 승인을 받는다. 공화국 소유재산을 운영하며, 경제, 문화, 과학, 교육, 보건, 사회보장, 환경, 체육분야의 통일적인 국가정책 실행을 지원한다. 시민의 준법성, 권리와 자유의 보장, 소유권 및 공공질서의 보호, 범죄와의 투쟁에 관한 방책을 실행하며 지방자치기관의 활동을 조정한다. 자신의 권한영역에서 러시아연방 및 연방주체 국가권력기관과의 상호작용을 지원한다.

까라차이-체르께씨야 공화국 정부는 대통령의 임기 내에 활동하며 그에게 책임을 진다. 새로 선출된 대통령에게는 자신의 권한을 내놓고 새로운 정부가 구성될 때까지 임무를 계속 이행한다. 새로 구성된 공화국 정부는 이후의 활동계속을 대통령과 의회에 제출하며 일 년에 한번이상 의회에 자신의 업무에 대해 보고한다. 정부의 회의에는 의회의 의원들이 참석할 수 있다.

까라차이-체르께씨야 공화국의 정부 전체, 총리, 그 성원들은 사임할 수 있으며 대통령은 그것을 수리 혹은 반려한다. 총리의 사임의 정부 전체의 사퇴를 동반한다. 사임 혹은 권한중지의 경우 정부는 대통령의 위임 하에 새로운 정부가 구성될 때까지 계속 활동한다. 공화국 의회가 정부 혹은 그 개별성에 대한 불신임을 표명하는 경우 대통령은 정부를 사퇴시키거나 그 개별성원을 해임시킬 수 있으며, 아니면 불신임 표명을 거부할 수 있다. 3개월의 기한 내에 정부 혹은 그 개별성원에 대한 불신임이 반복해서 표명될 경우 대통령은 2주일의 기한 내에 정부를 해산시키거나 그 개별성원을 해임시킨다.

3) 입법기관: 까라차이-체르께씨야 공화국 의회(Народное Собрание Карачаево-Черкесской Республики)

까라차이-체르께씨야 공화국 의회는 상설적으로 활동하는 최고 입법 및 대의기관이다. 공화국 의회는 4년 임기로 선출되는 73명의 의원으로 구성된다. 공화국 의회의 의원은 21세 이상의, 공화국에 거주하는 공화국 시민이 선출될 수 있다. 의회의 의원은 국가권력의 다른 대의기관과 지방자치기관의 의원이 될 수 없고, 총리, 정부의 성원, 장관, 국가위원회의 위원장과 부위원장, 판사, 검찰 및 지방자치기관의 지도자가 될 수 없다. 의회의 의원은 상설적인 직업적 기반으로 일할 수 있는데, 이러한 의원 수는 의회가 정한다. 이들은 교육, 과학 및 다른 창조적 활동을 제외한 유급활동에 종사할 수 없다. 공화국 의회의 의원은 임기동안 면책특권을 갖는다. 범행현장에서 체포된 경우를 제외하고는 개인적인 수색을 받지 않는다. 그 면책특권은 자택 및 업무공간, 수하물, 개인적 그리고 업무용 운송수단, 서한, 통신수단, 서류들로 확장된다. 임기만료이후에도 의원으로서의 권한 실현과 관련된 투표 및 다른 활동에서 표명된 의견, 입장에 대해선 형사상 혹은 행정적인 책임을 지지 않는다. 그렇지만 이는 연방 법률이 책임을 묻도록 정한 공개적인 모욕과 중상, 그리고 다른 위반사항에 대해서는 해당되지 않는다.

까라차이-체르께씨야 공화국 의회는 공화국의 관할문제에 관해, 그리고 러시아연방과 공화국의 공동관할문제에 관해 법률을 채택한다. 법률안 및 공화국의 국가 및 사회생활의 가장 중요한 문제들은 주민투표에 부쳐질 수 있다. 세금, 예산 및 재정에 관한 법률안, 러시아연방의 독자적 관할문제와 공동관할문제에서 연방 국가권력기관의 권한문제에 관한 법률안은 주민투표에 부쳐질 수 없다. 주민투표는 선거법을 준수하고 공화국에 거주하는 공화국 시민이 절반 이상 참여하면 성립된 것으로 간주된다. 법률안 혹은 결정은 주민투표에 참여한 유권자의 절반 이상이 찬성하면 채택된 것으로 인정된다.

까라차이-체르께씨야 공화국 의회는 전체 의원의 3분의 2 이상이 선출되면 소집될 수 있다. 의회는 총회, 위원회의 회의, 의회 차원의 청취 등의 형식으로 활동한다. 총회는 4분기당 한번이상 열린다. 의회의 첫 번째 회의는 공화국 선거관리위원회 위원장이 개회하고 의장 선출 시까지 최고 연장자인 의원이 회의를 주재한다. 의회의 의장과 부의장은 이 회의에서 비밀 투표로 선출되며 전체 의원수의 과반수이상을 획득하면 당선된다. 의회는 내규를 채택하고 내부적 운영문제를 결정하며 의장과 부의장은 의회의 회의를 진행하고 내부운영을 주도한다. 의장과 부의장은 비밀투표로 전체 의원수의 과반수이상이 찬성하면 해임될 수 있다.

까라차이-체르께씨야 공화국 의회의 총회 준비 및 위원회의 법률안과 통제활동을 조정하기 위해 의회의 상임위원회가 구성되며 의회의 의장, 부의장, 위원회의 위원장과 개별의원들이 속한다. 상임위원회의 인적 구성은 민족 대표성을 고려한다. 의회는 법률안 작업의 진행, 의회 관할에 관련되는 문제에 관한 사전심의와 준비, 통제권한의 실현을 위해 의원들로 위원회를 구성하고 위원장을 선출한다. 또한 의회는 공화국의 국가권력기관들 사이의, 공화국 국가권력기관과 지방자치기관 사이의, 지방자치기관들 사이의 이견을 해소하기 위해 대통령과 공동으로 협의 위원회를 세운다.

까라차이-체르께씨야 공화국 의회의 회의는 내규에 따라 소집된다. 회의는 전체 의원수의 3분의 2 이상이 참여하면 성립된다. 회의 진행은 대체로 공개되며 비공개 회의를 내규로 정할 수 있다. 임시회의는 전체 의원수의 3분의 1 이상, 대통령 혹은 의회 의장의 요구로 열릴 수 있다.

까라차이-체르께씨야 공화국 의회는 공화국 헌법의 채택, 헌법의 수정 및 보완 안 상정, 공화국 법률 및 규범적 법규들의 채택과 수정 및 보완, 그 집행에 대한 통제, 공화국 헌법과 법률의 공식적 해석의 권한을 갖는다. 의회는 의회, 대통령, 지방자치기관의 선거 지정, 주민투표의 진행에 관한 결정 채택, 공화국의 행정-영토적 구성문제의 결정을 행하고 러시아연방 의회에서 입법발의권을 행사한다. 의회는 대통령이 추천한 총리, 부총리, 경제 및 재정 장관의 임명동의안을 처리하고 공화국 검찰, 판사, 공화국 관할 러시아연방 중앙은행의 운영책임자 임명동의, 공화국 정부 및 정부의 개별성원에 대한 신임문제를 결정한다. 대통령 및 정부와 공동으로 공화국 선거관리위원회를 구성한다.

까라차이-체르께씨야 공화국 의회는 공화국의 사회-경제발전계획의 승인, 공화국 정부가 제출한 예산의 심의 및 승인, 그 집행에 대한 통제, 집행결산 승인 및 필요한 경우 예산수정의 제기 등을 하고, 공화국의 세금, 예산에 포함되는 요금과 수수료, 다른 불입금체계의 확정, 예산외의 자금 및 기금의 사용 심의, 승인, 통제, 그리고 공화국의 소유권에 관련되는 재산의 운영에 관한 의회차원의 통제를 한다.

입법발의권은 공화국 의회의 의원, 대통령, 정부에 있으며, 또한 자신의 관할문제에 관해서는 최고재판소, 중재재판소, 검찰, 노동조합 공화국회의와 지방자치기관들에도 있다. 법률안은 공화국 의회에 상정되며 달리 헌법에 규정된 바가 없다면 전체 의원수의 과반수이상의 찬성에 의해 채택된다. 세금의 도입 혹은 폐지, 세출 중지, 재정적 의무의 변화에 관한 법률안, 그리고 공화국 예산에서 지출이 예상되는 법률안은 공화국 정부가 제출하거나 혹은 정부의 결정이 내려진 상태에서 의회가 심의할 수 있다. 의회가 채택한 법률은 5일내에 서명과 공포를 위해 대통령에게 보내지며 대통령은 법률을 받은 날로부터 14일내에 법률에 서명한다. 서명기한이 끝나기 전에 재심의를 위해 법률을 돌려보낼 수 있다. 만일 재심의에서 의회의 전체 의원수의 3분의 2 이상이 이전의 내용을 찬성한다면 대통령은 5일내에 그것에 서명하고 공표해야 한다. 변경된 내용의 법률이 채택된 경우 그것은 새로 채택된 법률로서 심의된다. 법률은 공식적으로 공표된 날부터 효력을 발생한다.

까라차이-체르께씨야 공화국 의회는 정부 전체 혹은 일부 성원들에 대한 불신임을 표명할 수 있다. 대통령은 의회의 권고를 한 달 동안 심의하고 결정을 채택하여 의회에 통보해야 한다. 처음 불신임이 표명된 날로부터 3개월내에 의회가 정부 혹은 정부성원에 대한 불신임을 다시 제기할 경우 대통령은 14일의 기한 내에 정부 혹은 정부성원을 사퇴시켜야 한다. 의회는 총리에 대해서는 그가 직위에 오른 날부터 1년 동안 불신임을 표명할 수 없다. 정부 혹은 정부성원의 불신임에 관한 의회의 결정은 전체 의원수의 3분의 2 이상의 찬성으로 채택된다. 대통령은 의회의 신임을 묻는 공화국 단위의 국민투표의 결과로 의회를 해산할 수 있다. 주민투표의 진행은 대통령이 공화국 의회에 의한 공화국 헌법 및 법률을 위반사항을 고발하고 헌법재판소가 이를 확인할 때 가능하다.

까라차이-체르께씨야 공화국 헌법의 수정 및 개정에 대한 제안은 대통령, 의회의 의장, 의회의 전체 의원수의 3분의 1 이상으로 이루어진 의원집단이 할 수 있다. 러시아연방의 헌법적 구조, 공화국 유형의 통치형식에 위배되거나 공화국의 헌법적 구조 및 행정-영토적 구성에 위배될 소지가 있는 제안 그리고 시민의 권리와 자유, 공화국 영토의 불가침성과 러시아연방 구성에 소속되는 것을 위반하는 수정 및 개정안은 채택될 수 없다. 헌법에 대한 수정은 의회의 전체 의원수의 3분의 2 이상이 찬성하면 채택된다.

4) 사법기관

까라차이-체르께씨야 공화국에서 사법권력은 법원에 의해서 민사, 행정 및 형사소송의 진행으로 실현되며 비상법원, 법원외의 기관 설립은 허용되지 않는다. 법원은 러시아연방 사법체계에 속하는 최고재판소, 라이온(도시) 법원, 중재재판소로 구성된다. 법원의 조직, 권한 및 활동절차는 연방법률이 정한다. 판사는 독립적이며 연방헌법, 연방법률에 예속되고 공화국 헌법 및 법률에 의해 지도된다. 판사는 연방법률에 의해 임명되며 그 권한은 연방법률에 의해서만 중지 혹은 중단될 수 있다. 판사는 불가침권을 가지며 연방법률이 정한 것과 다르게 형사상의 책임을 지지 않는다.

까라차이-체르께씨야 공화국 최고재판소는 민사, 형사, 행정 등의 사건들에 관한 최고 사법기관이며 라이온과 도시 법원들의 활동에 대해 사법적 감독을 실행한다. 중재재판소는 경제분쟁 및 연방법률에 의해 그 관할로 정해진 사건들을 해결하는 사법기관이다.

재판은 공개되며 연방법률이 정한 경우 비공개로 심리가 진행될 수 있다. 재판은 양자의 논쟁과 동등권을 기반으로 진행된다. 재판은 러시아어로 진행된다. 이 언어를 구사하지 못하는 사건 관계자는 통역을 통해 사건 자료를 열람하고 재판 절차에 참여하며 법정에서 모국어로 말할 수 있는 권리를 보장받는다.

까라차이-체르께씨야 공화국 검찰은 러시아연방 검찰의 단일한 중앙집중적 체계에 들어가며 하위의 검찰은 상위의, 그리고 러시아연방 검찰총수에게 예속된다. 공화국 검찰총수는 공화국 대통령과 공화국 의회의 동의하에 러시아연방 검찰총수가 임명하고, 그에 의해 해임된다. 공화국의 다른 검사들은 러시아연방 검찰총수가 임면한다. 공화국 검찰총수, 라이온과 도시의 검사들은 공화국 국가권력기관이나 지방자치기관, 담당인사들의 간섭을 받지 않고 독자적으로 자신의 권한을 행사한다.

5) 지방자치기관

까라차이-체르께씨야 공화국에서 지방자치는 지방적 의미의 문제에 대한 주민들의 독자적 결정을 보장하고 시 소유재산의 점유, 활용 및 관리를 지원한다. 지방자치는 주민투표, 선거, 다른 형태의 직접적인 의사표출에 의해,

선출직 및 다른 지방자치기관을 통해 실현된다. 지방자치의 실시는 도시, 라이온, 촌락 등에서 그 지역의 역사 및 전통을 고려하여 이루어지며 지방자치기관의 구조는 주민들이 독자적으로 규정한다. 지방자치가 실시되는 지역의 경계 변경은 해당 지역 주민들의 의견을 고려하여 허용된다. 지방자치기관은 보통, 평등, 직접, 비밀투표에 의해 해당 지역 주민들이 선출한다.

까라차이-체르께씨야 공화국 지방자치기관은 시 소유재산을 독자적으로 운영하며 지방예산을 형성, 승인, 집행하고 지방 세금과 요금을 정한다. 공공질서를 보호하고 지방적 의미의 다른 문제들을 결정한다. 지방자치기관은 필요한 물질적, 재정적 자원과 함께 국가 권한의 일부분을 이관 받으며 이 권한은 국가의 통제하에 실현된다. 지방자치는 사법적 방어, 국가권력기관이 채택한 결정의 결과 생기는 보완적 지출에 대한 보상권에 의해, 지방자치권리 제한에 대한 금지에 의해 보장된다.

3. 대의정치[3)]

---

3) 까라차이-체르께씨야 공화국 대의정치 부분은 다음을 번역, 정리하여 구성한 것이다. 인터넷 자료에 대한 검색은 주로 2003년 9월에 이루어졌다. 유권자수는, Дей ствующая схема одномандатных избирательных округов. Карачаево-Черкесская Республика. http://ww.fci.ru/way/1D9E70E5-D0B7-...(검색일:2003.12.3.). 표를 비롯하여 선거에 대한 부분은, Календарь выборов. Карачаево-Черкесская Республика. http://ww.fci.ru/html; Сведения о кандидатах. Карачаево-Черкесская Республика. http://ww.fci.ru/EOUID/279245/way/203914/obj/238180.html; Итоги голосования. Карачаево-Черкесская Республика. http://ww.fci.ru/EOUID/300541/way/203916/obj/306695.html; Сведения о кандидатах. Карачаево-Черкесская Республика. http://ww.fci.ru/EOUID/300541/way/203914/obj/301732.html; Итоги голосования. Карачаево-Черкесская Республика. http://ww.fci.ru/EOUID/306718/way/203916/obj/307647.html; Сведения о кандидатах. Карачаево-Черкесская Республика. http://ww.fci.ru/EOUID/306718/way/203914/obj/307194.html; Итоги выборов по одномандатным округам в разрезе окружных избирательных комиссий . Карачаево-Черкесская Республика. http://ww.fci.ru/v_razreze_okruzhnyh_izbiratelbnyh_komissiy; Выборы Президента Карачаево-Черкесской Республики - 2003. http://www.dosye.ru/archiv/reg09el.htm; НСН | Выборы Президента РФ 26 марта 2000. Карачаево-Черкесская Республика. http://nsn.net.ru/print.pht... Оригинал документа: http://nsn.net.ru/?id=593&ch=5&sub=2(검색일: 2003.12.7.).; НСН | Федеральные выборы. Карачаево-Черкесская Республика. http://nsn.net.ru/print.pht... Оригинал документа: http://nsn.net.ru/?id=38&ch=5&sub=2(검색일: 2003.12.7.). 상원의원에 대해서는, Карачаево-Черкесская Республика. Ай базов Ратмир Умарови

1) 연방차원의 선거

(1) 러시아연방 대통령 선거

까라차이-체르께씨야 공화국에는 러시아연방 차원의 선거에서 하나의 선거구가 있다. 전체 유권자 수는 1999년 12월 러시아연방 국가두마의원과 2000년 3월 러시아 대통령 선거의 경우 31만 명 안팎으로 집계되었다.

2000년 3월 26일 실시된 러시아연방 대통령 선거에는 유권자의 69.9%가 투표에 참여했고 뿌친이 투표참여 유권자의 과반수이상의 지지를 획득했다. 주요 후보들의 득표율은 다음과 같다.

후 보 명	득표율(까라차이-체르께씨야 공화국, %)	득표율(러시아연방,%)
지리놉스끼	1.0	2.70
쥬가노프	34.8	29.21
뿌친	58.1	52.94
찌또프	0.3	1.47
뚤레예프	1.2	2.95
야블린스끼	1.8	5.80
기타	1.3	2.11
모든 후보에 대한 반대	1.0	1.88

(2) 러시아연방 국가두마의원 선거

ч. http://www.council.gov.ru...(검색일: 2003.12.3.); Дерев Станислав Эдикович. http://www.council.gov.ru...(검색일: 2003.12.3.). 국가두마의원 명단은, Карачаево-Черкесская Республика. Списки кандидатов. Список дей ствующих депутатов Государственной Думы Федерального Собрания Россий ской Федерации третьего созыва (по состоянию на 3 апреля 2003 года). http://ww.fci.ru/way/18519C30-D0B7-... 23/61(검색일: 2003.12.3.). 러시아연방과 관련해서는, Итоги выборов руководителей исполнительной власти субъектов РФ. http://ww.fci.ru/WAY/299554.html; Итоги выборов в законодательные (представительные) органы власти субъектов РФ. http://ww.fci.ru/WAY/299558.html; Статьи. Итоги голосования. Выборы Президента Россий ской Федерации 26 марта 2000 года. Россий ская Федерация. http://ww.fci.ru/way/203889/obj/202300.html(검색일: 2003.9.5.).; Итоги выборов по федеральному округу в разрезе окружных избирательных комиссий . Россий ская Федерация. http://www.fci.ru/v_razreze_okruzhnyh_izbiratelbnyh_komissiy_1.(검색일: 2003.9.5.).

1999년 12월 19일 실시된 러시아연방 국가두마의원에서 정당별 투표에 참여한 유권자수는 19만 6천 명 정도로서 전체 유권자의 63%를 차지했다. 까라차이-체르께씨야 공화국에서 정당별 투표의 최다 득표자는 <러시아연방 공산당>이다.

까라차이-체르께씨야 공화국에서의 정당별 득표
(1999년 12월 19일 러시아연방 국가두마의원 선거)

목 록	득표수	득표율(%)	득표율(러시아연방, %)
야블로꼬	8203	4.17	5.93
단결(메드베드)	29320	14.91	23.32
지리놉스끼 블록	5283	2.69	5.98
조국-전러시아	30359	15.44	13.33
러시아연방 공산당	80303	40.84	24.29
우파연합	5785	2.94	8.52

소선거구제로 진행되는 지역구 선거는 63%의 투표율을 보였다. 11명의 등록된 후보를 대상으로 투표가 진행되었으며 베레좁스끼가 당선되었다.

후보별 득표 (1999년 12월 19일 러시아연방 국가두마의원 선거)

	후보명단	득표수	득표율(%)
1.	베레좁스끼(Березовский Б.А.)	79752	40.95
2.	보를라꼬프(Борлаков М.О.)	10475	5.38
3.	다븨도프(Давыдов В.С.)	4810	2.47
4.	까플린(Каплин Л.А.)	1796	0.92
5.	까르다노바(Карданова Э.М.)	9152	4.69
6.	꼬치까로프(Кочкаров Р.М.)	12472	6.40
7.	끄리보보꼬프(Кривобоков Ю.А.)	7669	3.94
8.	말릐힌(Малыхин В.И.)	6615	3.39
9.	미하일로비치(Михай лович М.А.)	46688	23.97
10.	뚜베예프(Тебуев А.М.)	1811	0.92
11.	쉬다꼬프(Шидаков Б.А.)	914	0.47
	모든 후보에 대한 반대	8281	4.25

** 2000년 12월 10일 러시아연방 국가두마의원 보궐선거가 진행되었다.

(3) 러시아연방 의회 상원(연방회의)의 성원

까라차이-체르께씨야 공화국에서 선출된 러시아연방 상원의원은 아이바조프(Р. У. Ай базов)와 제레프(С. Э. Дерев)이다. 아이바조프는 러시아연방 상원의 사법문제에 관한 위원회의 부위원장이고 자연적 독점에 관한 위원회, 연방의회 활동보장에 대한 통제위원회의 위원이다. 까라차이-체르께씨야 공화국 의회에서 선출되었다. 1955년 4월 12일 생으로서 2001년 11월 16일 선출되었고 그 임기는 2003년 12월에 만료된다. 제레프는 연방 및 지역정책에 관한 위원회의 위원으로서, 까라차이-체르께씨야 공화국 정부에서 임명했다. 1947년 9월 14일 생으로서 2003년 9월 26일 임명되었고 그 임기는 2008년 8월에 만료된다.

2) 연방주체 차원의 선거

(1) 까라차이-체르께씨야 공화국 대통령 선거

1999년 4월 25일 까라차이-체르께씨야 공화국 대통령 선거에는 유권자의 79.01%가 참여했다. 최다득표를 한 두 후보의 득표율을 보면, 제레프 39.23%, 세메노프(В. М. Семенов) 17.63%이고, 모든 후보에 대한 반대에는 0.89%의 유권자가 투표했다.

1999년 5월 16일의 결선투표 집계에 따르면 선거에는 72.92%의 유권자가 참여했고, 득표상황은 다음과 같다. 까라차이-체르께씨야 공화국 대통령으로는 세메노프가 당선되었다.

후보별 득표 (1999년 5월 16일 까라차이-체르께씨야 공화국 대통령선거 결선투표)

	후보명단	득표수	득표율 (%)
1.	제레프 (Дерев С.Э.)	43233	21.39
2.	세메노프 (Семенов В.М.)	151613	75.02
	모든 후보에 대한 반대	4713	2.33

까라차이-체르께씨야 공화국 최고법원의 결정에 의해 까라차이-체르께씨야 공화국 대통령 선거가 지정되었고 2003년 8월 17일 선거가 성립되었다. 이 직위에는 다섯 명이 입후보했다. 까라차이-체르께씨야 공화국 대통령과 함께 부통령이 선출된다. 투표는 두 번에 걸쳐 진행되었다. 결선투표는 8월 31일 성립되었다.

까라차이-체르께씨야 공화국의 법률 <까라차이-체르께씨야 공화국 대통령 선거에 관하여>에 따르면 선거는 유권자의 20% 이상이 참여하면 성립된다. 최다득표를 하고 투표참여 유권자 절반 이상의 지지를 얻은 등록된 후보가 당선된 것으로 간주된다. 만일 한 후보도 당선에 필요한 득표를 하지 못한 경우 최다득표를 한 두 후보를 대상으로 결선투표가 진행된다. 결선투표는 투표참여 유권자 수와 상관없이 성립된 것으로 인정된다. 결선투표에서는 모든 후보에 대한 반대에 투표한 수보다 많은 조건에서 최다득표를 한 유권자가 당선되는 것으로 인정된다.

2003년 8월 17일 1차투표에서 등록된 후보

<table>
<tr><th></th><th>후보명</th><th>출생년도</th><th>당시 주요경력</th><th>득표율(%)</th></tr>
<tr><td rowspan="2">1.</td><td>바뜨디예프
(Батдыев М.А.)</td><td>1950년생</td><td>러시아연방 민족은행
까라차이-체르께씨야 공화국 담당 책임자</td><td rowspan="2">41.67</td></tr>
<tr><td>몰다바노바
(Молдаванова В.М.)</td><td>1946년생</td><td>ЗАО 산업-유통회사 '이네'</td></tr>
<tr><td rowspan="2">2.</td><td>부를라꼬프
(Бурлаков И.Ш.)</td><td>1954년생</td><td>까라차이-체르께씨야 공화국 최고재판소 소장</td><td rowspan="2">12.84</td></tr>
<tr><td>Коротченко Вадим Петрович</td><td>1959년생</td><td>체르께스크 시 행정부 수석 부시장</td></tr>
<tr><td rowspan="2">3.</td><td>세메노프
(Семенов В.М.)</td><td>1940년생</td><td>까라차이-체르께씨야 공화국 대통령</td><td rowspan="2">36.92</td></tr>
<tr><td>끄리보보꼬프
(Кривобоков Ю.А.)</td><td>1952년생</td><td>까라차이-체르께씨야 국립 공예전문학교 총장</td></tr>
<tr><td rowspan="2">4.</td><td>나루조프
(Нарузов И.М.)</td><td>1957년생</td><td>ОАО '네드라' 대표이사</td><td rowspan="2">0.23</td></tr>
<tr><td>Кучеров Н.В.</td><td>1950년생</td><td>ОАО '까프까스 시멘트' 노동안전 및 안전기술에 관한 부 대표이사</td></tr>
<tr><td rowspan="2">5.</td><td>쩨께예프
(Текеев Магомет Абдул-Халимович)</td><td>1962년생</td><td>러시아연방 국가두마의원</td><td rowspan="2">1.47</td></tr>
<tr><td>Калантаевский Георгий Павлович</td><td>1952년생</td><td>-</td></tr>
</table>

공화국 대통령 선거에는 유권자의 64.43%가 참여했다. 모든 후보에 대한 반대에는 유권자의 4.50%가 투표했다. 2003년 8월 17일에 진행된 1차 투표의 집계에 따르면 선거에는 유권자의 64.43%가 참여했다. 바뜨디예프는 83,825(41.67%), 세메노프는 74,278(36.92%)를 각각 득표했다. 모든 후보에 대한 반대에는 9,043 (4.5%)가 투표했다.

8월 31일 바뜨디예프와 세메노프를 대상으로 결선투표가 진행되었다. 선거에는 유권자의 67.51%가 참여했다. 결선투표에서 바뜨디예프는 투표참여 유권자의 47.97%를, 세메노프는 46.41%의 지지를 얻었다. 바뜨디예프가 세메노프보다 3,387표를 더 얻은 것으로 나타났다. 모든 후보에 대한 반대에는 투표참여 유권자의 3.81%가 투표했다. 까라차이-체르께씨야 공화국 대통령으로는 바뜨디예프가 당선되었다.

(2) 까라차이-체르께씨야 공화국 의회 의원선거

1999년 12월 19일 까라차이-체르께씨야 공화국 의회 의원선거가 진행되었다. 공화국 법령에 따라 선거구별로 투표종료 시점에 유권자 명부에 속한 유권자의 30퍼센트 미만이 투표에 참여하거나 혹은 최다 득표를 한 후보의 득표수가 모든 후보에 반대한 유권자들의 투표수보다 적을 경우 선거는 성립되지 않은 것으로 인정된다.

까라차이-체르께씨야 공화국 의회의 73개 의석에 389명의 후보가 출마했으며 선거구별 선거관리위원회에 370명이 등록되었다. 각 선거구는 3명에서부터 11명까지 입후보했다. 까라차이-체르께씨야 공화국 의회 의원선거에서 전체 공화국의 평균적 투표참여율은 등록된 유권자의 61.7%였다. 선거는 72개 선거구에서 성립되었고 한 선거구에서는 성립되지 않은 것으로 인정되었다. 그래서 까라차이-체르께씨야 공화국 의회는 소집될 수 있게 되었다.

Ⅳ. 경제 시스템

1. 경제개황

까라차이-체르께씨야 공화국은 7개의 연방지구 중 남부연방지구에 속하고 12개의 러시아 경제지역 중 북 까프까스 경제지역에 속한다. 까라차이-체르께씨야 공화국은 경제적 관점에서 매우 작은 규모를 가지고 있는 지역이다. 그렇지만 농업은 충분히 발달되어 있어 자급자족형태의 농산물 충당은 물론이고 여분의 생산물은 인근지역에 수출을 주로 하고 있다.

공업은 발전수준이 매우 낮은 편이다. 그 중 상대적으로 우위부문은 화학·석유화학공업, 식품공업, 건재공업이고 전기전력도 어느 정도 발달되어 있다.

까라차이-체르께씨야 공화국은 경제적 측면에서 영토를 북부경제지역과 남부경제지역으로 나눌 수 있다. 각 지역은 발전부문이 다르다. 각각 발달된 산업을 살펴보면 다음과 같다.

- 북부경제지역: 화학공업, 금속가공, 경공업, 밀생산 특화형 작물재배, 낙농 특화형 가축사육 등.
- 남부경제지역: 채광업, 목재가공업, 목양, 양금, 요양-관광업 등.

까라차이-체르께씨야 공화국의 경제적 특징은 요양, 스포츠 그리고 여행 관련 산업의 발달이 크다는 것이다. 이 산업들은 예전에는 현 규모의 50%에 불과했다. 이것이 시장경제 전환 후부터 경제부문의 사유화와 기업 주식화의 가속으로 빠른 속도로 발달하기 시작했다. 현재 까라차이-체르께씨야 공화국의 경제에서 큰 비중을 차지하는 아주 중요한 부문으로 자리 잡고 있다.

까라차이-체르께씨야 공화국의 전반적인 경제상황을 판단하기 위해 기초자료로서 거시경제지표들을 표로 살펴보면 전 부문이 아주 작은 규모를 차지하고 있다는 것을 확인할 수 있다. 그 비율을 표로 보면 다음과 같다.

주요 항목	러시아전체 대비 까라차이-체르께씨야 공화국 비율
지역총생산	0.1%[4]
공업생산량	0.1%

농업생산량	0.4%
소매유통	0.1%
자본투자	0.1%

http://www.infostat.ru/epub.htm(검색일: 2003.1.10)

까라차이-체르께씨야 공화국의 지역총생산과 1인당 지역총생산, 그리고 지역총생산 지수를 표로 살펴보면 다음과 같다.

까라차이-체르께씨야 공화국 지역총생산액 추이

항목 \ 년도	1996	1997	1998	1999
지역총생산[5]	2,495	2,713	2,846	4,318
1인당 지역총생산[6]	5,718	6,218	6,525	9,916
지역총생산 지수[7]		97.8	100.0	97.2

http://www.infostat.ru/epub.htm(검색일: 2003.1.10)

까라차이-체르께씨야 공화국의 지역총생산의 주요 구성과 비율은 농업의 비중이 상대적으로 높고 공업은 그 다음을 차지하고 있다. 각 부문비율을 표로 살펴보면 다음과 같다.

지역총생산의 주요 구성과 비율

주요 산업부문	지역총생산의 주요 구조의 비율
공업부문	18.4%
농업부문	29.5%
건설부문	5.5%
운송부문	1.0%
유통부문	12.5%

http://www.infostat.ru/epub.htm(검색일: 2003.1.10)

4) 1999년 통계임(여타주도 동일)
5) 단위: 백만 루블, 1997년까지는 십억 루블
6) 단위: 루블, 1997년까지는 천루블
7) 전년대비 지역총생산액 %

2. 산업

1) 공업

까라차이-체르께씨야 공화국의 공업은 러시아 여타 지역에 비해 상대적으로 열등한 상태에 있다. 즉 각 분야에서 러시아대비 공업생산량 실적과 취업노동자 수가 낮은 상태에 있다.

까라차이-체르께씨야 공화국의 주요 공업도시로 체르께씨야 시를 꼽을 수 있으며 이 도시는 까라차이-체르께씨야 공화국의 수도이기도 하면서 공업기업들이 밀집해 있는 대규모의 공업도시이다. 노동가능인구가 풍부하고 산업연관의 측면에서 다른 도시들에 전후연방효과를 크게 일으키는 중심도시이다. 체르께씨야에는 여러 공업들이 발달해 있다. 주요한 부문은 화학공업, 식품공업, 건재공업과 기계제작, 화학공업 등이다.

까라차이-체르께씨야 공화국의 총 공업생산량과 공업지수를 표로 살펴보면 다음과 같다.

총 공업생산량 추이

항목 \ 년도	1997	1998	1999	2000
총 공업생산량[8]	1,289	1,254	1,869	2,834
공업생산 지수[9]	106	90	114	116

http://www.infostat.ru/epub.htm (검색일: 2003.1.10)

까라차이-체르께씨야 공화국의 공업은 몇 개의 부문에서 큰 실적을 내고 있으며 그 중 화학·석유화학부문의 발달이 두드러지고 있다. 각 부문의 비율을 표로 보면 다음과 같다.

주요 공업생산부문별 생산비율

생산부문	총공업생산 비율
전기전력	13.8%
비철금속	5.4%
화학·석유화학	36.9%
기계제작·금속가공	6.0%

8) 명목가격, 단위: 백만 루블, 1997년까지 십억 루블
9) 전년대비 %

목재가공, 종이 · 펄프	1.4%
건재공업	15.5%
경공업	0.4%
식품공업	19.6%
기타	1.0%

http://www.infostat.ru/epub.htm (검색일: 2003.1.10)

2) 농업

까라차이-체르께씨야 공화국의 농업은 이 지역의 산업 중에서 가장 높은 비율을 차지하고 있는 주요 산업이다. 주요 농산물은 밀, 옥수수, 보리, 식용 근대, 해바라기 등이다. 파종면적은 14만 2,000 헥타르로서 주로 곡물과 사료용 작물재배가 중심이 되고 있다. 2000년 통계로 각각 9.4%와 26.3%를 차지하고 있다. 까라차이-체르께씨야 공화국의 주요 농업생산량과 생산지수를 표로 살펴보면 다음과 같다.

농업생산량 추이

항목 \ 년도	1997	1998	1999	2000
총농업생산액[10]	1,221.5	1,250.2	2,466.9	3,106.0
작물관련 생산액	574.8	625.7	1,326.1	1,718.0
가축관련 생산액	646.7	624.5	1,140.8	1,388.0
농업생산지수[11]	92	97	98	110

http://www.infostat.ru/epub.htm (검색일: 2003.1.10)

까라차이-체르께씨야 공화국의 농업생산에 있어 2000년의 주요 품목의 생산량을 살펴보면 다음과 같다.

곡물(수확 후 무게)-13만 3,500 톤; 감자-15만 8,500 톤; 채소-4만 6,700 톤; 가축과 닭(도살 후 무게)-16,700 톤; 우유-14만 8,200 톤 등이다.

3. 자원 등 기타

까라차이-체르께씨야 공화국은 다양한 유용광물자원이 많이 분포되어 있

---

10) 명목가치, 단위: 백만 루블, 1997년까지는 십억 루블

11) 실질가격, 전년대비=100

는 지역이다. 주요한 광물자원으로 석탄, 납, 아연, 텅스텐몰리브덴 광, 구리 등이 있다. 텅스텐몰리브덴은 크찌쩨베르진 매장지에서 많은 양이 채굴되고 있고 구리는 우루프 매장지에서 주로 채굴된다.

건축용 자재 역시 풍부하게 매장이 되어 있다. 특히 쩨베르드지역에서 대리석이 발견되고 있고 그 품질이 매우 높은 것으로 알려져 있다. 기타 건축용 자재로는 자갈, 석영모래 등이 있다.

까라차이-체르께씨야 공화국은 산악지대라는 자연적인 조건으로 인해 그 경치가 매우 아름답다. 즉 등산을 위한 훌륭한 조건을 지니고 있고 돔바이나 쩨베르드 산과 같이 관광, 레크리에이션 등에 매우 적합한 환경을 가지고 있다. 이 산지들로부터 쿠반강과 라바강 그리고 그 지류가 흐르기 시작한다.

V. 문화시스템

1. 지역정체성

1) 인구

까라차이-체르께씨야 공화국의 인구는 2001년 현재 431,000명으로 도시 인구가 약 44%로 인구의 도시집중 현상이 낮은 편이며, 인구감소율 또한 다른 주체들과 비해 매우 낮은 편에 속한다. 더구나 까라차이-체르께씨야 공화국에서는 1998년까지는 꾸준한 인구증가세를 보이다가 1999년도부터 비로소 감소현상을 보이기 시작했다. 이는 결정적으로 사망률에 비해 비교적 높은 출산율에 따른 것이다.

까라차이-체르께씨야 공화국 인구변동 추이

연도	1990	1992	1993	1994	1995	1996	1997	1998	1999	2000	2001
인구수 (1,000명)	419	428	432	431	433	434	434	434	433	431	431

Россий ский статистический ежегодник. Госкомстат России. М., 2001. С. 83.

까라차이-체르께씨야 공화국 인구는 사망률에 비해 높은 출생률로 인해 1998년까지는 지속적인 증가율을 보였다. 1999년을 계기로 사망자수가 출생자수를 초과하기 시작하여 주의 총 인구수는 감소하기 시작했다. 물론 여기에는 전출입자 수의 역조현상도 기여했다고 볼 수 있다.

까라차이-체르께씨야 공화국 출생자수, 사망자수, 자연증가율

연도	출생자수(명)	사망자수(명)	자연증가율(명)
1990	7,218	3,496	3,722
1992	6,846	3,915	2,931
1993	5,569	4,336	1,233
1994	5,786	4,598	1,188
1995	5,633	4,501	1,132
1996	5,281	4,683	598
1997	4,987	4,615	372
1998	4,990	4,537	453

1999	4,523	4,707	-184
2000	4,666	4,961	-295

Россий ский статистический ежегодник. Госкомстат России. М., 2001. С. 112.

2000년 현재 까라차이-체르께씨야 공화국의 경제활동인구는 총 인구수의 42.7%에 불과하다. 이는 타 연방주체에 비해 농촌인구가 비교적 많고, 노년인구가 많은 데서 비롯된다(2001년 현재 연금수령자 수는 115,000여명으로 총 인구수의 26.7%). 까라차이-체르께씨야 공화국의 실업률은 러시아연방 각 주체 중 가장 높은 수치에 속한다. 특히 90년대 초반 경제개혁기를 거치면서 27% 이상 폭등했던 실업률은 90년대 후반부터 감축하고 있으나, 특단의 조치가 없는 한 이러한 고실업사태는 당분간 유지될 전망이다.

까라차이-체르께씨야 공화국 경제활동인구(취업자, 실업자), 실업률

연도	경제활동인구 (1,000명)	취업자수 (1,000명)	실업자수 (1,000명)	실업률(%)
1992	209	197	12	5.6
1993	192	174	18	9.6
1994	188	123	46	27.4
1995	169	123	46	27.4
1996	167	132	35	20.8
1997	172	139	33	18.9
1998	175	130	37	21.4
1999	172	135	37	21.4
2000	184	146	38	20.7

Россий ский статистический ежегодник. Госкомстат России. М., 2001. С. 137.

2) 민족

까라차이-체르께씨야 공화국 인구는 러시아인 42%, 까라차이인 36%, 아바자인 6.6%, 노가이인 3.2% 및 우끄라이나인, 오세트인, 따따르인, 아르메니아인, 그리스인 등의 분포상태를 보인다.

3) 교육

까라차이-체르께씨야 공화국에는 190여개의 중등학교가 개설, 운영되고

있으며, 72,400명이 수학 중에 있다. 공화국에서는 민족어 교육에 관한 관심이 지대하며, 190여개 학교 중 160개교에서 민족어를 교육하고 있다. 또한 역사상 최초로 민족역사 및 민족문학에 관한 서적이 저술되기도 했다.

공화국에는 104개 취학 전 아동교육기관이 운영되고 있으며, 약 11,000명 이상의 아동이 교육을 받고 있다.

공화국에는 초, 중, 고급 전문교육기관이 다수 운영되고 있으며, 이들 교육기관을 통해서 공화국에 필요한 인력을 보충하고 있다. 이외에도 공화국에는 다양한 유형의 보충교육기관이 운영되고 있다.

2. 지역문화

1) 문화개괄

러시아에는 자연을 즐기고 해변에서 일광욕을 할 수 있는 많은 장소가 있다. 그 외에도 러시아에는 독특한 장소가 있는데 그 곳이 까라차이-체르께씨야이다. 풍부하고 거대한 나무들과 푸른 양탄자 같은 초원들, 유속이 급한 강들, 이러한 원시적인 자연은 러시아의 많은 영화 속에 잘 묘사되어 있다. 까라차이-체르께씨야의 여행사에서는 원하는 사람들에게 흥미있는 말 여행 코스를 제안하고 있다. 조련사의 지도아래 까라차예보 산의 말을 타는 것도 가능하다. 이 곳 여행사는 여러 날이 걸리는 도보 여행을 준비하고 있는데 이 여행에서는 모닥불을 피워놓고 노래를 부르고 산악인들의 숙소에서 잠을 잔다.

까라차이-체르께씨야 지역은 까프까스의 주요한 산맥을 포함하고 있다. 이 곳에는 산악 스키와 등산의 중심지인 돔바이(Домбай)가 위치하고 있다. 요양지의 태고의 아름다움, 즉 흰 눈으로 덮인 산악, 사납게 흐르는 산의 강들과 깨끗한 물이 있는 호수들, 처녀림, 이 모든 것으로 인해 돔바이는 겨울과 여름의 휴양 장소로서 훌륭한 곳 중의 하나가 되었다.

영상 2-3도 정도의 따뜻한 온도와 2.5미터 두께의 눈이 쌓이고 해가 비치고 바람이 없는 겨울은 산악 스포츠를 하기에는 이상적인 날씨를 제공하고 있다. 돔바이에는 프리스타일 국제 경기, 장애물 스키, 전 러시아 스노보드 대회가 개최되고 있다. 돔바이에서는 산악 스키를 좋아하는 사람들을 위해서 헬리콥터로 눈 덮인 봉우리를 구경하는 여행을 준비하고 있다. 이 곳 역사를 알게 되고 전설을 듣고 재미있는 쩨베르진스크 (Тебердинск) 보호 구역으로 가는 관광 코스가 있다.

까라차이-체르께씨야 지역에서는 자연의 독특함을 볼 수 있고, 아리꼬노프끼(Аликоновки)에 위치한 크지 않은 산과 강의 아름다운 계곡에 있는 폭포를 보게 될 것이다. 전설에 따르면 폭포는 언젠가 하늘 가까이에서 살았다는 야생벌에서 그 이름을 따왔다고 한다.

폭포로 가는 길은 걸어서 가거나 자동차로 가는 길이 나있다. 또 꾸반의 들소들과 사슴들, 멧돼지, 사나운 곰들은 사냥에 관심이 있는 사람들의 주의를 끌고 있다. 이 곳 사냥꾼의 집에서는 편안하게 휴식을 즐길 수 있으며 근처에는 온천이 있어서 결코 떠나기를 원치 않을 것이다.

2) 문화시설

1999년의 문화-예술 기관의 수는 다음과 같다. 극장 2개, 콘서트 2개, 각종 클럽 162개, 문화 휴식 공원 1개, 박물관 8개, 도서관 168개, 어린이 음악 예술 학교 32개, 특수 문화와 예술 학교 2개 등이다. 지역에는 308개의 기념물이 있으며 이 중 38개는 연방 차원의 의미가 있는 것 들이다.

광물 광석 야생화 박물관

박물관은 수집품들을 1952년부터 모았는데 처음에는 박물관과 전시관을 위한 목적을 가지고 모은 것은 아니었다. 최근 15년 동안 수집품들을 전시를 위해서 모았는데 개인적인 수집품뿐만 아니라 교환하거나, 다른 수집가들에게 구입하는 것으로 수집품을 늘려 나갔다.

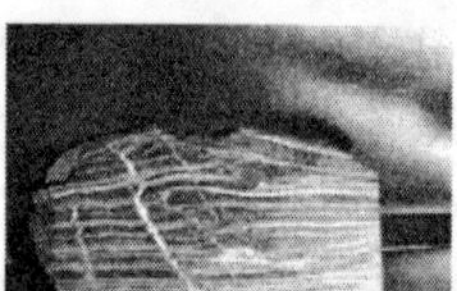

박물관의 이국적인 광물 (유화광석)

우랄의 벽옥이나 점토 광물(수정, 자수정, 녹옥수, 옥수, 오팔 등), 유화광물, 광석들과, 모든 형태의 유색 돌, 많은 야생화 등이 전시되어 있으며, 전시품들은 러시아의 거의 모든 변방(서쪽 우크라이나에서 깜차Em까와 추꼬뜨까까지)에서 가져온 것들이며, 몽고와 아프가니스탄, 체코, 독일, 남아프리카, 남극대륙과 대서양에서 가져온 것들도 있다.

예를 들어 독특한 전시품이 있으며 모스크바와 뻬쩨르부르크, 끼예프, 이르꾸츠크, 스따브로뽈, 체르께씨야에서 온 방해(方解)수정들의 여러 가지 프리즘 형태가 있으며 스베르들로프스크시의 수석 애호가 클럽의 수집품에서 온 것들이 있다.

박물관 석실 내부

까라차이-체르께씨야 역사- 문화와 자연 박물관 보호구역의 쩨베르진스크 지부에서 모은 수집품을 전시하는 박물관의 전시관 '돌에서 경이로운 점들'은 많은 방문객들의 관심을 끌고 있으며, 초-중-고학생, 대학생, 까브민보드, 모스크바, 스따브로뽈, 로스또프 등지에서 온 관광객들을 포함하여 1년에 6-8천명이 다녀간다.

까바르드-발까리야 공화국
Кабардино-Балкарская Республика

I. 개황

1. 기초정보

공화국 성립일: 1993년.

• 1936년 12월 5일 - 까바르드-발까리야 자치 쏘비에트 사회주의 공화국(1944년 해체, 1957년 복원)

• 1928년 1월 16일 - 까바르드-발까리야 자치주로 개칭

• 1921년 9월 1일 - 까바르드 자치주 성립

수도: 날치크(Нальчик)

인구: 784,000명(2001년 현재: 러시아연방 전체의 0.54%, 89개 주체 중 63위)

인구밀도: 62.72명/㎢

면적: 12,500㎢(러시아연방 전체 면적의 0.07%; 89개 주체 중 84위)

소속지구: 남부연방지구, 북 까프까스 경제지구

한국과의 시차: -6시간

2. 상징

까바르드-발까리야 공화국 문장

까바르드-발까리야 공화국 문장은 붉은 바탕의 방패에 푸른 눈의 황금 독수리 형상이 묘사되어 있다. 독수리의 가슴에는 작은 방패가 묘사되어 있는데, 상단부에는 푸른 바탕에 두 개의 백색 산봉우리가 묘사되어 있으며, 하단부에는 녹색 바탕에 타원형의 세잎문(紋)이 묘사되어 있다. 공화국 문장은 1994년 7월 21일 채택되었다.

까바르드-발까리야 공화국 국기에는 너비가 동일한 3색(위로부터 청색, 백색, 녹색) 띠가 수평으로 그려져 있다. 중앙에는 위로부터 청색, 백색, 녹색으로 구분된 원이 그려져 있고, 그 중앙에는 엘브루스(Эльбрус)산이 묘사되어 있다. 국기의 가로, 세로의 비율은 3:2이다. 공화국 국기는 1994년 7월 21일 채택되었다.

까바르드-발까리야 공화국기

3. 주요도시

날치크(Нальчик): 인구 233,900명; 북위 43°29′, 동경 43°37′
쁘로흘로드니(Прохлодный): 인구 60,100명; 북위 43°46′, 동경 43°59′
박싼(Баксан): 인구 32,600명; 북위 43°42′, 동경 43°32′
나르트깔라(Нарткала): 인구 29,400명; 북위 43°35′, 동경 43°46′
띠르나우스(Тырнауз): 인구 26,400명; 북위 43°25′, 동경 42°55′
마이스끼(Май ский): 인구 25,400명; 북위 43°41′, 동경 44°4′
(인구: 2002년 현재)

4. 주요 산업 및 농업

공화국의 주요 산업으로 기계제작(원격조정 기기, 고압전류기기, 공작대, 각종 기기, 다이아몬드 가공기계), 비철금속산업(볼프람, 몰리브덴), 식료품산업(육류, 유가공, 과일 및 야채, 제과), 경공업, 건축자재업 등이 발달했으며, 농업부문에서는 곡물, 과일, 야채, 육류, 우유, 계란 등을 생산하고 있다.

II. 자연환경

1. 지리적 위치와 구성

까바르드-발까리아 공화국은 9개 행정구, 7개 시, 4개 도시형 마을, 108개의 농촌마을로 이루어져 있으며, 볼쇼이 까프까스 북사면 중앙(까프까스 지방의 가장 높은 산인 엘브루스와 디흐따우(Дыхтау, 5,204m)가 이 지역에 위치)과 까바르드 평원에 위치하고 있다.

스따브로뽈 변강주, 까라차이-체르께씨야 공화국, 북 오세찌야 공화국, 그루지야와 경계를 이룬다. 남북의 길이는 100㎞, 동서의 길이는 175㎞이다.

주요 하천으로는 쩨레크(Терек)강과 그 지류로서 말까(Малка), 박싼(Баксан), 체겜(Чегем)강 등이 있다. 그밖에도 많은 광천수원이 있는데 대표적으로 돌리나 나르자노프(Долина Нарзанов), 아딜-쑤(Адыл-Су)를 들 수 있다. 숲의 면적은 18만ha이다.

수도 날치크(Нальчик)와 모스크바 간의 거리는 1,873㎞이다.

2. 기후조건

온난기후대, 대륙성기후, 고산기후

1월 평균기온: -4℃(까바르드 평원) ~ -12℃(산악지역)

7월 평균기온: 4℃(산악지역) ~ 23℃(까바르드 평원)

연 강수량: 500 ~ 2,000㎜(산악지대)

식물 생장 기간: 180일

식생: 스텝 지대

토양: 흑토(평야지대)

삼림분포도: 14%

3. 주요 유용광물

몰리브덴광석, 철망간중석, 다금속광, 금, 석탄, 광천수 등이 있다. 그밖에 모래, 점토 등 비광석 물질도 생산된다.

주요 산지:

철망간중석: 띠르니아우스(Тырныауз) 산지.

Ⅲ. 정치시스템

1. 역사[1)]

까프까스의 역사는 러시아 및 외국의 역사가, 고고학자, 민속학자들이 그 해답을 찾고자 노력하는 방대한 양의 비밀과 수수께끼를 포함하고 있다. 발굴된 유적들은 기원전 천 년대에 스따브로뽈에 살았던 가장 오래된 종족이 신드와 메오트족이었음을 보여주며 까라차이-체르께씨야의 마르흐 강변에서 그들이 살았던 흔적들을 찾아볼 수 있다.

발카르-까라차이 민족의 역사적, 문화적인 성격은 투르크 민족의 역사와 문화에 직접 연관된다. 고대에 투르크족은 스키파, 사르마트, 볼가르(불가르), 하자르, 아바르, 위구르와 같은 다양한 이름하에 알려졌다. 북 까프까스와 유럽에서 눈에 띄는 역할을 한 것은 중세 두나이 및 볼가 불가리야의 투르크이다. 시대가 바뀌면 발카르-까라차이 민족의 역사는 언어와 문화에서 동류인 알타이, 야꾸찌야, 끼르기지야, 까자흐스딴, 우즈베키스딴, 투르크메니스딴, 따따르스딴, 바쉬꼬르또스딴, 아제르바이잔, 터키와 밀접하게 연관되며 이들의 토착민족은 언어규칙과 단어기반에서 서로 80% 이상의 유사성을 갖는다. 투르크의 초원 유목민족은 5-6세기에 까프까스로 진출하여 현지 종족과 섞이면서 무덤 문화를 가져왔고 그 흔적은 오늘날까지 까바르드-발까리야 지역에 보존되어 있다. 그 결과 중세 초 발카르족은 발전된 문화를 가졌으며 동방의 나라들, 비잔틴, 러시아 대공국들과 활발하게 접촉했다. 14세기에 까바르드 및 발카르 족은 토흐따미쉬의 낍차크 한국의 침략을 받았고 그 다음에는 티무르의 침공을 받았다. 강화된 요새에도 불구하고 발카르족은

---

1) 까바르드-발까리야 공화국 역사 부분은 다음을 번역, 정리하여 구성한 것이다. 인터넷 자료에 대한 검색은 주로 2003년 11월부터 2004년 1월 사이에 이루어졌다. Dontr.Ru|ЮФО|Республика Кабардино-Балкария - Общая характеристика. http://www.dontr.ru/Environ/WebObjects/dontr.woa/wa/Ufo?item=general&section=14; Dontr.Ru|ЮФО|Республика Кабардино-Балкария - История. http://www.dontr.ru/Environ/WebObjects/dontr.woa/wa/Ufo?item=history&section=14; Dontr.Ru|ЮФО|Республика Кабардино-Балкария - Нальчик. ttp://www.dontr.ru/Environ/WebObjects/dontr.woa/wa/Ufo?item=nalchik&section=14.

낍차크 한국에 심각한 패배를 겪었고 티무르의 침공은 결정적으로 그들을 중앙 까프까스의 산악으로 몰아넣었다. 낍차크 한국이 몰락하면서 초기의 독자적인 발까리야의 문화가 전수될 수 있었다.

흥미로운 것은 5-6세기에 발카르 및 까바르드족은 기독교를 믿었다는 것이다. 이슬람이 이 지역에 침투한 것은 겨우 14-16세기였다. 발까리야는 분절적인 공동체 '엘(эль)'로 구성되었는데, 그 각각은 자신의 공공행정기관의 통치하에 있었고 이들은 다시 발까리야의 분리된 계속들에 위치한 '다섯개의 산악 공동체(베쉬 타우 엘, Беш тау эль)'로 묶여졌다. 모든 이 공동체는 최상부의 인민권력 및 사법의 공공행정기관 '발카르 쬬-레'에 예속되었고 이 기관에는 드물지 않게 이웃한 민족들이 자신의 분쟁문제 해결을 호소하기도 했다. 까바르드 및 발카르족은 이미 철을 채취, 가공할 수 있었으며, 농경, 건축, 대중적인 수공업을 발전시켰다.

북 까프까스의 현대 민족의 성립은 15세기부터 그 역사가 시작된다. 따따르-몽골의 침략은 현지 민족들이 그 지역에서 이주하는데에 영향을 끼쳤다. 아조프-흑해변에 살던 아디게, 까바르드, 체르께스 민족의 선조는 아디게라는 이름하에 알려졌다. 발카르 민족은 북 까프까스와 알란 민족이 까프까스 산악전방 지대에 정착한 볼가르족 및 낍차크 민족이 섞인 결과 형성되었다. 이 세기 중반 역사의 무대에는 까바르다와 까바르드족이 등장한다. 초기봉건제적인 까바르드 국가는 끄림 한국과 유혈의 불화로 인해 모스크바와 연합을 하게 된다.

까바르다와 발까리야의 영토는 러시아, 끄림, 터키의 이해 충돌하는 지역이었다. 16세기에는 까프까스에서 지배권을 획득하고자 시도한 터키와 페르시아 같은 대형국가들의 역사의 무대에 등장한다. 터키와 페르시아는 끄림 한국과 다게스딴을 통해 자신의 정책을 실현하고자 했으며 러시아는 카스피해로 나가는 북 까프까스의 중요한 전략적 거점을 확보하고자 시도했다. 이러한 여건에서 까바르드 족이 러시아와 가까워지기 시작했다. 1557년에 까바르드 국가는 러시아에 편입되어 러시아의 보호아래 들어간다. 1561년에는 까바드르 국가의 최상부 대공 쩸류크 이다로프의 딸 구아쉐나야(마리야)가 이반4세(뇌제)의 부인이 되면서 이 연합은 더욱 강화되었다. 그녀의 형제들의 후손은 짜르 하에서 공무를 보게 되며 체르께스 대공의 대를 세우고 군사 및 정치적 활동가들이 나타날 수 있는 기반을 마련한다. 이반4세는 까바르드인들이 러시아 국적을 갖는 것을 수용했으며 쩨렉강에 첫 번째 러시아의 요새도시인 쩨르스크를 건설하고 까바르드인들과 함께 끄림 한국을 정벌하는 데에 여러차례 나갔다.

발까리야가 러시아로 편입된 것은 1827년이다. 19세기 60년대에 까바르다와 발까리야는 쩨르스크 주 소속이었다. 러시아 중앙과의 관계는 로스또프를 블라지까프까스와 연결시킨 철도건설이 완료된 이 세기의 70년대부터 강화되었다. 19세기 말에 발까르족의 일부는 러시아 국적을 얻었다.

1917년 혁명이후 1921년 9월 1일 러시아 사회주의공화국 소속으로 까바르드 자치주가 구성되었으며, 발까르 구가 결합하여 1922년 1월 16일에는 통합된 까바르드-발까리야 자치주가 구성되었다. 1936년 12월 5일 자치소비에트 사회주의공화국으로 개편되었고 1944-57년에는 까바르드 자치소비에트 사회주의공화국으로 명명되었다. 발까르 민족은 스탈린에 의해 억압받은 민족들에 속한다. 1944년 발까르족의 자치가 폐지되고 주민들이 중앙아시아와 까자흐스딴으로 강제 이주당하는데, 이 운명은 많은 까프까스 민족이 겪은 것이었다. 이주 당시 많은 까바르드 및 발까르 민족이 죽었다. 1957년에 까바르드-발까리야 자치소비에트 사회주의공화국이 복구되었고 주민들은 고향으로 돌아왔다.

1991년 1월 까바르드-발까리야의 최고소비에트는 국가주권에 관한 선언을 채택했고 러시아연방 소속의 까바르드-발까리야 소비에트 사회주의공화국임이 선포되었다. 1991년 8월 대통령 직위가 도입되었다. 1990년대 까프까스 전쟁은 까바르드-발까리야의 운명에 영향을 미치지 않을 수 없었으나 까바르드-발까리야의 민중은 이 어려움을 잘 겪어냈다.

까바르드-발까리야 공화국의 수도인 날치크는 북 까프까스의 경제, 행정 및 문화의 중심지 가운데 하나이고 유명한 휴양지이다. 날치크이라는 도시명의 유래에는 몇 가지 설(設)이 존재한다. 가장 그럴듯한 것은 도시를 흐르는 산악지역의 강 날치크에서 그 이름이 나왔다는 것이다. '날치크'은 까바르드 및 발까르 언어로 번역하면 '제철(蹄鐵, подкова)'을 의미하며 도시는 지리적으로 구두 뒤축에 박는 제철을 연상시키는 반원모양의 산에 놓여 있다. 19세기에 건설되기 시작한 날치크는 혁명직전 날치크 구의 중심이었고 인구

약 8천명 정도의 크지 않은 시골의 마을이었다. 1918년 3월 소비에트 권력이 선포되었다. 1919년 1월 날치크는 백군이 장악했으며 1920년 3월 다시 소비에트권력이 복구되었다. 1921년 9월 날치크는 도시의 지위를 획득했고 까바르드-발까리야 자치주의 중심이 되었으며, 1936년 까바르드-발까리야 자치소비에트 사회주의공화국의 수도가 되었다. 1942년 10월 28일부터 1943년 1월 3일에 걸쳐 날치크는 독일-파시스트 군에 점령당했고 커다란 손실을 입었다. 외까프까스 전선을 담당한 북부 제37군단이 까바르드-발까리야의 게릴라들과 함께 도시를 해방시켰다. 전후에 날치크는 복구되었다. 1991년에 날치크는 까바르드-발까리야 공화국의 수도가 되었다.

2. 권력기관[2)]

1) 전체 통치구조상의 특징

까바르드-발까리야 공화국에서 국가권력은 입법, 집행, 사법권력의 분립을 기반으로 실현된다. 각 권력기관은 독자적이다. 국가권력을 실현하는 것은 공화국 대통령, 의회(공화국회의, 대표자회의), 정부, 법원이다. 까바르드-발까리야 공화국 국가권력기관체계는 러시아연방의 헌법적 구성의 기반에 따라 까바르드-발까리야 공화국의 헌법에 의해 정해진다. 까바르드-발까리야 공화국에서는 지방자치가 인정되고 보장된다. 지방자치는 자신의 권한영역에서는 독자적이다.

2) 집행기관: 까바르드-발까리야 공화국의 대통령과 정부

(1) 까바르드-발까리야 공화국 대통령의 권한

까바르드-발까리야 공화국의 국가 및 집행권력의 수반이자 최고지도자는

---

2) 까바르드-발까리야 공화국의 권력구조 에 관한 내용은 공화국 헌법을 기본으로 하며 다음의 자료들을 번역, 정리하여 구성한 것이다. Конституция Кабардино-Балкарской Республики. 러시아연방 법령자료집 <러시아연방 남부지구 기본법: 개별주체의 헌법, 헌장> (용인: 경희대학교 비교문화연구소 러시아 지역연구팀), 35-78쪽(이 법령자료집은 http://www.legislature.ru/regconst.html에 실린 각 연방주체들의 기본법을 모은 것으로서, 자료검색은 2003년 4월-5월에 이루어졌다).

공화국 대통령이다. 대통령은 까바르드-발까리야 공화국 헌법, 시민의 권리와 자유를 보호하며 공화국의 주권과 안보, 영토적 완전성에 대한 방향, 권력기관들과의 역할 및 상호관계를 정한다. 공화국 대통령은 대내 및 대외정책의 기본방향을 정하고 러시아연방 및 주체들, 외국과의 관계에서 까바르드-발까리야 공화국을 대표한다.

까바르드-발까리야 공화국의 대통령은 공화국 의회의 동의를 얻어 총리를 임명하며 총리의 제안으로 정부구조를 승인하고 부총리와 정부 성원들을 임면한다. 공화국 정부의 회의를 주재하고, 정부의 사퇴에 관한 결정을 내릴 수 있으며 부통령 후보를 공화국 의회에 추천할 수 있다. 지방행정부의 수장을 임면하며 공화국의 선거관리위원회의 위원 절반을 임명한다. 까바르드-발까리야 공화국의 대통령기구를 구성하고 공화국 사회안전회의를 구성, 지휘하며 공화국의 특사를 임명한다.

까바르드-발까리야 공화국 대통령은 의회의 공화국회의의 동의를 얻어 까바르드-발까리야 공화국 헌법재판소의 소장, 부소장, 서기 및 판사를 임명하고 공화국 검찰총수 후보를 추천한다. 대통령은 의회의 대표자회의의 동의를 얻어 공화국의 민족은행장을 임면하고 까바르드-발까리야 공화국 관할 러시아연방 세무경찰 연방업무국장, 까바르드-발까리야 공화국 관할 국세청장, 까바르드-발까리야 공화국의 관세청장의 후보를 임명한다. 도시와 라이온 검찰들의 임명동의를 한다.

까바르드-발까리야 공화국 대통령은 공화국 의회의 선거, 국민투표를 지정하고 의회를 해산할 수 있다. 대통령은 입법발의권을 가지면 공화국 법률에 서명, 공표하고 공화국의 상황, 대내 및 대외정책의 기본방향을 의회에 밝힐 수 있으며 러시아연방 및 까바르드-발까리야 공화국 헌법재판소에 청원할 수 있는 권리가 있다. 대통령은 그 효력이 공화국의 전역에 미치는 명령을 발포하며, 하위 집행권력기관들의 규정이 공화국 헌법 및 대통령 명령에 위배될 때 그것을 파기시키며, 지방자치기관들의 규정이 법률에 위배될 때 그 모순이 시정될 때까지 그 효력을 중지시킬 수 있다. 대통령은 공화국의 일부 혹은 전역에 비상사태를 선포할 수 있는데, 이 경우 공화국 의회의 공화국회의와 러시아연방 대통령 그리고 러시아연방 의회에 즉각적인 통보를 해야 한다. 까바르드-발까리야 공화국의 대통령은 공화국의 협상을 진행하고 조약에 서명할 수 있다.

까바르드-발까리야 공화국은 정부통령제를 채택하고 있다. 까바르드-발까리야 공화국의 부통령은 공화국 대통령과 동시에 선출된다. 부통령 후보는 대통령 후보가 제안한다. 부통령은 대통령의 위임 하에 독자적인 권한을 행사하며 대통령 부재 시 그리고 대통령이 의무실행이 불가능한 상태에 있을 경우 그 권한을 대행한다. 대통령 권한대행은 의회의 해산권, 국민투표 실시권, 그리고 공화국 헌법의 수정안을 제기할 권리를 갖지 못한다. 정부통령은 면책특권을 갖는다.

(2) 까바르드-발까리야 공화국 대통령의 선출

까바르드-발까리야 공화국 대통령은 5년 임기이다. 35세 이상의, 선거법을 준수하고 공화국의 국가언어 가운데 하나를 자유롭게 구사할 수 있는, 까바르드-발까리야 공화국에서 10년 이상 거주하고 있는 공화국 시민이면 선출될 수 있다. 대통령은 취임식에서 선거를 하면서 임기를 시작하고 다음 대통령이 선서를 하는 순간 임기가 끝난다.

까바르드-발까리야 공화국 대통령은 사임, 건강상의 이유로 인한 권한실현의 불가능, 해임, 사망, 국민투표에 의한 불신임 표명 등의 경우에 임기만료 이전 권한이 중지된다. 이때 대통령선거는 권한이 중지된 시점부터 3개월 이내에 성립되어야 한다.

까바르드-발까리야 공화국 대통령은 공화국 최고재판소에 의해 확정된 범법행위에 대한 탄핵으로 공화국 의회에 의해 해임될 수 있다. 이때 대통령의 활동에서 범법행위의 징후가 있고 탄핵제기의 정해진 절차의 준수에 관해 공화국 헌법재판소의 판결이 있어야 한다. 대통령의 범법행위에 대한 탄핵제기의 결정은 공화국회의의 3분의 1 이상의 발의로 공화국 회의에 의해 구성된 특별 위원회의 결정이 있는 상태에서 공화국회의의 전체 의원의 3분의 2 이상의 찬성으로 채택되어야 한다. 대통령의 해임에 관한 의회의 결정은 공화국회의가 대통령에 대한 탄핵을 제기한지 3개월의 기한 내에 채택되어야 한다. 만일 이 기한동안 의회의 결정이 내려지지 않으면 대통령에 대한 탄핵은 폐기된 것으로 간주된다. 대통령의 해임에 관한 의회의 결정은 만일 그것이 의회의 양원 가운데 각각의 의원 3분의 2 이상의 찬성을 얻을 때 채택된 것으로 간주된다.

(3) 까바르드-발까리야 공화국 정부

까바르드-발까리야 공화국 정부는 총리, 부총리, 장관, 국가위원회 위원장 그리고 다른 직위의 인사들로 구성된다. 총리는 의회의 동의를 얻어 대통령이 임명한다. 총리후보를 세 번 거부하면 대통령은 총리를 지명하고 의회를 해산하며 새로운 선거를 지정한다. 정부는 사퇴할 수 있고 대통령이 이를 수리 혹은 반려하며, 또한 대통령은 정부 사퇴에 대해 결정한다.

까바르드-발까리야 공화국 의회는 공화국 정부 전체 혹은 개별성원들에 대해 불신임을 표명할 수 있다. 까바르드-발까리야 공화국 의회는 공화국 정부에 대해 불신임을 표명할 수 있다. 정부에 대한 불신임은 양원의 전체 의원의 과반수에 의해 채택된다. 정부에 대한 의회의 불신임 표명이후 대통령은 정부의 사퇴를 공고하거나 아니면 의회의 결정에 동의하지 않을 수 있다. 만일 의회가 3개월 이내에 양원의 전체 의원의 3분의 2 이상의 찬성으로 다시 정부에 대한 불신임을 표명한다면 대통령은 한달 내에 정부의 사퇴를 공고하거나 의회를 해산시킨다. 의회는 정부의 개별 성원들에 대한 불신임을 표명할 수 있으며, 양원의 전체 의원 과반수의 찬성으로 그 결정이 채택된다. 대통령은 불신임에 표명된 정부 성원을 사임시키거나 의회의 결정에 동의하지 않을 수 있다. 의회가 양원의 3분의 2 이상의 찬성으로 3개월 내에 다시 그에 대한 불신임을 표명할 경우 대통령은 한 달 내에 그를 해임한다.

까바르드-발까리야 공화국 총리는 임명된 후 일주일 안에 대통령에게 정부구성에 대한 제안을 하고 부총리, 장관, 국가위원회 위원장 그리고 정부 성원들의 후보를 추천한다. 공화국 정부는 공화국 전역에서 이행되어야 하는 명령을 자신의 권한영역에서 발포하고 집행한다. 정부는 부, 국가위원회 및 그 산하 기관들의 규정을 폐기시킬 수 있다.

3) 입법기관: 까바르드-발까리야 공화국의 의회

(1) 까바르드-발까리야 공화국 의회의 구성

까바르드-발까리야 공화국 의회는 대의 및 입법권력기관이다. 공화국 의회는 5년 임기로 선출되며, 공화국회의(Совет Республики)와 대표자회의(Совет представителей), 양원으로 구성된다. 공화국회의는 소선거구제에 의해 선출된 36명의 의원으로 구성된다. 대표자회의는 까바르드-발까리야 공화국의 행정-영토적 단위를 대표하는, 중선거구(선거구당 3명 선출)에 의해 선출되는 36명의 의원으로 구성된다. 까바르드-발까리야 공화국의 수도 날치크에는 대표자회의 선거를 위해 두개의 중선거구(3명씩 선출)가 구성된다.

까바르드-발까리야 공화국의 의회 의원은 21세 이상의, 선거권을 갖고 있는 공화국 시민이 선출될 수 있다. 동일인물이 공화국회의와 대표자회의에 동시에 의원이 될 수 없으며, 공화국회의 의원은 동시에 지방자치기관의 의원이 될 수 없다. 공화국회의의 의원은 상근체제로 일하며 공무원이 되거나 교육, 과학 및 다른 창조적 활동을 제외한 유급의 활동에 종사할 수 없다. 까바르드-발까리야 공화국의 대통령, 부통령, 사회안전회의 서기, 총리와 부총리, 장관, 국가위원회 위원장, 민족은행장, 선거관리위원회 위원장과 부위원장, 서기, 판사와 검찰은 대표자회의의 의원이 될 수 없다.

까바르드-발까리야 공화국 의회의 의원들은 임기동안 면책특권을 갖는다. 범행현장에서 체포된 경우를 제외하고 의회의 동의 없이 억류, 구속, 가택수색 및 심문을 받지 않으며, 다른 사람의 안전보장을 위해 연방법률이 정한 경우를 제외하고 개인적인 수색을 받지 않는다. 의원의 면책특권 제한에 관한 문제는 공화국 검찰이 제기하고 의회가 결정한다. 의회 의원들은 유권자들에 의해 소환될 수 있다.

까바르드-발까리야 공화국의 의회는 상설적인 기관이며 공화국회의와 대표자회의는 각각 독자적으로 회의를 연다. 양원의 회의는 공개되며, 내규에 정해진 경우 비공개로 진행될 수 있다. 양원은 까바르드-발까리야 공화국 대통령의 선서 수용, 대통령의 발송문 청취, 러시아연방 및 다른 국가의 지도자들의 연설 청취, 그리고 공동의 권한에 관한 문제들에 대한 논의를 위해 합동회의를 갖는다.

양원은 각각 자신의 성원들 가운데서 의장과 부의장을 선출하며, 각 원의 의장과 부의장은 회의를 주재하고 각 원의 내부적 운영을 담당한다. 의회는 합동회의의 내규를 채택하고 민족 간 관계에 관한 위원회 및 상설적, 한시적으로 운영되는 공동위원회를 구성하며 공동권한에 관련되는 문제들에 대한 의회 차원의 통제를 행하고 청취 및 조사를 한다. 양원은 각각 내규를 채택하여 내부적 운영문제를 결정하고 상설적, 한시적 위원회를 구성하며 자신의 권한에 관련되는 문제들에 대한 의회 차원의 통제를 행하고 청취 및 조사를 한다.

(2) 까바르드-발까리야 공화국 의회의 권한

까바르드-발까리야 공화국 의회의 양원은 다음의 사항을 공동으로 다룬다. 양원은 까바르드-발까리야 공화국 헌법의 채택, 수정 및 보완, 공화국의 행정-영토적 구성에 관한 문제의 결정을 공동으로 행하고, 까바르드-발까리야 공화국 대통령 선거의 지정, 대통령의 해임, 대통령 신임에 관한 국민투표의 지정, 대통령의 추천에 의한 부통령 선출, 공화국 정부의 총리에 대한 동의, 정부 전체 혹은 개별 성원에 대한 불신임 표명, 공화국 선거관리위원회 위원의 절반 임명, 연방법원 성원의 임명에 대한 동의를 공동으로 결정한다. 까바르드-발까리야 공화국의 사회-경제 발전계획의 승인과 그 결산 심의, 공화국 예산의 채택 및 결산 심의, 국가의 예산외 기금의 구성과 활동, 그 예산 승인 및 집행에 대한 통제, 공화국의 세금 확정, 지방세의 확정절차 규정, 민족간 관계 문제의 조절, 공화국 조약 및 협약의 인준과 폐기 등도 양원의 공동관할에 들어간다. 양원은 또한 국민투표 진행 및 그 결과에 따른 결정의 채택, 지방자치 대의기관의 임기만료 이전 권한중지, 러시아연방 및 공화국 헌법재판소에 대한 질의 및 청원권, 러시아연방 의회에서의 입법발의권 실현을 공동으로 행한다. 공동관할 문제에 관한 결정은 양원의 과반수이상의 찬성으로 채택된다.

까바르드-발까리야 공화국 의회의 공화국회의는 권한영역에 관계되는 법률의 개발과 채택, 그 집행에 대한 통제, 공화국 예산에 대한 기초적 논의, 공화국 대통령에 대한 탄핵의 제기, 연방의 헌법적 법률에 의거한 비상사태 선포에서 공화국 대통령의 명령 승인, 공화국 법률의 해석, 공화국 헌법재판소에의 청원, 도시, 라이온, 촌락의 명칭을 부치고 그것을 바꾸는 것, 지방자치기관의 선거 지정, 공화국 검찰총수, 공화국 헌법재판소의 의장, 부의장, 서기 및 판사들, 치안판사의 임명동의, 그리고 공화국 대통령, 의회, 의회의 대표자회의, 정부, 지방자치기관 및 사법기관의 권한에 속하지 않는 다른 문제들에 대한 결정을 내린다. 공화국회의에서는 의원의 과반수이상의 찬성으로 법률과 명령이 채택된다. 까바르드-발까리야 공화국 의회의 대표자회의는 공화국 예산에 대한 기초적 논의 및 의회에 상정, 공화국 민족은행장 임면 동의, 공화국 관할 러시아연방 세무경찰국장, 공화국 관할 국세청장, 공화국 관세청장의 임명 동의, 공화국 헌법재판소에의 청원 등에서 결정을 내리며, 그것은 대표자회의 전체 의원 과반수의 찬성으로 채택된다.

까바르드-발까리야 공화국 의회 산하 민족간 관계에 대한 위원회는 까바르드, 발까르, 러시아족 출신의 의원들이 동등하게 구성되며 공동위원장은 공화국회의 의원들 가운데서 선출된다. 위원회는 의회 관할하의 민족문제들을 심의하며 그 결정은 민족 출신 각각의 의원들의 과반수이상의 지지로 채택된다. 민족간 관계에 관한 문제를 위원회 심의에 부치기 위해서는 까바르드, 발까르, 혹은 러시아족 (그리고 다른 민족) 출신 의회 의원의 절반 이상의 요구가 있어야 한다. 자신의 권한에 관련되는 민족간 관계문제에 대해 위원회가 심의를 결정하면서 이에 기반하여 의회에 보고하는 것은 의회가 계속적으로 정책결정을 위한 절차를 거치는 것을 막고 그 문제의 해결과 합의가 이루어질 때까지 채택된 결정이 공표, 효력발생이 가능해지도록 하는 기반이 된다. 위원회와 합의된 규정에 대해서 의회는 전체 의원의 과반수이상의 찬성으로 결정을 내린다.

까바르드-발까리야 공화국 의회, 혹은 공화국회의에 의해 채택된 법률은 10일내에 대통령에게 보내지며, 대통령은 그것이 도착한 시점부터 14일 내에 서명하고 공표한다. 만일 대통령이 이 기한동안 법률을 거부하면 의회 혹은 공화국회의는 해당 법률을 재심의하며, 양원의 각각 3분의 2 이상의 찬성에 의해, 혹은 공화국회의의 3분의 2 이상의 찬성에 의해 이전의 안이 다시 채택되면 대통령은 7일내에 그것에 서명하고 공표해야 한다.

입법발의권은 까바르드-발까리야 공화국 대통령, 의회, 의회의 양원, 의회의 의원, 의회의 위원회, 정부, 지방자치 대의기관, 공화국 헌법재판소, 최고재판소, 중재재판소, 검찰, 선거관리위원회, 공화국 단위의 혹은 공화국에 지부를 둔 사회단체들에 있다. 법률안은 의회에 혹은 공화국회의에 상정된다. 세금의 도입과 폐지에 관한 법률안, 세출중지 절차에 관한 법률안, 공화국 예산에서 비용지출이 예상되는 법률안은 정부의 결정이 있을 때만 상정된다.

까바르드-발까리야 공화국 의회는 공화국 헌법재판소의 결정을 기반으로 대통령이 해산시킬 수 있다. 의회가 해산될 경우 대통령은 새로 소집되는 의회가 그 해산일로부터 3개월 내에 구성될 수 있도록 선거일을 지정한다. 대통령에 대한 탄핵을 의회가 제기하여 그 결정이 내려질 때까지, 대통령 신임 여부에 관한 국민투표 실시가 결정되어 그것이 진행되고 의회가 관련 결정을 내릴 때까지 의회는 해산될 수 없다. 의회는 비상사태가 유효한 기간 동안, 대통령의 권한이 6개월을 남겨놓은 시점부터는 해산될 수 없고 또한 의회선거 이후 1년 동안 해산될 수 없다.

(3) 헌법 개정

까바르드-발까리야 공화국 헌법내용에 관한 수정은 대통령, 의회, 의회의 양원, 정부, 양원의 각각 3분의 1 이상의 의원들이 제안할 수 있다. 공화국 헌법에서 헌법구성의 기반, 시민의 권리와 자유, 헌법수정에 관한 항목들은 의회에서 수정될 수 없으며, 이에 대한 수정제안이 공화국회의와 대표자회의 전체 의원의 4분의 3 이상에 의해 지지되면 헌법회의가 소집된다. 헌법회의는 까바르드-발까리야 공화국에서 선출된 러시아연방 의회의원, 공화국 의회의 의원, 그리고 공화국의 모든 수준의 지방자치기관의 의원들로 구성된다. 이 항목들에 대한 수정 결정은 헌법회의의 성원 3분의 2 이상이 찬성으로 채택된다. 국가의 통치구조와 관련된 공화국 헌법의 나머지 내용의 수정에 관한 공화국 법률은 양원의 각각 전체 의원의 3분의 2 이상이 찬성하면 채택된다. 대통령이 이 법률을 거부하면 의회에서 재투표하게 되는데, 양원의 각각 전체 의원 4분의 3 이상이 찬성하면 채택된 것으로 인정된다.

4) 사법기관

까바르드-발까리야 공화국의 사법권력은 헌법, 민사, 행정 및 형사 소송에 의해 실현되는데, 공화국 헌법재판소, 최고재판소, 중재재판소, 라이온의 법원과 치안판사가 있다. 비상법원의 설립은 허가되지 않는다. 판사는 25세 이상의, 법학 고등교육을 받고 5년 이상 법률분야의 실무경력을 갖고 있는 사람이 될 수 있다. 판사는 독립적이며 까바르드-발까리야 공화국과 러시아연방의 헌법과 법률에 예속된다. 판사는 불가침권을 가지며 법률에 규정된 절차와 그 기반에 의하지 않고는 형사 및 다른 책임을 지지 않는다.

까바르드-발까리야 공화국 헌법재판소의 소장, 부소장, 비서 및 판사들은 공화국 대통령이 제안하고 의회의 공화국회의가 임명한다. 최고재판소와 중재재판소, 라이온의 법원들의 소장, 부소장, 판사는 의회의 동의하에 임명된다.

재판은 공개되며 연방법률에 정해진 경우에 비공개로 심리가 진행될 수 있다. 형사사건의 결석재판은 법률에 정해진 경우를 제외하고는 허용되지 않는다. 재판의 진행은 양자의 논쟁과 동등권을 기반으로 실현되며 연방법률이 정한 경우에 배심원이 재판에 참여한다.

까바르드-발까리야 공화국의 헌법재판소는 헌법구조를 보호하는 사법기관으로서 5명의 판사로 구성된다. 헌법재판소는 까바르드-발까리야 공화국의 대통령, 의회, 의회의 양원, 의회의 의원들, 정부, 최고재판소, 중재재판소, 검찰, 지방자치기관, 사회단체, 시민들의 요구에 따라 공화국의 법률, 대통령, 의회, 의회의 양원, 정부의 규범적 규정과 지방자치기관의 규정이 공화국 헌법에 합치하는지, 그리고 효력을 발생하지 않는 공화국의 국제적 조약, 공화국의 국가권력기관과 러시아연방 주체들의 국가권력기관 간의 조약이 공화국 헌법에 합치하는지에 관해 판정한다. 헌법재판소는 공화국의 국가권력기관들 사이의 분쟁과, 공화국 국가권력기관과 지방자치기관들 사이의, 그리고 지방자치기관들 사이의 분쟁을 해결한다. 헌법재판소는 시민의 헌법적 권리와 자유의 침해에 관한 소송을 다루고, 법원의 요구하는, 공화국 국가권력기관의 관할과 공화국 국가권력기관과 러시아연방 국가권력기관과의 공동관할에 관계되는 문제와 관련된 구체적 사건에 적용되거나 혹은 적용되어야 하는 법률과 다른 규정들이 헌법에 합치되는지를 다룬다. 헌법재판소는 공화국 대통령, 의회, 그 양원, 정부, 의회의 의원과 지방자치기관들의 질의에 대해 공화국 헌법을 해석한다. 헌법재판소는 공화국 의회의 해산에 관한 문제와 관련하여 대통령의 요구에 따라 의회, 의회의 양원이 공화국 헌법을 위반했는지에 대해 판결한다. 헌법재판소는 의회의 공화국회의의 요구에 따라 대통령이 범법행위로 인한 탄핵제기 절차에 관한 판정을 내린다.

까바르드-발까리야 공화국 최고재판소는 공화국에 있는 라이온의 법원들의 직접적인 상위의 사법기관이다. 최고재판소는 권한영역에서 1심과 2심의 자격으로 사건을 심의한다. 중재재판소는 경제분쟁 및 다른 사건을 해결하는 사법기관이며 권한영역에서 1심 및 상고심의 자격으로 사건을 심의한다.

라이온의 법원들은 권한영역에서 1심과 2심의 자격으로 사건을 처리하며 해당지역의 치안판사의 직접적인 상위기관이다. 치안판사는 권한영역에서 민사, 행정 및 형사사건을 1심의 자격으로 심의한다.

까바르드-발까리야 공화국 검찰은 러시아연방의 단일한 중앙집중적 검찰체계에 들어가며 하위의 검찰은 상위의 그리고 러시아연방 검찰총수에게 예속된다. 공화국 검찰총수는 의회의 공화국회의의 동의하에 공화국 대통령이 추천하고 러시아연방 검찰총수가 임명한다. 도시와 라이온의 검사들은 공화국 대통령의 동의하에 공화국 검찰총수가 추천하고 러시아연방 검찰총수가 임명한다.

5) 지방자치기관

까바르드-발까리야 공화국에서 지방자치는 주민들이 직접 혹은 대의 및 운영기관을 통해서 지방적 의미의 문제들을 독자적으로 해결하는 것을 보장하며 시 소유재산의 점유, 활용 및 관리를 지원한다. 지방자치는 시민들이 구성하는 지방의 대의기관, 관련 운영기관-지방행정, 주민투표, 집회, 직접민주주의의 또 다른 형식으로, 지역의 공공자치기관을 통해서 실현된다.

지방자치는 도시, 라이온, 촌락에서 시행되는데, 지역의 경계변화는 현지 주민들의 견해를 고려하여 허용된다. 지방자치기관은 권한영역에서 독자적으로 시 소유재산을 운영하고 예산을 형성, 승인하며 세금과 요금을 정하고 국가권력기과 공동으로 공공질서를 보호한다. 지방자치기관은 필요한 물질적, 재정적 자원과 함께 국가의 권한을 부분적으로 이전받는다. 지방자치에 이관된 권한은 국가의 통제 하에 실행된다.

지방자치의 조직화와 지방자치기관 형성의 법적 기반은 러시아연방과 까바르드-발까리야 공화국의 헌법과 법률, 이에 따라 채택된 지방자치기관의 법규이다. 공화국에서 지방자치는 사법적 보호, 국가권력기관이 채택하는 결정으로 인해 생긴 보완적 지출을 보상받을 수 있는 권리의 보장, 지방자치권한의 제한에 대한 금지로 보장된다.

3. 대의정치[3)]

1) 연방차원의 선거

---

3) 까바르드-발까리야 공화국 대의정치 부분은 다음을 번역, 정리하여 구성한 것이다. 인터넷 자료에 대한 검색은 주로 2003년 9월에 이루어졌다. 유권자수는, Дей ствующая схема одномандатных избирательных округов. Кабардино-Балкарская Республика. http://ww.fci.ru/way/1D9E70E5-D0B7-...(검색일:2003.12.3.). 표를 비롯하여 선거에 대한 부분은, Календарь выборов. Кабардино-Балкарская Республика. http://ww.fci.ru/html; Итоги голосования. Кабардино-Балкарская Республика. http://ww.fci.ru/EOUID/281967/way/203916/obj/301118.html; Сведения о кандидатах. Кабардино-Балкарская Республика. http://ww.fci.ru/EOUID/281967/way/203914/obj/238174.html; Итоги выборов по одномандатным округам в разрезе окружных избирательных комиссий . Кабардино-Балкарская Республика. http://ww.fci.ru/v_razreze_okruzhnyh_izbiratelbnyh_komissiy; Выборы Президента Кабардино-Балкарской Республики - 2002. http://www.dosye.ru/archiv/reg07el.htm; НСН | Выборы Президента Кабардино-Балкарской Республики 13 января 2002 года. Кабардино-Балкарская Республика. http://nsn.net.ru/print.pht... Оригинал документа: http://nsn.net.ru/?id=2947&ch=5&sub=2. (검색일: 2003.12.7.); НСН | Выборы Президента РФ 26 марта 2000. Кабардино-Балкарская Республика. http://nsn.net.ru/print.pht... Оригинал документа: http://nsn.net.ru/?id=591&ch=5&sub=2. (검색일: 2003.12.7.); НСН | Выборы Депутатов Государственной Думы 19 декабря 1999г. Кабардино-Балкарская Республика. http://nsn.net.ru/print.pht... Оригинал документа: http://nsn.net.ru/?id=684&ch=5&sub=2. (검색일: 2003.12.7.). 상원의원에 대해서는, Кабардино-Балкарская Республика. Кармоков Хачим Мухамедович. http://www.council.gov.ru... (검색일: 2003.12.3.); Ульбашев Мухарбий Магомедович. http://www.council.gov.ru... (검색일: 2003.12.3.). 국가두마의원 명단은, Кабардино-Балкарская Республика. Списки кандидатов. Список дей ствующих депутатов Государственной Думы Федерального Собрания Россий ской Федерации третьего созыва (по состоянию на 3 апреля 2003 года). http://ww.fci.ru/way/18519C30-D0B7-... 23/61. (검색일: 2003.12.3.). 러시아연방과 관련해서는, Итоги выборов руководителей исполнительной власти субъектов РФ. http://ww.fci.ru/WAY/299554.html; Итоги выборов в законодательные (представительные) органы власти субъектов РФ. http://ww.fci.ru/WAY/299558.html; Статьи. Итоги голосования. Выборы Президента Россий ской Федерации 26 марта 2000 года. Россий ская Федерация. http://ww.fci.ru/way/203889/obj/202300.html. (검색일: 2003.9.5.); Итоги выборов по федеральному округу в разрезе окружных избирательных комиссий . Россий ская Федерация. http://ww.fci.ru/v_razreze_okruzhnyh_izbiratelbnyh_komissiy_1.(검색일: 2003.9.5.).

(1) 러시아연방 대통령 선거

까바르드-발까리야 공화국에는 러시아연방 차원의 선거에서 하나의 선거구가 있다. 전체 유권자 수는 1999년 12월 러시아연방 국가두마의원과 2000년 3월 러시아연방 대통령선거의 경우 50만 명 안팎으로 집계되었다.

2000년 3월 26일 실시된 러시아연방 대통령선거에는 유권자 88.5%가 투표에 참여했으며 뿌친이 압도적인 지지를 획득했다. 주요한 후보들의 득표율은 다음과 같다.

후 보 명	득표율(까바르드-발까리야 공화국,%)	득표율(러시아연방,%)
지리놉스끼	0.5	2.70
쥬가노프	19.7	29.21
뿌친	74.9	52.94
찌또프	0.2	1.47
뚤레예프	1.0	2.95
야블린스끼	1.6	5.80
기타	0.8	2.11
모든 후보에 대한 반대	0.6	1.88

(2) 러시아연방 국가두마의원 선거

1999년 12월 19일 실시된 러시아연방 국가두마의원에서 정당별 투표에 참여한 유권자수는 39만 1천 명 정도로서 전체 유권자의 78%를 차지했다. 까바르드-발까리야 공화국에서 <조국-전러시아>가 정당별 투표에서 가장 많은 득표를 했다.

까바르드-발까리야 공화국에서의 정당별 득표
(1999년 12월 19일 러시아연방 국가두마의원 선거)

목 록	득표수	득표율 (%)	득표율(러시아연방, %)
야블로꼬	5426	1.39	5.93
단결(메드베드)	80661	20.62	23.32
쥐리놉스끼 블록	5202	1.33	5.98
조국-전러시아	135808	34.71	13.33
러시아연방 공산당	93301	23.85	24.29
우파연합	5071	1.29	8.52

소선거구제로 진행되는 지역구 선거는 77.8%의 투표율을 보였다. 4명의 등록된 후보를 대상으로 투표가 진행되었으며 소호프가 당선되었다.

후보별 득표 (1999년 12월 19일 러시아연방 국가두마의원 선거)

	후 보 명 단	득표수	득표율(%)
1.	까라예프(Караев А.К.)	8932	2.29
2.	소호프(Сохов В.К.)	262429	67.39
3.	쩨우바쥬꼬프(Теувапжуков Р.А.)	81333	20.86
4.	쉐리뽀프(Шерипов С.А.)	5493	1.41
	모든 후보에 대한 반대	20157	5.18

(3) 러시아연방 상원(연방회의)의원

까바르드-발까리야 공화국에서 선출된 러시아연방 상원의원은 까르모꼬프(Х. М. Кармоков)와 울바셰프(М. М. Ульбашев)이다. 까르모꼬프는 러시아연방 상원의 예산위원회의 위원으로서, 까바르드-발까리야 공화국 의회에서 선출되었다. 1941년 5월 2일 생으로서 2001년 6월 1일 선출되었고 그 임기는 2003년 12월에 만료된다. 울바 셰프는 러시아연방 상원의 예산위원회 부위원장으로서, 까바르드-발까리야 공화국 정부에서 임명했다. 1960년 5월 15일 생으로서 2002년 3월 21일 임명되었고 그 임기는 2007년 1월에 만료된다.

2) 연방주체 차원의 선거

(1) 까바르드-발까리야 공화국 대통령 선거

2002년 1월 13일 까바르드-발까리야 공화국 대통령 선거가 실시되었고 선거는 성립된 것으로 인정되었다. 6명이 입후보했고 1차 투표에서 당선자가 가려졌다. 까바르드-발까리야 공화국의 선거법에 따르면 투표 종료시점에 유권자 명부에 포함된 유권자의 절반 이상이 투표에 참여하고 가장 많은 득표를 한 후보의 득표수가 모든 후보에 대한 반대에 투표한 수보다 적지 않으면 성립된 것으로 인정된다. 투표에 참여한 유권자의 과반수이상의 지지를 얻은 등록된 후보가 당선된 것으로 간주된다. 85.87%의 유권자가 투표에 참여했고 1차 투표에서 87.18%의 득표율을 보인 꼬꼬프가 결선투표 없이 까바르드-발까리야 공화국 대통령에 당선된 것으로 확정되었다.

후보별 득표 (2002년 1월 13일 까바르드-발까리야 공화국 대통령선거 결과)

	후보명단	득표율(%)
1.	바띠로프(Батыров М.Т.)	8.39
2.	까좌로프(Кажаров А.Х.)	1.28
3.	꼬꼬프(Коков В.М.)	87.18
4.	무라차예프(Мурачаев Р.Х.)	0.80
5.	하브좌꼬프(Хавжоков Б.Х.)	0.07
6.	유하예프(Юхаев С.Д.)	0.08
	모든 후보에 대한 반대	0.79

(2) 연방주체의 대의기관 구성원

까바르드-발까리야 공화국 의회의 공화국회의 의장은 나후쉐프(З. А. Нахушев)이다. 1943년 5월 1일 생으로서 1997년 10월 14일 선출되었다. 그의 임기는 2003년 12월 7일에 만료된다. 까바르-발까리야 공화국 의회의 대표자회의의 의장은 뚜메노프(М. Х. Туменов)이다. 1949년 8월 5일 생으로서 1997년 12월 4일 선출되었다. 그의 임기는 2003년 12월 7일에 만료된다.

Ⅳ. 경제 시스템

1. 경제개황

까바르드-발까리야 공화국은 7개의 연방지구 중 남부연방지구에 속하고 12개의 러시아 경제지역 중 북 까프까스 경제지역에 속한다. 까바르드-발까리야 공화국은 산업이 매우 발달되어 있는 지역으로 특히 농업 발전이 두드러진다.

까바르드-발까리야 공화국에는 러시아 대통령령(1995.3.22. No.300)에 의해 경제자유지역인 '까바르드-발까리야 경제자유지역'이 지정되어 있고 경제적·과학기술적으로 북 까프까스 경제지역의 중심 중의 하나라고 평가되고 있다.

까바르드-발까리야 공화국은 경제적 측면에서 3개의 지역으로 나누어지고 지역별 특징을 살펴보면 다음과 같다.

- 스텝 지역(Степной район)은 농업에 주력하고 있는 지역이다. 특히 가축사육에 중점을 두어 경제활동을 펼쳐가고 있고 소, 돼지, 닭, 우유, 그리고 참외 등의 생산량이 풍부하다.

공업생산도 앞서 있는 분야가 일부 존재하고 있다(비디오, 건재공업, 기계제작 등).

- 근산악 지역(Предгорный район)은 여러 부문이 고루 발달되어 있는 중심지역이다. 공업부문은 기계제작, 금속가공, 화학공업, 경공업, 식품공업 등 많은 부문의 공업이 발달되어 있고 농업부문은 옥수수, 밀, 호밀, 해바라기 등의 작물재배와 낙농, 양금, 양돈 등의 가축사육이 발달되어 있다.
- 산악 지역(Горный район)은 채광업이 크게 발달되어 있고 그 외에도 전기전력, 금속가공, 경공업 등이 상대적으로 발달되어 있다. 농업부문은 낙농을 중심으로 한 가축사육이 전문화되어 있고 그 외에도 이 지역은 산악스포츠, 관광업 등의 중심이다.

까바르드-발까리야 공화국의 러시아대비 경제비중을 전체적으로 파악하기 위해 거시경제지표들을 살펴보면 농업이 가축사육과 작물재배를 중심으로 골고루 발달되어 있는 것을 제외하고는 대체로 러시아의 여타 주체 중에서 전반적으로 낮은 비율을 차지하고 있다. 지역총생산을 비롯한 몇 개의 부문을 표로 비교하면 다음과 같다.

2000년도 러시아 주요 경제지표에서 까바르드-발까리야 공화국의 비중

주요 항목	러시아전체 대비 비율
지역총생산	0.3%
공업생산량	0.1%
농업생산량	1.0%
소매유통	0.3%
자본투자	0.2%

http://www.infostat.ru/epub.htm (검색일: 2003.1.10)

까바르드-발까리야 공화국의 지역총생산과 1인당 지역총생산, 그리고 지역총생산 지수를 표로 살펴보면 다음과 같다.

까바르드-발까리야 공화국 지역총생산액 추이

항목 \ 년도	1996	1997	1998	1999
지역총생산	4,435	5,004	6,300	10,530
1인당 지역총생산	5,612	6,324	7,952	13,295
지역총생산 지수		97.6	100.5	109.0

http://www.infostat.ru/epub.htm (검색일: 2003.1.10)

까바르드-발까리야 공화국의 지역총생산의 주요 구성과 비율을 보면 공업부문과 농업부문이 상대적으로 앞서 있다. 여타부문의 비율을 표로 살펴보면 다음과 같다.

지역총생산의 주요 구성과 비율

주요 산업부문	지역총생산의 주요 구조의 비율
공업부문	15.9%
농업부문	32.7%
건설부문	7.1%
운송부문	2.2%
유통부문	13.9%

http://www.infostat.ru/epub.htm (검색일: 2003.1.10)

2. 산업

1) 공업

까바르드-발까리야 공화국은 여러 분야에서 경제적 성공이 일고 있으며 공업부문에서는 기계제작·금속가공부문과 식품공업 그리고 전기전력이 앞서 있는 부문이다. 까바르드-발까리야 공화국은 공업이 러시아 대비 0.1%에 불과해 전체적인 발달은 좀 저조한 편이다.

까바르드-발까리야 공화국의 공업중심지인 날치크 시는 여러 공업의 부문이 발달되어 있는 주목해야 할 공업지대이다. 이곳에서는 기계제작과 목재가공이 왕성한 생산활동을 하고 있고 또 건재산업, 경공업, 그리고 식품공업도 이루어지고 있다.

까바르드-발까리야 공화국의 총 공업생산량은 1999년과 2000년에 급속도로 상승하고 있다. 총 공업생산량과 공업생산지수를 각각 연도별로 살펴보면 다음과 같다.

총 공업생산량 추이

항목 \ 년도	1997	1998	1999	2000
총 공업생산량	2,405	2,415	3,601	6,033
공업생산 지수	99.7	103	119	145

http://www.infostat.ru/epub.htm (검색일: 2003.1.10)

까바르드-발까리야 공화국의 공업부문별 구조를 살펴보면 기계제작·금속가공부문과 식품공업부문 등으로 공업생산이 치우쳐 특화되어 있다. 각 부문별로 총 공업생산대비 비율을 표로 살펴보면 다음과 같다.

주요 공업생산부문별 생산비율

생산부문	총공업생산 비율
전기전력	14.0%
연료공업	0.7%
철강업	0.1%
비철금속	5.3%
화학·석유화학	0.5%
기계제작·금속가공	27.6%

목재가공, 종이 · 펄프	0.4%
건재공업	5.0%
경공업	3.8%
식품공업	40.6%
기타	2.0%

http://www.infostat.ru/epub.htm (검색일: 2003.1.10)

까바르드-발까리야 공화국의 기업부문의 지표를 총 기업수, 소 기업수, 그리고 활동기업수로 나누어 연도별로 살펴보면 다음과 같다(단, 기업수는 현재 공업관련 기업에 한정하고 있다).

기업수 추이

항목 \ 년도	1997	1998	1999	2000
총기업수(연말)	10,311	10,294	10,218	10,085
소기업수(연말)	2,398	2,283	2,208	2,150
활동기업수	808	850	765	819

http://www.infostat.ru/epub.htm (검색일: 2003.1.10)

2) 농업

까바르드-발까리야 공화국의 농업은 천혜의 기름진 토지와 적정한 기후의 영향을 상대적으로 풍부히 받고 있다. 이 덕분으로 까바르드-발까리야 공화국의 경제구조에서 농업부문이 가장 중요한 산업으로 자리 잡고 있다. 이 지역의 전 영토가 1만2,500 ㎢정도에 이르고 있고 그 중 농업관련 경작지 면적은 56%에 이르고 있다(총 농업경작지 면적 중 경지는 47%에 이른다).

까바르드-발까리야 공화국의 농업생산의 종류에서는 가축사육과 작물재배 둘다 높은 생산량을 보이고 있다. 특이한 것은 여타 지역에 비해 옥수수와 밀이 특화되어 생산되고 있다는 것이다. 그 외 중요품목으로 포도, 채소, 고기와 우유, 달걀 등도 풍부히 생산되고 있다.

까바르드-발까리야 공화국의 총 농업생산량과 가축과 작물의 생산량, 그리고 농업생산량 지수를 표로 보면 다음과 같다.

농업생산량 추이

항목 \ 년도	1997	1998	1999	2000
총농업생산액	2,119.3	2,682.9	5,409.6	8,110.4
작물관련 생산액	1,034.3	1,300.7	3,002.6	4,566.0
가축관련 생산액	1,085.0	1,382.2	2,407.0	3,544.4
농업생산지수	100.5	101	109	109

http://www.infostat.ru/epub.htm (검색일: 2003.1.10)

까바르드-발까리야 공화국의 총 경지면적에서 재배되는 작물의 면적비율을 살펴보면 주요 농산물과 그 기여도를 파악할 수 있다. 주요 농산물은 몇 개로 분류되며 2000년 기준으로 곡물류는 55.2%로 가장 큰 비율을 차지하고 있고 특용작물은 8.9%, 감자와 채소 등은 8.7%로 그리 높지 않은 비율을 나타내고 있다. 사료용 작물은 27.3%가 생산되고 있다.

까바르드-발까리야 공화국의 가축사육과 관련해서 2000년 말 기준으로 사육되는 소는 23만 1,500 마리이고 그 중 암소는 10만 2,000 마리이다. 돼지의 수는 4만 2,300 마리에 이르고 있다. 이것으로 비추어 가축사육이 활발하다고 볼 수 있다.

이렇게 가축사육이 활발히 이루어질 수 있는 배경중의 하나는 작물재배에서 사료용 식물 재배를 늘려 먹이를 풍부하게 공급하기 때문이다.

3. 자원 등 기타

까바르드-발까리야 공화국은 까프까스 지역의 북쪽에 위치하고 있고 그 중앙부분은 까바르진스키 평원에 접해있다. 숲이 차지하는 면적은 18만 헥타르에 이르고 토양의 대부분은 흑토질이다.

까바르드-발까리야 공화국에는 초원지대뿐 아니라 참나무, 너도밤나무, 까치박달 나무 등의 잎이 넓은 활엽수지대가 분포되어 있다. 고지대에는 아고산대 및 고산대 초원이 분포되어 있다.

중앙 까프카스 지역의 산은 유럽에서 가장 높은 산들이다. 이 산들은 대체로 상대적으로 젊은 산이 많고 특히 엘브루스산은 까프까스에서 가장 아름답고 장엄한 산이다.

까바르드-발까리야 공화국에서 채굴되고 있는 유용광물은 몰리브덴, 텅스텐, 몇 종류의 금속을 포함하는 중합물, 금, 석탄, 광천수 등이 있다.

이 공화국의 수력에너지의 비축량은 2백만 킬로와트이고 강의 체계가 충분히 발달되어 있다. 전체적으로 수상면적은 18,740㎢이다.

까바르드-발까리야 공화국의 주요한 강으로 쩨레크, 말까, 발산 등이 있다. 이 지역에 100여개가 넘는 호수가 있지만 이들은 모두 작은 호수들로 이루어져 있어 큰 규모의 호수는 전혀 없다. 또한 호수의 대부분은 높은 고산지대에 있어 평지부분에 있는 호수는 강의 하류에 있는 하상에 불과하다.

V. 문화시스템

1. 지역정체성

1) 인구

까바르드-발까리야 공화국의 인구는 2001년 현재 784,000명이며, 도시인구는 447,000명, 약 57.0%으로 인구의 도시집중화는 비교적 낮은 편이다. 공화국의 인구는 2000년부터 약간의 감소추세를 보이고 있으나 러시아연방의 다른 주체들에 비해 매우 안정된 상황을 보이고 있다. 이는 무엇보다 출생률이 사망률을 앞지르고 있기 때문이다.

까바르드-발까리야 공화국 인구변동 추이

연도	1990	1992	1993	1994	1995	1996	1997	1998	1999	2000	2001
인구수 (1,000명)	762	778	780	780	784	784	784	786	786	785	784

Российский статистический ежегодник. Госкомстат России. М., 2001. С. 83.

까바르드-발까리야 공화국 인구의 자연증가율은 사망률에 비해 출생률이 높은 관계로 아직은 긍정적으로 나타나고 있으나, 그 비율은 1990년도 이래 현저히 감소하고 있는 추세이다. 이런 추세라면 출생률과 사망률의 관계는 조만간 역전되어 공화국 인구상황에 부정적인 영향을 미치게 될 것으로 보인다.

까바르드-발까리야 공화국 출생자수, 사망자수, 자연증가율

연도	출생자수(명)	사망자수(명)	자연증가율(명)
1990	15,412	6,573	8,839
1992	13,718	7,093	6,635
1993	11,781	7,864	3,917
1994	11,407	8,052	3,355
1995	10,844	8,236	2,608
1996	10,293	8,199	2,094
1997	10,016	7,985	2,031

1998	9,997	8,201	1,796
1999	9,221	8,292	929
2000	9,207	8,792	415

Российский статистический ежегодник. Госкомстат России. М., 2001. С. 112.

2000년 현재 까바르드-발까리야 공화국의 경제활동인구는 353,000명으로 전체 인구의 약 45.0%로 비교적 적은 편이나, 실업률은 16.6%로 매우 높은 편이다. 공화국의 실업률은 해마다 변동 폭이 매우 큰 편이며, 특히 1997년을 전후한 경제위기시에는 20%를 훨씬 초과하는 높은 실업률을 보이기도 했으나, 최근 들어 비교적 안정적인 추세를 보이고 있는 실정이다.

까바르드-발까리야 공화국 경제활동인구(취업자, 실업자), 실업률

연도	경제활동인구 (1,000명)	취업자수 (1,000명)	실업자수 (1,000명)	실업률(%)
1992	341	310	32	9.3
1993	335	302	32	9.6
1994	314	269	45	14.3
1995	306	262	44	14.3
1996	298	247	51	17.1
1997	289	238	51	17.7
1998	301	229	72	23.9
1999	362	271	91	25.1
2000	353	295	58	16.6

Российский статистический ежегодник. Госкомстат России. М., 2001. С. 136.

2) 민족

까바르드-발까리야 공화국에는 70여 이상의 민족이 거주하고 있다. 전체 인구 784,000명 중 토착민족인 까바르드인과 발까르인은 각각 48.2%, 9.4%이며, 그 외에 러시아인 32%, 우끄라이나인 1.7%, 오세트인 1.3%, 독일인 1.1%, 한인 0.7%. 터키인 0.6%, 아르메니아인 0.5%, 따따르인 0.4%, 산악 유태인 0.4%, 집시, 벨라루스인, 아제르바이잔인 각각 0.3%, 따트인, 유태인, 까라차이인이 각각 0.2%씩 거주하고 있다.

3) 교육

까바르드-발까리야 공화국에는 까바르드-발까리야 국립대학, 국립농업아카데미, 국립 북 까프까스 예술대학 등 3개 고등교육기관과 초중등 전문기술학교, 중등학교 등이 운영되고 있으며, 다양한 과정의 사립학교가 개설되고 있다. 공화국에는 총 1,135명의 박사급 전문인력이 활동하고 있다.

공화국에는 또한 공화국 예산을 지원받는 취학전 아동교육기관이 다양하게 운영되고 있다. 공화국에서는 산모들에게 3년간의 유급휴가를 줌으로써 유아교육에 많은 관심을 보이고 있으며, '까바르드-발까리야의 아이들'이라는 프로그램을 채택하여 일차적으로 어린이가 많거나 가난한 가정의 아이들에게 다양한 혜택을 주고 있다. 아울러 공화국에서는 법적기반을 마련하여 소외계층의 어린이들에 대한 정부차원의 지원과 사회보장을 강화하고 있다.

공화국에서는 또한 조기 영재발굴에 힘쓰고 있다. 공화국에서는 이를 위해 아이들의 재능을 조기에 발견, 계발하기 위해 다양한 형태의 교육기관을 설립, 운영하고 있다.

공화국의 전문교육 개혁전략은 중고등 전문교육기관을 통합하고, 대학 주도하에 과학기술단지를 설립하는 데 있다. 그 일환으로 각 대학 내에 IT기술 및 경제학부를 설치하고 있다.

공화국에서는 정부재정(까바르드-발까리야 주민 사회보장기금)으로 농촌지역 학교 출신자들을 위한 대학에서의 보충교육을 실시하고 있다.

2. 지역문화

1) 문화개괄

까바르드- 발까리야 공화국의 문화는 매우 다양한 모습을 가지고 있다. 공화국에는 여러 가지 형태의 많은 극장과 박물관이 운영 중이며 매년 10월 1일에 공화국의 예술가 연합 전시회가 열리고 있다. 이 전시회는 까바르드-발까리야의 예술가들의 작품들 중에서 신청을 받아서 열며 예술가 자신들이 다양하게 전시회의 테마를 선택하여 진행할 수 있다.

공화국의 조형예술가인 구사첸꼬(Н. Н. Гусаченко), 반나흐(М. А. Ваннах), 뜨레쨔고프(Н. М. Третьяков) 등의 개인전시회가 열리고 있다. 공화국의 지역에는 343개의 문화 기념물이 위치해 있다. 날치크시(市)의 오래된 구역의 구 독립 가옥에 위치하고 있는 문화 재단은 현재도 운영 중이다.

재단의 홀에는 매년 여러 전시회가 열리고 있다. 5개의 국제 문화 재단 프로그램은 지역을 넘어서도 유명하다. 이 프로그램들을 구체적으로 보면 다음과 같다.

'단합'이란 프로그램은 세계의 평화와 우정과 세계문화의 통합을 주장하고 있다.

'까프까스'란 프로그램은 북 까프까스 지역에서 러시아 문화를 선전하고 있으며 역시 까라차이 체르께스의 삶도 자세히 선전하고 있다.

'귀환'이란 프로그램은 외국에 살고 있는 동포들과 문화적 교류를 위한 것이다. '푸른 연기 속의 지구를 바라보며' 라는 표현은 유리 가가린이 우주에서 지구를 보고 한 말인데 이 재단의 환경 프로그램의 이름이다.

'순록 썰매'라는 프로그램은 모든 까프까스 민중을 서사적으로 선전하는 훌륭한 장이 되고 있다. 까바르드 발까리야 문화 재단은 공화국에서 뿐만 아니라 멀리 타지까지도 유명하다.

2) 문화시설

까바르드- 발까리야 조형 예술 박물관

박물관은 러시아와 외국 예술의 200점이 넘는 작품들과 지역 작가들의 2,500점이 넘는 작품들을 소유하고 있다. 주요 관람객은 학생들과 대학생들이다. 예술 인텔리겐치아들에게 박물관은 창조적인 작가나 과거의 존경받는 작가들의 작품과 함께할 수 있는 장소이다. 장식-실용 예술의 전시실은 커다란 흥미를 불러일으키고 있다.

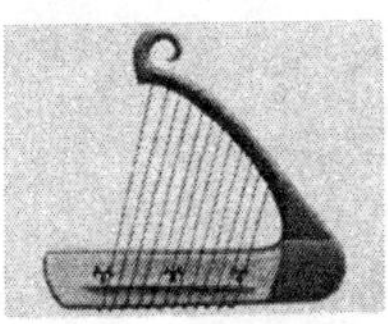
배 모양의 하프

까바르드- 발까리야 공화국 국립 통합 박물관

까프까스의 무기와 장비 수집품들이 보관되어 있는데 여성 장식품과 까바르다와 발끼리야의 남성과 여성 옷, 펠트 천으로 된 양탄자 등이 전시되어 있다.

꿀리예프 발까르 국립 드라마 극장

1936년 날치크시에 최초의 극장 스튜디오가 문을 열었다. 후에 1940년에 최초의 직업 극장이 창립되었다. 2차 대전 시에 극장은 먼 고장까지 객연을 나갔다. 1958년에는 발까리야 스튜디오가 쉐쁘낀 연극 학교에 문을 열었는데 이 학교에서는 소련의 국민 예술가인 빠셰나(B.A. Пашена)의 지도아래 극장의 장인들이 연극을 준비했었다.

가장 유명한 작품들은 또꾸마예프(Ж.А. Токумаев)의 '에미나', 꿀리예바의 '어디에 행복이 있는가?', 까치예프의 동화를 각색한 '우리에게는 어떤 소식이', 불가꼬프의 '미친 주르덴', 고골의 '약혼녀', 가차제의 '까르만이 아내를 인도한다' 등이다.

고리끼 국립 러시아 드라마 극장

공화국에서 처음으로 까바르드- 발까리야 극장이 창립되었는데 이 곳에서는 모든 극에서 배우들은 자국어로 말했다. 후에 이 극장의 러시아 배우진은 독자적인 극장으로 분리되었다. 쩨쁠랴꼬프(B.B. Тепляков) 감독에 의해 상연된 연극은 상당히 유명하다. 가장 유명한 작품들은 미하일 숄로호프의 '개간되는 처녀지'(감독 쩨우바제프), 레프 톨스토이의 '어둠의 힘'(감독, 발까로프), 고리끼의 '밑바닥에서', 체홉의 '세 자매', 셰익스피어의 '로미오와 쥴리엣' 등이다.

깔미끼야 공화국
Республика Калмыкия

Ⅰ. 개황

1. 기초정보

공화국 성립일: 1990년 10월.

- 1957년 - 자치 복원
- 1943년 - 자치 해체
- 1935년 10월 20일 - 깔미끼야 자치 쏘비에트 사회주의 공화국으로 개칭
- 1920년 - 깔미끼야 자치주 성립

수도: 엘리스따

인구: 314,000명(2001년 현재: 러시아연방 전체의 0.21%, 89개 주체 중 77위)

인구밀도: 4.12명/㎢

면적: 76,100㎢(러시아연방 전체 면적의 0.45%; 89개 주체 중 43위)

소속지구: 남부연방지구, 볼가 경제지구

한국과의 시차: -6시간

2. 상징

깔미끼야 공화국 문장

깔미끼야 공화국 문장(紋章)-'할므크 딴기치 쑬제(Хальмг Тангич сюлде)'는 '울란 잘라(Улан зала)'와 '하다크(Хадак)'를 형상화한 것으로, 푸른 바탕에 전통장식인 '제크(Зег)' 무늬가 드리워져 있으며, 하단에는 하얀 연꽃이 받치고 있다. 문장 상단에는 고대의 상징인 '제르벤(Дербен)'이 묘사되어 있다. 깔미끼야 공화국 문장은 1996년 6월 11일 채택되었다.

깔미끼야 공화국 국기

깔미끼야 공화국 국기 - '할므크 딴크친 뚜크(Хальмг Тангчин туг)'는 황금빛 장방형 천으로, 중앙에 아홉 개의 꽃잎으로 된 하얀 연꽃이 그려져 있는 푸른 원이 묘사되어 있다. 국기의 가로, 세로 비율은 2:1이다. 깔미끼야 공화국 국기는 1996년 6월 11일 채택되었다.

3. 주요도시

엘리스따: 인구 105,000명; 북위 46°19′, 동경 44°13′
(인구: 2002년 현재)

4. 주요 산업 및 농업

공화국의 주요 산업으로 기계제작(농기계, 자동차 및 트랙터 엔진 수리, 이동매점 생산), 경공업(속옷, 메리야스, 섬유, 신발, 봉제), 식료품 산업(육류, 유제품, 수산물), 건축자재(벽돌, 철근콘크리트 제품) 등이 발달했으며, 농업 부문은 방목, 축산, 목양 등이 발달했다.

Ⅱ. 자연환경

1. 지리적 위치와 구성

깔미끼야 공화국은 13개 행정구, 3개 시, 114개 농촌마을로 이루어져 있으며, 러시아연방 유럽지역 동남쪽 끝자락에 위치한다.

아스뜨라한주, 볼고그라트주, 로스또프주, 스따브로뽈 변강주, 다게스딴 공화국과 경계를 이룬다. 공화국 남동 지역은 카스피해에 둘러싸여 있다. 북서의 길이는 640㎞, 남북의 길이는 480㎞이다. 공화국 영토의 대부분이 반(半)사막 지역에 위치하고 있다. 따라서 지표수가 부족하다.

주요 하천은 꾸마(Кума), 마니치(Маныч)강이 있으며 작은 염분 호수들과 간석지가 있다. 카스피해 연안은 땅이 낮은 침수지다.

수도 엘리스따와 모스크바 간의 거리는 1,836㎞이다.

2. 기후조건

대륙성 기후, 덥고 건조한 여름을 지니며 겨울에는 눈이 적고 자주 추운 날씨가 계속된다.

1월 평균기온: -5℃ ~ -8℃

7월 평균기온: 23℃ ~ 26℃

연강수량: 170 ~ 400㎜

식물 생장 기간: 175 ~ 190일

식생: 스텝과 2차적 반(半)사막 지대

토양: 함염토(солонец), 염택(鹽澤, солончак), 밝은 밤색의 모래가 섞인 점토지, 갈색의 모래가 섞인 점토지

삼림분포도: 0.2%(러시아연방에서 가장 낮은 수치)

3. 주요 유용광물

원유, 가스, 금속인산염광, 식염, 건축자재용 석영모래 등이 있다. 그 외에도 육지와 카스피해 수역은 탄화수소 원료 산지로 높은 생산성을 지니고 있다.

주요 산지:

원유: 깔미끼야 공화국의 가장 비중 있는 유용광물이며 모두 28개의 산지가 개발 중에 있는데, 그중 유명한 산지는 비쏘꼬프스크(Высоковск), 메조제르(Межозер), 꼼소몰스크(Комсомольск), 까니샨스크(Каньшанск) 등이다.

가스: 쁘로미슬로보(Промыслово), 쭈부크스크(Цубукск), 에르몰린스크(Ермолинск), 메제보(Межево), 이니-부룰스크(Ини-Бурульск).

가스콘덴사이트: 쩬군찐스크(Ценгунтинск), 올레이니꼬프스크(Олей никовск) 산지.

건축재료용 점토: 바샨찐스크(Бащантинск), 짜간-아만스크(Цаган-Аманск), 싸르삔스크(Сарпинск) 산지.

모래: 아르샨스크(Аршанск), 쭈부크스크(Цубукск), 울란홀스크(Уланхольск).

식염: 모자르스크(Можарск).

Ⅲ. 정치시스템

1. 역사[1)]

깔미크 민족은 중앙아시아로부터 이주한 민족으로서, 깔미크(자체 명칭 - 할므그, хальмг)는 몽고의 서부지역(준가리야)에 살던 오이라트의 후예들이다. 이들은 유목민족으로서 생활방식, 언어, 문화와 종교에서 몽고인들과 동류이다. 13세기에 오이라트는 친기스-한(汗)의 국가에 속했다. 대 몽고제국이 망한 이후 오이라트의 통치자들은 동부-몽고의 한들과 몽고 지배권을 놓고 싸웠다. 14세기 중반에 오이라트의 에센-한은 자신의 권력아래 전 몽고를 통일하는데에 성공했다. 그렇지만 그 후예들은 몽고에 대한 권력을 유지하지 못했다. 내란과 군사적 실패로 오이라트의 점유지는 점차 축소되며 16세기 말 준가리야에 거주하던 오이라트의 일부는 새로운 경작지와 교역 파트너를 찾아 북서로 옮겨갔다. 남부 및 서부 시베리야를 통해 볼가의 하유에 이르는 긴 여정에서 '분리된' 오이라트는 깔미크라는 명칭을 얻었다.

17세기 초 깔미크들은 러시아 국가 소속으로 들어갔으며 남부경계의 경비를 담당했고 야이크(우랄)와 볼가 사이에, 그리고 돈과 카스피해 연안에서 광대한 유목지를 받았다. 이미 17세기 중반에 깔미크 한국이 구성되었으며 깔미크들은 러시아의 짜르에게 충성의 서약을 했다. 이는 정치적 행위로서 러시아는 깔미크들의 도움으로 광대한 토지와 적으로부터 남부경계를 방어하려는 의도를 가졌다. 러시아 국가에 소속된 깔미크 촌락의 지위는 연방제적인 형태였던 것으로 간주할 수 있다. 유목 생활양식, 인종적 단일성, 불교

1) 깔미끼야 공화국 역사 부분은 다음을 번역, 정리하여 구성한 것이다. 인터넷 자료에 대한 검색은 주로 2003년 11월부터 2004년 1월 사이에 이루어졌다. Dontr.Ru | ЮФО | Республика Калмыкия - Общая характеристика. http://www.dontr.ru/Environ/WebObjects/dontr.woa/wa/Ufo?item=general&section=15; Dontr.Ru | ЮФО | Республика Калмыкия - История. http://www.dontr.ru/Environ/WebObjects/dontr.woa/wa/Ufo?item=history&section=15; Dontr.Ru | ЮФО | Республика Калмыкия - Элиста.http://www.dontr.ru/Environ/WebObjects/dontr.woa/wa/Ufo?item=elista&section=15. Республика Калмыкия. История Калмыкии. http://www.kalm.ru/ru/hist.html; Республика Калмыкия. Элиста - столица Калмыкии. http://www.kalm.ru/ru/elista.html.

신앙 및 높은 전투성을 보존하면서 깔미크들은 러시아의 일부로서 러시아를 위해 전투에 참가했다. 목축과 말 사육자로서 깔미크는 러시아의 시장에 말, 낙타, 면양, 황소, 양모, 펠트천, 가죽을 내놓았다. 깔미크 기병대는 끄림-터키 연합에 대한 그리고 페르시아 출정에서 러시아의 승리에 적지 않게 기여했고 또 나폴레옹 군대의 분쇄에 기여했다. 돈, 볼가, 쩨렉에, 그리고 우랄부근에 사는 깔미크의 일부는 시간이 지나면서 상당정도 러시아 까자크의 힘을 보충했다. 깔미크-평민들은 라진, 불라빈, 뿌가초프의 농민전쟁에 적극 참여했다. 깔미크의 상층은 러시아 귀족계급 소속으로서 짜르 궁정의 정치와 음모에서 일정한 역할을 했다. 깔미크 한국은 러시아와 동등한 권리의 국가들의 통치자를 독자적으로 가졌다. 16세기 후반기에 주로 준가리야의 초원에서 유목하던 오이라트의 상당부분이 그 국가들을 포기하고 16세기 말 러시아에 등장했다. 여기에서 러시아의 유럽부분에서 깔미크들-몽골어계통의 민족의 새로운 연대기가 시작된다.

17세기 후반기에 니즈네 뽀볼쥐에 깔미크 한국이 구성되었으며 독자적인 몽고어를 사용하는 민족-깔미크들이 여기에 속했다. 러시아 소속으로 자발적으로 들어가서 그 남-동 경계를 방어하면서 깔미크들은 자신의 국가성을 보존할 수 있었다. 깔미크들은 17세기 후반-18세기의 러시아가 행한 모든 전쟁에 적극적으로 참여했으며 출정을 위해 수만 마리의 말을 내놓았다. 깔미크 한국의 가장 강력한 시기는 아유까-한의 통치 하(1669-1724년)에서였다. 아유까-한은 러시아의 남부 국경을 잘 방어했고 끄림과 꾸반의 따따르를 치기 위한 원정에 여러번 나섰다. 1697년 뾰뜨르 I세는 대규모 사절단 소속으로 나가서 아유까-한에게 러시아의 남부 경계 방어를 위임했다. 이외에 아유까-한은 까자크와의 전쟁을 수행했고 투르크멘 족을 정복했으며 북 까프까스의 산악민족에 대한 승전을 여러번 올렸다.

1771년 짜르 행정부의 박해로 깔미크들의 상당수는 중국으로 이주했으며 깔미크 한국은 그 존속이 중단되었다. 깔미끼야는 자신의 지위를 잃었고 그것은 19세기 초 짧은 기간 동안 되돌려진다. 이주하지 않고 남은 깔미크들은 황제하의 타민족 운영체제에 포함되었으며 그 주요부분은 깔미끼야 초원에 살았다. 크지 않은 깔미크 집단은 우랄, 오렌부르그, 쩨르스크 까자크 군대 소속으로 들어갔다. 18세기 말 돈에 사는 깔미크들은 돈스크지방의 까자크 군대에 등록되었다. 인종적, 종교적 차이를 갖는 민족으로서 깔미크는 정규 군무에 소집되지 않았으나 1812년 조국전쟁에서 이들은 세 개의 부대를 편성했으며 전투를 하면서 빠리에 다다르기도 했다. 돈의 깔미크-까자크는 전설적인 대장 쁠라또프의 지휘 하에 있는 까자크 부대에 속했다.

다른 생활양식과 종교를 갖는 환경에서 오랫동안 거주하면서 깔미크 사회는 심대한 변화를 겪게 되었다. 1892년 농민과 영주들의 의무적인 관계가 폐지되었고 러시아족 거주자들에 의한 깔미크 초원의 식민지화에 상당한 변화가 일어났다. 이에도 불구하고 깔미크의 정신적 문화는 충분히 견고했으며 이렇게 해서 유럽 지역에서 독창적인 동방의 문화를 갖고 자신의 독특한 민요, 문자, 문학과 음악을 갖는 지대가 어느 정도 보존되게 되었다.

1917년 사회주의혁명 직전 민족으로서 깔미크는 영토적 특징을 기반으로 하는 행정구역으로 분리되었고 그 독자성을 거의 상실했다. 깔미크가 볼셰비키 민족정책의 추종자였던 이유가 여기에 있다. 1917년 2월혁명이후 '깔미크 민족의 스텝 주'가 구성되었다. 1920년에 깔미끼야 자치주가 구성되었고 1935년에 자치주는 깔미끼야 자치소비에트 사회주의공화국으로 개편되었다. 1941-45년 전쟁기간 깔미끼야의 상당부분이 1942년 여름 독일군에 점령되었으나 다음해 1월경 이미 소비에트 군대가 공화국의 영토를 해방시켰다.

1943년 12월 깔미크 민족은 시베리야로 강제 이주당했다. '유목민족의 마을(Улусы)'이라는 암호아래 행해진 작전에 따라 동시에 모든 부락, 마을, 촌락 그리고 엘리스따 시에는 НКВД-НКГБ의 군인들이 들이닥쳤고 소련 최고소비에트 상임위원회의 명령에 따라 깔미끼야 자치소비에트 사회주의공화국은 폐지되었다. 시베리야로의 강제이주 과정, 특히 유형지로 가는 첫 몇 달동안 깔미크 주민은 거의 절반에 이르는 상실을 경험했다. 비인간적인 생활 및 노동조건은 깔미크 민족의 많은 이들의 삶을 앗아갔고 유형기간은 오늘날까지 깔미크들의 기억에 슬픔과 비탄의 시간으로 남아있다.

소련 최고소비에트는 1957년 2월 <러시아 사회주의공화국 소속의 깔미크 자치주의 구성에 관하여>라는 명령을 승인했고 깔미끼야 자치주가 스따브로뽈 변강주 소속으로 구성되었다. 이후에 깔미크들은 자신의 영토로 돌아오기 시작했다. 깔미크 민족의 자치는 더 이상 지체될 수 없었기 때문에 소련 최고소비에트 상임위원회는 1958년 7월 29일 자치주를 자치공화국으로 개편하는 것에 관한 결정을 내렸다. 이렇게 공화국의 지위가 복구되었다.

깔미끼야에 1991년 10월은 특별한 의미를 지니는데, 깔미끼야 자치소비에트 사회주의공화국은 러시아 사회주의공화국 소속의 깔미끼야 소비에트 사회주의공화국으로 선포되었고 이어 1992년 2월 깔미끼야 공화국이 되었다. 대통령제가 도입되었고, 130명으로 구성되던 공화국 최고소비에트 대신 27명으로 구성되는 의회(인민후랄)가 최상위 권력기관으로 등장했다. 1994년 4월에는 새로운 기본법이 승인되었다.

깔미끼야 공화국의 수도는 엘리스따 시이다. 엘리스따는 19세기 중반에 임업 등을 기반으로 형성되기 시작했다. 1865년은 도시가 탄생한 해로 간주된다. 엘리스따라는 도시의 명칭은 모래땅(砂州)이라는 의미를 갖는 깔미크어의 단어 '엘세(элсе, элсен)'에서 유래한다. 엘리스따에는 1918년 2월 소비에트 권력이 세워졌다. 1930년에 엘리스따에 도시의 지위가 부여되었고 1935년에 엘리스따는 깔미끼야의 수도가 되었다. 위대한 애국전쟁 시기에 엘리스따는 파시스트 군대에 점령당했다가 1942년 12월 31일 소비에트 군대에 의해 해방되었다. 1944년 깔미크들의 강제 이주 및 깔미끼야 자치소비에트 사회주의공화국의 폐지 이후에 스따브로뽈 변강주 소속의 스텝노이로 개명되었다가 1957년에 엘리스따라는 옛 명칭을 다시 찾았다.

2. 권력기관[2)]

1) 전체 통치구조상의 특징

깔미끼야 공화국에서 국가권력체계는 입법, 집행, 사법권력의 분립, 그들의 독자성 그리고 러시아연방과 깔미끼야 공화국 사이의 관할 및 권한항목의 분리를 원칙으로 세워진다. 깔미끼야 공화국, 그 모든 기관, 사회 및 정치

---

2) 깔미끼야 공화국의 권력구조에 관한 내용은 공화국 헌법을 기본으로 하며 다음의 자료들을 번역, 정리하여 구성한 것이다. Степное Уложение (Конституция) Республики Калмыкии. 79-91. 러시아연방 법령자료집 <러시아연방 남부지구 기본법: 개별주체의 헌법, 헌장> (용인: 경희대학교 비교문화연구소 러시아 지역연구팀), 79-91쪽. (이 법령자료집은 http://www.legislature.ru/regconst.html에 실린 각 연방주체들의 기본법을 모은 것으로서, 자료검색은 2003년 4월-5월에 이루어졌다.)

조직, 공직담당 인사와 시민은 합법성을 기반으로 활동하며 법치, 공공의 이익, 시민의 권리와 자유의 보호를 지원한다.

2) 집행기관

(1) 깔미끼야 공화국 대통령의 권한

깔미끼야 공화국 대통령은 공화국 수반이며 최고지도자이다. 공화국 대통령은 개인의 권리와 자유, 러시아연방 및 깔미끼야 공화국의 헌법과 법률의 준수, 깔미끼야 공화국과 러시아연방의 경제적, 정치적 이해를 방어한다. 대통령은 러시아연방과의 관계에서 그리고 지역 간 및 국제적 관계에서 깔미끼야 공화국을 대표한다.

깔미끼야 공화국 대통령은 정부를 지휘하거나 혹은 깔미끼야 공화국 인민후랄(의회)의 동의를 얻어 총리를 지명할 수 있다. 장관, 국가위원회 및 공화국 관청의 지도자, 공화국적 의미를 갖는 라이온과 도시의 공화국 대통령의 특사, 국가기업, 조직의 지도자를 임면하며, 대통령 행정실을 구성한다. 공화국 관할의 연방 국가권력기관의 구성에 참여하고 그 장의 임명에 동의한다. 깔미끼야 공화국 대통령은 러시아연방의 단일한 집행권력체계에 들어가는 공화국 집행권력의 수반으로서 집행기관의 구조확립, 재조직 및 부분적인 기관들의 폐지를 행한다. 하위 기관들의 규정이 공화국의 법률 및 대통령의 명령에 위배될 경우 그것을 폐기시킬 수 있다.

깔미끼야 공화국 대통령은 공화국 전역에서 효력을 갖는 명령을 발포하며 입법발의권을 갖는다. 깔미끼야 공화국 법률에 서명하고 공표하며, 깔미끼야 공화국의 상황, 대내 및 대외정책과 관련하여 인민후랄(의회)에서 발표하고 정해진 절차에 따라 국민투표를 지정한다. 공화국의 전역 혹은 일부지역에 비상 환경사태를 선포하고 그와 동시에 인민후랄(의회)의 승인을 받는다. 대통령의 법률안이 세 번에 걸쳐 거부되는 경우 인민후랄(의회)을 해산할 수 있으며 이 경우 대통령은 규범적 성격의 명령을 발포한다. 인민후랄(의회)이 해산되거나 혹은 그 임기가 끝나는 경우 선거를 지정한다.

깔미끼야 공화국 대통령은 면책특권을 갖는다. 대통령의 권한이 공화국 주민에게 손실을 가져오는데 이용되어서는 안 된다.

(2) 깔미끼야 공화국 대통령의 선출

깔미끼야 공화국의 대통령은 5년 임기로 선출되며 정부통령제를 택하고 있다. 부통령은 대통령과 동시에 선출되며 그 위임 하에 자신의 권한을 실현한다.

깔미끼야 공화국 대통령에 대해 인민후랄(의회)은 깔미끼야 공화국 최고재판소의 판결을 바탕으로 그에 대한 불신임을 표명하고 그 교체를 제기할 수 있다. 인민후랄(의회)은 전체 의원의 3분의 2 이상의 찬성으로 공화국 최고재판소에 불신임과 교체에 관한 판결을 청원할 수 있다. 깔미끼야 공화국 대통령은 언제든지 사임할 수 있으며 그의 사임은 인민후랄(의회)이 수용한다. 대통령이 만일 자신의 의무를 이행하지 못하는 상태 있을 경우 새로운 대통령이 선출될 때까지 부통령이 그 권한을 대행하며, 이것도 불가능하면 인민후랄(의회)의 의장이 대행한다. 대통령의 해임 혹은 사임 시 대통령 선거는 인민후랄(의회)의 결정에 의해 3개월 이내에 실시된다.

3) 입법기관: 깔미끼야 공화국의 인민 후랄 - 의회 (Народный хурал (парламент) Республики Калмыкии)

깔미끼야 공화국의 의회인 인민후랄은 공화국의 최고 대의 및 입법기관으로서 27명의 의원으로 구성된다. 인민후랄의 의원은 5년 임기로 선출되며 선거이후 일 년 간 해산될 수 없다.

인민후랄(의회)은 공화국 법률의 채택, 헌법 및 법률의 수정과 보완, 법률의 해석의 권한이 있고 공화국의 행정-영토적 구성의 문제를 해결하며 주민투표 진행에 관한 결정을 채택한다. 공화국의 전 지역 혹은 일부 지역에 비상 환경사태를 도입하는 공화국 대통령 명령의 승인, 공화국의 조약 및 협약의 인준과 폐기, 입법발의권을 실행한다. 인민후랄은 관할영역에서 법률과 명령을 채택하며 전체 의원의 과반수이상에 의해 그 수정과 보완을 한다. 공화국에서 입법조절의 단일성을 보장하고 공화국 법률 및 공화국 단위의 명령을 이행하며 그것들이 러시아연방 헌법 및 러시아연방 법령에 합치되는지에 관한 통제를 실행한다. 공화국 대통령이 추천한 총리후보의 임명동의안을 처리하고 공화국의 일반 사법권의 연방법원과 공화국 중재재판소의 소장과 부소장, 판사의 임명에 관한 의견을 표명한다. 공화국 예산을 승인하고 그 집행을 통제하며 집행 결산 승인 및 필요한 경우 예산안 수정을 제기한다. 공화국 세금을 승인한다.

인민후랄에서 입법발의권은 깔미끼야 공화국의 대통령, 인민후랄 의장, 인민후랄 의원들, 정부, 지방자치 대의기관들에 있으며, 또한 관련영역에서는 공화국 최고재판소, 중재재판소에도 있다. 인민후랄의 의장과 부의장은 의원들 가운데서 선출되며 대통령은 인민후랄의 의장 후보를 추천할 권리가 있다. 인민후랄의 부의장은 의장이 추천한다.

깔미끼야 공화국 헌법의 수정 및 보완은 인민후랄, 대통령, 인민후랄 의장, 인민후랄의 9명 이상의 의원으로 구성된 그룹, 최고재판소 및 중재재판소 소장이 자신의 권한영역에서 제안할 수 있다. 공화국 헌법의 수정 및 보완은 인민후랄 전체 의원의 3분의 2 이상의 찬성에 의해 인민후랄에서 그 결정이 채택된다. 공화국 헌법의 항목들 중에서 헌법적 구조(1,2,4,18,19조)와 국가권력기관에 대한 기본적 규정(27-27,30조), 헌법개정(44조) 관련 항목은 인민후랄이 수정할 수 없다. 이 항목들의 수정에 대한 제안이 인민후랄 의원의 3분의 2 이상의 지지를 받으면 입법회의가 소집된다. 공화국 헌법의 효력은 주민투표나 입법회의에 의해서만 중지될 수 있다.

4) 사법기관

깔미끼야 공화국에서 재판은 법원에 의해서만 실현되며 비상법원 및 법원 외의 다른 기관의 설립은 허용되지 않는다. 사법권력은 행정, 민사 및 형사 소송을 통해 실현되며, 깔미끼야 공화국에는 공화국 최고재판소, 중재재판소, 라이온의 법원과 치안판사가 활동한다. 판사는 독립적이며 러시아연방 헌법, 연방법률에만 예속된다. 판사는 불가침권을 가지며 연방법률에 규정된 것과 다르게는 형사상의 책임을 지지 않는다.

깔미끼야 공화국의 최고재판소는 민사, 형사, 행정 및 다른 사건들에 관한 최고 사법기관이며 라이온(도시) 법원들의 활동에 대해 사법적 감독을 행한다. 라이온 법원은 해당 지역의 치안판사의 직접적인 상위기관으로서 1심과 2심의 자격으로 권한영역에서 사법적 사건을 심의한다. 치안판사는 민사, 행정 및 형사사건을 1심의 자격으로 심의한다. 중재재판소는 경제적 분쟁 및 연방법령에 의거하여 자신의 관할에 속하는 다른 사건들의 해결을 담당하는 사법기관이다.

재판은 연방법률이 정한 경우를 제외하고는 공개된다. 재판의 진행은 양자의 논쟁과 동등권을 기반으로 한다. 재판 진행은 깔미크어와 러시아어로 이루어진다. 이 언어를 구사하지 못하는 관계자는 통역의 도움으로 사건자료를 열람하고 사법적 활동에 참여하며 법정에서 모국어로 말할 수 있다.

깔미끼야 공화국의 검찰은 공화국 대통령의 동의하에 러시아연방 검찰총수가 임명한다.

5) 지방자치기관

깔미끼야 공화국에서 지방자치는 인정되며 보장된다. 지방자치는 주민의 이해와 지역의 특성에서 출발하며 도시, 촌락 및 다른 지역에서 실현된다. 지방자치는 주민투표, 선거, 다른 형태의 직접적인 의사표출에 의해, 그리고 선출직 및 다른 지방자치기관을 통해 실현된다. 지방자치기관은 시 소유재산을 운영하고 지방예산을 형성, 승인 및 집행하며 지방의 세금과 요금을 정하고 공공질서의 보호를 실현하며 지방적 의미의 다른 문제들을 결정한다. 지방자치기관은 필요한 물질적 재정적 자원과 함께 부분적인 국가의 권한을 이관받는다. 이 권한은 국가의 집행권력기관의 통제 하에 실현된다.

3. 대의정치[3)]

---

3) 깔미끼야 공화국의 대의정치 관련 부분은 다음의 자료들을 번역, 정리하여 구성한 것이다. 연방차원의 선거, 연방주체 차원의 선거. 기타. 깔미끼야 공화국 대의정치 부분은 다음을 번역, 정리하여 구성한 것이다. 인터넷 자료에 대한 검색은 주로 2003년 9월에 이루어졌다. 유권자수는, Дей ствующая схема одномандатных избирательных округов. Республика Калмыкия. http://ww.fci.ru/way/1D9E70E5-D0B7-...(검색일:2003.12.3.). 표를 비롯하여 선거에 대한 부분은, Календарь выборов. Республика Калмыкия. http://ww.fci.ru/html; Итоги голосования. Республика Калмыкия. http://ww.fci.ru/EOUID/282729/way/203916/obj/286192.html; Сведения о кандидатах. Республика Калмыкия. http://ww.fci.ru/EOUID/282729/way/203914/obj/284018.html; Итоги голосования. Республика Калмыкия. http://ww.fci.ru/EOUID/286187/way/203916/obj/286242.html; Итоги выборов по одномандатным округам в разрезе окружных избирательных комиссий . Республика Калмыгия. http://ww.fci.ru/v_razreze_okruzhnyh_izbiratelbnyh_komissiy; НСН | Выборы

1) 연방차원의 선거

(1) 러시아연방 대통령 선거

깔미끼야 공화국에는 러시아연방 차원의 선거에서 하나의 선거구가 있다. 전체 유권자 수는 1999년 12월 러시아연방 국가두마의원과 2000년 3월 러시아연방 대통령 선거의 경우 19-20만 명 안팎으로 집계되었다.

2000년 3월 26일 실시된 러시아연방 대통령 선거에는 유권자의 69.8%가 투표에 참여했고 뿌친이 유권자의 과반수이상의 지지를 획득했다. 주요 후보들의 득표율은 다음과 같다.

후 보 명	득표율(깔미끼야 공화국, %)	득표율(러시아연방, %)
지리놉스끼	1.2	2.70
쥬가노프	32.2	29.21
뿌친	56.3	52.94
찌또프	0.7	1.47
뚤레예프	3.7	2.95
야블린스끼	1.7	5.80
기타	1.3	2.11
모든 후보에 대한 반대	0.9	1.88

Президента РФ 26 марта 2000. Республика Калмыкия. http://nsn.net.ru/print.pht... Оригинал документа: http://nsn.net.ru/?id=592&ch=5&sub. (검색일: 2003.12.7.). 깔미끼야 공화국 대통령의 약력은, Республика Калмыкия. Президент. http://www.kalm.ru/ru/president.html. 상원의원에 대해서는, Республика Калмыкия. Провкин Игорь Юрьевич. http://www.council.gov.ru... (검색일: 2003.12.3.); Исхаков Рустем Эдуардович. http://www.council.gov.ru... (검색일: 2003.12.3.). 국가두마의원 명단은, Республика Калмыкия. Списки кандидатов. Список действующих депутатов Государственной Думы Федерального Собрания Российской Федерации третьего созыва (по состоянию на 3 апреля 2003 года). http://ww.fci.ru/way/18519C30-D0B7-... 23/61. (검색일: 2003.12.3.). 러시아연방과 관련해서는, Итоги выборов руководителей исполнительной власти субъектов РФ. http://ww.fci.ru/WAY/299554.html; Итоги выборов в законодательные (представительные) органы власти субъектов РФ. http://ww.fci.ru/WAY/299558.html; Статьи. Итоги голосования. Выборы Президента Российской Федерации 26 марта 2000 года. Российская Федерация. http://ww.fci.ru/way/203889/obj/202300.html. (검색일: 2003.9.5.); Итоги выборов по федеральному округу в разрезе окружных избирательных комиссий. Российская Федерация. http://ww.fci.ru/v_razreze_okruzhnyh_izbiratelbnyh_komissiy_1.(검색일: 2003.9.5.).

(2) 러시아연방 국가두마의원 선거

1999년 12월 19일 실시된 러시아연방 국가두마의원에서 정당별 투표에 참여한 유권자수는 12만 6천 명 정도로서 전체 유권자의 64%를 차지했다. 깔미끼야 공화국 공화국에서 정당별 투표의 최대 득표자는 <단결>이고 <러시아연방 공산당>이 그 다음을 차지했다.

깔미끼야 공화국에서의 정당별 득표
(1999년 12월 19일 러시아연방 국가두마의원 선거)

목 록	득표수	득표율(%)	득표율(러시아연방,%)
야블로꼬	3882	3.07	5.93
단결(메드베드)	44117	34.91	23.32
지리놉스끼 블록	4037	3.19	5.98
조국-전러시아	12983	10.27	13.33
러시아연방 공산당	32619	25.81	24.29
우파연합	4797	3.79	8.52

소선거구제로 진행되는 지역구 선거는 64%의 투표율을 보였다. 8명의 등록된 후보를 대상으로 투표가 진행되었으며 <단결> 소속의 부라따예바가 당선되었다.

후보별 득표 (1999년 12월 19일 러시아연방 국가두마의원 선거)

	후 보 명 단	득표수	득표율(%)
1.	바드마예프(Бадмаев Ю.Д.)	5950	4.71
2.	바뚜리나(Батурина Е.Н.)	15210	12.04
3.	부라따예바(Буратаева А.М.)	30482	24.13
4.	부르니노프(Бурнинов Д.Б.)	5733	4.54
5.	부룰로프(Бурулов Р.Н.)	10621	8.41
6.	다기노프(Дагинов В.Н.)	8779	6.95
7.	꼴레스니크(Колесник В.И.)	21827	17.28
8.	꾸체렌꼬(Кучеренко А.В.)	15476	12.25
	모든 후보에 대한 반대	8906	7.05

(3) 러시아연방 의회 상원(연방회의)의 성원

깔미끼야 공화국에서 선출된 러시아연방 상원의원은 쁘로프낀(И. Ю. Провкин)과 이스하꼬프(Исхаков Р.Э.)이다. 쁘로프낀은 러시아연방 상원의 금융시장 및 화폐유통 위원회 부위원장이고 자연적 독점에 관한 위원회, 정보정책 위언회, 연방의회 활동보장에 대한 통제 위원회의 위원이다. 깔미끼야 공화국 인민후랄에서 선출되었다. 1967년 2월 17일 생으로서 2001년 12월 21일 선출되었고 그 임기는 2003년 10월에 만료된다. 이스하꼬프는 러시아연방 상원의 사법위원회, 연방의회 활동보장에 대한 통제위원회의 위원으로서, 깔미끼야 공화국 정부에서 임명했다. 1962년 4월 14일 생으로서 2002년 11월 23일 임명되었고 그 임기는 2007년 10월에 만료된다.

2) 연방주체 차원의 선거

(1) 연방주체의 수장 선거

2002년 10월 20일 깔미끼야 공화국 대통령선거가 실시되었다. 대통령과 함께 대통령후보가 그 후보를 제안하는 부통령도 선출되었다. 대통령 직위에는 11명의 후보가 등록되었다.

	후보명	출생년도	당시 주요경력	거주지
1.	바드마예프 (Бадмаев С.А.)	1948년 생	ООО «Связьтурсервис» 대표이사	모스크바
2.	보를리꼬프 (Борликов Г.М.)	1944년 생	깔미끼야 국립대학 총장	엘리스따
3.	반까예프 (Ванькаев Б.Б.)	1962년 생	깔미끼야 공화국 부총리	엘리스따
4.	고로도비꼬프 (Городовиков Б.Б.)	1945년 생	지역의 사회-정치 조직 «Генерал Городовиков» 의장	엘리스따
5.	다기노프 (Дагинов В.Н.)	1960년 생	ООО «Северный строительный холдинг»의 이사회 부의장	모스크바
6.	일륨쥐노프 (Илюмжинов К.Н.)	1962년 생	깔미끼야 공화국 대통령	엘리스따
7.	레드쥐노프 (Леджинов А.И.)	1956년 생	인도적, 사회적, 경제적 프로그램 <안전과 발전> 협력기금 부이사장	엘리스따
8.	만쥐꼬바 (Манжикова Н.С.)	1955년 생	ООО «Фондовая компания «Аш»의 대표이사	엘리스따

9.	오치로프 (Очиров Н.Л.)	1954년 생	AO «Никой л- Калмыкия» 대표이사	엘리스따
10.	숀드쥐예프 (Шонджиев Б.И.)	1963년 생	상업은행 «Банк высоких технологий »의 운영 부위원장	모스크바
11.	쇼르바예프 (Шорваев Э.У.)	1960년 생	-	엘리스따

깔미끼야 공화국 법률 <깔미끼야 공화국 대통령 선거에 관하여>에 따라 공화국 선거관리위원회는 만일 선거에 투표 종료시점에 유권자 명부에 포함된 유권자들의 25% 미만이 선거에 참여한 경우, 다른 후보에 비해 가장 많은 득표를 한 후보에게 투표한 수가 모든 후보에 대한 반대에 투표한 수보다 적을 경우 깔미끼야 공화국 대통령선거는 성립되지 않은 것으로 인정한다.

투표에 참여한 유권자의 절반 이상이 투표한 등록된 후보가 당선된 것으로 인정된다. 깔미끼야 공화국의 대통령과 함께 부통령도 당선된 것으로 간주된다. 만일 등록된 후보 가운데 그 누구도 당선되지 않았으면, 깔미끼야 공화국 선거관리위원회는 가장 많은 득표를 한 등록된 두 후보를 대상으로 결선투표의 진행에 관한 결정을 내린다. 결선투표는 이전 투표일로부터 2주일의 기한보다 늦지 않게 진행된다.

깔미끼야 공화국 대통령선거는 성립되었고 투표에는 등록된 유권자의 68.87%가 참여했다. 한 후보도 당선을 위해 필요한 득표를 하지 못했고 최다득표를 한 두 후보, 일륨쥐노프(К. Н. Илюмжинов, 47.26%)와, 숀드쥐예프(Э. У. Шонджиев , 13.61%)를 대상으로 결선투표가 진행되었다.

2002년 10월 27일 깔미끼야 공화국 대통령 결선투표가 진행되었다. 투표용지에는 최다득표를 한 두 후보가 포함되었다. 깔미끼야 공화국 법률 <깔미끼야 공화국 대통령 선거에 관하여>에 따라 선거관리위원회는 투표종료시점에 유권자 명부에 포함된 유권자 15% 미만이 선거에 참여한 경우, 최다득표를 한 후보의 득표수가 모든 후보에 반대한 투표수보다 적을 때 선거는 성립되지 않은 것으로 인정된다.

결선투표의 실시에서는 투표에 참여한 유권자들의 표를 가장 많은 얻은 후보의 득표수가 모든 후보에 대한 반대에 투표한 수보다 많을 경우 이 후보다 당선된 것으로 인정된다. 만일 이전에 진행된 투표의 집계에 따라 결선투표를 실시해야 하는 후보자들 가운데 한사람이 투표일 이전에 후보에서 사퇴하면 그의 자리는 깔미끼야 공화국 선거관리위원회의 결정에 따라 이전에 해당 선거에 참여했던 후보자들 가운데 다음으로 많은 득표를 한 후보가 차지하게 된다. 결선투표 실시에서 만일 모든 등록된 후보가 사퇴하고 결선투표일에 오직 한명의 등록된 후보만 남는다면 이 후보에 대해서만 결선투표가 진행되는 것이 허용된다. 이 경우 그가 결선투표에 참여한 유권자의 50% 이상의 표를 얻는다면 당선된 것으로 간주된다.

결선투표는 성립되었고 여기에는 68.69%의 등록된 유권자가 참여했다. 깔미끼야 공화국의 대통령으로는 일륨쥐노프가 당선되었고 57.21%의 유권자가 그에게 투표했다.

일륨쥐노프는 1962년 4월 5일 출생했으며 깔미크이다. 엘리스따 시의 <즈뵤즈다> 공장의 철공으로 일을 시작했으며 1983년부터 소연방 외무부 산하 국제관계대학을 다녔고 1989년에 마쳤다. 1993년 4월 깔미끼야 공화국 대통령이 되기까지 모스크바에서 소련-일본 합작회사(리끄-라두가)의 운영자, 그리고 회사(산)의 대표로 일했으며, 러시아 사회주의공화국 최고소비에트 의원으로 선출되기도 했다. 러시아연방의 지역간 과학학(科學學) 아카데미 명예회원, 러시아연방 응용과학 전국 아카데미 명예박사(독또르), 러시아연방 사회과학 아카데미 정회원, 뉴욕 과학아카데미 정회원이다. 엘리스따 시 의회의 명예의원이고 러시아 산업가협의회의 회장, 국제 체스조직(ФИДЕ)의 회장이기도 하다.

Ⅳ. 경제 시스템

1. 경제개황

깔미끼야 공화국는 7개의 연방지구 중 남부연방지구에 속하고 12개의 러시아 경제지역 중 볼가경제지역에 속한다. 깔미끼야 공화국은 카스피해에 인접해 있어 바다와 같이 성장해 온 지역이다. 생산과 유통 등의 대부분을 바다에 의지해 살아가고 있다.

전체적으로 러시아경제에서 차지하는 깔미끼야 공화국의 경제비중은 아주 작다. 그 중 특히 공업은 러시아대비 비중이 0.04%에 그치고 있다. 농업부문도 규모가 큰 편이 아니다.

이런 상황의 주요인을 분석하면 무엇보다 정부 역할의 실패를 들 수 있다. 산업의 구조-조직정책의 실패로 비효율성이 경제 전반에 미쳐서 산업과 경제구조의 연관성이 무너져있고 현 단계에서 경제회복에도 역량이 부족한 상태에 있다.

깔미끼야 공화국은 4개의 경제지역으로 분류되어 질 수 있다. (이것은 산업형태에 따른 분류이다.)

- 예르게닌(Ергенин) 지역은 가축사육이 매우 활발히 이루어지고 있는 지역이다. 곡물의 생산도 매우 높고 그 외에 감자와 채소의 생산이 주가 되고 있는 곳이다. 공업적 측면에서 식품공업과 건재공업, 그리고 경공업, 금속가공업이 발달되어 있다. 이 지역의 중심지로는 엘리스따시를 들 수 있다.
- 쁘리모르스까야 뽈로싸(Приморская полоса) 지역은 카스피해에 인접해 있어 어업이 중심이 되고 있는 지역이다. 이 지역의 중심지는 카스피시이다.
- 쁘리마니치예(Приманычье) 지역에서는 곡물이 많이 생산되고 있다. 그 외에 포도생산과 식물성 식용유 생산이 이루어지고 있다. 가축사육도 많이 이루어지고 있고 가축사육의 형태는 고기와 우유를 얻을 수 있는 낙농이 주가 되고 있다. 이 지역의 중심지는 고로도비끄프시이다.
- 중앙남부(Центральный и южный) 지역이다. 이 곳은 목장이 많은 지역으로 주로 목양이 발달되어 있다. 대체로 북 까프까스지역에서 목양생산이 이루어진다.

깔미끼야 공화국의 거시경제지표들을 살펴보면 대체로 러시아의 여타 주체 중에서 전반적으로 매우 낮은 비율을 차지하고 있다. 깔미끼야 공화국의 여러 부문의 비율을 표로 비교하면 다음과 같다.

2000년도 러시아 주요 경제지표에서 깔미끼야 공화국의 비중

주요 항목	러시아전체 대비 비율
지역총생산	0.1%
공업생산량	0.04%
농업생산량	0.2%
소매유통	0.1%
자본투자	0.6%

http://www.infostat.ru/epub.htm(검색일: 2003.1.10)

깔미끼야 공화국의 지역총생산은 러시아 대비 0.1%에 이르고 있다. 깔미끼야 공화국의 지역총생산, 1인당 지역총생산 그리고 지역총생산 지수를 연도별로 표를 통해 보면 다음과 같다.

깔미끼야 공화국 지역총생산액 추이

항목 \ 년도	1996	1997	1998	1999
지역총생산	1,313	1,660	1,718	2,127
1인당 지역총생산	4,130	5,230	5,427	6,733
지역총생산 지수		103.9	90.4	94.0

http://www.infostat.ru/epub.htm(검색일: 2003.1.10)

깔미끼야 공화국의 지역총생산의 주요 구성과 비율을 각 부문별로 살펴보면 다음과 같다.

지역총생산의 주요 구성과 비율

주요 산업부문	지역총생산의 주요 구조의 비율
공업부문	25.0%
농업부문	
건설부문	5.9%
운송부문	2.1%
유통부문	5.6%

http://www.infostat.ru/epub.htm(검색일: 2003.1.10)

2. 산업

1) 공업

깔미끼야 공화국의 공업은 러시아대비 공업생산량에 있어 상대적 저비율의 상태에 있지만 이에 비해 국내에서의 공업이 차지하는 비중은 상당히 높다. 그리고 깔미끼야 공화국의 공업의 특징은 한 두 개의 부문이 특화되어 있다는 것이다. 이 특징은 곧 산업적인 불균형을 의미하는데 이 산업들은 정책에 의한 것이 아닌 자연지리적 특성에 기인하고 있다.

깔미끼야 공화국의 총 공업생산량과 공업지수를 연도별 추이로 살펴보면 다음과 같다.

총 공업생산량 추이

항목 \ 년도	1997	1998	1999	2000
총 공업생산량	665	619	948	1,546
공업생산 지수	97	100.1	82.0	115

http://www.infostat.ru/epub.htm(검색일: 2003.1.10)

깔미끼야 공화국의 공업부문별 구조를 살펴보면 연료공업이 단연 앞서 있고 그 비율은 총 공업생산량의 57.5%에 이르고 있다. 그리고 전기전력도 21.4%에 이르고 있고 건재공업이 7.9%, 식품공업 5.8%도 중요한 부문이다. 그 외 화학 · 석유화학부문, 기계제작 · 금속가공, 경공업 등도 활발한 부문이다. 특히 제분-곡물-사료부문이 3.3%에 이르고 있어 깔미끼야 공화국의 중요산업으로 주목을 끌고 있다.

깔미끼야 공화국의 기업부문의 지표에 관해 총 기업수와 소 기업수, 그리고 공업관련 기업을 연도별 통계로 살펴보면 다음과 같다.

기업수 추이

항목 \ 년도	1997	1998	1999	2000
총기업수(연말)	11,858	13,095	13,878	15,185
소기업수(연말)	1,125	1,161	908	889
활동기업수	183	175	169	167

http://www.infostat.ru/epub.htm(검색일: 2003.1.10)

2) 농업

깔미끼야 공화국에는 농업이 산업의 주동력이다. 가축사육이 주가 되고 있고 작물재배와 가축사육의 비율은 27.3%와 72.7%이다. 주목해야 할 것은 깔미끼야 공화국의 총 경작지 중 약 84% 정도, 즉 거의 대부분을 가축사육의 사료용 작물재배에 사용하고 있다는 사실이다. 깔미끼야 공화국의 농업에서 특이한 것은 공화국의 여느 지역에서는 양마를 하고 있고 낙타도 기르고 있다는 것이다. 그 외 목양이 활발히 이루어지고 있는데 이것은 깔미끼야 공화국의 산업생산에 큰 비중을 차지하고 있다.

깔미끼야 공화국의 농업생산량과 가축사육, 작물재배의 각 생산량, 그리고 농업지수를 연도별로 살펴보면 다음과 같다.

농업생산량 추이

항목 \ 년도	1997	1998	1999	2000
총농업생산액	717.1	465.0	787.2	1,281.2
작물관련 생산액	404.8	151.8	288.0	565.2
가축관련 생산액	321.3	313.2	499.2	716.0
농업생산지수	108	54	88	139

http://www.infostat.ru/epub.htm (검색일: 2003.1.10)

3. 자원 등 기타

깔미끼야 공화국은 경제적, 지리적으로 유리한 곳에 위치하고 있다. 수급동일권내에 러시아 공업중심지가 위치하고 있어 천연광물자원의 개발 및 가공을 위한 개발단지의 활성화를 가능하게 하고 있다. 즉 깔미끼야 공화국에 부존되어 있는 탄화수소 원료, 식탁염, 금속인산염광산, 석영가루, 각종의 건축자재 등의 개발과 가공 산업이 촉진되고 있다. 이러한 자원들은 태양에너지와 풍력에너지 등 비전통적인 에너지들을 공업발전에 이용할 수 있도록 유도하고 있다.

이 지역은 석유가스 매장지와 근접해 있어 탄화수소 원료의 매장지로서 유력한 평가를 얻고 있다. 전체적으로 깔미끼야 공화국에는 28개의 자원매장지가 있고 그 중 대부분이 석유의 매장지로 알려져 있다. 차후 이 지역의 탄화수소 원료의 비축량은 현저히 급증할 것으로 전망된다.

식탁염의 매장량은 정확히 확인되고 있지 않다. 요오드와 취소의 발굴도 동시에 진행되고 있다. 예르게닌(Ергенин) 광산지역에는 우라늄 천연자원과 인산염, 스칸듐, 희귀토양이 분포되어 있다. 인산염의 매장은 까자흐스탄 지역과 같은 매장지보와 비교할 때 희귀토양성분에서 보통 3배 이상 많이 함유되어 있다.

깔미끼야 공화국에는 60여종 이상의 포유류가 서생하고 있고 늪지대에는 130여종의 조류가 서식하고 있고 계절에 따라서 50여종 이상이 발견되기도 한다. 특히 러시아정부가 정한 희귀동물 리스트에 올라있는 조류도 23종이 있다.

깔미끼야 공화국은 사막지대에 위치하고 있다. 이 지역의 식물의 표면층은 초원과 황량한 지역이 혼합된 형태로 되어있고 러시아에서 가장 숲이 적은 지역으로 알려져 있다.

V. 문화시스템

1. 지역정체성

1) 인구

2001년 현재 깔미끼야 공화국의 인구는 314,000명으로 러시아연방 전체의 0.21%, 89개 주체 중 77위에 해당한다. 깔미끼야 공화국의 인구는 1992년도까지 꾸준한 증가세를 유지한 후 1993년부터 약간의 감소세를 보이고 있으나, 그 정도는 매우 미약하여, 러시아연방 다른 주체들에 비해 매우 안정된 상황을 보이고 있다. 이는 무엇보다 사망률에 비해 출생률이 높은 결과에 기인한 바 크다.

깔미끼야 공화국 인구변동 추이

연도	1990	1992	1993	1994	1995	1996	1997	1998	1999	2000	2001
인구수 (1,000명)	325	327	322	321	320	319	318	317	316	314	314

Россий ский статистический ежегодник. Госкомстат России. М., 2001. С. 83.

깔미끼야 공화국 인구는 1990년대 초에는 높은 자연증가율을 보였으나, 그 이후부터 2000년 현재까지 자연증가율이 점차 하락하여 전체 인구상황에 다소 부정적으로 작용하고 있다. 그러나 아직은 플러스 성장을 보임으로써 인구 감소추세를 다소나마 둔화시키고 있다. 이런 추세가 지속된다면 자연증가율의 역조현상이 곧 나타날 것으로 보인다.

깔미끼야 공화국 출생자수, 사망자수, 자연증가율

연도	출생자(명)	사망자수(명)	자연증가율(명)
1990	6,828	2,669	4,159
1992	5,865	2,806	3,059
1993	5,027	3,167	1,860
1994	4,684	3,226	1,458
1995	4,321	3,359	962
1996	3,929	3,232	697

1997	3,845	3,072	773
1998	3,858	3,279	579
1999	3,598	3,356	242
2000	3,473	3,439	34

Россий ский статистический ежегодник. Госкомстат России. М., 2001. С. 113.

깔미끼야 공화국의 경제활동인구는 2000년 현재 145,000명으로 총 인구대비 46.17%이다. 그 중 취업인구는 116,000명으로 취업률은 19.9%이며, 실업률은 81.1%이다. 이러한 고실업사태는 1990년대 중반 이후 나타나기 시작하여 경제위기가 발생한 1997년, 1998년도에는 각각 26.1, 31.3%라는 최악의 사태에 이르게 되었다. 다행히 1999년도부터 고실업사태가 진정세를 보이고 있으며, 아울러 경제활동 인구수도 점차 늘고 있는 추세이다.

깔미끼야 공화국 경제활동인구(취업자, 실업자), 실업률

연도	경제활동인구 (1,000명)	취업자수 (1,000명)	실업자수 (1,000명)	실업률(%)
1992	159	147	12	7.3
1993	152	139	14	9.1
1994	147	129	18	12.1
1995	138	107	31	22.2
1996	138	118	20	14.5
1997	139	103	36	26.1
1998	147	101	46	31.3
1999	141	108	34	23.8
2000	145	116	29	20.1

Россий ский статистический ежегодник. Госкомстат России. М., 2001. С. 136.

2) 민족

1989년 현재 깔미끼야 공화국 인구는 약 60여 민족으로 구성되어 있으며, 토착민족인 깔미끼야인은 45.4%, 그 외에 러시아인 37.7%, 다르긴족 4.0%, 체첸인 2.6%, 까자크인 1.9%, 독일인 1.7%, 우끄라이나인 1.3%, 아바르인 1.2%, 꾸미크인 0.5%, 벨라루스인 0.4%, 따따르인 0.4%, 한인 0.2% 등이 거주하고 있다.

3) 교육

깔미끼야 공화국에는 깔미끼야 국립대학, 자동차-도로 기술전문학교, 의학 및 요리전문대학, 예술대학, 인문대학, 경제대학 및 공과대학 등이 운영되고 있으며, 3개 전문기술학교, 중등학교 및 취학 전 아동교육기관 등이 있다. 깔미끼야 공화국 정부는 성인교육에도 많은 관심을 할애하고 있다.

2. 지역문화

1) 문화개괄

깔미끼야 민중의 문화는 중앙아시아의 수 천 년 된 까체브(Качеб) 민족 문명 속에 그 뿌리를 두고 있다. 아시아에서 유럽으로 대 이주를 경험하면서 깔미끼야 민족의 문화는 우랄 근처, 볼가 유역, 북 까프까스 민족들의 문화적 영향을 크게 받아서 깔미끼야 민속과 서사 장르에서 아주 독특한 색조를 유지하고 있다.

러시아에서 깔미끼야 한국(汗國)의 형성시기에 오이라트 깔미끼야 (Ойрат-калмыки) 족은 이미 국가를 형성하고 있었고 특별한 법률체계, 문자를 가지고 있었다. 이들은 능숙한 전사들이며 정치가이며, 축산가이며, 상인들이다. 이들은 다양한 수공업 기술을 가지고 있었는데 펠트와 가죽을 생산했고 나무와 금속을 가지고 작업을 했다. 깔미끼야의 옷과 뜨개, 고대의 상징이 새겨져 있는 수예품은 화려함과 섬세함으로 돋보인다.

자야 빤지따

위대한 오이라트 족의 계몽자이며 불교의 전파자인 자야 빤지따(Зая-пандит)는 1648년에 오이라트 언어를 위한 특별한 알파벳인 '또도 비치크'(Тодо бичиг, 선명한 문자라는 뜻임)를 만들어서 주로 종교적 내용의 170개가 넘는 작품을 번역했다.

현재의 깔미끼야의 문화 생활은 다양하고 역동적이다. 시인, 산문가, 작곡가, 감독, 예술가, 건축가들은 자신들의 작품 속에서 여러 가지 학파의 예술 경향, 세계 고전의 경향, 모더니즘의 새로운 경향들을 구현해내고 있다.

공화국에는 슬라브, 까자흐스탄, 한국, 독일, 유럽, 북 까프까스 민중과 다른 민족 문화 센터들이 활동하고 있지만 러시아와 깔미끼야 민중의 민족 전통 문화가 우세하다. 깔미끼야의 극장들은 러시아와 국제 극장 페스티벌에 참가하고 있다.

2) 문화시설

깔미끼야의 수도인 엘리스따는 높은 문화적 수준을 보유한 잘 건축된 도시이다. 시의 가장 큰 중심광장인 레닌광장에는 젊은이들과 디스코 경연자들의 대중 퍼레이드가 펼쳐진다. 시에는 적지 않은 명성 고적들과 여행객들이 빼놓아서는 안 되는 흥미로운 장소들이 있다. 시의 북쪽 지역에 있는 높은 꾸르간 지역에는 2차 대전시 깔미끼야의 해방자들을 기리는 기념비가 높이 솟아 있다.

'우정' 공원에는 내전과 대 조국 전쟁(이차 대전)에서 전사한 꼼소몰과 빨치산의 영웅들을 기리기 위한 기념 건물이 서 있다. 시의 광장에는 구소련의 전쟁영웅이며 사령관이었던 고로도비꼬프(О. И. Городовиков, 1878-1960)의 기념비가 서 있다.

빨모프의 공화국 지지박물관의 진열품들은 깔미끼야 공화국의 성립과 발전의 역사를 잘 보여주고 있다. 바뜨르 바산고프(Баатр Басангов) 드라마 극장의 레퍼토리를 알면 훌륭한 배우들의 연기를 즐길 수 있다.

깔미끼야 공화국 국립 조형 예술 박물관

이 박물관은 1977년에 문을 열었다. 아스뜨라한 미술 박물관이 기증한 현대 예술작품들이 이 박물관의 기본적인 전시품들이다. 박물관 전시실에는 깔미끼야의 현대 예술가의 작품만이 아니라 독특한 성상화와 불교의 범신들의 형상을 가진 은으로 된 조각품들이 전시되어 있다. 박물관은 러시아와 서유럽 예술의 고전 작가들의 작품을 소장하고 있는 것을 긍지로 여기고 있다.

18-20세기 초의 중국과 일본 유물, 중앙아시아와 동남아시아의 장식-실용 예술품등을 전시하는 동방관이 있는데 전시관은 테마의 범주가 상당히 넓다 예를 들면, '18-20세기 초의 깔미끼야 조형 예술', 파보르(Фавор)와 깔미끼야의 영웅 서사시인 '잔가르(Джангар)', '1812년의 조국전쟁(대 나폴레옹 전

쟁)의 기억들', '러시아 조형예술에서의 깔미끼야', '러시아구성원으로 깔미끼야 민중이 편입된 390주년', '조형예술에서 민중의 역사' 등이다.

박물관은 로스또프-나-돈누, 스따브로뽈, 볼고그라드, 아스뜨라한, 끄라스노다르 등의 지역 도시들에서 원조를 받고 있다.

깔미끼야 공화국 지지 박물관 라간 지부

서사시 주인공
잔가르치 엘란

빨모프 깔미끼야 공화국 지지 박물관 라간(Лаган) 지부 박물관은 1977년 11월 3일에 세워졌다. 도시의 모습은 새로운 것과 옛 것의 조화로 독특하다. 건축물에는 이 지역의 민족적인 색조가 묻어 있다.

이곳에는 풍부한 숲과 카스피해가 있고 휴양객이나 여행객들을 위한 훌륭한 풍경을 가진 자연이 있다. 라간에는 깔미끼야, 러시아, 까자크, 체첸, 다르긴Wm(Даргинц), 따따르 민족들이 우정을 나누며 살고 있다. 이러한 민족적 다양성 때문에 박물관은 각 민족에 관한 민속 전시실을 확장시키고 있다.

박물관의 '깔미끼야 풍속과 문화관', '최초의 거주자들 전시실', '지역 자연관', '슬라브 풍속관', '명성관' 등이 커다란 인기를 누리고 있다. 몽고나 영국, 체코 등 에서 온 외국 손님들은 박물관을 방문해서 새롭고 흥미 있는 많은 것들을 보고 간다.

끄라스노다르 변강주
Краснодарский Край

Ⅰ. 개황

1. 기초정보

변강주 성립일: 1937년 9월 13일.

주도: 끄라스노다르(Краснодар)

인구: 4,999,000명(2001년 현재: 러시아연방 전체의 3.45%, 89개 주체 중 3위)

인구밀도: 65.77명/㎢

면적: 76,000㎢(러시아연방 전체 면적의 0.45%; 89개 주체 중 44위)

소속지구: 남부연방지구, 북 까프까스 경제지구

한국과의 시차: - 6시간

2. 상징

끄라스노다르 변강주 문장

끄라스노다르 변강주의 문장은 과거 꾸반(Кубань)주의 문장을 토대로 제작되었다. 문장은 까프까스 지역의 우측지역, 즉 예까쩨리나 II세, 빠벨 I세, 알렉싼드르 I세, 니꼴라이 I세, 알렉싼드르 II세 때 러시아 남부를 수호하고, 터키와 페르시아에 대항해서 까프까스 지역을 방어하기 위해 창설된 보루를 상징한다. 끄라스노다르 변강주의 문장에는 알렉싼드르 II세의 이니셜 대신 러시아연방의 주체임을 상징하는 문자인 'РФ'가 새겨져 있다. 끄라스노다르 변강주의 문장은 1995년 3월 24일 채택되었다.

끄라스노다르 변강주기

끄라스노다르 변강주기는 위로부터 파란색, 심홍색, 녹색 순서의 띠가 수평으로 그려져 있다. 상하 두 개 띠의 너비는 중앙에 있는 심홍색 띠의 너비와 같다. 깃발의 중앙에는 금빛 단색으로 된 끄라스노다르 변강주의 문장이 새겨져 있다. 끄라스노다르 변강주기는 1995년 3월 24일 채택되었다.

3. 주요도시

끄라스노다르(Краснодар): 인구 643,000명; 북위 45°2′, 동경 38°58′

쏘치(Сочи): 인구 366,100명; 북위 43°35′, 동경 39°44′

노보로씨스크(Новороссий ск): 인구 205,700명; 북위 44°43′, 동경 37°46′

아르마비르(Армавир): 인구 166,700명; 북위 44°59′, 동경 41°8′

예이스크(Ей ск): 인구 86,800명; 북위 46°42′, 동경 38°16′

끄로뽀트낀(Кропоткин): 인구 84,500명; 북위 45°26′, 동경 40°34′

찌호레쯔크(Тихорецк): 인구 68,700명; 북위 45°51′, 동경 40°7′

뚜압쎄(Туапсе): 인구 66,800명; 북위 44°6′, 동경 39°4′

라빈스크(Лабинск): 인구 64,400명; 북위 44°38′, 동경 40°43′

슬라뱐스크-나-꾸바니(Славянск-на-Кубани): 인구 64,400명; 북위 45°15′, 동경 38°7′

끄림스크(Крымск): 인구 58,900명; 북위 44°56′, 동경 37°58′

아나빠(Анапа): 인구 56,600명; 북위 44°54′, 동경 37°19′

벨로레첸스크(Белореченск): 인구 56,500명; 북위 44°46′, 동경 39°51′

겔렌지크(Геленджик): 인구 55,200명; 북위 44°34′, 동경 38°5′

찌마셰프스크(Тимашевск): 인구 54,900명; 북위 45°37′, 동경 38°56′

꾸르가닌스크(Курганинск): 인구 51,800명; 북위 44°54′, 동경 40°35′

우스찌-라빈스크(Усть-Лабинск): 인구 44,700명; 북위 45°13′, 동경 39°41′

꼬레노프스크(Кореновск): 인구 42,200명; 북위 45°28′, 동경 39°26′

아프셰론스크(Апшеронск): 인구 38,000명; 북위 44°28′, 동경 39°43′

쩸류크(Темрюк): 인구 37,900명; 북위 45°17′, 동경 37°22′

(인구: 2002년 현재)

4. 주요 산업 및 농업

변강주의 주요 산업으로 기계제작(각종 기기, 공작대, 농기계, 콤프레샤), 식료품산업, 정유산업, 경공업, 요업, 건축자재업이 발달했으며, 농업부문은 낙농업, 양돈, 양금, 양봉, 식물재배 등이 발달했다.

Ⅱ. 자연환경

1. 지리적 위치와 구성

끄라스노다르 변강주는 38개 행정구, 26개 시, 24개 도시형마을, 386개의 농촌마을로 구성되어 있으며, 까프까스 서부에 위치하며, 흑해, 아조프해, 께르첸스크만에 둘러싸여 있다.

로스또프주, 스따브로뽈 변강주, 까라차이-체르께씨야 공화국, 아디게야 공화국, 그루지야와 경계를 이룬다.

주요 하천은 꾸반강과 그 수계로서 우루프, 라바(Лаба), 벨라야(Белая), 예야(Ея)강 그리고 산에 형성된 호수인 까르디바치(Кардывач), 아브라우(Абрау) 등이 있다.

수도 끄라스노다르와 모스크바 간의 거리는 1,539㎞이다.

2. 기후조건

온난한 기후에서 아열대 기후에 이르기까지 다양하다.

1월 평균기온: 5℃(흑해 연안) ~ -4℃(평야지대)와 -5℃(산악지대)

7월 평균기온: 22℃ ~ 24℃, 12℃(산악지대)

연 강수량: 400 ~ 1,400㎜(쏘치 지역), 3,200㎜(끄라스나야 뽈랴나, 러시아 연방 최대)

식물 생장 기간: 190일(꾸반강 유역 저지대, 흑해 연안 산기슭의 토지에서는 230일)

식생: 스텝 지대, 스텝과 삼림대의 중간 지대

토양: 흑토

삼림분포도: 20%

3. 주요 유용광물

원유, 건축자재(석고, 지붕용 슬레이트, 이회암(泥灰巖), 백운석, 대리석), 소금층, 광천수 등이 있다. 주로 원유, 가연성 가스, 소금, 코크스석탄, 망간광, 니켈, 그리광, 내연성 점토, 인쇄용 석판 등이 발굴되고 있다. 특히 이 지방에는 건축용 자재와 도로용 자재인 외장용 돌, 패각 석회암, 석회암, 자갈, 화강암 등의 매장량이 매우 풍부하다. 이 외에도 투명크리스탈과 무색크리스탈이 다양하게 발굴되고 있어 섬광광석용 도구를 제조하는데 사용되는데, 변강주에서는 점토에서 많이 발견되고 구리나 석회석에서는 정맥처럼 결모양으로 자주 채굴된다. 또한 일부지방에서는 취소, 요드, 식탁염 등이 물속에서 많이 채굴되는데 그 채굴 방법 역시 간단한 전기동력의 설치나 최소한의 설비만으로도 가능하다. 까프카스 산맥의 북쪽 지역으로는 구리를 함유한 모래층이 있으며 흑해의 연안에서는 납과 은, 아연, 황철광 등이 발견되고 있다. 또한 산악지대의 많은 부분에서 백운석이 매장되어 있는데 그 규모 역시 매우 크다. 이런 백운석에서 질이 좋은 석회석과 가성 자철광을 얻고 있다. 또한 므즘뜨지역에서는 흑연과 납이 발견되고 있으며 이 흑연은 가장 천연적인 탄소물로 인식되어지고 있다. 그 밖의 다른 지역에 매장된 사문석의 양 역시 막대한 것으로 알려져 있는데 이는 공업뿐만 아니라 농업에서도 그 용도가 매우 다양하게 활용되고 있다.

Ⅲ. 정치시스템

1. 역사[1)]

흑해와 아조프해 연안은 고대문명의 발상지이다. 유리한 자연조건과 온화한 기후 덕분에 여기에서 고대 인류의 첫 번째 주민이 등장할 수 있었다. 꾸반은 격렬한 역사를 갖고 있다. 다양한 민족들이 이땅에 거주했다. 꾸반 연안과 아조프의 동쪽 연안에 메오트, 따만 반도에 신드가 거주하고 있던 2천 5백년 전에 고대 그리스 식민지가 등장했다. 고대 그리스 국가들 가운데서 남쪽에는 보스뽀르스크(Боспорское царство)가 가장 강했고, 이어지는 역사에서는 이 지역으로 훈족, 하자르족, 뻬체네그족과 몽골-따따르의 대군이 침입해 들어왔다. 또한 여기에는 이탈리아 대 상인들의 식민지가 있었으며 이들은 아디게 족들과 활발한 교역활동을 했다. 중세에는 꾸반에 터키의 영향력이 확대되기도 했다.

이 지역에서 첫 번째 슬라브족의 거주는 겨우 10세기에 나타나며 따만 반도에서 러시아의 도시 뜨무따라칸이 건설된 이후였다. 이 도시는 몽골-따따르의 침입이 시작될 때까지 존속했다. 러시아족 거주의 두 번째 물결은 꼰드라찌 불라빈의 폭동해산과 관련된다. 이때 그의 전우였던 이그나찌 네끄라소프는 생존한 반란 참가자들 가운데 남은 사람들을 여기로 이끌었다. 마지막으로, 꾸반 지역의 계획적인 정주는 13세기의 러시아-터키 전쟁이후에 시작되었다. 전투에 뛰어난 자뽀로쥐예 까자크들에게 예까쩨리나 II세는 1792년 6월 30일 러시아의 새로운 남부 경계의 방어를 목적으로 그 부근과 함께 따만 반도의 땅을 하사했다. 벨릐이가 지휘하는 첫 번째 까자크 부대가 바다를 거쳐 1792년 8월 25일 따만에 상륙했다.

---

1) 끄라스노다르 변강주 역사 부분은 다음을 번역, 정리하여 구성한 것이다. 인터넷 자료에 대한 검색은 주로 2003년 11월부터 2004년 1월 사이에 이루어졌다. Dontr.Ru|ЮФО|Краснодарский край - Общая характеристика. ttp://www.dontr.ru/Environ/WebObjects/dontr.woa/wa/Ufo?item=general&section=6; Dontr.Ru|ЮФО|Краснодарский край - История. http://www.dontr.ru/Environ/WebObjects/dontr.woa/wa/Ufo?item=history&section=6; Dontr.Ru|ЮФО|Краснодарский край -Краснодар. http://www.dontr.ru/Environ/WebObjects/dontr.woa/wa/Ufo?item=krasnodar&section=6.

꾸반은 수세기동안 까자크 사회의 중심지였다. 이 지역 까자크 문화의 형성과 관련된 이론들 가운데 가장 널리 퍼져 있는 것 하나는, 러시아의 중앙 지역으로부터 꾸반으로 도망하는 농노들의 집결지라는 것이다. 까자크는 18-19세기에 러시아의 모든 전쟁에 적극적으로 참여했다. 유럽과 까프까스에서 러시아가 이끈, 기독교와 정교의 방어를 위한 전쟁에서 까자크는 특히 대중성을 얻었다. 20세기 초 무렵 이 군대는 실질적인, 더 나아가 폐쇄적인 인종집단을 대표했다. 러시아 내부로부터의 집결지는 이미 없었고 북 까프까스 문명의 고유한 한 부분으로 변화되었기 때문이다. 오늘날 혁명이후 상실된 까자크 전통은 점차 다시 살아나고 있다.

끄라스노다르는 1793년(자료에 따라서는 1792년)에 세워졌다. 예까쩨리노다르라는 명칭 하에 1794년에 요새가 건설되었고 흑해 까자크 군대의 중심이 되었다. 국경지대에서 군사적 사건들이 발발하면서 예까쩨리노다르의 발전이 억제되었다. 예까쩨리노다르라는 명칭은 예까쩨리나 II세(1729-96)에 경의를 표하기 위한 것이었다. 이 명칭에서 '다르'(дар)라는 요소는 그 직접적인 의미로 활용된다. 그래서 이 명칭은 전체적으로 '예까쩨리나의 선물'을 의미한다. 1860년에 예까쩨리노다르는 꾸반 주의 중심이 되었다. 19세기 말 찌호렉-예까쩨리노다르-노보로시스크를 잇는 철도의 운행으로 도시는 대규모의 교통 및 유통, 산업의 중심지가 되었다. 내전기간 동안 예까쩨리노다르와 그 부근에서는 치열한 전투가 벌어졌다. 1920년에 예까쩨리노다르는 끄라스노다르로 개명되었고 1937년 끄라스노다르는 끄라스노다르 변강주의 중심이 되었다.

끄라스노다르 변강주의 영토는 혁명이전까지 꾸반주의 흑해 현이 차지하고 있던 영토들의 부분으로 이루어졌다. 두개의 행정적 단위가 1920년 10만 5,5000 평방킬로미터를 차지하고 있던 꾸반-흑해 주로 통합되었다. 1924년에 로스또프-나-도누를 중심으로 하는 북 까프까스 변강주가 구성되었다. 1934년에 이 변강주는 아조프-흑해(로스또프-나-도누가 중심)와 북 까프까스(스따브로뽈이 중심) 변강주로 나뉘어졌다. 1937년 9월 아조프-흑해 변강주는 로스또프 주와, 85,000 평방킬로미터의 영토를 갖고 아디게야 자치주를 포함하는 끄라스노다르 변강주로 분리되었다. 1991년에 아디게야 자치주는 끄라스노다르 변강주의 구성에서 분리되어 나가 아디게야 공화국으로 개편된다.

2. 권력기관[2)]

1) 전체 통치구조상의 특징

끄라스노다르 변강주에서 국가권력의 기반은 국민이다. 국민은 자신의 권력을 직접적으로, 그리고 국가권력기관과 지방자치기관을 통해 실현한다. 국민의 권력을 직접적으로 표현하는 것은 국민투표와 자유로운 선거이다.

끄라스노다르 변강주에서 국가권력은 입법, 집행, 사법권력의 분립을 기반으로 실현된다. 국가권력기관체계를 구성하는 것은 입법(대의)기관으로서 끄라스노다르 변강주 의회, 최고 집행기관으로서 끄라스노다르 변강주의 행정부, 기타 주헌법에 따라 구성되는 다른 국가권력기관들이다. 사법권력은 연방법원과 변강주의 법원들이 실현한다.

2) 집행기관: 끄라스노다르 변강주지사와 행정부

(1) 끄라스노다르 변강주지사의 권한

끄라스노다르 변강주에서 국가 집행권력을 실현하는 최고기관은 변강주 행정부이며 주지사는 그 수반이다. 주지사는 연방 국가권력기관, 연방의 다른 주체들, 지방자치기관, 그리고 사회단체들과의 관계에서 변강주 집행권력을 대표하며 그들과의 협약, 조약 및 다른 규정들에 서명하고 또한 외국 국가들과의 관계에서 변강주 집행권력을 대표한다. 변강주 헌법, 법률, 다른 규범적 법규들이 정한 행정부의 권한 집행을 지휘한다. 주지사는 변강주 예산과 집행결산을 의회의 승인에 부치며 의회의 지출을 제외한 변강주 예산의 재원을 관리한다. 의회에서 입법발의권을 가지며 변강주 법률에 서명하고 공표한다. 러시아연방 대통령과 정부관할 사항인 규정들에 대해서는 안을 제출하여 심의에 부친다. 주지사는 끄라스노다르 변강주의 이름으로 대내 및 대외경제적 조약에 서명하며 변강주 의회의 승인을 받는다. 러시아연방

---

2) 끄라스노다르 변강주의 권력구조에 관한 내용은 공화국 헌법을 기본으로 하며 다음의 자료들을 번역, 정리하여 구성한 것이다. Устав Краснодарского края. 92-119. 러시아연방 법령자료집 <러시아연방 남부지구 기본법: 개별주체의 헌법, 헌장> (용인: 경희대학교 비교문화연구소 러시아 지역연구팀, 92-119쪽(이 법령자료집은 http://www.legislature.ru/regconst.html에 실린 각 연방주체들의 기본법을 모은 것으로서, 자료검색은 2003년 4월-5월에 이루어졌다).

과 끄라스노다르 변강주의 규범적 법규들의 실현을 위한 대책을 개발, 실행한다. 주지사는 법적 규정으로서 명령을 발포하며 변강주 집행권력기관의 지도자들은 자신의 권한영역에서 명령을 발포한다.

주지사는 의회의 공개 및 비공개 회의에 참석할 수 있고 총회의 의제를 제기할 수 있으며 총회의 의제에 관해 연설 및 추가연설을 할 수 있다. 총회에 우선적인 발언권을 갖는 행정부의 대표자를 파견할 수 있다. 주지사는 행정부의 권한이면서 의회의 참여를 필요로 하지 않는 문제들에 대해 의회의 의견을 들을 수 있다.

주지사의 명령은 5일의 기한으로 의회에 보내지며 이것이 연방 헌법과 법률, 변강주 헌법과 법률에 위배되면 의회는 주지사에게 이를 수정 혹은 폐기시킬 것을 요청할 수 있다. 의회는 이 규정에 대해 사법적 절차를 밟거나 이에 대한 질의를 러시아연방 헌법재판소에 할 수 있다. 주지사는 의회의 명령에서 수정 및 보완 아니면 폐기에 관한 제안을 의회에 할 수 있으며, 이에 대해 사법적 절차를 밟을 수 있다. 주지사는 변강주의 정세, 행정부 활동의 기본방향에 대해 연례 발송문을 의회에 보낸다.

(2) 끄라스노다르 변강주지사의 선출

주지사는 끄라스노다르 변강주 집행권력을 지휘한다. 주지사는 5년 임기로 변강주 주민들에 의해 선출되며 동일 인물이 두 번의 임기를 초과하여 주지사가 될 수 없다. 주지사는 30세 이상의, 연방 및 변강주 선거법령을 준수하는 러시아연방 시민이 당선될 수 있다.

끄라스노다르 변강주 주지사는 국가권력의 입법(대의)기관, 지방자치기관의 의원이 될 수 없으며 실제적인 군의 업무에 종사할 수 없다. 국가, 상업, 공공기관과 조직들, 까자크 단체에서 다른 직위를 차지할 수 없고 기업활동에 종사할 수 없으며 교육, 학문 및 다른 창조적 활동을 제외한 유급의 업무에 종사할 수 없다. 주지사는 취임 후 한 달 내에 주민들에게 집행권력 수반의 자격으로 활동계획을 제시한다.

주지사는 임기 만료, 변강주 의회에 의한 그의 사임안 수용, 투표 총계에 의한 변강주 유권자들의 소환 등의 경우에 권한이 중지된다. 임기만료 이전 주지사의 권한중지가 일어나는 경우 3개월 내에 주지사 선거가 실시된다. 임기만료 이전 주지사의 권한중지의 경우, 그의 한시적인 부재 혹은 의무이행이 불가능한 경우 그 권한은 수석 부행정수반이 대행한다.

(3) 끄라스노다르 변강주의 행정부

행정부는 행정수반(주지사), 수석 부행정수반, 부행정수반과 행정 하위부서로 구성된다. 여기에는 또한 협의기관(변강주 정부, 협의회 등)이 세워진다. 행정부의 구조는 주지사의 제안에 의해 법률로 정해지며, 그 권한은 연방법률 및 주 헌법, 법률에 의해 규정된다. 행정부는 변강주 의회와 관련되는 권한영역에서는 러시아연방 집행권력의 상위기관에 예속된다. 행정부는 법인의 권리를 갖는다. 수석 부행정수반, 부행정수반은 변강주 의회의 동의하에 주지사가 임명한다. 주지사는 행정부의 대표부를 구성하고 그 지위를 정한다. 행정부 대표부의 지출은 주지사의 제안으로 의회가 승인한다. 행정부는 연방 집행권력기관이 이관한 부분적인 권한들을 실현하고 또한 연방 집행권력기관에 자신의 권한 일부를 이관할 수 있다.

행정부는 시민의 권리와 자유의 실현, 보장 및 보호, 소유권과 공공질서의 보호, 범죄와의 투쟁에 관한 대책을 실행한다. 변강주의 예산안과 변강주 사회-경제발전계획의 작성, 예산안 집행의 지원 및 집행결산안을 준비한다. 변강주 소유재산과, 그 운영이 변강주에 이관된 연방 소유재산을 운영하고 관리한다. 관할영역과 권한의 분리에 관해 연방 집행권력기관과 조약을 체결하고 자신의 권한 일부의 상호 이관에 관한 협약을 체결한다.

끄라스노다르 변강주 행정부와 의회는 끄라스노다르 변강주 및 그 주민의 이해, 사회-경제적 발전문제의 해결을 목표로 하여 상호적으로 활동하고 자신의 권한영역에서 각기 독자적인 역할을 수행한다. 의회와 그 위원회는 행정부로부터 정보 및 자문을 받을 수 있다. 의회의 총회 및 회의에는 행정 하위부서 담당자들이 출석하여 의제에 관해 발언할 수 있다. 의원들은 집행권력기관의 지도자들과 다른 담당자들과의 우선적인 접견권리를 갖는다. 의회와 행정부는 정보를 상호교환하고 자신의 활동, 채택된 결정에 대해 그리고 변강주의 정세에 관해 주민들에게 정기적으로 정보를 제공한다. 의회는 자신의 발표문에서 행정부의 활동에 대한 입장을 표명할 수 있다.

3) 입법기관: 끄라스노다르 변강주 의회 (Законодательное собрание Краснодарского края)

끄라스노다르 변강주 입법권력은 직접적으로 국민투표를 통해 그리고 대의 및 입법기관인 변강주 의회를 통해 주민이 실현한다. 변강주 의회는 5년 임기로 선출되는 50명의 의원으로 구성된다. 의원 선거는 주지사 선거와 동시에 진행될 수 없으며 두 선거 사이에는 1년 이상의 기간을 두어야 한다.

끄라스노다르 변강주 의회의 의원은 21세 이상의, 변강주에 거주하면서 선거법을 준수하는, 연방법률과 변강주 법률에 따라 피선거권을 갖는 러시아연방 시민이 선출될 수 있다. 끄라스노다르 변강주 의회 의원은 러시아연방 상원을 제외한 다른 입법기관의 의원이 될 수 없으며 집행 및 사법기관의 직위를 차지할 수 없다. 의원들은 직업적으로 상설적인 기반은 물론 비상설적 기반에서도 활동한다. 직업적으로 상설적 기반에서 일하는 의회의 의원은 교육, 학문 및 다른 창조적 활동을 제외한 유급활동에 종사할 수 없으며 개인, 모든 소유형태의 기업, 조직 등으로부터 주식에 의한 소득을 제외하고는 일시에 혹은 정기적으로 보수를 받을 수 없다. 직업적으로 상설적인 기반에서 일하는 의원 수는 의회가 정한다. 변강주 의회의 의원은 자신의 임기동안 면책특권을 가지며, 의원 면책특권의 제한에 관련되는 문제는 변강주 검찰의 제기 하에 의회가 결정한다.

끄라스노다르 변강주 의회는 전체 의원수의 3분의 2 이상이 선출되면 소집될 수 있으며, 총회, 의회차원의 청취, 위원회의 회의 등의 형식으로 일한다. 의원은 또한 선거구에서 일한다. 총회는 4분기당 한번이상 필요에 따라 소집된다. 의회는 자신의 관할에 관한 문제들의 사전심의와 준비를 위해, 그 결정, 법률 및 다른 규범적 법규들의 집행에 대한 통제를 위해 상설적, 한시적 위원회를 구성한다.

끄라스노다르 변강주 의회는 의원들 가운데서 비밀투표로 전체 의원 과반수의 찬성에 의해 의장과 부의장을 선출한다. 의장은 러시아연방 의회의 국가두마의원과 지방자치 대의기관의 의원이 될 수 없다. 의장은 소집된 해당 의원들의 임기로 선출된다. 의장과 부의장은 의회에 예속되며 의원 전체 의원의 과반수이상이 요구하면 소환될 수 있다. 의장이 자발적으로 사임할 경우 그의 서면 신청은 의회 총회에서 심의된다. 만일 의회가 사임을 수용하지 않으면 의장은 총회에서 그의 신청을 심의한 두달후 자신의 권한을 중지할 수 있다.

끄라스노다르 변강주 의회의 의장은 주민들, 노동집단, 지방자치기관, 국가권력기관, 기업, 조직 및 사회단체들과의 관계에서 변강주 의회를 대표하며 의회 총회를 소집하고 그 준비를 지도하며 내규에 따라 의회를 주재한다. 명령, 발표, 호소, 선언, 총회 의사록(서기국의 장과 함께)과 의회의 다른 서류들에 서명한다. 의회의 업무를 조직하고 의회의 기구 구성을 실현하며 그 업무를 지도하고 의회의 자산 및 재원을 관리한다. 자신의 권한문제에 관하여 의장은 명령을 발포한다. 의회의 수석 부의장, 부의장은 의장의 의무배치 및 위임에 따라 역할을 수행하며 상설 위원회의 활동을 조정한다. 부의장의 부재 시 혹은 그가 의무를 이행하지 못할 경우 그 역할은 수석 부의장이 대행한다.

끄라스노다르 변강주 의회는 변강주 헌법, 법률, 명령 그리고 발표, 호소, 선언 등을 내거나 다룬다. 의회는 자신의 관할에 관한 문제들만 심의하고 결정할 수 있으며, 그 문제들에 대해 법률 및 규범적 법규들의 채택을 포함하여 법적 조정을 행할 수 있다.

끄라스노다르 변강주 의회에 의해 채택되는 법률을 기반으로 의회의 조직 및 활동기반이 정해지고 의회는 물론 주지사의 선거진행절차가 정해진다. 국민투표의 지정과 그 진행절차, 지방자치기관의 선거 진행절차 및 그 활동절차가 규정된다. 변강주 통치구도, 변강주 최고 집행권력기관의 구조가 규정되고 변강주의 행정-영토적 구성 및 그 변경의 절차가 정해진다. 주지사에 의해 제시된 변강주의 사회-경제발전 계획이 승인되며 변강주 조약의 체결과 파기가 승인된다. 변강주의 예산 및 집행결산이 승인되고 변강주의 세금과 그 징수 절차가 정해지며 기업, 유통업체 등의 지분을 포함하여 변강주 소유재산의 운영 및 관리절차가 정해진다.

또한 끄라스노다르 변강주 의회의 명령에 의해서 의회의 활동절차가 규정된다. 의회 및 주지사의 선거일자, 국민투표가 지정된다. 변강주의 담당인사가 임면되고 그 임명동의가 이루어지며, 변강주 헌법재판소 (Уставный суд)의 판사가 임명된다. 주지사와 집행권력기관 지도자들의 불신임 결정이 처리되고 변강주 경계의 변경에 관한 협약이 승인된다.

끄라스노다르 변강주 의회는 주지사의 제안에 의해서 혹은 그 결정이 있는 상태에서 세금과 수수료의 도입 혹은 폐지, 그 불입 중지에 관한, 변강주의 재정적 의무의 변화에 관한 법률(규범적 법규)을 채택한다. 의회는 자신의 권한에 관한 문제들을 능률적으로 해결하기 위해 집행권력기관, 지방자치기관에 권한의 일부를 이관할 수 있다.

끄라스노다르 변강주 의회는 독자적으로 혹은 자신이 세운 기관을 통해 법률 및 규범적 법규의 집행을 통제하고, 변강주 예산집행, 러시아연방 예산으로부터 신용 재원 및 지출, 변강주 예산외의 그리고 통화기금의 자원활용을 통제한다. 변강주 사회경제발전계획의 집행, 변강주의 재산과 변강주 국가권력기관에 그 운영이 이관된 연방 및 다른 재산의 관리에 대한 통제를 실행한다.

<끄라스노다르 변강주의 법령>

끄라스노다르 변강주 법령 체계에는 다른 규범적 법규에 대해 최고의 법적 효력을 갖는 변강주 헌법, 변강주 국민투표 혹은 의회가 채택한 변강주 법률, 변강주 의회가 채택한 명령, 주지사가 채택한 명령, 정부의 내규, 규칙, 명령과 같은 다른 규범적 법규들이 들어간다. 변강주 국가권력기관은 호소, 발표, 선언을 낼 수 있다.

변강주의 법령은 러시아연방 헌법, 연방법률, 변강주 헌법에 위배되어서는 안된다. 변강주의 법령은 변강주에 있는 모든 국가권력기관, 지방자치기관, 조직, 기업 및 개인, 법인과 다른 주체들이 이행해야 한다. 연방법률은 물론 변강주 의회가 채택한 법률 역시 변강주의 법적 규준의 일차적 원천이며 변강주에서 국가적 방어를 해야 한다.

변강주 의회가 채택한 법률은 주지사에게 보내지며 주지사는 법률이 도착한 순간부터 7일내에 그것을 공표하거나 거부해야 한다. 주지사가 법률을 거부할 경우 의회의 전체 의원수의 3분의 2 이상의 찬성에 의해 이전의 안이 채택될 수 있다. 이 경우 주지사 다시 거부할 수 없으며 3일내에 공표되어야 한다. 변강주 행정부의 규범적 법규는 러시아연방 법률과 연방 대통령 명령, 연방 정부의 명령 그리고 변강주 의회의 규범적 법규를 기반으로 하여 채택된다. 변강주 법률은 러시아연방 국가권력기관의 관할, 사법기관의 관할사항에 대해 결정을 내려서는 안 된다.

끄라스노다르 변강주 의회에서는 변강주 의회 의원들, 의회의 상설 위원회, 의원단체, 주지사 등이 입법발의권을 갖고 있으며 또한 자신의 권한문제와 관련해서는 변강주 검찰, 재판소의 소장, 중재재판소의 소장, 변강주 선거관리위원회도 갖고 있다. 변강주 지방자치 대의기관, 노동조합 변강주 회의, 변강주를 대표하는 러시아연방 의회 국가두마의원, 집단적 청원을 형식을 갖춘 변강주의 10만 명 이상의 유권자들도 입법발의권을 행사할 수 있다.

끄라스노다르 변강주의 헌법은 변강주 의회가 채택하며 그 수정 및 보완은 입법발의 주체들이 제기할 수 있다. 헌법안은 채택되기 전 2번 이상 논의의 대상이 되어야 하며 첫 번째와 두 번째 논의 사이에는 14일의 업무일이 지나야 한다. 헌법안에 대한 두 번째 논의에서는 의회 전체 의원수의 3분의 2 이상이 찬성하면 그 안은 채택된 것으로 간주된다.

변강주 헌법은 변강주의 기본법으로서 변강주 입법체계에서 최고의 법률적 효력을 지니며 변강주 전역에서 직접 효력을 갖는다. 변강주 법률 및 다른 규범적 법규는 변강주 헌법에 위배되어서는 안된다. 주지사의 명령은 변강주 법률에 위배되어서는 안 되며 변강주 법률과 주지사의 규범적 법규 사이에 모순이 있을 경우 변강주 법률이 유효하다. 변강주 헌법에 대한 공식적 해석은 헌법적 법률을 매개로 하여 산출되며 법률에 대한 공식적 해석도 법률을 매개로 하여 산출된다. 변강주 집행권력기관의 규정은 연방 및 변강주 법령에 정해진 절차에 따라 채택, 발포, 효력발생, 폐기, 수정된다.

끄라스노다르 변강주 법령의 준수를 통제하는 것은 변강주 의회, 집행기관과 사법기관, 또한 해당 분야에서 변강주에서 활동하는 연방기관이다. 법률의 이행에 대한 감시는 검찰이 한다. 변강주 의회와 대통령은 관련기관이나 인사에게 변강주 헌법 및 법률, 다른 규범적 법규의 불이행에 대한 징계를 위계순서에 따라 제기할 수 있다.

<국가권력 및 지방자치 실현에서 시민의 직접적인 참여>

러시아연방 및 끄라스노다르 변강주 법률에 따라 끄라스노다르 변강주에서 국가권력 실현에 참여할 권리는 변강주에 거주하는 러시아연방 시민이

갖고 있다. 변강주의 주민투표는 법률안, 발효 중인 변강주 법률에 의해 진행되며 국가 혹은 사회생활의 중요한 문제, 국가권력기관의 권한에 들어가는 문제에 관해 결정하는 것을 목적으로 한다. 이 경우 변강주 국가권력기관의 임기만료 이전 권한 중지 혹은 연장, 권한실현의 중단에 관하여, 그리고 임기만료 이전 선거진행 아니면 선거 연기에 관하여, 변강주 국가권력기관의 구조 및 인적 구성에 관하여, 의원들과 담당 인사들의 선출, 승인, 임명 혹은 임명이나 해임에 대한 동의를 주는 것에 관하여, 변강주 예산의 채택 혹은 수정, 변강주의 재정적 의무의 이행과 수정에 관하여, 주민의 건강 및 안전보장의 비상하고 긴급한 대책의 채택과 관련해서는 주민투표가 진행될 수 없다. 변강주의 이해에 관한 문제들은 여론조사를 실시할 수 있으며 그 결과는 국가권력기관이 최종적으로 결정을 내릴 때 고려된다.

끄라스노다르 변강주 주민투표 혹은 여론조사의 실시에 관한 결정은 변강주 의회가 내린다. 주민투표 실시에 관한 문제는 변강주 의회 의원의 3분의 1 이상, 주지사, 집단적 청원의 형식의 유권자 10만 명 이상, 지방자치 대의기관의 3분의 1 이상, 변강주 주민의 3분의 1 이상을 대표하는 지방자치기관이 요구하면 의회 총회의 의제에 포함된다. 여론조사 실시에 관한 문제는 변강주 의회 의원의 4분의 1 이상, 주지사, 5만 명 이상의 유권자, 지방자치 대의기관의 4분의 3 이상, 변강주 주민의 4분의 1 이상을 대표하는 지방자치기관이 요구하면 의회 총회의 의제에 포함된다. 주민투표 혹은 여론조사를 거부하는 의회의 결정에 대해 그 발의자들은 법적 절차를 밟을 수 있다.

끄라스노다르 변강주 주민투표는 선거권을 갖는 시민의 과반수가 참여하면 성립된 것으로 인정된다. 주민투표에 상정된 법률(결정)안은 투표에 참여한 유권자 과반수이상이 승인하면 채택된다. 주민투표에서 채택된 법률(결정)은 결과의 공식적 공표순간부터 효력을 발생한다. 주민투표에서 채택된 결정은 주민투표에 의해 수정 혹은 폐기될 수 있으며 채택이후 2년 이후에 법적 절차에 의해 유효하지 않은 것으로 인정될 수 있다. 주민투표, 여론조사의 집계는 투표일로부터 5일 이내에 변강주의 주민투표, 여론조사의 진행에 관한 위원회에 의해 주민들에게 공표된다. 변강주에서 선거, 주민투표, 여론조사의 진행은 변강주 선거관리위원회가 지휘하는 선거관리위원회 체계가 지원한다.

끄라스노다르 변강주 주민은 의회에서 시민 발의를 할 수 있다. 만 명 이상의 유권자의 이름으로 의회에 제안을 상정할 수 있다. 시민발의(집단적 청원)는 한 달의 기한 내에 의회의 심의를 거쳐야 하며 심의 결과는 7일의 기한으로 대중매체나 집단청원 조직자들을 통해 시민에게 전달된다.

4) 사법기관

끄라스노다르 변강주에는 연방법원 체계에 속하는 사법체계가 존재하며 러시아연방 헌법, 연방의 헌법적 법률 <러시아연방의 사법체계에 관하여>와 다른 연방법률에 따라 활동한다. 끄라스노다르 변강주 헌법재판소의 조직 및 활동절차는 연방법률과 변강주 법률이 규정한다. 변강주 헌법재판소는 변강주의 법률, 변강주의 국가권력기관과 지방자치기관의 규범적 법규들이 변강주 헌법에 합치되는가에 대한 문제의 심의를 위해 그리고 변강주 헌법의 해석을 위해 설립된다.

치안판사는 자신의 권한영역에서 민사, 행정, 형사사건을 1심의 자격으로 심의한다. 치안판사의 권한과 활동절차는 연방법률과 변강주 법률이 정한다.

5) 지방자치기관

끄라스노다르 변강주에서 지방자치는 러시아연방 헌법에 의해 인정되고 보장되며 주민의 이해, 그 역사적 그리고 지방의 다른 전통에서 나오는, 지방적 의미의 문제해결에 관한 독자적이고 자신의 책임 하에 있는 주민의 활동을 의미한다. 지방자치는 시 구성의 경계 안에서 실현되며 지방자치기관의 구조는 주민들이 독자적으로 정한다. 지방자치기관의 활동조직은 연방법률, 변강주 법률과 시 구성의 규칙에 의해 정해진다. 지방자치기관은 시 소유재산을 운영하고 지방예산을 형성, 승인, 집행하며 지방 세금과 요금을 정하고 공공질서의 보호를 실현하고 연방 및 변강주 법령에 따라 지방적 의미의 다른 문제를 결정한다. 변강주 국가권력기관은 지방자치의 성립과 발전을 위해 필요한 법적, 조직적, 물질적-재정적 여건을 마련하며 지방자치에 대한 권리 실현에서 주민에 기여한다.

3. 대의정치[3)]

1) 연방차원의 선거

(1) 러시아연방 대통령 선거

끄라스노다르 변강주에는 러시아연방 차원의 선거에서 7개의 선거구가 있다. 전체 유권자 수는 1999년 12월 러시아연방 국가두마의원 선거와 2000년 3월 러시아연방 대통령 선거의 경우 3백 85만 1천명 안팎으로 집계되었다.

2000년 3월 26일 실시된 러시아연방 대통령 선거에는 유권자의 66.0%가

---

3) 끄라스노다르 변강주 대의정치 부분은 다음을 번역, 정리하여 구성한 것이다. 인터넷 자료에 대한 검색은 주로 2003년 9월에 이루어졌다. 유권자수는, Дей ствующая схема одномандатных избирательных округов. Краснодарский край .http://ww.fci.ru/way/1D9E70E5-D0B7-...(검색일:2003.12.3.). 표를 비롯하여 선거에 대한 부분은, Календарь выборов. Краснодарский край . http://www.fci.ru/html; Итоги голосования. Краснодарский край . http://ww.fci.ru/EOUID/282720/way/203916/obj/287943.html; Сведения о кандидатах. Краснодарский край . http://ww.fci.ru/EOUID/282720/way/203914/obj/288082.html; Итоги выборов по одномандатным округам в разрезе окружных избирательных комиссий. Краснодарский край. http://ww.fci.ru/v_razreze_okruzhnyh_izbiratelbnyh_komissiy; Выборы губернатора Краснодарского края - 2000. http://www.dosye.ru/archiv/reg23el.htm; НСН | Выборы Президента РФ 26 марта 2000. Краснодарский край . http://nsn.net.ru/print.pht... Оригинал документа: http://nsn.net.ru/?id=607&ch=5&sub=2. (검색일: 2003.12.7.). 상원의원에 대해서는, Краснодарский край . Шишков Алексей Николаевич. http://www.council.gov.ru... (검색일: 2003.12.3.). Кондратенко Николай Игнатович. http://www.council.gov.ru... (검색일: 2003.12.3.) 국가두마의원 명단은, Краснодарский край . Списки кандидатов. Список дей ствующих депутатов Государственной Думы Федерального Собрания Россий ской Федерации третьего созыва (по состоянию на 3 апреля 2003 года). http://ww.fci.ru/way/18519C30-D0B7-... 27-29/61. (검색일: 2003.12.3.). 러시아연방과 관련해서는, Итоги выборов руководителей исполнительной власти субъектов РФ. http://ww.fci.ru/WAY/299554.html; Итоги выборов в законодательные (представительные) органы власти субъектов РФ. http://ww.fci.ru/WAY/299558.html; Статьи. Итоги голосования. Выборы Президента Россий ской Федерации 26 марта 2000 года. Россий ская Федерация. http://ww.fci.ru/way/203889/obj/202300.html. (검색일: 2003.9.5.); Итоги выборов по федеральному округу в разрезе окружных избирательных комиссий . Россий ская Федерация. http://ww.fci.ru/v_razreze_okruzhnyh_izbiratelbnyh_komissiy_1.(검색일: 2003.9.5.).

투표에 참여했고 뿌친이 투표참여 유권자의 과반수를 약간 웃도는 지지를 획득했다. 주요 후보들의 득표율은 다음과 같다.

후 보 명	득표율(끄라스노다르 변강주, %)	득표율(러시아연방,%)
지리놉스끼	2.1	2.70
쥬가노프	37.4	29.21
뿌친	51.5	52.94
찌또프	0.6	1.47
뚤레예프	1.5	2.95
야블린스끼	3.4	5.80
기타	1.6	2.11
모든 후보에 대한 반대	1.2	1.88

(2) 러시아연방 국가두마의원 선거

1999년 12월 19일 실시된 러시아연방 국가두마의원에서 정당별 투표에 참여한 유권자수는 224만 8천 명 정도로서 전체 유권자의 58%를 차지했다. 끄라스노다르 변강주에서 정당별 투표의 최다득표자는 <러시아연방 공산당>이었다.

끄라스노다르 변강주에서의 정당별 득표
(1999년 12월 19일 러시아연방 국가두마의원 선거)

목 록	득표수	득표율(%)	득표율(러시아연방,%)
야블로꼬	104224	4.64	5.93
단결(메드베드)	625122	27.81	23.32
지리놉스끼 블록	108025	4.80	5.98
조국-전러시아	112198	4.99	13.33
러시아연방 공산당	827432	36.81	24.29
우파연합	136186	6.06	8.52

소선거구제로 진행되는 지역구 선거도 7개의 선거구에서 실시되었다. 아르마이비르 선거구에서는 유권자의 56%가 투표에 참여했고 빠슈또가 당선되었다.

후보별 득표(1999년 12월 19일 러시아연방 국가두마의원 선거)

① 아르마이비르 선거구

	후보명단	득표수	득표율(%)
1.	안드레예프(Андреев А.П.)	29419	9.22
2.	벨랴예프(Беляев Ю.М.)	13008	4.08
3.	바하니야(Вахания В.В.)	4943	1.55
4.	이사예프(Исаев О.Ю.)	27264	8.55
5.	꼬자데로프(Козадеров С.Я.)	11057	3.47
6.	꼴로소프(Колосов Н.В.)	34775	10.90
7.	빠슈또(Пашуто В.Р.)	113143	35.47
8.	리발낀(Рыбалкин В.Б.)	12345	3.87
9.	실첸꼬(Сильченко А.В.)	30314	9.50
10.	솔로비예프(Соловьев А.В.)	13395	4.19
	모든 후보에 대한 반대	23876	7.48

까넵스크 선거구에서는 유권자의 61%가 투표에 참여했고 부룰꼬가 당선되었다.

② 까넵스크 선거구

	후보명단	득표수	득표율(%)
1.	보이꼬(Бой ко В.И.)	26086	7.83
2.	부룰꼬(Бурулько А.П.)	143848	43.18
3.	비노그라도프(Виноградов И.В.)	3559	1.07
4.	고로베쯔(Горобец А.Н.)	13386	4.02
5.	쥬라블레바(Журавлева А.Н.)	26782	8.04
6.	지보로바(Зиборова В.В.)	29116	8.74
7.	꼬롤례프(Королев А.А.)	58136	17.45
8.	무라홉스끼(Мураховский В.К.)	3478	1.04
	모든 후보에 대한 반대	24489	7.35

끄라스노다르 선거구에서는 유권자의 61%가 투표에 참여했고 한꼬예프가 당선되었다.

③ 끄라스노다르 선거구

	후보명단	득표수	득표율(%)
1.	벨리고드스끼(Велинодский М.А.)	26377	8.42
2.	글로또프(Глотов С.А.)	73973	23.60
3.	고르쉬꼬프(Горшков А.П.)	2016	0.64

4.	그리쉰(Гришин В.Л.)	2640	0.84
5.	그로모프(Громов В.П.)	43220	13.79
6.	꼬노그라이(Конограй Ю.К.)	7187	2.29
7.	무라도프(Мурадов Г.Л.)	14416	4.59
8.	오제로프(Озеров И.Л.)	6006	1.92
9.	살림좌노프(Салимжанов И.Х.)	4105	1.31
10.	뜨라브니꼬프(Травников А.И.)	6059	1.93
11.	한꼬예프(Ханкоев И.М.)	96840	30.90
	모든 후보에 대한 반대	27154	8.66

노보로시스크 선거구에서는 유권자의 57%가 투표에 참여했고 쉬시까레프가 당선되었다.

④ 노보로시스크 선거구

	후보명단	득표수	득표율(%)
1.	자하로프(Захаров В.И.)	15188	4.86
2.	끼차노바(Кичанова Л.А.)	27370	8.76
3.	빠루블레프(Паублев Г.Г.)	10667	3.41
4.	사브첸꼬(Савченко В.А.)	11320	3.62
5.	쩨쩨린(Тетерин В.Н.)	31368	10.04
6.	티타렌꼬(Титаренко Г.А.)	31799	10.18
7.	쉬시까레프(Шишикарев С.Н.)	114905	36.77
8.	슈밀로프(Шумилов В.И.)	2547	0.82
	모든 후보에 대한 반대	55329	17.70

쁘리꾸반스크 선거구에서는 유권자의 59%가 투표에 참여했고 마쉔꼬가 당선되었다.

⑤ 쁘리꾸반스크 선거구

	후보명단	득표수	득표율(%)
1.	알리모바(Алимова Л.А.)	8423	2.64
2.	보그다노프(Богданов С.И.)	7755	2.43
3.	디미뜨로프(Димитров В.И.)	3086	0.97
4.	예고로프(Егоров Е.А.)	35545	11.14
5.	옐쉰(Ельшин А.Н.)	3777	1.18
6.	자이쩨바(Зай цева Л.В.)	11465	3.59
7.	자하르첸꼬(Захарченко А.И.)	5304	1.66
8.	끼리(Кирий П.Я.)	30303	9.49

9.	랴흐(Лях В.В.)	3685	1.16
10.	마쉔꼬(Мащенко О.И.)	135210	42.38
11.	메쟈니크(Медяник С.А.)	22530	7.06
12.	노볼킨(Новолькин В.В.)	3424	1.07
13.	뻬레베이노스(Перебей нос В.Ф.)	4224	1.32
14.	뽈랴꼬프(Поляков А.Ю.)	4552	1.43
15.	샤삐로(Шапиро В.А.)	1976	0.62
16.	쉬딴게이(Штангей Л.В.)	2094	0.66
	모든 후보에 대한 반대	31121	9.75

찌호레까 선거구에서는 유권자의 62%가 투표에 참여했고 뜨까체프가 당선되었다.

⑥ 찌호레까 선거구

	후보명단	득표수	득표율(%)
1.	다닐렌꼬(Даниленко С.В.)	18073	5.33
2.	모뜨쥐바(Мотыжева Н.В.)	8954	2.64
3.	뽀그레브노이(Погребной Г.Е.)	4962	1.46
4.	라흐노(Рахно З.В.)	20329	5.99
5.	뜨까체프(Ткачев А.Н.)	240540	70.98
6.	뚜레꼬프(Туреков Н.Я.)	14063	4.15
	모든 후보에 대한 반대	27907	8.24

뚜압신스크 선거구에서는 유권자의 53%가 투표에 참여했고 세바스찌야노프가 당선되었다.

⑦ 뚜압신스크 선거구

	후보명단	득표수	득표율(%)
1.	자뚤린(Затулин К.Ф.)	37198	12.17
2.	자하르첸꼬(Захарченко К.А.)	20361	6.75
3.	까나쉬끼나(Канашкина Л.П.)	6776	2.22
4.	끄랍쪼프(Кравцов А.А.)	15344	5.02
5.	끄로흐말(Крохмаль В.В.)	69098	22.60
6.	미찌나(Митина Д.А.)	4423	1.45
7.	쁘라스따프(Пристав Г.Е.)	4678	1.53
8.	세바스찌야노프(Севастьянов В.И.)	93036	30.43
9.	쩰레레이꼬(Телелей ко Л.Ф.)	16008	5.24
10.	우사체프(Усачев И.Т.)	2395	0.78
	모든 후보에 대한 반대	30338	9.92

2001년 5월 20일 러시아연방 제3기 국가두마의원 보궐선거가 끄라스노다르 변강주의 찌호레츠크 선거구에서 진행되었다. 연방법률 <러시아연방 연방의회 국가두마의원 선거에 관하여>에 따라 선거구의 선거관리위원회에 7명이 후보로 등록되었다.

	후보명	출생년도	당시 주요경력	거주지
1.	구제예프(Гузеев А.С.)	1976년생	ООО «Каян» г. Краснодар, начальник юротдела,	끄라스노다르
2.	다닐렌꼬(Даниленко С.В.)	1956년생	юридическая консультация № 3, г. Тихорецк, заведующий ,	찌호레츠크
3.	제미넨꼬(Деминенко Г.Я.)	1946년생	Комитет труда и занятости Правительства Москвы, заместитель председателя,	모스크바
4.	제니소프(Денисов Н.Г.)	1950년생	администрация Краснодарского края, помощник главы администрации	끄라스노다르
5.	메쉐랴꼬바(Мещерякова М.Б.)	1971년생	ООО «МаиС-Ой л-ЮГ», директор	끄라스노다르
6.	모뜨쥐바(Мотыжева Н.В.)	1952년생	инвестиционный фонд развития и обновления Кубани, заместитель директора	끄라스노다르
7.	빠블롭스까야(Павловская Т.Н.)	1952년생	ВГТРК, собкор	끄라스노다르

국가두마의원 보궐선거는 성립되었고 27.60%의 유권자가 투표에 참여했다. 국가두마의원으로는 데니소프가 당선되었고, 58.83%의 유권자가 그에게 투표했다.

(3) 러시아연방 의회 상원(연방회의)의 성원

끄라스노다르 변강주에서 선출된 러시아연방 상원의원은 쉬시꼬프(A. H. Шишков)와 꼰드라쩬꼬(H. И. Кондратенко)이다. 쉬시꼬프는 러시아연방 상원의 군사 및 안보위원회 위원으로서, 끄라노다르 변강주 의회에서 선출되었다. 1947년 9월 8일 생으로서 2003년 1월 10일 선출되었고 그 임기는 2007년 11월에 만료된다. 꼰드라쩬꼬는 러시아연방 상원의 농업-생필품 정책위원회의 위원으로서, 끄라스노다르 변강주 정부에서 임명했다. 1940년 2월 16일 생으로서 2001년 1월 11일 임명되었고 그 임기는 2004년 12월에 만료된다.

2) 연방주체 차원의 선거

(1) 연방주체의 수장 선거

2003년 12월 3일 끄라스노다르 변강주의 주지사 선거가 성립되었다. 주지사의 직위에는 3명이 입후보했다. 투표는 한 번에 걸쳐 실시되었고, 주지사가 선출되었다.

선거관리위원회의 집계에 의하면, 선거에는 유권자의 46.21%가 참여했다. 모든 후보에 대한 반대에는 6.86%가 투표했다. 끄라스노다르 변강주의 주지사로는 뜨가초프가 당선되었다.

	후보명단	득표율(%)
1.	끄라마렌꼬(Крамаренко И.А.)	5.26
2.	오가네샨(Оганесян М.М.)	4.02
3.	뜨까초프(Ткачев А.Н.)	82.05
	모든 후보에 대한 반대	6.86

뜨가초프는 1960년 12월 23일 끄라스노다르 변강주의 븨셀끼 마을에서 출생했다. 1978년 끄라스노다르 종합 기술학교에 입학했고 1983년 기계기사 자격을 얻었다. 븨셀끼 복합사료공장에서 열관리 기사로 일하기 시작했으며 이후 숙련기사가 되었다. 1986년에는 븨셀끼 꼼소몰 지부의 제1서기가 되었다. 1990년에 복합사료공장의 이사가 되었다. 1993년에 그의 주도하에 이 공장은 '농업복합체(АО Агрокомплекс)'로 재조직되었고 그는 대표이사로 선출

되었다. 그의 본격적인 정치활동은 1994년 끄라스노다르 변강주 의회의 의원으로 선출되면서였다. 1995년에는 11개의 도시와 라이온이 속한 찌호레까 선거구에서 그를 제2기 러시아연방 국가두마의원으로, 그리고 1999년에는 제3기 러시아연방 국가두마의원으로 선출했다. 뜨까초프는 러시아연방 국가두마에서 민족문제위원회 위원장이었다. 2000년 12월 3일 성립된 변강주 행정수반(주지사) 선거에서 자신의 경쟁자들을 누르고 유권자들의 82.14%의 지지를 획득했고 2001년 1월 5일 꾸반의 주지사로 취임했다.

(2) 연방주체의 대의기관 구성원 선거

2002년 11월 24일 끄라스노다르 변강주 의회의원 선거가 70개의 선거구별로 진행되었다. 70개의 의석에 322명이 입후보했다. 끄라스노다르 변강주의 법률 <끄라스노다르 변강주 의회의 의원선거에 관하여>에 따르면 선거구별로 유권자의 25% 미만이 투표에 참여하거나 최다득표를 한 후보의 득표수가 모든 후보에 반대한 투표수보다 적을 때 선거는 성립되지 않은 것으로 인정된다. 선거구별로, 모든 후보에 대한 반대에 투표한 수보다 많은 조건에서 최다득표를 한 후보가 당선된 것으로 인정된다. 예비적 집계에 의하면 선거는 61개 선거구에서 성립되었다. 이 선거구들에서는 26.31%에서부터 45.89%에 이르는 투표율을 보였다. 9개의 선거구에서는 선거가 성립되지 않았다. 8개 선거구에서는 투표율이 25%에 미치지 못했고, 한 개의 선거구(45번 선거구)에서는 최다득표자의 득표수가 모든 후보에 대한 반대에 투표한 수보다 적었다. 끄라스노다르 변강주 의회는 구성되었다.

Ⅳ. 경제 시스템

1. 경제개황

끄라스노다르 변강주는 7개의 연방지구 중 남부연방지구에 속하고 12개의 러시아 경제지역 중 북 까프까스 경제지역에 속한다. 끄라스노다르 변강주는 '농업특화지역'이라고 할 만큼 농업이 매우 발달되어 있다. 농업 외에도 지역총생산과 공업생산이 매우 큰 지역이다. 농업은 가축사육과 작물재배가 고루 발달되어 있고 공업은 식품공업이 농업발달과 연계해서 특화되어 있다.

끄라스노다르 변강주에는 농공단지가 크게 형성되어 있으며 이것은 러시아에서 가장 큰 규모중의 하나이다. 대규모 농공단지에는 연료에너지 단지, 기계제작공업 단지, 화학공업 단지, 경공업 단지, 목재가공 단지와 가구제작 단지 등이 있다.

끄라스노다르 변강주의 경제비중을 전체적으로 살펴보기 위해 몇 개의 거시경제지표들을 살펴보면 대체로 러시아의 여타 주체 중에서 매우 높은 비율을 전반적으로 차지하고 있다. 경제비중에 있어 연방특별시를 제외하고 가장 큰 규모의 지역 중의 하나이다. 표로 살펴보면 다음과 같다.

2000년도 러시아 주요 경제지표에서 끄라스노다르 변강주의 비중

주요 항목	러시아전체 대비 끄라스노다르 변강주 비율
지역총생산	2.6%
공업생산량	1.4%
농업생산량	6.1%
소매유통	2.6%
자본투자	4.5%

http://www.infostat.ru/epub.htm(검색일: 2003.1.10)

끄라스노다르 변강주의 지역총생산과 1인당 지역총생산 그리고 지수를 살펴보면 다음과 같다.

끄라스노다르 변강주 지역총생산액 추이

항목 / 년도	1996	1997	1998	1999
지역총생산	45,699	45,577	54,867	109,101
1인당 지역총생산	9,037	8,985	10,817	21,525
지역총생산 지수		94.2	94.7	116.6

http://www.infostat.ru/epub.htm (검색일: 2003.1.10)

끄라스노다르 변강주의 지역총생산의 주요 구성별 비율을 살펴보면 전 부문이 골고루 발달되어 있다. 끄라스노다르 변강주의 지역총생산대비 공업비율은 16.4%, 농업은 16.0%이고 건설부문과 운송부문, 유통부문이 각각 10.0%, 18.0%, 11.6%이다. 끄라스노다르 변강주의 기업부문의 지표에 있어 총 기업수, 소 기업수 그리고 공업관련 기업수를 연도별로 살펴보면 다음과 같다.

기업수 추이

항목 / 년도	1997	1998	1999	2000
총기업수(연말)	96,961	100,335	103,792	107,698
소기업수(연말)	26,917	24,549	21,867	20,528
활동기업수	5,093	4,350	4,039	3,869

http://www.infostat.ru/epub.htm(검색일: 2003.1.10)

2. 산업

1) 공업

끄라스노다르 변강주의 중요한 공업중심지로 몇 개의 도시들을 들 수 있다. 끄라스노다르(Краснодар), 노보로씨스크(Новороссий ск), 아르마비르(Армавир), 예이스크(Ей ск), 끄로뽀트낀(Кропоткин), 찌호레쯔크(Тихорецк), 뚜압쎄(Туапсе) 등이다.

끄라스노다르 변강주의 공업이 러시아 전 지역에 비해 크게 발전되어 있는 편은 아니다. 전체 공업개관을 위해 끄라스노다르 변강주의 총 공업생산량과 공업지수를 연도별로 살펴보면 필요가 있다. 표로 나타내면 다음과 같다.

총 공업생산량 추이

항목 \ 년도	1997	1998	1999	2000
총 공업생산량	19,984	21,920	40,987	57,293
공업생산 지수	93	99	127	110

http://www.infostat.ru/epub.htm(검색일: 2003.1.10)

끄라스노다르 변강주의 공업을 이끌고 있는 대표적 부문은 식품공업이다. 이 식품공업은 끄라스노다르 변강주의 농업생산이 뛰어난 것에 기초하고 있다. 끄라스노다르 변강주의 식료품공업에서 대표적인 것은 포도주양조, 식용유, 고기, 우유와 통조림 등이고 여러 도시에 있는 대규모의 농공단지에서 세계적 규모의 식료품을 생산해 내고 있다.

끄라스노다르 변강주의 생산공장은 실로 다양한 품목을 생산해내고 있다. 여기에는 16개의 설탕공장, 10개의 채소가공공장, 7개의 생선가공통조림공장, 42개의 우유공장, 23개의 육류가공공장, 그리고 7개의 식용유가공공장과 2개의 식용차공장, 2개의 담배공장, 48개의 포도가공 및 양조공장, 25개의 식용빵공장 등이 있고 그 외 1,000개 이상의 농공업관련 전문공장이 활발히 활동하고 있다.

이 식품공업 외에도 끄라스노다르 변강주의 공업은 여러 부문이 활성화되어 있고 대표적인 부문과 그 비율을 살펴보면 다음과 같다.

주요 공업생산부문별 생산비율

생산부문	끄라스노다르 변강주 총공업생산 비율
전기전력	13.4%
연료공업	10.5%
철강업	0.2%
화학 · 석유화학	3.3%
기계제작 · 금속가공	9.4%
목재가공, 종이 · 펄프	3.8%
건재공업	7.9%
경공업	1.3%
식품공업	42.8%
제분, 곡물, 사료	5.1%
기타	2.3

http://www.infostat.ru/epub.htm(검색일: 2003.1.10)

2) 농업

끄라스노다르 변강주는 농업이 번성한 지역이다. 주요 요인은 기후가 농업에 매우 적절하고 또한 토양이 기름지다는데 있다. 이로 인해 농업의 발전이 유리했고 이것은 끄라스노다르 변강주의 농공단지를 러시아에서 가장 큰 규모의 농공단지로 성장하게 한 주요 요인이 되었다. 이 생산된 농산물들은 원재료 형태는 물론 가공의 형태로 러시아 전 지역과 세계시장으로 수출되고 있다. 현재 끄라스노다르 변강주의 농업은 이 지역의 전 노동인구의 거의 1/4을 차지할 정도로 거대산업으로 자리 잡고 있다.

끄라스노다르 변강주의 총 농업생산량과 총 농업생산액 중 작물생산액과 가축생산액 그리고 농업생산지수를 표로 살펴보면 다음과 같다.

농업생산량 추이

항목 \ 년도	1997	1998	1999	2000
총농업생산액	13,817.1	14,206.5	32,417.9	48,055.8
작물관련 생산액	8,781.4	8,327.0	20,635.1	31,140.3
가축관련 생산액	5,035.7	5,879.5	11,782.8	16,915.5
농업생산지수	96	88	115	116

http://www.infostat.ru/epub.htm (검색일: 2003.1.10)

끄라스노다르 변강주의 농업에서 주로 생산되는 품목은 곡물, 감자, 채소, 가축, 우유 등이고 그 외 포도, 차, 호밀 등도 큰 비중을 차지하고 있다. 농산물의 주요 생산도시들을 보면 아나빠, 겔렌쉬크, 템류크 등이다.

끄라스노다르 변강주의 주요 농산물이 얼마나 생산되는지를 2000년 기준으로 살펴보면 다음과 같다.

곡물- 679만 1,600 톤(수확 후 무게); 감자- 65만 7,600 톤; 채소- 48만 7,300 톤; 가축과 닭- 23만 9,200 톤(도살 후 무게); 우유- 127만 600 톤 등이다.

끄라스노다르 변강주의 농업에서 특이한 것은 어업에 대한 높은 의존도이다. 흑해와 아조프해 등에서 풍부한 어획량을 거두고 있고 그 외 여러 호수와 댐 등에서 많은 어족을 양식하여 어획하고 있다. 이에 어업관련 가공산업도 매우 발달되어 있으며 특히 생선종류를 훈제하거나 그대로 날 음식의 형태로 가공 또는 통조림형태로 생산하는 산업의 기반이 잡혀 있다. 이 제품들은 유명해서 크라스노다르 지방의 상표로 러시아 지역은 물론 전 세계로 수출되고 있다.

3. 자원 등 기타

끄라스노다르 변강주는 지리적인 위치가 뛰어나고 기후적 여건이 매우 좋은 곳이며 자연경관이 다양하고 아름답다. 이 지방은 흑해와 아조프해를 끼고 있다. 즉 북서까프까스의 북부와 중앙지역에는 꾸반스키 평원이 차지하고 있고 남쪽에는 대 까프까스의 산지대가 위치하고 있어 자연경관이 훌륭할 뿐만 아니라 동식물계가 매우 풍부하다.

끄라스노다르 변강주는 대륙성기후이며 토양은 대부분 흑토질이다. 이 지역의 유용광물자원은 다양하다. 주로 석유, 가연성 가스, 소금, 코크스석탄, 망간광, 니켈, 구리광, 내연성 점토, 인쇄용 석판 등이 채굴되고 있다. 특히 이 지방에는 건축용 자재와 도로용 자재인 외장용 돌, 패각 석회암, 석회암, 자갈, 화강암 등의 매장량이 매우 풍부하다. 이것 외에 투명크리스탈과 무색크리스탈이 다양하게 발굴되고 있어 섬광광석용 도구제조에 사용되어 진다. 일부지방에서는 취소, 요드, 식탁염 등이 물속에서 많이 채굴되고 그 채굴방법 역시 간단한 전기동력의 설치나 최소한의 설비만으로도 가능하다. 까프카스 산맥의 북쪽 지역으로 구리를 함유한 모래층이 있으며 흑해의 연안에서는 납과 은, 아연, 황철광 등이 발견되고 있다. 산악지대의 많은 부분에 백운석이 매장되어 있으며 그 규모 역시 매우 크다. 이러한 백운석에서 질 좋은 석회석과 가성 자철광을 얻고 있다. 므즘뜨지역에서는 흑연과 납이 발견되고 있으며 이 흑연은 가장 천연적인 탄소물로 인식되고 있다.

쿠반강은 아조프해와 흑해 끝에 자리하고 있다. 아조프해는 그 깊이와 면적이 크지 않아서 '큰 호수'로 일컬어지고 있다. 이 지역은 수산자원이 매우 풍부하므로 경제적인 측면에서 아조프해의 의미는 중요하게 평가되고 있다. 특히 용철갑상어 등 각종 상어들과 황어, 잉어 및 기타의 다른 어류들이 경제적 가치를 크게 인정받고 있다.

또한 규모면에서 현저한 크기를 가진 크림스크와 타만스크 반도에는 각종 미네랄 원료와 치료용 진흙이 풍부하다.

끄라스노다르 변강주의 주요한 강은 쿠반강으로 규모는 906km으로 상대적으로 크지 않으나 하천이 자주 범람하는 강이다. 끄라스노다르 변강주의 수자원의 유량은 매우 일정하지 못하여 봄에는 하천이 자주 범람하고 여름에도 농업에 큰 피해를 끼치는 홍수가 자주 발생한다. 따라서 이 지역에는 물의 흐름을 조절하기 위한 목적으로 저수지와 운하가 잘 건설되어 있다. 이것들은 주요한 수상 간선으로 길이가 450km에 달하고 단순한 물의 조절을 넘어 수력발전소나 다른 수력기술기관으로의 역할을 하고 있다.

V. 문화시스템

1. 지역정체성

1) 인구

끄라스노다르 변강주의 특성 중 하나는 인구상황에 있다. 2001년 현재 인구 총수는 4,999,000명이며, 러시아연방 각 주체 중 모스크바 연방시, 모스크바주 다음으로 세 번째에 해당한다. 러시아연방 대부분의 주체에서 나타나는 인구 급감 현상과는 달리 1998년까지 꾸준한 증가세를 보였으나, 최근 들어 1999년부터 약간의 감소현상을 보이고 있다.

특히 끄라스노다르 변강주에는 북 까프까스 지역의 퇴역군인들을 정착시키기 위한 연방프로그램이 실행되고 있기 때문에, 비록 변강주 주민들의 사망률이 출생률에 비해 현저히 높은데도, 끄라스노다르 변강주의 인구 상황은 비교적 양호한 편이다. 따라서 끄라스노다르 변강주에는 노령인구 비율이 매우 높은 편에 속한다.

끄라스노다르 변강주 인구변동 추이

연도	1990	1992	1993	1994	1995	1996	1997	1998	1999	2000	2001
인구수 (1,000명)	4,640	4,737	4,819	4,880	4,994	4,984	5,011	5,015	5,010	5,007	4,999

Российский статистический ежегодник. Госкомстат России. М., 2001. С. 83.

끄라스노다르 변강주 인구의 사망률은 이미 1990년대 초부터 출생률을 초과하여, 자연증가율은 마이너스를 기록한지 오래다. 출생률은 10%로 전체 러시아연방의 평균 출생률을 약간 웃돌지만, 사망률은 15.3%로 북 까프까스 지역의 평균을 웃돈다. 이로 인해서 자연증가율은 역조현상을 보이고 있다.

필시, 이러한 추세는 당분간 지속될 전망인 바, 이는 인구구조(인구 고령화) 및 상회-경제적 요인(생활수준의 하락) 등에 기인한다.

그럼에도 불구하고, 현 단계에서는 퇴역군인 이주정책으로 인해 전반적인 인구상황은 다른 여느 주체에 비해 양호한 편이다.

끄라스노다르 변강주 출생자수, 사망자수, 자연증가율

연도	출생자수(명)	사망자수(명)	자연증가율(명)
1990	61,663	62,031	-368
1992	55,441	67,079	-11,638
1993	50,227	77,109	-26,882
1994	51,907	78,865	-26,598
1995	50,489	77,000	-26,511
1996	47,530	74,460	-26,930
1997	45,143	73,675	-28,532
1998	44,958	71,861	-26,903
1999	43,181	74,691	-31,510
2000	45,847	77,971	-32,124

Россий ский статистический ежегодник. Госкомстат России. М., 2001. С. 113.

끄라스노다르 변강주의 경제활동인구는 2000년 현재 총인구의 46.63% (2,333,000명)로 비교적 낮은 편이다. 그 중 실업자수는 291,000명으로 12.5%의 실업률을 기록하고 있다.

끄라스노다르 변강주 경제활동인구(취업자, 실업자), 실업률

연도	경제활동인구 (1,000명)	취업자수 (1,000명)	실업자수 (1,000명)	실업률(%)
1992	2,270	2,125	145	6.4
1993	2,228	2,067	160	7.2
1994	2,179	1,992	188	8.6
1995	2,214	2,008	206	9.3
1996	2,197	1,961	235	10.7
1997	2154	1,798	356	16.5
1998	2,088	1,748	340	16.3
1999	2,334	1,981	354	15.2
2000	2,335	2,044	291	12.5

Россий ский статистический ежегодник. Госкомстат России. М., 2001. С. 137.

2) 민족

끄라스노다르 변강주에는 1989년 현재 약 100여 민족이 거주하고 있으며, 그 중 러시아인이 86.7%로 절대다수를 차지하고 있다. 그 외에 우끄라이나인 3.9%, 아르메니아인 3.7%, 벨라루스인 0.8%, 독일인 0.6%, 그리스인 0.6%,

아디게인 0.5%, 끄림 따따르인 0.4%, 따따르인 0.3%, 그루지야인 0.3%, 아제르바이잔인 0.2%, 집시 0.2% 등이 그 뒤를 잇는다.

3) 교육

끄라스노다르 변강주에는 102개 시립 중등학교와 7개 사립중등학교가 있으며, 약 10만여 명의 학생이 교육을 받고 있다. 또한 변강 주에는 16개 보충교육기관이 운영 중에 있으며, 226개 취학 전 아동교육기관에서 24,000명의 아동들이 교육을 받고 있다.

변강주에는 또한 많은 국립대학과 상과대학 및 그 분교가 개설되어 있다. 이들 대학에서는 거의 모든 분야의 전문가들을 양성하고 있다. 그 외에 변강주에는 각종 연구소, 설계소 등이 개설되어 있다.

2. 지역문화

1) 문화개괄

끄라스노다르 변강주는 역사 기념물, 현대 건축물과 산업의 웅장함이 잘 결합된 곳이다. 이 지역은 러시아의 문화, 교육, 학문 연구 중심지 중의 하나라고 할 수 있다. 이미 2,500년 이전부터 사람들은 끄라스노다르 지역에 대해 알고 있었다. 이 지역에는 다양한 민중의 문화가 있었고 그 중 스키타이 주민들은 전통적으로 농업에 종사했으며 스키타이 전사들은 기사의 업무를 숭상했다.

스키타이 인들은 세공 기술로 여러 가지 장식품을 아름답게 만들었다. 카타콤이나 지하 동굴의 문화, 마호쉬꾸쉬흐(M. Махошкушх)의 돌 세공, 오쌰츠크(Ошадск)의 주철과 청동, 꾸바차(Кубача)의 은 자단, 수정, 터키옥, 홍주옥, 세공품 등 이 모든 것이 이 끄라스노다르 변강주에서 나왔다. 세월이 많이 흘렀지만 이 지역은 문화의 중심지로 남아 있고 매우 재능 있는 사람들이 이곳에서 탄생했다. 예술 연합회의 회원들만 250명이 넘는다.

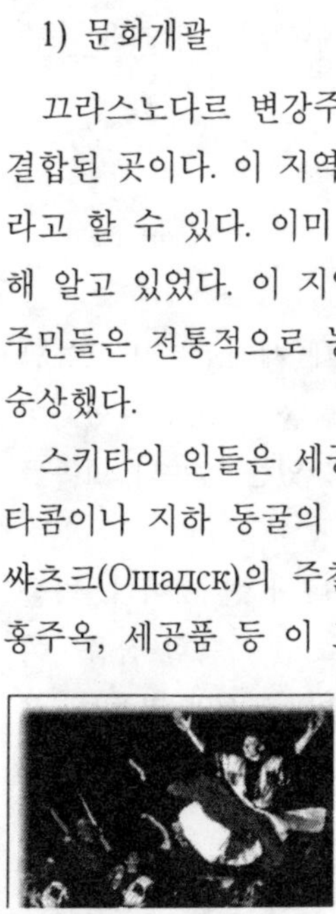
민속무용단 공연모습

이 끄라스노다르의 꾸반(Кубан)에 있는 장인들의 다양하고 독창적인 부케는 어디에도 유사한 것을 찾을 수가 없다.

변강주의 행정부는 문화와 예술 영역, 문화 발전과 잠재력의 영역, 문화 전통의 보전 영역에서 국가 정책을 수립하고 있다. 행정부 활동의 기본적인 방향은 문화적 잠재력을 유지 발전시키며, 문화기관의 물질적이고 기술적인 토대를 강화하는 것이다. 또 권위 있는 사회 문화 프로그램을 실행하며, 전문 예술을 지지하고 발전시키며 주민들에게 문화적으로 봉사할 수 있는 차별화된 정책을 수립하는 것이다. 현재 끄라스노다르시에는 4개의 극장과 지방자치 오르간 홀, 필하모니, 서커스, 2개의 박물관, 4개의 문화 휴식 공원이 있다. 또 75개의 대중 종합 도서관, 9개의 지방 자치 문화의 집, 19개의 문화 건강 기관, 림스끼- 꼬미사르 음악 대학, 문화와 예술 아카데미, 꾸반 민중 문화 센터, 19개의 문화 교육 기관, 5개의 영화관이 있다.

오늘날 음악- 예술 학교와 시의 예술 학교에는 7,000명이 공부하고 있으며 300명의 어린이들이 음악, 무용, 회화의 여러 가지 전문 분야에서 배우고 있다. 19개의 문화 교육 기관에서는 7,000명이 넘는 어린이들이 악기들을 다루는 기술과 조형 예술과 무용 등을 배우고 있다. 시의 예술 학교의 교육 수준은 높다고 할 수 있다.

2) 문화시설

끄라스노다르 국립 역사 고고학 박물관-보호구역

박물관의 전시실은 관람객들에게 꾸반의 자연과 고대 세계로부터 오늘날까지의 역사를 보여주고 있다. 박물관은 풍부한 수집품을 소장하고 있으며 이 소장품들은 끄라스노다르 변강주의 각 지역에 살고 있는 종족과 민족들의 삶에 대해 말해주고 있다.

관람객들은 박물관에서 꾸반 까자크의 보물들을 만나게 될 것이다. 박물관의 전시관에는 금-은 세공품, 고대 기술자들의 유리로 된 독특한 작품들이 전시되어 있다. 박물관의 기본 전시 코스는 꾸반의 지방, 꾸반의 명품들, 꾸반의 동물의 세계, 조국의 상징들, 2차 세계 대전 시의 꾸반, 1917년의 혁명과 내전 시의 꾸반 등으로 이루어져 있다.

박물관은 부유한 주거 건물에 위치하고 있는데 이 건물은 20세기 초에 세워져서 1917년까지 상인 보가르수꼬프(П. А. Богарсуков)에 의해 소유되었

박물관 전경

던 곳이다. 박물관 건물은 시의 중심에 위치하고 있으며 오늘날까지 남아 있는 몇 안 되는 건물 중의 하나인 건축 앙상블의 중심부를 차지하고 있다.

건물의 정면과 실내 장식에는 여러 가지 역사 건축 양식이 이용되어졌다. (예를 들면, 르네상스. 바로크, 러시아 양식) 건물의 설계사는 알려져 있지 않다. 건물의 실내 방은 쉽게 바뀔 수 있는 구조를 가지고 있다. 건물의 실내와 실외에는 소상과 아름다운 장식들이 남아있다.

다게스딴 공화국
Республика Дагестан

Ⅰ. 개황

1. 기초정보

공화국 성립일: 1991년 5월.

• 1921년 1월 20일 - 다게스딴 자치 쏘비에트 사회주의 공화국

수도: 마하치깔라(Махачкала)

인구: 2,160,000명(2001년 현재: 러시아연방 전체의 1.49%, 89개 주체 중 23위)

인구밀도: 42.94명/㎢

면적: 50,300㎢(러시아연방 전체 면적의 0.29%; 89개 주체 중 55위)

소속지구: 남부연방지구, 북 까프까스 경제지구

한국과의 시차: -6시간

2. 상징

다게스딴 공화국 문장

다게스딴 공화국 문장은 흰색 원형 방패 형상을 띠며, 중앙에는 황금 독수리가 묘사되어 있다. 독수리 위에는 원반형태의 태양이 묘사되어 있으며, 태양 주위에는 나선형의 장식이 드리워져 있다. 원형 방패의 하단에는 흰색과 금빛의 산, 평원, 바다가 형상화되어 있으며, 소용돌이 장식에는 악수하는 모습이 새겨져 있다. 방패 하단에는 또한 '다게스딴 공화국'이라는 글씨가 흰색으로 새겨진 리본이 드리워져 있다.

원형 방패의 상반부는 금빛 띠가 드리워져 있으며, 하반부 좌·우측에는 각각 파란색과 붉은색의 테두리가 드리워져 있다.

다게스딴 공화국의 문장은 북 까프까스 지역 중 비교적 작은 영토에 거주하고 있는 30여 민족의 정치적, 역사적, 문화적 통합을 상징한다.

독수리는 통상 권력, 지배, 통찰력을 의미하며, 다게스딴 국민들에게는 독립, 자유, 용맹, 자부심, 강인함 등을 상징하며, 가장 숭배하는 동물이다.

산악국가의 문장에 등장하는 태양은 삶, 삶의 원천, 힘, 빛, 부(富), 풍요 등을 상징하며, 전반적으로 다게스딴의 희망과 번영을 상징한다. 문장에 사용된 금빛은 권력과 국가체제를 강조한다.

다게스딴 공화국 국기

다게스딴 공화국 국기는 동일한 너비의 3색(위로부터 녹색, 청색, 적색) 띠가 수평으로 그려져 있는 장방형 천으로 되어 있다. 국기의 가로, 세로 비율은 3대 2이다.

녹색 띠는 삶과 다게스딴 영토의 풍요를 상징하며, 동시에 이슬람의 전통적인 색을 나타낸다. 바다색을 나타내는 청색은 다게스딴 국민의 아름다움과 위대함을 상징한다(공화국 동부는 카스피해로 둘러싸여 있다). 적색은 다게스딴 공화국 국민들의 민주주의, 계몽능력, 용맹성을 상징한다.

3. 주요도시

마하치깔라(Махачкала): 인구 81,800명; 북위 42°59′, 동경 47°31′
제르벤트(Дербент): 인구 79,800명; 북위 42°4′, 동경 48°17′
하싸뷰르트(Хасавюрт): 인구 67,700명; 북위 43°15′, 동경 46°35′
까스삐스크(Каспий ск): 인구 62,200명; 북위 42°53′, 동경 47°38′
부이나크스크(Буй накск): 인구 55,800명; 북위 42°50′, 동경 47°7′
끼즐랴르(Кизляр): 인구 52,200명; 북위 43°51′, 동경 46°43′
이브베르바슈(Избербаш): 인구 425,200명; 북위 42°34′, 동경 47°53′
끼질류르트(Кизилюрт): 인구 50,400명; 북위 43°12′, 동경 46°52′
다게스딴스끼예 오그니(Дагестанские Огни): 인구 40,500명; 북위 42°7′, 동경 48°11′
(인구: 2002년 현재)

4. 주요 산업 및 농업

공화국의 주요 산업으로 기계제작(각종 기기, 전기장비), 식료품 산업(과일·야채 통조림, 생선, 포도), 에너지산업, 원유, 가스채굴 산업, 건축자재, 유리산업, 경공업, 민속공예 등이 발달했으며, 농업부문은 포도재배, 원예업, 야채재배 등이 특히 발달하고, 목양, 산양사육 등이 발달했다.

Ⅱ. 자연환경

1. 지리적 위치와 구성

다게스딴 공화국은 41개 행정구, 10개 시, 18개 도시형마을, 676개의 농촌마을로 구성되어 있으며, 북 까프까스 동부에 위치하며, 카스피해가 공화국 동쪽 지역을 감싸고 있다(해안선 길이는 350㎞이다).

공화국은 동쪽에 깔미끼야 공화국, 서쪽에 스따브로뽈 변강주, 체첸 공화국, 그루지야, 남쪽에 아제르바이잔과 경계를 이룬다. 남북의 길이는 350㎞, 동서의 길이는 200㎞이다. 다게스딴 공화국은 지역의 표면 구성에 따라 분류하면 네 가지 부분으로 나뉘는데 저지대, 산기슭 부분, 산악지대, 고산지대가 그것이다.

주요 하천은 쩨레크(Терек), 쑬라크(Сулак), 싸무르(Самур)강 등이다. 그 밖에도 딸기(Талги), 리찰수(Рычалсу), 아스띠(Асты), 마하치깔라 (Махачкала)에 많은 광천수 원천이 있다.

수도 마하치깔라와 모스크바 간의 거리는 2,166㎞이다.

2. 기후조건

온난기후대, 대륙성기후, 고산기후. 따뜻하고 건조함.

1월 평균기온: 1℃(카스피해 연안) ~ -11℃(산악지역)

7월 평균기온: 24℃(해안지역)

연강수량: 200 ~ 300㎜(저지대)부터 600 ~ 800㎜(산악지역)

식물 생장 기간: 200(해안지역) ~ 180일(산기슭 부분)

식생: 스텝과 반사막지대

토양: 밤색토(저지), 함염토 및 염택을 포함한 갈색토(반사막지대)

삼림분포도: 8%

3. 주요 유용광물

원유, 가스, 황, 이탄암, 석영유리, 유황천, 석영모래 등이 있다.

주요 산지:

원유 및 가스: 유주노-쑤호꿈스크(Южно-Сухокумск), 아치수(Ачису), 이즈베르바슈(Избербаш).

구리: 후제스꼬예(Худесское), 끼질-제레(Кизил-Дере).

석영모래: 까라부다흐겐트(Карабудахкент).

Ⅲ. 정치시스템

1. 역사[1)]

다게스딴에 인류 출현의 첫 번째 흔적은 약 15만년에서 8만 년 전 초기 구석기(ашельское время)의 말에 관련된다. 약 8만년에서 3만 5천년의 중기 구석기 시대(мустье)에 고고학적 유적들은 이미 모든 물리적-지리적 지역들에서 찾아볼 수 있다. 다게스딴 민족들의 고대 선조들 가운데는 레그, 겔, 우지노프 등의 종족들이 있으며 이들은 기원전 천년에 현대 다게스딴의 영토에 살았다. 기원전 천 년대 말에 위의 종족들과 다른 종족들과 함께 다게스딴 영토는 까프까스 알바니야에 들어갔다. 기원후 3세기에 남쪽 다게스딴은 사사니드시크 이란에 의해 장악되었고 북쪽의 평야지대의 다게스딴은 4세기에 훈족의 침입을 받았다.

5세기부터 시작하여 다게스딴의 영토에는 국가구성이 이루어졌는데, 데르벤트, 라크스, 따바사란, 세리르, 지리히게란(꾸바치), 까이타그, 구미크 등이다. 4세기에 술락 강으로부터 북쪽에 이르는 평야에 그리고 남쪽에 협소한 연안지대에 바라찬, 춘가르스, 세멘데르 도시를 갖는 '훈족의 왕조'가 세워졌으며 그 주민들은 훈족들과 섞인 현지 주민들로 이루어졌다. 7세기 중반에 북-동 까프까스의 초원에는 하자르 국가(하자르 족)가 세워졌고, 여기에는 북부 평야지대의 다게스딴이 속했으며 664년부터 남쪽으로부터 여러 세기에 걸쳐 끊이지 않는 아랍인들의 침입이 시작된다. 다게스딴은 오랫동안 아랍인들과 하자르의 정치적 대결의 장으로 변질되며, 그와 함께 그들 문화의 상당한 영향을 겪는다. 겨우 9세기 초 무렵 아랍인들의 출정과 하자르의 등장이 중단된다.

---

1) 다게스딴 공화국 역사 부분은 다음을 번역, 정리하여 구성한 것이다. 인터넷 자료에 대한 검색은 주로 2003년 11월부터 2004년 1월 사이에 이루어졌다. Dontr.Ru|ЮФО|Республика Дагестан - Общая характеристика. http://www.dontr.ru/Environ/WebObjects/dontr.woa/wa/Ufo?item=general&section=9; Dontr.Ru|ЮФО|Республика Дагестан - История. http://www.dontr.ru/Environ/WebObjects/dontr.woa/wa/Ufo?item=history&section=9; Dontr.Ru|ЮФО|Республика Дагестан - Махачкала. http://www.dontr.ru/Environ/WebObjects/dontr.woa/wa/Ufo?item=mahachkala&section=9.

10세기 초부터 아랍 할리파트의 정치적 몰락으로 독자적인 국가들이 구성된다. 제르벤트에는 쉬르반에 예속되는 아랍 출신의 지배가 유지되지만, 다게스딴의 나머지 지역은 완전히 독립된다. 11세기 중반에 다게스딴은 남쪽으로부터 투르크-셀주크 족의 침입을 겪는다. 2천 년대의 전반기에 다게스딴의 영토에는 여러 봉건적 국가들이 형성된다. 12세기 중반부터 13세기 초까지 따따르-몽골의 침략을 겪을 때까지 제르벤뜨는 독자적인 군주 국가(Дербентский эмират)의 형태를 갖추고 있었다. 산악지역의 다게스딴에는 아바르, 까지꾸무흐스크, 까이따그스크 한국(Аварское ханство, Казикумухское шамхальство, Кайтагское уцмийство)과 많은 독자적인 작은 정치적 구성, 즉 아흐띄, 짜후르, 루뚤, 꾸라흐, 히프, 뜨픽, 흐노프 등이 구성되었다. 따따르-몽골의 침입이전에는 따바사란 역시 독립성을 유지했다. 13세기 20년대에 다게스딴은 따따르-몽골의 침략을 받으며 14세기에는 우즈벡, 또흐따미시, 티무르 군대의 침공을 받는다. 이 기간에는 다게스딴의 이슬람화 과정이 강화된다. 15세기 중반부터 다게스딴 민중은 터키어를 사용하는 종족들, 그 결과 '끼질바샤'라는 일반적 명칭을 얻은 종족이 그 군사적 기반을 이루고 있는 새로운 정치세력 - 세페비드스끼 이란과 충돌한다. 14세기부터 러시아족의 중앙집중적인 국가가 구성되고, 특히 이 국가에 까잔과 아스뜨라한 한국의 편입된 이후, 다게스딴에 대한 그 정치적 영향력이 강화되기 시작한다. 이 시기부터 긴 기간 동안 다게스딴은 세 개의 강력한 정치적 세력, 즉 이란, 터키, 러시아의 상호대립에 끼여 있게 되었다.

1722년에 뾰뜨르 1세의 군대는 연해지방의 다게스딴을 침공했으며 그 지역을 러시아에 편입시킨다. 그렇지만 1735년 갼드쥔스크 조약에 따라 터키에 반대하는 이란과의 동맹에 이해관계를 가진 러시아는 이 지역을 이란에 내준다. 러시아-이란 전쟁이후 까라바르의 귤리스탄 마을에서 1813년 12월 24일 (11월 5일) 서명된, 러시아와 이란 사이의 귤리스탄 평화조약은 다게스딴, 그루지야, 메그렐리야, 이메레찌야, 구리야, 아브하지야와 바낀스크, 까라바흐, 갼드쥔스크, 쉬르반스크, 쉐낀스크, 제르벤트, 꾸빈스크, 딸리쉬 한국의 러시아로의 편입을 이란이 인정한 것을 법적으로 정식화했다. 다게스딴 영토에는 러시아의 도시-요새가 건설된다.

다게스딴에서 짜르 러시아의 식민지 정책은 독립과 통일을 위한 정치적 운동을 불러 일으켰다. 다게스딴과 전체 까프까스 역사의 가장 선명한 페이지는 19세기 짜르의 식민주의에 대항한 산악인들의 민족해방투쟁이다. 19세기 30년대의 경계에 이슬람 뮤리디즘의 깃발아래 세계에서 가장 강력한 제국에 대항하여 다게스딴의 성직자 가지-마고메트, 감자트-베까 그리고 샤밀의 지도하에 산악인들의 반식민지 해방운동이 일어났다. 40년대 초에 러시아 식민지 군대와의 전쟁과정에서 성직자들이 지휘하는 지역에는 다게스딴과 체첸의 상당부분이 포함되었다. 투쟁과정에서 국가(1834-1859년 동안 기능한 샤밀의 성직자 국가)가 세워졌다. 산악인들의 투쟁은 1859년 8월 25일 짜르 군대가 성직자 국가의 마지막 보루를 장악함으로써 끝났다. 까프까스 전쟁의 결과 다게스딴은 다게스딴 주의 자격으로 사실상 러시아제국에 편입되며 여기에는 이른바 군사-민족 운영체계가 도입되었다. 1860년에는, 현지에서는 주민들의 전통적인 자치의 요소를 가지면서 장군-지사를 수장으로 하는 관료적인 운영체계, 이른바 군사-민족 행정적 성격을 갖는, 러시아 제국의 다게스딴 주가 구성되었다. 그렇지만, 여기에서 자유와 독립을 위한 산악인들의 투쟁이 멈춰지지는 않았다. 1877년 다게스딴, 체첸, 아디게야에는 새로운 폭동이 일어났고, 이것은 잔혹한 억압을 받았다.

이와 함께 다게스딴에게 러시아로의 편입은 러시아 문명으로의 편입 그리고 그것을 통해 유럽 사회로의 진출을 의미했다. 19세기 중반부터 그리고 특히 90년대 러시아의 중심지, 바꾸와 그로즈니를 다게스딴에 각각 연결시키는 블라지까프까스 철도의 건설이후 다게스딴은 자본주의적 발전궤도에 들어섰다. 20세기 초 무렵 다게스딴에는 대략 700개의 기업이 있었던 것으로 추산되며 토착 부르조아와 노동계급이 형성된다. 19세기 말 - 20세기 초에 다게스딴에는 자본주의적 기업들이 형성되고 철도, 항구들이 기능하게 되었다. 경제와 문화가 발전하게 되었고, 1917년 2월 혁명, 10월 혁명과 그에 이은 내전은 다게스딴에 정치적, 사회적 결과를 가져왔다.

1917년 혁명이후 그리고 러시아에서 내전이후 다게스딴은 정치적 지위를 획득한다. 1920년 11월 13일 첫 번째 다게스딴의 인민대회에서 다게스딴의 소비에트 자치가 선포되었고, 1921년 1월 20일 다게스딴 소비에트 사회주의 공화국의 구성에 관한 명령이 공고되었으며, 1921년 12월 초에는 첫 번째 전 다게스딴 소비에트 대회에서 공화국 헌법이 채택되었다. 1937년 소련 헌법에 기반하여 다게스딴의 신헌법이 채택되었다. 이와 함께 공화국의 정치적, 경제적, 정신적 생활에서는 당-국가 운영의 전체주의적 체계가 낳은 30년대의 억압이 얘기되었다. 1941-45년의 전쟁동안 다게스딴에는 가까운 이를 잃지 않는 가족이 없을 정도였다. 전쟁은 공화국의 경제에 심각하게 반영되었다. 그렇지만 다게스딴의 민중은 소련의 모든 민중들과 함께 파시즘에 승리했으며 52명의 다게스딴인은 소련 영웅이 되었다. 1950년경 전후복구의 결과 전쟁의 상처는 어느 정도 아물었고 국민경제는 회복되었으며 민중의 물질적 여건은 좋아졌다. 이와 함께 공화국은 이어지는 십 수 년간 사회경제적 실험의 모든 부정적 결과를 겪었다.

1991년 소련의 붕괴와 그 지역에서 기존 연방공화국들 가운데서 독립국가 구성의 결과 다게스딴은 새로운 국가-러시아연방 소속의 공화국이 되었다. 1994년 7월 26일 다게스딴의 새로운 헌법이 채택되었고, 여기에서는 다게스딴은 '러시아연방 소속의 주권, 통일, 민주국가'이고 다게스딴의 다민족적 전체 민중의 의지와 이해를 대변한다는 것이 규정된다.

다게스딴의 수도는 마하치깔라 시로서 카스피해의 항구도시이다. 산악인들 가운데서 안쥐-깔라(문자 그대로 мучная крепость)의 이름하에 가장 유명한 러시아 군사방어지역 뻬뜨롭스크로서 1844년 건설되었다. 방어지역은 뾰뜨르 1세의 체류를 기리기 위해 뻬뜨롭스크로 불렸다. 요새와 동시에 장교 및 상인 가족을 위한 30개의 건물이 지어졌다. 촌락에는 유통과 군사행진을 위해 4개의 거리와 두개의 광장이 생겼다. 1857년에 요새 하에 있는 거주지역은 뻬뜨롭스크 항(港)이라는 이름과 함께 도시의 지위를 획득했다. 1861-70년에는 여기에서 항만건설이 진행되었다. 블라지까프까스와 바꾸 간 도시의 철도에 의한 연결(1894-96)은 항구를 이용하는 화물량의 상당한 증대에 기여했다. 1897년경 도시의 주민은 4배 이상 증대하여 8,700명을 넘어섰다. 19세기 말-20세기 초에 뻬뜨롭스크 항에는 석유 증류 공장들, 제지 및 연초공장 등이 생긴다.

1921-90년에는 다게스딴 자치소비에트 사회주의공화국 수도는 다게스딴에서 소비에트 권력을 위한 투쟁의 적극적 참여자들 가운데 한사람인 마고메트-알리 다하다예바(마하차)(1882-1918)를 기리기 위해 개명되었다. 마하치(Махач)는 마고메트의 이름의 축약형이고 깔라(кала)는 '도시, 요새'를 의

미한다. 마하치깔라는 1970년 5월 14일 파괴적인 대지진 시기에 심각한 고통을 겪기도 했다.

2. 권력기관2)

1) 전체 통치구조상의 특징

다게스딴 공화국에서 국가권력은 입법, 집행, 사법의 분립을 기반으로 실현된다. 입법, 집행, 사법권력기관은 독자적이다. 다게스딴 공화국에서 국가권력을 실현하는 것은 다게스딴 공화국의 의회, 국가평의회, 정부, 법원이다. 다게스딴 공화국의 새로운 헌법의 채택, 국가평의회의 구성 및 그 변동을 위해 의회의 의원 및 지방자치 기관에 의해 선출되는 대표들로 구성된 헌법회의가 의회에 의해 소집된다. 헌법회의의 형성 및 활동 절차는 법률에 의해 정해진다. 다게스딴 공화국에서는 지방자치가 인정되고 보장된다. 지방자치는 자신의 권한영역에서 독자적이다. 지방자치기관은 국가권력기관체계에 들어가지 않는다.

다게스딴 공화국은 일반적으로 인정되는 원칙과 국제법 및 국제적 조약의 규준에 따라 토착 민족과 소수민족의 권리를 보장한다. 다게스딴 공화국은 다게스딴 민족들의 민족적-문화적 그리고 역사적 독특성을 인정하고 존중하며 다게스딴 민족의 문화적, 역사적 전통의 보존과 발전을 위한 여건을 마련한다. 다게스딴 민족들 각각은 헌법적 기반에서 동등한 생존권을 갖는다. 다게스딴 공화국의 국가언어는 러시아어와 다게스딴 민족들의 언어들이다. 다게스딴 공화국은 모든 민족들에게 고유 언어의 보장, 그 학습과 발전을 위한 여건의 마련을 보장한다. 다게스딴 공화국 영역 밖에 거주하는 동족들에게 거주하고 있는 나라의 법률에 모순되지 않으면 다게스딴 공화국 시민권의

2) 다게스딴 공화국의 권력구조에 관한 내용은 공화국 헌법을 기본으로 하며 다음의 자료들을 번역, 정리하여 구성한 것이다. Сай т Правительства Республики Дагестан. Конституция Республики Дагестан. http://www.diap.ru/republic/kon.htm (검색: 2004. 02. 14.); Конституция Республики Дагестан. 120-147. 러시아연방 법령자료집 <러시아연방 남부지구 기본법: 개별주체의 헌법, 헌장> (용인: 경희대학교 비교문화연구소 러시아 지역연구팀), 120-147쪽. (이 법령자료집은 http://www.legislature.ru/regconst.html에 실린 각 연방주체들의 기본법을 모은 것으로서, 자료검색은 2003년 4월-5월에 이루어졌다.)

획득권을 상정한다. 다게스딴 공화국 시민권의 획득은 러시아연방 법률이 정하지 않으면 러시아연방 시민권의 획득을 동반하지 않는다.

2) 집행기관: 다게스딴 공화국의 국가평의회(Государственный Совет Республики Дагестан)와 정부

(1) 다게스딴 공화국 국가평의회의 권한

다게스딴 공화국의 국가평의회는 집행권력을 지휘하고 다게스딴 공화국의 국가권력기관들의 상호활동을 지원한다. 다게스딴 공화국 국가평의회는 헌법의 준수, 공화국의 통일과 영토적 완전성, 입법성과 법치, 민족의 평등, 시민의 권리와 자유, 공화국 이름으로 체결된 협약과 조약의 준수의 보장을 담당한다.

국가평의회는 의회와 함께 다게스딴 공화국의 대내 및 대외정책의 기본방향을 정한다. 의회의 동의하에 다게스딴 공화국 정부의 총리를 임명하고, 총리의 제안으로 정부를 구성하며 그 변동을 제기한다. 공화국 정부, 그 성원의 사임을 수용한다. 총리의 제안에 의해 공화국의 집행권력기관의 체계와 구조를 승인한다. 다게스딴 공화국 헌법재판소의 판사, 치안판사의 임명을 위한 후보를 의회에 추천하고 최고재판소, 중재재판소, 라이온(도시)의 재판소의 판사 임명동의를 하며 다게스딴 공화국 검찰총수 후보에 관한 제안, 중앙은행 공화국 담당 지도자의 후보에 관한 제안을 한다. 의회의 관련 위원회와의 숙의를 거쳐 다게스딴 공화국 대표자를 임명하고 소환한다.

국가평의회는 법률에 따라 다게스딴 공화국 전지역에 혹은 일부 지역에 비상사태를 선포하며 이에 대해 의회에 즉각 통보한다. 공화국 법률에 정한 절차에 따라 다게스딴 공화국의 국민투표를 지정한다. 간부정책을 실시하며 민족, 영토, 국가간 관계의 조절을 지원한다.

국가평의회는 공화국 헌법과 법률을 기반으로 그 집행에서 명령을 발포하며 그 이행을 통제한다. 국가평의회 및 그 의장의 명령은 공화국 헌법과 법률에 위배되어서는 안 되며, 공화국 전 영토에서 집행되어야 한다. 국가평의회는 다게스딴 공화국 영토에 있는 집행권력기관의 결정이 다게스딴 공화국의 헌법과 법률에 모순된다면 그것을 폐기시킬 수 있다.

국가평의회를 지휘하는 것은 그 의장이다. 의장은 국가수반이다. 의장은

국가평의회의 활동을 지도하고, 다게스딴 공화국을 대내적으로 그리고 국제관계에서 대표한다. 다게스딴 공화국의 이름으로 협상을 진행하고 조약과 협약에 서명한다. 다게스딴 공화국의 법률에 서명하고 그것을 공표하며 국가평의회의 명령에 서명하고 명령을 발포한다.

국가평의회 의장은 공화국 상황에 대한 연례발송문을 의회에 보내고 대내적 그리고 대외적으로 중요한 문제에 대해 의회에 보고하며 의회의 회의에 참여하고 우선적으로 등단할 수 있는 권리를 갖는다. 다게스딴 공화국 국적문제를 법률에 따라 결정하며, 다양한 권력부서들 사이의 모순해결을 위한 협의절차를 진행한다.

국가평의회 의장은 러시아연방 대의 및 집행권력기관의 법규가 러시아연방 헌법에 합치되는지에 관해 러시아연방 헌법재판소에 질의할 권리를 갖는다. 국가평의회와 그 의장은 다게스딴 공화국의 의회, 지방자치 대의기관의 법규가 다게스딴 공화국 헌법에 합치되는지에 관해 다게스딴 공화국 헌법재판소에 질의할 수 있다.

국가평의회 의장과 그 성원들은 면책특권을 가지며 법률에 의해 보호된다.

(2) 다게스딴 공화국 국가평의회의 선출

다게스딴 공화국 국가평의회는 14명으로 구성되며 다게스딴 공화국의 헌법회의에 의해 구성된다. 국가평의회에는 국가평의회 의장, 수석 부의장 자격으로 총리, 공화국의 다민족적 구성을 고려하여 헌법회의가 선출한 다른 인물들이 들어간다.

국가평의회 소속으로는 동일 민족체를 대표하는 대표자가 한명이상 들어갈 수 없다. 국가평의회 소속으로 들어가는 인물은 의회의 의원, 정부의 성원, 법원의 판사가 될 수 없다. 자신의 권한을 이행하는 시기에 그들은 정당 및 사회단체의 성원이 될 수 없다. 국가평의회는 자신의 구성원들 가운데서 부의장을 선출한다. 부의장은 의장의 위임 하에 부분적인 권한을 실현하며 또한 의장의 부재 시 그리고 수석부의장의 부재 시 그 역할을 대행한다. 부의장의 권한분배 및 중지절차는 법률로 정해진다.

국가평의회는 4년 임기로 선출된다. 이 임기의 종료 30일전에 새로운 국가평의회 구성과 의장 선출을 위해 다게스딴 헌법회의가 소집된다. 만일 의회의 권한임기의 종료까지 석 달 미만이 남아 있다면 새로운 의회 소집이후 30일 이내에 선출이 진행된다. 이 시기에 국가평의회의 권한은 유지된다. 국가평의회의 구성과 활동 절차, 국가평의회 의장의 선출과 취임 절차는 법률로 정해진다.

국가평의회 의장으로는 30세 이상의 다게스딴 공화국 시민이 선출될 수 있다. 동일한 인물이 두 번의 임기를 초과하여 연속으로 국가평의회 의장으로 선출될 수 없다. 국가평의회 의장은 비밀투표에 의해 공화국 헌법회의가 선출한다. 의장은 선출이후 20일째 되는 날 취임한다.

국가평의회 의장은 공화국 헌법과 법률, 자신이 한 선서의 고의적인 위반에 대한 탄핵을 기반으로 해임될 수 있다. 탄핵안은 의회 의원 3분의 1 이상이나 혹은 국가평의회 3분의 2이상이 제기할 수 있다. 탄핵안 제기에 대한 결정은 의회의 전체 의원수의 3분의 2 이상에 의해 채택된다. 만일 다게스딴 공화국 헌법재판소가 다게스딴 공화국 헌법과 법률을 고의적으로 위반한 것으로 인한 국가평의회 의장의 해임을 위한 탄핵안 제기의 기반이 있고 절차가 준수되었는가에 관한 판정을 내리면 문제는 헌법회의에 이관된다. 헌법회의는 국가평의회 의장의 해임에 관한 결정을 채택하거나 아니면 의회를 해산하여 해산이후 90일 이내에 의회 선거를 지정한다. 헌법회의에 의한 해당 사안에 대한 결정은 그 전체 성원의 3분의 2 이상에 의해 채택된다.

국가평의회 의장의 해임에 관한 헌법회의의 결정은 국가평의회 의장에 반대하여 의회가 탄핵을 제기한 이후 3개월 이내에 채택될 수 있어야 한다. 만일 이 기간 동안 헌법회의의 결정이 채택되지 못하면 국가평의회 의장에 대한 탄핵은 거부되는 것으로 간주된다. 국가평의회 성원은 국가평의회 의장의 해임을 위해 정해진 절차에 따라 그리고 그 기반 하에 해임될 수 있다.

국가평의회 의장 및(혹은) 성원은 사임할 수 있다. 그 사임에 관한 문제는 의회가 전체 의원 과반수이상에 의해 결정한다. 국가평의회 의장의 해임, 사임, 계속적인 권한 실행이 불가능한 경우, 또한 사망 시에는 그 권한을 총리가 대행하며, 이것이 불가능하면 의회의 의장이 대행한다. 이 경우 국가평의회 의장의 선거는 권한이행이 중지된 시점부터 3개월 이내에 성립되어야 한다. 국가평의회 성원의 해임, 사임, 계속적인 권한이행이 불가능한 경우, 또한 사망 시에는 권한이행이 중지된 시점부터 3개월 이내에 성원에 대한 선거가 진행된다. 국가평의회 의장의 교체 시 혹은 국가평의회 소속으로 정부의 총리가 교체되는 경우에도 국가평의회 구성을 위해 정해진 절차에 따라 관련 변화가 진행된다.

(3) 다게스딴 공화국 정부

다게스딴 공화국 정부는 다게스딴 공화국의 집행-운영 국가권력기관이다. 정부는 국가평의회에 의해 구성되는데 총리, 부총리, 장관들로 구성된다. 총리의 제안으로 국가평의회는 정부 성원으로 공화국의 다른 국가운영기관의 지도자들을 포함시킬 수 있다. 정부는 국가평의회가 새로 선출되면 권한이 중지되며 그 위임 하에 새로운 정부가 구성될 때까지 자신의 기능을 계속 이행한다.

공화국 정부는 총리가 지휘한다. 총리는 의회의 동의를 얻어 국가평의회가 임명한다. 총리후보에 관한 제안은 국가평의회 의장이 대통령이 취임이후 혹은 정부의 사퇴이후 2주일 이내에, 아니면 의회가 후보를 거부한 날로부터 일주일의 기간 동안 국가평의회가 한다. 의회는 후보에 관한 제안이 이루어진 날로부터 일주일의 기간에 추천된 총리 후보를 심의한다.

총리는 임명된 지 일주일의 기한 내에 국가평의회에 공화국 집행권력기관의 체계와 구조에 관한 제안을 제출한다. 정부는 국가평의회와 의회에 책임을 진다. 새로 구성된 정부는 자신의 권한임기의 활동계획을 국가평의회의 심의에 부친다. 다게스딴 공화국 총리와 정부 성원은 공화국 의회나 다른 대의기관의 소속이 될 수 없고 다른 직위를 가질 수 없으며 기업활동을 해서는 안된다.

다게스딴 공화국 정부는 공화국 예산을 개발하여 의회에 제출하며 그 집행을 지원한다. 공화국 예산의 집행결산을 의회에 제출한다. 공화국의 경제적, 사회-문화적 발전에 관한 국가정책을 실시하며 학문, 교육, 문화의 발전, 자연자원의 합리적 이용과 보호에 관한 정책을 실행한다. 재정, 신용, 화폐체계의 강화 정책, 국가보험, 회계 및 통계의 단일체계의 조직화 정책을 실행하며 법률에 따라 지불 중지 및 세금 감면의 문제를 결정한다. 가격, 임금, 사회보장의 통일적 정책실행에 참여한다. 공화국 소유재산을 운영한다. 러시아연방과 공동소유재산의 운영에 참여한다. 대외경제 활동을 실행한다. 필요한 경우 경제적, 사회-문화적 운영에 관한 정부의 위원회, 행정 및 다른 기관을 구성한다. 부처 및 다른 집행권력기관의 활동을 통일시키고 방향을 정한다. 시민의 준법성, 권리와 자유의 보장, 소유권과 공공질서의 보호, 범죄와의 투쟁에 관한 정책을 실행한다.

다게스딴 공화국 총리는 정부의 활동을 지도하며 공화국 헌법과 법률, 국가평의회의 명령에 따라 공화국 정부 활동의 기본방향을 정하고 그 업무를 조직한다. 집행권력기관의 체계와 구조에 관한 제안을 국가평의회에 하고 정부의 성원에 관한 제안 및 그 변화를 국가평의회의 심의에 부친다. 공화국 정부와, 공화국의 다른 국가권력 및 운영기관들, 러시아연방과 그 주체, 외국 국가들의 집행권력기관들과의 상호활동을 지원한다. 의회의 회의에 참석하고 우선적으로 연설할 수 있는 권리를 갖는다. 공화국 정부의 활동과 사회-경제계획의 현실화의 기본방향에 관한 발송문을 의회와 국가평의회에 보낸다. 공화국 정부의 명령에 서명한다.

다게스딴 공화국의 헌법과 법률, 국가평의회, 정부의 명령을 기반으로 그리고 그 이행에서 다게스딴 공화국 정부는 명령을 발포하고 그 집행을 지원한다. 정부의 명령은 공화국 전역에서 이행되어야 한다. 그 명령이 다게스딴 공화국의 헌법과 법률, 국가평의회의 명령에 위배될 경우 그것은 국가평의회에 의해 폐기될 수 있다.

다게스딴 공화국 정부, 총리 혹은 정부의 성원은 사임할 수 있다. 총리의 사임은 국가평의회가 수리 혹은 반려한다. 총리의 사임은 정부 전체의 사퇴를 동반한다. 정부 성원의 사임은 국가평의회가 총리의 제안에 의해 수리 혹은 반려한다. 의회는 다게스딴 공화국 정부 및(혹은) 정부 성원에 대한 불신임을 표명할 수 있다. 불신임에 관한 결정은 비밀투표로 의회의 전체 의원의 과반수이상에 의해 채택된다. 의회에 의한 불신임의 표명이후 국가평의회는 정부 및(혹은) 정부 성원의 사퇴에 관해 공고하거나 아니면 의회의 결정에 동의하지 않을 수 있다. 만일 의회가 정부 및(혹은) 정부 성원에 대해 3개월의 기간 동안 다시 불신임을 표명하면 국가평의회는 정부 및(혹은) 정부 성원의 사퇴에 관해 공고한다. 총리는 공화국 정부에 대한 신임에 관한 문제를 의회에 제기할 수 있다. 만일 의회가 신임을 거부하면 국가평의회는 7일내에 정부의 사퇴에 관한 결정을 채택한다. 사퇴 혹은 권한중지의 경우 공화국 정부는 국가평의회의 위임 하에 새로운 공화국 정부가 구성될 때까지 활동을 계속한다.

3) 입법기관: 다게스딴 공화국의 의회(Народное Собрание Республики Дагестан)

다게스딴 공화국 의회는 다게스딴 공화국의 대의 및 입법 국가권력기관이다. 공화국 의회는 121명으로 구성된다. 의회에는 다게스딴의 모든 민족의 대표성이 보장된다. 의원선출 절차와 그러한 대표성 보장의 기제는 법률로 정해진다. 의회는 4년 임기로 선출된다. 의원으로는 21세 이상의, 선거에 참여할 수 있는 권리를 가진 다게스딴 공화국 시민이 선출될 수 있다. 의원은 국가권력 및 지방자치의 다른 대의기관들의 의원이 될 수 없다. 의원은 다게스딴 공화국의 국가평의회, 정부의 구성에 들어갈 수 없다. 의회의 의원은 자신의 임기권한 기간 동안 면책특권을 갖는다. 면책특권의 제한에 관한 문제는 다게스딴 공화국 검찰의 제기에 따라 의회가 결정한다.

다게스딴 공화국 의회는 정해진 의원수의 3분의 2 이상이 선출된 후 13일째 되는 날 첫 번째 회의를 소집한다. 국가평의회는 이 기한 이전에 의회의 회의를 소집할 수 있다. 새로 소집된 의회의 업무가 시작되는 순간부터 이전 소집된 의회의 권한은 중지된다. 의회는 의원들의 휴가기간을 제외하고 회기 중 한 달에 한번 이상 소집된다. 비상회의는 의회의 의장이나 의회의원 3분의 1 이상, 혹은 국가평의회의 발의 하에 의회의 상임위원회가 소집한다. 의회의 회의는 공개되며, 내규에 정한 경우 비공개로 진행될 수 있다. 의회는 자신의 구성원들 가운데서 의장과 부의장을 선출한다. 의장과 부의장은 회의를 진행하고 의회가 채택한 내규에 따라 의회의 내부운영을 담당한다. 의회는 법률안 작업 및 의회 관할의 문제들의 사전심의와 준비, 통제권한의 실현을 위해 의원들로 위원회 및 그 위원장을 선출한다. 의원들의 일부는 상설적인 직업적 기반에서 일한다. 위원회의 조직, 활동절차, 권한은 법률로 정해진다. 의회는 필요한 경우 의회관할 문제에 관한 조사, 감사 및 다른 위원회를 설치한다. 위원회의 법안 작성 및 통제활동의 조정과 의회 총회의 준비를 위해 의장, 부의장 및 위원회 위원장들로 구성되는 의회의 상임위원회가 구성된다. 공화국 예산집행에 대한 통제를 위해 의회는 공화국 예산위원회를 구성하며 이 위원회의 활동절차는 공화국 법률로 정해진다.

다게스딴 공화국 의회는 제1, 2, 10장을 제외한 공화국 헌법의 수정 및 보완, 법률의 채택 및 그 수정 및 보완, 국가평의회와 공동으로 공화국의 대내외 정책의 기본방향 결정, 공화국 경계변경 승인, 공화국의 행정-영토적 구성문제의 결정, 총리의 임명동의, 공화국 헌법재판소 판사들의 임면, 치안판사의 임명, 공화국 최고재판소, 중재재판소, 라이온과 시의 판사들의 임명동의, 공화국 검찰총수의 임명동의, 공화국 예산위원회 위원장, 부위원장, 감사의 임명, 중앙은행의 공화국 담당 지도자의 임면 동의, 인권관련 전권대표의 임면 등의 권한을 갖고 있다. 의회는 또한 공화국 국가평의회 의장과 그 성원의 해임을 위한 탄핵안 제기, 공화국 정부에 대한 불신임문제 결정, 의회 선거의 지정과 중앙선거관리위원회 구성, 지방자치기관의 선거 지정 등을 한다. 공화국의 국가예산 및 그 집행결산 승인, 공화국의 사회-경제적 발전계획의 채택, 다게스딴의 민족적 발전과 민족간 관계 문제의 심의, 비상사태 선포에 관한 국가평의회 명령의 승인, 러시아연방 의회에서 입법발의권 실현, 헌법회의 소집, 공화국 법률의 공식적 해석, 공화국 이름으로 체결된 조약과 협약의 인준과 폐기 등도 의회의 권한영역에 속한다. 다게스딴 민족들이 거주하는 행정-영토적 구성, 그리고 인구, 언어, 사회-경제적, 문화적 환경의 변화에 관한 문제들의 심의에서 제안된 안에 대해 해당 지역의 의원 및 의원집단이 동의하지 않을 경우 의회의 전체 의원수의 3분의 2 이상의 동의를 얻어 결정이 내려진다.

의회는 러시아연방의 대의 및 집행기관의 법규가 러시아연방 헌법, 관할 및 권한 분리에 관한 연방조약과 다른 조약들에 합치되는지에 관해 러시아연방 헌법재판소에 질의할 수 있다. 다게스딴 공화국 의회는 다게스딴 국가평의회, 정부의 법규가 다게스딴 공화국의 헌법에 합치되는지에 관해 다게스딴 공화국 헌법재판소에 질의할 수 있다. 다게스딴 공화국 헌법재판소의 질의를 심의할 때까지 의회는 이 법규의 효력을 중지시킬 수 있다.

의회는 법률을 채택하고 그 집행을 통제한다. 법률 및 의회의 명령은 공화국 헌법이 결정채택 절차에 관해 달리 정하지 않으면 의회의 전체 의원 과반수에 의해 채택된다. 입법발의권은 국가평의회, 의회의 의원, 정부, 다게스딴에서 선출된 러시아연방 의회의 의원에 속한다. 입법발의권은 또한 자신의 관할문제에 관해 공화국 헌법재판소, 최고재판소, 최고중재재판소에도 속한다. 법률안은 의회에 상정된다. 세금의 도입 혹은 폐지, 그 지출 중지에 관한 법률안, 국채의 발생에 관한 법률안, 공화국의 재정적 의무 변화에 관한 법률안, 공화국 예산에서 지출이 예상되는 다른 법률안은 공화국 정부의 결정이 있는 상태에서만 상정될 수 있다.

채택된 공화국 법률은 서명 및 공표를 위해 국가평의회 의장에게 5일의 기간 동안 보내진다. 국가평의회 의장이 법률이 도착한 순간부터 14일내에 그것을 거부하면 의회는 헌법이 정한 절차에 따라 다시 해당 법률을 심의한다. 재심의에서 공화국 법률이 의회의 전체 의원수의 3분의 2 이상의 찬성으로 이전이 안이 채택되면 국가평의회 의장은 7일내에 그것에 서명하고 공표해야 한다.

다게스딴 공화국 의회의 의장은 공화국 의회의 회기를 조직하며 그 회의를 진행한다. 공화국 의회가 심의해야 하는 문제들의 준비에 관한 전반적 지도를 실현하고 의회가 채택한 명령에 서명하며 부의장, 위원회의 위원장, 의회기구의 장 후보를 의회에 추천한다. 의회와 다른 국가권력 및 운영기관과의 상호 활동을 지원하며 국가평의회와 정부의 회의에 참석할 수 있다. 위원회의 활동을 조정하며 그 상호 활동을 지원한다.

헌법개정에 관한 제안은 국가평의회, 그 의장, 의회, 정부, 그리고 의회의 의원 5분의 1 이상이 상정할 수 있다. 공화국 헌법 1,2,10장의 항목 수정은 의회가 처리할 수 없다. 만일 이 항목들의 수정에 관한 제안이 의회의 전체 의원수의 5분의 3 이상의 찬성을 받으면 공화국 법률에 따라 헌법회의가 소집된다. 헌법회의는 공화국 헌법의 개정을 거부하거나 혹은 새로운 헌법안을 개발한다. 새로운 헌법안은 헌법회의 전체 성원의 과반수 이상의 찬성으로 채택되거나 공화국 국민투표에 부쳐진다. 국민투표의 진행에서 공화국 헌법은 유권자의 절반 이상이 투표에 참여하고 투표참여 유권자의 절반 이상이 절반 이상이 찬성하면 채택된 것으로 인정된다. 공화국 헌법 3-9장에 대한 수정은 전체 의원의 3분의 2 이상에 의해 의회가 채택한다.

4) 사법기관

다게스딴 공화국에서 재판은 오직 법원에 의해서만 실현된다. 사법권력은 헌법, 민사, 행정 및 형사 소송의 진행에 의해 실현된다. 다게스딴 공화국에서 사법권력은 러시아연방의 법원체계의 구성부분이며 공화국 헌법재판소, 최고재판소, 중재재판소, 라이온과 도시의 재판소들 그리고 치안판사들을 포괄한다. 공화국 법원의 조직과 활동절차, 권한은 법률로 규정된다. 비상법원의 설립은 허용되지 않는다.

공화국 헌법재판소는 헌법적 구성의 방어에 관한 사법기관이다. 헌법재판소는 5명의 판사로 구성된다. 헌법재판소는 국가평의회와 그 의장, 의회, 의회의 의원, 정부, 최고재판소, 중재재판소, 검찰, 라이온과 도시의 대의 권력기관과 행정수반, 인권관련 전권대표의 요청에 의해 다게스딴 공화국 법률, 국가평의회, 의회, 정부의 규범적 법규, 공화국 이름으로 체결되어 아직 효력을 발생하지 않은 조약, 행정-지역단위의 규칙, 공화국 도시와 라이온의 대의 권력기관과 행정수반의 규범적 법규들이 다게스딴 공화국 헌법에 합치되는지에 관한 사안을 해결한다.

공화국 헌법재판소는 공화국의 국가권력기관들 사이의, 공화국 국가권력기관과 지방자치기관들 사이의 분쟁을 해결한다. 공화국 헌법재판소는 시민의 헌법적 권리와 자유의 침해에 대한 소송의 제기에 의해 그리고 법원의 요청에 의해 구체적인 사안에 적용되었거나 적용될 예정인 다게스딴 공화국 법률의 입헌성을 검토한다. 공화국 헌법재판소는 국가평의회, 그 의장, 의회, 정부의 요청에 따라 공화국 헌법의 해석을 한다. 다게스딴 공화국 국가권력기관과 러시아연방 국가권력기관 사이의, 다게스딴 국가권력기관과 러시아연방 주체들의 국가권력기관들 사이의 조약이 다게스딴 헌법에 합치되는지에 관한 결정을 내린다. 공화국 헌법재판소는 의회의 요청에 따라, 다게스딴 헌법과 법률, 자신이 한 선서에 대한 고의적인 위반을 이유로 국가평의회 의장을 해임시킬 수 있는 기반이 있는지에 관한 결정을 내린다. 헌법에 합치되지 않은 것으로 인정된 규범적 법규 혹은 그 부분적인 항목은 효력을 상실한다. 헌법에 합치되지 않는 공화국의 국제조약은 효력발생 및 적용되어서는 안 된다.

공화국 최고재판소는 민사, 형사, 행정 및 일반적인 사법권을 포괄하는 법원들에 관한 다른 사안들을 처리하는 사법기관으로서 그 활동에 관한 사법적 감독을 실현한다. 공화국 중재재판소는 경제적 분쟁 및 중재재판소들이 심의한 다른 사안들의 해결에 관한 사법기관이다.

공화국 헌법재판소의 판사 및 치안판사는 국가평의회의 추천으로 의회가 임명한다. 공화국 최고재판소, 중재재판소, 라이온(도시) 법원들의 판사의 임명동의는 국가평의회의 추천으로 의회가 한다. 모든 법원의 판사는 법률에 정한 임기로 임명된다. 판사의 임명과 그 권한중지의 절차는 법률로 정해진다.

판사는 독립적이며 오직 법률에만 예속된다. 판사는 불가침권을 갖는다. 판사의 불가침권과 그 독립성의 다른 보장은 법률로 정해진다. 판사는 25세 이상의, 법학을 전공하고 법률분야에서 5년 이상의 실무경력을 갖춘 다게스딴 시민이 될 수 있다. 공화국 법원의 판사에 대한 보완적 요구사항은 법률로 정해질 수 있다. 판사는 의원이 될 수 없고, 정치적 목적을 갖는 정당, 민족단체, 다른 사회단체의 성원이 될 수 없으며 다른 직위를 갖거나 기업활동을 할 수 없다. 판사는 연구, 교육, 문학 및 다른 창조적 활동에 종사할 수 있다.

모든 법원에서 재판의 진행은 공개된다. 법률이 정한 경우 비공개 심리가 허용된다. 형사사건의 결석재판은 법률이 정한 경우를 제외하곤 허용되지 않는다. 재판의 진행은 논쟁가능성과 당사자들의 동등성을 기반으로 실현된다. 법률이 정한 경우 재판진행은 배심원이 참여하여 실현된다. 다게스딴 공화국에서 재판의 진행은 러시아어나 해당 지역의 주민들 다수가 사용하는 언어로 진행된다. 재판진행에 사용되는 언어를 구사하지 못하는 사건 관계자들에게는 자신의 모국어로 사건관련 자료들을 열람할 수 있는 온전한 권리, 통역을 통해 법정의 활동에의 참여, 법정에 설 수 있는 권리가 보장된다.

공화국 검찰은 러시아연방 검찰의 단일한 중앙집중적 체계에 들어가며, 하위 검찰은 상위의 기관과 러시아연방 검찰총수에 예속된다. 다게스딴 공화국 검찰총수는 다게스딴 의회의 동의하에 러시아연방 검찰총수가 임명한다. 검찰의 권한, 조직 및 활동절차는 법률로 정해진다.

5) 지방자치기관

지방자치는 시민들이 구성한 지방 대의권력기관, 관련되는 행정기관-지방행정부, 주민투표, 집회 및 직접민주주의의 다른 지역적 형태, 그리고 주민의 지역 공공자치기관들을 통해서 시민들이 실현한다. 지방자치는 지방적 의미의 모든 문제들을 주민들이 직접 혹은 자신들이 선출한 기관을 통해 독자적으로 결정하는 것을 지원하고, 시 소유재산의 점유, 활용 및 관리를 지원한다. 지방자치기관의 형성, 조직 및 활동절차, 그 권한은 법률로 정해진다.

지방자치는 도시, 농촌의 촌락과 역사적 및 다른 전통을 고려한 지역적 단위에서 실현된다. 각각의 행정-지역 단위는 규칙에 의해 규정되는 자신의 지위를 갖는다. 지방자치가 실현되는 지역의 경계 변경은 해당 지역 주민들의 의견을 고려하여 허용된다. 지방자치기관은 자신의 권한영역 내에서 독자적으로 시 소유재산을 운영하며 지방예산을 형성, 승인하고 지방 세금과 납입금을 정한다. 공공질서의 보장을 실현하고 지방적 의미의 다른 문제들을 결정한다. 지방자치기관은 필요한 물질적, 재정적 자원과 함께 국가권한의 일부를 이관 받는다. 이관된 권한의 실현은 국가의 통제를 받는다. 다게스딴 공화국에서 지방자치는 사법적 방어권, 국가권력기관이 채택한 결정의 결과 생기는 보완적 지출에 대한 보상 권리, 다게스딴 공화국 헌법과 법률이 정한 지방자치 권리의 제한에 대한 금지에 의해 보장된다.

3. 대의정치[3)]

---

3) 다게스딴 공화국 대의정치 부분은 다음을 번역, 정리하여 구성한 것이다. 인터넷 자료에 대한 검색은 주로 2003년 9월에 이루어졌다. 유권자수는, Дей ствующая схема одномандатных избирательных округов. Республика Дагестан. http://ww.fci.ru/way/1D9E70E5-D0B7-...(검색일:2003.12.3.). 표를 비롯하여 선거에 대한 부분은, Календарь выборов. Республика Дагестан. http://ww.fci.ru/html; Итоги голосования. Республика Дагестан. http://ww.fci.ru/EOUID/289902/way/203916/obj/300545.html; Сведения о кандидатах. Республика Дагестан. http://ww.fci.ru/EOUID/289902/way/203914/obj/300557.html; Итоги выборов по одномандатным округам в разрезе окружных избирательных комиссий . Республика Дагестан. http://www.fci.ru/v_razreze_okruzhnyh_izbiratelbnyh_komissiy; НСН | Выборы Президента РФ 26 марта 2000. Республика Дагестан. http://nsn.net.ru/print.pht... Оригинал документа: http://nsn.net.ru/?id=589&ch=5&sub=2. (검색일: 2003.12.7.). 다게스딴 공화국 국가평의회 의장의 약력은, Председатель Государственного Совета Республики Дагестан - Магомедов Магомедали Магомедович. http://www.magomedov.ru/bio.html. 상원의원에 대해서는, Республика Дагестан. Зай налов Шамиль Магомедович. http://www.council.gov.ru... (검색일: 2003.12.3.); Умаханов Ильяс Магомед-Саламович. http://www.council.gov.ru... (검색일: 2003.12.3.). 국가두마의원 명단은, Республика Дагестан. Списки кандидатов. Список дей ствующих депутатов Государственной Думы Федерального С

1) 연방차원의 선거

(1) 러시아연방 대통령 선거

다게스딴 공화국에는 러시아연방 차원의 선거에서 두개의 선거구가 있다. 전체 유권자 수는 1999년 12월 러시아연방 국가두마의원과 2000년 3월 러시아 대통령 선거의 경우 127만명 안팎으로 집계되었다.

2000년 3월 26일 실시된 러시아연방 대통령 선거에는 유권자의 83.6%가 투표에 참여했고 뿌친이 절대적인 지지를 획득했다. 주요 후보들의 득표율은 다음과 같다.

후 보 명	득표율(다게스딴 공화국,%)	득표율(러시아연방,%)
지리놉스끼	0.3	2.70
쥬가노프	16.4	29.21
뿌친	81.0	52.94
찌또프	0.1	1.47
뚤레예프	0.2	2.95
야블린스끼	0.5	5.80
다른 후보들	0.5	2.11
모든 후보에 대한 반대	0.2	1.88

(2) 러시아연방 국가두마의원 선거

1999년 12월 19일 실시된 러시아연방 국가두마의원에서 정당별 투표에 참여한 유권자수는 97만 3천 명 정도로서 전체 유권자의 76.4%를 차지했다. 다게스딴 공화국에서 정당별 투표의 최다득표자는 <러시아연방 공산당>이었다.

обрания Российской Федерации третьего созыва (по состоянию на 3 апреля 2003 года). http://ww.fci.ru/way/18519C30-D0B7-... 22/62. (검색일: 2003.12.3.). 러시아연방과 관련해서는, Итоги выборов руководителей исполнительной власти субъектов РФ. http://ww.fci.ru/WAY/299554.html; Итоги выборов в законодательные (представительные) органы власти субъектов РФ. http://ww.fci.ru/WAY/299558.html; Статьи. Итоги голосования. Выборы Президента Российской Федерации 26 марта 2000 года. Российская Федерация. http://ww.fci.ru/way/203889/obj/202300.html. (검색일: 2003.9.5.); Итоги выборов по федеральному округу в разрезе окружных избирательных комиссий. Российская Федерация. http://ww.fci.ru/v_razreze_okruzhnyh_izbiratelbnyh_komissiy_1.(검색일: 2003.9.5.).

다게스딴 공화국에서의 정당별 득표
(1999년 12월 19일 러시아연방 국가두마의원 선거)

목 록	득표수	득표율(%)	득표율(러시아연방, %)
야블로꼬	3798	0.39	5.93
단결(메드베드)	281337	28.91	23.32
쥐리놉스끼 블록	3935	0.40	5.98
조국-전러시아	273392	28.09	13.33
러시아연방 공산당	365555	37.56	24.29
우파연합	11896	1.22	8.52

소선거구제로 진행되는 지역구 선거는 부이나크와 마하치깔라, 두개의 선거구에서 진행되었다. 부이나크 선거구의 투표율은 77%이고 마하치깔라의 투표율은 72%였다. 부이나크 선거구에서는 12명의 등록된 후보를 대상으로 투표가 진행되었고 마하치깔라 선거구에서는 3명의 등록된 후보를 대상으로 투표가 진행되었다. 부이나크 선거구에서는 오마로프가, 마하치깔라 선거구에서는 마하체프가 각각 당선되었다.

후보별 득표 (1999년 12월 19일 러시아연방 국가두마의원 선거)

① 부이나크 선거구

	후 보 명 단	득표수	득표율(%)
1.	알리예프(Алиев М.Г.)	2233	0.44
2.	아스케르하노프(Аскерханов Г.Р.)	94433	18.89
3.	가드쥐예프(Гаджиев М.Т.)	25643	5.13
4.	까자나또바(Казанатова К.М.)	2412	0.48
5.	낄랴스하노프(Килясханов Х.Ш.)	33	0
6.	꾸예브다(Куевда Г.А.)	10206	2.04
7.	마고메드라기모프(Магомедрагимов Р.М.)	65122	13.03
8.	오마로프(Омаров Г.З.)	138053	27.63
9.	사이도프(Саидов М.М.)	43842	8.77
10.	따이기보프(Тай гибов Ш.Б.)	20562	4.11
11.	똘보예프(Толбоев М.О.)	76122	15.23
12.	차구치예프(Чагучиев М.Ч.)	849	0.17
	모든 후보에 대한 반대	5848	1.17

② 마하치깔라 선거구

	후 보 명 단	득표수	득표율(%)
1.	압둘가뿌로프(Абдулгапуров Х.А.)	31708	7.12
2.	마하체프(Махачев Г.Н.)	277696	62.39
3.	술레이마노프(Сулей манов Р.Р.)	40437	9.09
	모든 후보에 대한 반대	65661	14.75

다) 러시아연방 의회 상원(연방회의)의 성원

다게스딴 공화국에서 선출된 러시아연방 상원의원은 자일로프(Ш. М. Зай налов)와 우마하노프(И. М. Умаханов)이다. 자일로프는 러시아연방 상원의 자연자원 및 환경보호에 관한 위원회의 부위원장이고 러시아연방 예산위원회와의 상호 활동에 관한 위원회 위원이다. 다게스딴 공화국 의회에서 선출되었다. 1946년 11월 14일 생으로서 2003년 4월 3일 선출되었고 그 임기는 2007년 3월에 만료된다. 우마하노프는 러시아연방 상원의 국제문제위원회 수석 부위원장이고 러시아연방 예산위원회와의 상호 활동에 관한 위원회, 연방의회 헌법적 권한의 실현방법에 관한 위원회의 위원이다. 다게스딴 공화국 국가평의회에서 임명했다. 1957년 3월 27일 생으로서 2002년 7월 30일 임명되었고 그 임기는 2006년 6월에 만료된다.

2) 연방주체 차원의 선거

(1) 연방주체의 수장: 다게스딴 공화국 국가평의회 의장

다게스딴 공화국의 최고지도자는 다게스딴 공화국 국가평의회 의장이다. 국가평의회 의장의 선출은 다게스딴 공화국 헌법회의가 담당한다. 이 직위에는 마고메도프(М. М. Магомедов)가 세 번에 걸쳐 선출되었다.

마고메도프는 1930년 6월 15일 다게스딴 자치소비에트 사회주의공화국 레바쉰스크 라이온의 레바쉬 마을에서 출생했다. 다르기네쯔(Даргинец)이다. 1949년 레바쉰스크 중등학교를 마치고 교사로 일하기 시작한 이후 1957년 레바쉰스크 라이온의 교육부문의 담당자로 있을 때까지 교육현장에서 일했다. 1957년부터는 꼬민테른 꼴호즈의 장으로 있었고 1966년에는 레바쉰스크 라이온의 농업생산부서의 장으로 임명되었다. 1968년 다게스딴 농업연구소를 마쳤고 1969년에는 레바쉰스크 라이온 집행위원회의 위원장으로 선출되

었다. 1970년 12월에는 소련공산당 레바쉰스크 지역 당의 제1서기가 되었다. 이후 1975년 9월에는 소련공산당 다게스딴 공화국 당의 농업분과장으로 임명되며, 1979년 1월부터 1983년 5월에 이르는 기간에는 다게스딴 공화국의 각료회의 부의장, 1983년부터는 각료회의 의장으로 일했다. 1987년 8월에는 다게스딴 공화국 최고소비에트 상임위원회의 위원장으로 선출되고 1990년에는 다게스딴 공화국 최고소비에트 의장으로 선출된다. 1993년 12월에는 다게스딴에서 연방회의의 의원으로 선출되었으며 연방문제, 연방조약, 지역정책 위원회의 위원으로 있었다. 1994년 7월 26일에는 다게스딴 공화국 국가평의회 의장으로 선출되었다. 1996년 1월에는 다시 연방회의 소속으로 들어갔다. 1996년 3월 22일 다게스딴 공화국 헌법회의는 국가평의회의 권한을 1998년 7월 26일까지 연장했으며 동년(同年) 헌법회의는 마고메도프를 국가평의회 의장으로 다시 선출했다. 2002년 여름 다게스딴 공화국 헌법회의 결정에 따라 다시 국가평의회 의장으로 선출된다.

2) 연방주체의 대의기관: 다게스딴 공화국 의회

2003년 3월 16일 다게스딴 공화국 의회의 의원선거가 진행되었다. 121명의 의원이 선출되었는데, 68개의 선거구에서는 1명씩, 10개의 선거구에서는 2명씩, 6개의 선거구에서는 3명씩, 3개의 선거구에서는 5명씩 뽑는 방식으로 선출된다. 450명이 입후보했다. 409명의 후보가 등록되었다. 다게스딴 공화국의 법령 <다게스딴 공화국의 대표자회의의 의원선거에 관하여>에 따르면 선거구별로 등록된 유권자의 20% 이상이 투표에 참여하지 않거나 가장 많은 표를 획득한 후보의 득표수가 모든 후보에 대한 반대에 투표한 수보다 적으면 선거는 성립되지 않은 것으로 인정된다. 한명씩 뽑는 선거구에서(소선거구)에서는 투표에 참여한 유권자의 지지를 가장 많이 받은 후보가 당선된 것으로 인정된다. 여러 명 뽑는 선거구에서는 후보들 가운데서 각 의석에 따라 분리되어 집계가 행해진다. 이 경우 투표에 참여한 유권자들 전체에서 다수를 득표한 후보가 당선된 것으로 인정된다. 다게스딴 공화국의 대표자회의의 의원선거에는 등록된 유권자의 65% 이상이 투표에 참여했다. 97명이 다게스딴 공화국의 인민대표자회의 의원으로 선출되었다. 17개의 선거구에서는 재투표가 실시되어야 했고, 6개의 선거구는 분쟁이 있고 소선거구제로 재투표가 있었다.

Ⅳ. 경제 시스템

1. 경제개황

다게스딴 공화국은 7개의 연방지구 중 남부연방지구에 속하고 12개의 러시아 경제지역 중 북 까프까스 경제지역에 속한다. 다게스딴 공화국은 산업발전에 적합한 지리적·자원적 조건을 갖추고 있고 인근지역과의 교류발전에 긍정적 영향을 미치는 환경적 조건을 가지고 있다.

그럼에도 불구하고 전 산업, 특히 공업부문이 상대적으로 여타지역에 비해 낙후되어 있으며 주요 요인은 다게스딴 공화국이 러시아 시장경제 전환정책이 이루어진 후 여타 주체에 비해 늦은 경제개발을 시작했기 때문이다.

다게스딴 공화국의 농업발전은 전환기 전후 오랜 기간 꾸준히 이어져 왔으며 2000년 현재 농업의 러시아대비 비중도 1.0%로 매우 높은 편이다.

다게스딴 공화국의 경제특징으로 지리적 조건을 한층 활용한 요양산업의 발달을 들 수 있다. 요양산업은 부가가치액이나 상대취업인구 지표로 분석할 때 다게스딴 공화국의 중심산업 중의 하나로 자리 잡고 있다.

러시아경제에서 차지하는 다게스딴 공화국의 경제비중을 전체적으로 살펴보기 위해 몇 가지 대표적 거시경제지표들을 살펴보면 지역총생산을 비롯해 대부분이 대체로 러시아의 여타 주체 중에서 낮은 비율을 차지하고 있다. 지역총생산은 러시아대비 비중이 0.3%, 공업생산량은 0.1%, 농업생산량은 1.0%이다. 소매유통은 0.4%이고 자본투자는 0.3%에 이르고 있다.

다게스딴 공화국의 지역총생산을 살펴보면 상대적인 상승비율이 매우 높음을 알 수 있다. 표로 살펴보면 다음과 같다.

다게스딴 공화국 지역총생산액 추이

항목 \ 년도	1996	1997	1998	1999
지역총생산	6,019	8,636	8,494	13,044
1인당 지역총생산)	2,925	4,144	4,031	6,110
지역총생산 지수		100.9	91.9	101.8

http://www.infostat.ru/epub.htm (검색일: 2003.1.10)

다게스딴 공화국의 지역총생산의 주요 구성과 비율에 있어 공업부문과 농업부문이 각각 20.4%와 24.9%로 가장 큰 비중을 나타내고 있고 그 외 건설이 7.5%, 운송이 6.0%, 유통이 16.6%를 차지하고 있다.

다게스딴 공화국의 기업부문의 지표를 살펴보는데 있어서 총 기업수, 소기업수, 그리고 공업부문에서 현재 활동 중인 기업수를 연도별로 살펴보면 다음과 같다.

기업수 추이

항목 \ 년도	1997	1998	1999	2000
총기업수(연말)	27,492	30,580	31,577	32,420
소기업수(연말)	10,169	2,003	2,722	1,954
활동기업수	1,957	466	673	547

http://www.infostat.ru/epub.htm(검색일: 2003.1.10)

2. 산업

1) 공업

다게스딴 공화국의 공업은 발달정도가 높다고 할 수 없다. 또한 여러 분야에서 골고루 균형성장을 하고 있어 불균형성장으로 특화를 노리는 여타 지역에 비해 매우 큰 시너지 효과를 올릴 수 있다. 이것은 균형정책의 실익이기도 하다.

이와 관련해 여러 공업 중 대표적으로 꼽을 수 있는 것은 연료공업과 식품공업, 그리고 기계제작·금속가공업과 건재산업을 들 수 있다. 특히 이 중 식품공업과 연료공업은 여타 산업으로부터 얻는 전방 효과적 성격이 크다고 할 수 있다. 식품공업은 풍부한 농산물의 생산으로부터 많은 원료를 공급받아 가공하고 있고 연료공업은 자연조건의 풍부한 자원생산에 기인하고 있다.

다게스딴 공화국의 총 공업생산량과 지수를 표로 간단히 살펴보면 다음과 같다.

총 공업생산량 추이

항목 \ 년도	1997	1998	1999	2000
총 공업생산량	1,752	1,761	3,244	5,715
공업생산 지수	103	92	100.0	120

http://www.infostat.ru/epub.htm (검색일: 2003.1.10)

다게스딴 공화국의 공업부문별 구조에 대한 비율에 있어 특징은 제분, 곡물, 사료공업이 2.4%에 이르고 있어 상대적으로 높은 비율을 가지고 있다는 것이다. 여타 부문들의 비율을 간단히 표로 정리하면 다음과 같다.

주요 공업생산부문별 생산비율

생산부문	다게스딴 공화국 총공업생산 비율
전기전력	10.0%
연료공업	29.4%
화학 · 석유화학	2.4%
기계제작 · 금속가공	17.2%
목재가공, 종이 · 펄프	1.1%
건재공업	12.3%
경공업	0.9%
식품공업	21.7%
제분,곡물,사료	2.4%
기타	2.6%

http://www.infostat.ru/epub.htm (검색일: 2003.1.10)

지역적으로는 다게스딴 공화국의 수도인 마하치깔라 시가 거의 모든 산업의 중심이다. 공업에 있어서는 여러 분야가 발달되어 있으며 기계제작, 금속가공업과 경공업과 식품공업 등이 발달해 있다. 농업의 융성은 물론이고 특히 카스피해에 닿는 항구는 농업과 공업의 생산물을 대외로 유통하는데 큰 기여를 하고 있고 역으로 이로 인해 다게스딴 공화국의 농공업이 발전하는 견인차가 되었다고 평가되어 진다. 그 외 주요 도시들로 까스삐스크, 제르벤트, 하싸뷰르트, 부이나크스크 등이 있다.

2) 농업

다게스딴 공화국은 농업이 충분히 발달되어 있는 지역이라 할 수 있으며 이곳에서 꼽을 수 있는 대표적인 농업품목들은 채소와 목양을 들 수 있다. 원예도 주민들의 주요 수입원중의 하나이다. 또 이곳에서 과일도 많이 수확되며 주요한 것은 사과, 배, 복숭아, 체리, 슬리브열매 등이다. 이러한 현상은 다게스딴 공화국의 자연적 조건이 동식물생장의 적합하다는 것에서 그 요인을 찾을 수 있다.

다게스딴 공화국은 총 농업생산량에 있어 해마다 놀라운 성장을 하고 있는 것을 알 수 있다. 가축사육과 작물재배에서 생산물이 골고루 풍성하게 수확되어 여타 인근지역은 물론 세계적으로 시장을 넓혀 가고 있다. 다게스딴 공화국의 총 농업생산량과 가축과 작물의 수확량, 그리고 농업생산지수를 년도 별 추이로 살펴보면 다음과 같다.

농업생산량 추이

항목 \ 년도	1997	1998	1999	2000
총농업생산액	2,173.8	2,570.0	5,099.4	8,198.6
작물관련 생산액	659.6	756.6	1,628.0	3,050.5
가축관련 생산액	1,514.2	1,813.4	3,471.4	5,148.1
농업생산지수	88	95	107	108

http://www.infostat.ru/epub.htm (검색일: 2003.1.10)

3. 자원 등 기타

다게스딴 공화국은 북 까프까스의 동부에 위치하고 있으며 그 위치에 따라 저지대, 계곡, 산지대, 고산지대로 나뉜다. 기후는 온난 건조하며 겨울철의 온도는 +5℃에서 -5℃를 이루고 있고 여름의 경우에는 +21℃에서 +30℃로 무더운 날씨를 보인다.

다게스딴 공화국의 토양은 지역의 고도별로 다르며 밤색토양, 초원지대, 숲지대, 흑토질토양으로 나뉜다.

다게스딴 공화국의 유용광물자원은 석유, 가연성 가스, 석탄, 석영 유리가루 등과 기타 건축용 자재들이 있다. 건축용 자재로는 모래, 석회석, 점토석회, 백운석, 석고, 대리석, 자갈 등이 있으며 이 외 가연성 슬레이트와 철광석, 복합목광석이 있고 미네랄 수도 있다.

다게스딴 공화국의 강은 매우 촘촘하게 연결되어 있고 이 물의 원천은 주로 많은 비와 눈이다. 주요 강으로는 쩨레크, 술락 강이 있다. 이 강들은 수력에너지로 활용되고 있으며 이 외에도 토지개발과 산림수송에 쓰인다. 강 외에도 100개가 넘는 작은 호수들이 있으며 이들이 차지하는 면적은 150㎢에 달한다.

다게스딴 공화국의 식물계를 살펴보면 500-600m에서 1500-1600m에 이르는 지역에서는 참나무, 너도밤나무 등의 산림지대가 펼쳐져 있고 고산지대는 자작나무와 소나무 등이 서식하고 있다.

다게스딴 공화국에는 동물계가 매우 풍부하다. 사슴, 알프스 영양, 멧돼지, 사슴을 포함해서 다게스딴 들소가 서생하고 있으며 표범이나 다른 포유동물들이 보이기도 한다. 이 외 자고새, 아프스 갈까마귀, 독수리를 포함한 조류가 많으며 가스피해에서는 청어, 숭어, 정어리, 용철갑상어, 흰살연어, 연어 등의 어류도 풍부하다.

V. 문화시스템

1. 지역정체성

1) 인구

러시아연방 대부분의 주체가 심각한 인구 감소현상을 겪고 있는데 반해, 다게스딴 공화국 인구는 2001년 현재까지도 지속적으로 증가하고 있다. 2001년 현재 인구는 총 2,160,000명으로 러시아연방 전체의 1.49%, 89개 주체 중 24위로, 1990년 대비 18.6%(338,000명) 증가했다. 이는 1990년부터 2001년까지의 적지 않은 인구가 다게스딴으로 유입되고 있음을 알 수 있다. 결론적으로 다게스딴 공화국의 인구상황은 자연증가율 뿐 아니라 타 지역으로부터의 인구유입에 의해서도 당분간 지속적인 증가추세를 보일 것으로 전망된다.

다게스딴 공화국 인구변동 추이

연도	1990	1992	1993	1994	1995	1996	1997	1998	1999	2000	2001
인구수 (1,000명)	1,822	1,890	1,925	1,953	1,997	2,041	2,073	2,094	2,120	2,142	2,160

Россий ский статистический ежегодник. Госкомстат России. М., 2001. С. 83.

다게스딴 공화국 인구의 자연증가율은 비록 해가 갈수록 그 폭은 떨어지고 있으나, 여전히 높은 추세이다. 이는 공화국 인구상황에 매우 긍정적인 영향을 미치고 있다.

다게스딴 공화국 출생자수, 사망자수, 자연증가율

연도	출생자수(명)	사망자수(명)	자연증가율(명)
1990	48,209	11,482	36,727
1992	44,986	12,984	32,002
1993	41,863	14,777	27,086
1994	44,472	15,253	29,219
1995	45,680	15,700	29,980
1996	42,282	15,565	26,717
1997	41,225	15,662	25,563

1998	41,164	15,793	25,371
1999	38,281	16,020	22,261
2000	38,229	16,108	22,121

Российский статистический ежегодник. Госкомстат России. М., 2001. С. 111.

2000년 현재 다게스딴 공화국의 경제활동인구는 총 830,000명으로 38.74%에 불과하다. 이는 인구구조상의 특성에 기인한 것으로 아동인구와 노령인구가 차지하는 비율이 상대적으로 높기 때문이다. 경제활동 인구 중 취업인구는 618,000명, 실업인구는 212,000명으로 실업률이 25.6%에 이르는 고실업 사태를 보이고 있다. 이러한 고실업 사태는 특히 1990년대 중반부터 나타나기 시작하여, 경제위기를 전후한 1997, 1998년에는 30%대에 육박하였다. 최근 들어서 실업률이 약간 하향세를 보이고 있지만, 경제사정이 크게 호전되지 않는 한 고실업사태는 당분간 지속될 전망이다.

다게스딴 공화국 경제활동인구(취업자, 실업자), 실업률

연도	경제활동인구 (1,000명)	취업자수 (1,000명)	실업자수 (1,000명)	실업률(%)
1992	757	648	110	14.5
1993	711	586	125	17.5
1994	696	571	125	18.0
1995	774	578	196	25.3
1996	722	522	200	27.7
1997	736	537	198	27.0
1998	728	510	218	30.0
1999	864	623	241	27.9
2000	830	618	212	25.6

Российский статистический ежегодник. Госкомстат России. М., 2001. С. 136.

2) 민족

1989년 인구센서스 결과 다게스딴 공화국에는 약 70여 민족이 거주하고 있는 것으로 나타났다. 토착민족으로 아바리야인 27.5%, 다르긴족 15.6%, 꾸미크인 12.9%, 레즈기족 11.3%, 라크인 5.1%, 따바싸란인 4.3%, 노가이족 1.6%, 루뚤인 0.8%, 아굴인 0.8%, 짜후르인 0.3% 등이 거주하며, 그 외에도

러시아인 9.2%, 아제르바이잔인 4.2%, 체첸인 3.2%, 따트인 0.7%, 우끄라이나인 0.4%, 아르메니아인 0.4%, 따따르인 0.3% 등이 거주하고 있다.

3) 교육

다게스딴 공화국은 북 까프까스 지역의 대규모 과학, 교육 중심지이다. 공화국에는 1,603개 중등학교, 21개 특수학교 및 7개 단과대학이 있다. 공화국에는 또한 29개 전문기술학교와 33개 아동 창작교육센터 등 다양한 형태의 교육기관이 운영되고 있다.

공화국에서는 9개 언어로 교육이 진행되는데, 각 언어별 교육현황은 다음과 같다: 아바르어 - 584개교, 아제르바이잔어 - 5개교, 다르긴어 - 233개교, 꾸미크어 - 72개교(14,508명), 라크어 - 70개교(2,899명), 레즈기어 - 146개교, 러시아어 - 1,073개교, 따따르어 - 71개교, 체첸어 - 20개교.

그 외에도 공화국에서는 루뚤어, 짜후르어, 아굴어, 따트어, 노가이어가 선택적으로 교육되고 있는데, 노가이어 - 29개교, 루뚤어 - 15개교, 따트어 - 5개교, 아굴어 - 22개교, 짜후르어 - 11개교 등이다.

최근에는 또한 종교교육에 대한 붐이 일고 있는데, 9개 이슬람교육기관이 등록되었다.

다게스딴 공화국에는 23개의 과학-기술센터에서 자연과학 및 사회과학 분야에 대한 연구가 진행되고 있다.

2. 지역문화

1) 문화개괄

다게스딴 공화국은 역사와 문화적 기념물이 풍부한 곳이다. 이 곳에는 800점이 넘는 명승고적이 보존되어 있다. 그 기원이 6세기로 거슬러 올라가는 나른 깔(Нарын-кал)의 요새가 있는 데르벤트의 방어 구조물과 높은 산악의 마을 요새인 깔-꼬레이쉬 주마(Кал-Корей ш джума, 11세기 건설)와 꾸무흐(Кумух, 13세기 건설) 사원 등이 다게스딴의 중요한 명승고적에 속한다.

다게스딴에서는 장식-실용예술이 발달되어 있다. 장식 예술의 유명한 중심지들은 꾸바치(Кубачи, 검정 색으로 색칠된 세공품들과 에나멜로 칠한 조각품이 유명), 고차뜰(Гоцатль, 청동 조각품, 세공품 유명), 발하르 (Балхар, 무늬가 있는 도자기 유명), 운추꿀(Унцукуль, 상감의 목조 세공품, 뼈세공품과 나전 제품이 유명)이다.

옛 부터 남다게스딴 지방은 융단 제품의 중심지로 유명하다. 장식 예술의 탁월한 장인들은 알리하노프(Р. А. Алиханов), 김바또프(Б. В. Гимбатов), 마고메도프(Г. А. Магомедов), 차프까예프(Г. В. Чабкаев), 자말루띠노프(М. В. Джамалутдинов), 구세이노프(А. В. Гусей нов), 가지마고메도프(Г. А. Газимагомедов) 등이다.

다게스딴의 구비 문학은 오랜 옛날부터 이어져 내려오고 있는데 오늘날에도 그 미적 가치를 잃지 않고 있다. 다게스딴의 구비 문학의 가치는 다언어적이며 다민족적이라는데 있다. 그렇지만 그 구비문학은 각각 민족의 구비문학의 민족적 특성을 배제하지 않고 그것을 전제로 하고 있어서, 통일되어 있으면서도 다양성을 지니고 있다. 다게스딴 구비문학의 예술적인 풍부함에 대해서는 많은 유명한 작가들의 작품을 통해서 잘 알 수 있으며, 그 작가들은 베스뚜제프-마릴린스끼(А. Бестужев-Марлинский), 레르몬또프, 톨스토이 등이다. 특히 레르몬또프는 시 '꿈'에서 자신이 다게스딴의 한 계곡에서 결투로 죽는 것을 예언적으로 묘사하고 있다.

다게스딴에는 여러 가지 체계의 도서관이 2,000개가 있고 1,058개의 도서클럽이 있다. 국립 역사 건축 연합 박물관과 조형 예술 박물관을 포함해서 18개의 박물관이 활동하고 있고 96개의 음악 예술 교육 기관이 활동 중이며, 6개의 국립 민중 극장(러시아, 아바르(Авар), 등), 인형 극장, 심포니 오케스트라, 다게스딴 민속악기 오케스트라, 국립 필하모니, 국립 아카데미 무용 앙상블인 '레즈긴크'(Лезгинк) 등이 활동하고 있다.

음악 분야의 유명한 예술가들은 러시아연방의 공훈 예술가인 가사노프(Г. А. Гасанов), 소련의 국민 배우인 까줄라예프(М. В. Кажлаев), 러시아의 국민예술가인 찰라예프(Ш. А. Чалаев), 러시아의 공훈 예술가인 다기로프 (Н. П. Дагиров), 다게스딴 국민 예술가인 께리모프(С. А. Керимов) 등이다.

다게스딴의 민속 예술과 음악 발전에 큰 공헌을 한 사람들은 무라도프 (Т. А. Мурадов), 쁘로스꾸린(П. О. Проскурин), 하누까예프(Х. А. Ханукаев),

아브라먄츠(A. B. Абрамянц), 공훈 예술가 추로프(A. A. Цуров)이다. 그리고 무용의 발전에 커다란 기여를 한 사람은 앙상블 '레즈긴크'의 창립자이며 러시아연방의 국민 예술가인 따이호 이즈라일로프(Таихо Израилов)이다.

극 예술의 발전에 커다란 공헌을 한 사람들은 극작가인 사이도프(Г. А. Саидов), 차리노프(М. В. Чаринов), 살라바또프(А. А. Салаватов), 후르실로프 (М. В. Хуршилов), 아자마또프(А. В. Аджаматов), 흐류끄스끼(Т. В. Хрюкский) 와 감독인 구스따모프(Г. В. Рустамов), 배우들인 구소련의 국민 배우인 무라도바(Б. В. Мурадова), 러시아 연방 국민배우인 꾸루모프(А. В. Курумов), 꾸르마조프(М. О. Кузмазов) 등이다.

대중에게 사랑받는 예술가 중에는 다게스딴 국민 가수들인 누찰로바 (П. А. Нуцалова), 이브라기모바(А. В. Ибрагимова), 러시아연방 국민배우인 가지에바(Р. П. Гаджиева), 바딸베꼬바(И. А. Баталбекова), 러시아 연방 국민배우인 가사노바(М. В. Гасанова), 음악가인 다게스딴 공훈 예술가인 마고메도프(К. Магомедов) 등이 있다.

다게스딴에서 조형예술은 20세기 초에 발전하기 시작했는데 화가들인 무싸예프(Х. А. Мусаев, 1921년부터 독일과 미국에서 활동함) 제멜(М. П. Джемел), 몰라예프(Ю. А. Моллаев), 유누실라츠(М. М. Юнусилац), 조각가 아스까르-사리자(Аскар-Сарыджа)가 그 기반을 닦았다. 1959년부터 마하치깔에서 예술 학교가 운영 중이며 1971년부터 다게스딴 교육 대학에서 미술 학부가 문을 열었다.

2) 문화시설

국립 역사-건축과 예술 박물관 보호구역 '고대 데르벤트'

1988년 3월 31일이 준공일이며 1988년 5월 11일 개관했다. 1926년에 지지 박물관이 창립되었다. 1960년부터 제르벤트(Дербент) 학술 재건 연구소가 생겨서 이후 4년 반 동안 12개의 가장 가치 있는 기념물들을 복구했다. 1970년부터 고고학적 연구가 시작되었는데 수년간의 수중 연구가 진행되었다. 제르벤트의 역사-문화적인 의미를 높이 평가하여 1989년에 러시아 정부가 연방 차원의 의미가 있는 복합 기념물 보존구역으로 지정했다.

특히 흥미를 불러일으키는 것들은 6세기의 방어 건축물과 중세 도시의 목

욕탕, 사원, 대상거주지 등이다. 고대 유물 지역은 발굴지와 묘지, 고대 주거지(기원전 9세기에서 기원후 17세기까지)이다. 이 박물관 보호구역내에는 6개의 박물관이 있다. 박물관의 전시실에는 양탄자와 민속-장식예술 세공품, 고대 화폐, 카스피해 연안 민족의 인류학 유물 등이 전시되어 있다.

다게스딴 조형 예술 박물관

이 박물관에는 세계에서 가장 많은 다게스딴의 장식-실용 예술품들이 보존되어 있으며 민속 예술품과 은 예술품, 무기, 양탄자, 천, 도자기, 목조 조각품, 돌 조각품 등의 약 20개의 항목을 포함하고 있다.

박물관은 북 까프까스의 가장 큰 예술 박물관 중의 하나이다. 박물관에는 역시 서유럽과 러시아예술(회화, 조각, 도자기), 동방 예술, 다게스딴 현대 조형예술품들이 전시되어 있다. 박물관 건물은 20세기 초에 세워졌고 정부가 보호하고 있는 역사 건축 기념물이다. 박물관은 1959년 9월2일 개관했다.

참고 : 레르몬또프의 시 '꿈'

다게스딴 계곡의 한낮의 열기 속에
나는 가슴에 총알을 맞고 꼼짝없이 누워있었다
깊은 상처는 김이 모락모락 났고
피는 한 방울씩 떨어졌다.

나는 홀로 계곡의 모래 위에 누워 있었다
돌출한 바위가 주위에 가득 차 있고
태양은 누르스름한 바위 꼭대기 위에서 작열하며
나를 태웠다. 그러나 나는 죽음의 꿈을 꾸며 잠들었다.

꿈에 조국에서 불빛으로 반짝이는
저녁 연회가 보였다
화환을 쓴 젊은 여인들 사이에서
나에 대한 즐거운 이야기가 오갔다
그러나 즐거운 대화에 끼지 않고

생각에 잠겨 한 여인이 앉아 있었다
그녀의 젊은 영혼은 신만이 아는
슬픈 꿈속에 빠져들었다.

다게스딴 계곡이 그녀의 꿈에 보였다
그 계곡에는 낯익은 시체가 누워있었다
그의 가슴에서는 김이 나고 상처는 검어져가고
피는 차갑게 흘러내렸다.

로스또프주

Ростовская Область

Ⅰ. 개황

1. 기초정보

주 성립일: 1937년 9월 13일.
주도: 로스또프-나-도누(Ростов-на-Дону)
인구: 4,317,000명(2001년 현재: 러시아연방 전체의 2.98%, 89개 주체 중 6위)
인구밀도: 42.82명/㎢
면적: 100,800㎢(러시아연방 전체 면적의 0.59%; 89개 주체 중 35위)
소속지구: 남부연방지구, 북 까프까스 경제지구
한국과의 시차: -6시간

2. 상징

로스또프주 문장

로스또프주 문장은 푸른 바탕의 방패 중앙에 은빛 기둥이 서 있고, 기둥 하반부에 검푸른 물결 띠 위에 붉은색 성벽이 서 있으며, 성벽 위에는 세 개의 탑이 묘사되어 있는 형상이다. 세 개의 탑 중 중앙 탑이 가장 높고 탑 아래 물결 띠 밑 부분에는 금빛 이삭이 묘사되어 있다. 은빛 기둥 좌우측에는 돈스꼬이(Донской) 왕권(王權)의 표상이 묘사되어 있다.

방패 상단부 뒤편에는 검은 쌍두 독수리가 방패를 지탱하고 있다. 독수리의 부리는 금빛이며, 혀는 붉은 색이다. 각각의 독수리 머리 위에는 러시아 황제의 왕관이 씌워져 있으며, 두 마리의 독수리 중앙에는 푸른 리본이 드리워져 있는 대관(大冠)이 놓여 있다. 방패 뒤에는 네 개의 로스또프 주기가 십자형으로 교차되어 있다. 로스또프주의 문장은 1996년 10월 28일 채택되었다.

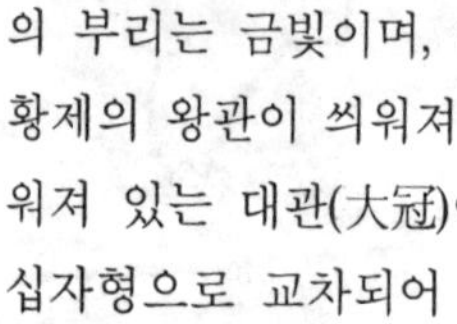

로스또프 주기

로스또프 주기는 위로부터 동일한 너비의 푸른색, 노란색, 붉은색 띠가 수평으로 드리워진 장방형 천으로 되어있다. 이러한 깃발은 1918년에 이미 끄라스노프(Краснов) 대장에 의해 제작되었다. 푸른색은 돈강 유역의 까자크인, 노란색은 깔미끼야인, 붉은색은 러시아인을 각각 상징한다. 1966년 끄라스노프의 깃발에 백색 띠가 깃발 전체 너비의 1/5에 해당하는 너비로 깃봉과 나란히 수직으로 추가되었다. 백색은 로스또프주와 러시아연방과의 통합을 상징한다. 주기의 가로, 세로 비율은 3:2이다. 로스또프 주기는 1996년 10월 28일 채택되었다.

3. 주요도시

로스또프-나-도누(Ростов-на-Дону): 인구 1,012, 500명; 북위 47°14′, 동경 39°42′
따간로크(Таганрог): 인구 282,700명; 북위 47°14′, 동경 38°54′
샤흐띠(Шахты): 인구 220,200명; 북위 47°41′, 동경 40°15′
노보체르까스크(Новочеркасск): 인구 183,300명; 북위 47°25′, 동경 40°5′
볼고돈스크(Волгодонск): 인구 176,700명; 북위 47°31′, 동경 42°8′
노보샤흐찐스크(Новошахтинск): 인구 100,900명; 북위 47°46′, 동경 39°56′
바따이스크(Батай ск): 인구 95,900명; 북위 47°8′, 동경 39°45′
아조프(Азов): 인구 80,900명; 북위 47°6′, 동경 39°26′
까멘스크-샤흐찐스크(Каменьск-Шахтинск): 인구 70,800명; 북위 48°19′, 동경 40°15′
구꼬보(Гуково): 인구 66,400명; 북위 48°4′, 동경 39°56′
쌀스크(Сальск): 인구 63,500명; 북위 46°28′, 동경 41°32′
도네쯔크(Донецк): 인구 48,500명; 북위 48°21′, 동경 40°2′
벨라야 깔리뜨바(Белая Калитва): 인구 48,500명; 북위 48°11′, 동경 40°6′
끄라스니 쑬린(Красный Сулин): 인구 43,600명; 북위 47°53′, 동경 40°4′
밀레로보(Миллерово): 인구 39,200명; 북위 48°56′, 동경 40°23′
악싸이(Аксай): 인구 34,900명; 북위 47°16′, 동경 39°52′
모로조프스크(Морозовск): 인구 28,800명; 북위 48°22′, 동경 41°50′
제르노그라트(Зерноград): 인구 28,500명; 북위 46°51′, 동경 40°17′
즈베레보(Зверево): 인구 28,500명; 북위 48°1′, 동경 40°7′
쎄미까라꼬르스크(Семикаракорск): 인구 24,000명; 북위 47°31′, 동경 40°48′
(인구: 2002년 현재)

4. 주요 산업 및 농업

주의 주요 산업으로 기계제작, 금속가공업(곡물수확 콤바인, 전기기관차,

스팀 보일러, 원자력 발전소 설비, 경운기 등), 경공업(봉제, 섬유, 구두), 식료품 산업, 제철업, 비철금속, 화학공업, 석유화학산업 등이 발달했으며, 농업부문은 곡물, 식용유 생산 작물, 원예업, 가금업, 포도재배, 야채재배, 낙농업, 축산업, 양돈, 양금, 양봉 등이 발달했다. 로스또프주의 토지 총면적은 1,010만ha이며, 그 중 850만ha가 농지로 구성돼 있고, 이는 러시아연방 전체 농지면적의 4%이다.

Ⅱ. 자연환경

1. 지리적 위치와 구성

로스또프주는 43개 행정구, 23개 시, 26개 도시형마을, 441개 농촌마을로 구성되어 있으며, 동유럽 평원 남부와 일부 북 까프까스 지역 및 돈강 하구에 위치하고 있다.

우끄라이나, 보로네슈주, 볼고그라트주, 깔미끼야 공화국, 끄라스노다르 변강주, 스따브로뽈 변강주와 경계를 이룬다. 주는 아조프해의 따간로크만에 둘러싸여 있다. 주요 하천은 돈강과 그 수계로 세베르스끼 도네쯔 (Северский Донец), 살(Сал)강이 있으며, 염분 호수인 마니치-구질로 (Маныч-Гудило)호가 있다.

수도 로스또프-나-도누(Ростов-на-Дону)와 모스크바 간의 거리는 1,226㎞이다.

2. 기후조건

온난기후대, 대륙성기후

1월 평균기온: -5℃(남부 지역) ~ -9℃(북부 지역)

7월 평균기온: 22 ~ 24℃

연강수량: 650㎜(서부와 남부 지역) ~ 400㎜(동부 지역)

식물 생장 기간: 165 ~ 180일

식생: 스텝 지대

토양: 흑토 및 밤색토

삼림분포도: 2.5%

3. 주요 유용광물

도네쯔 수계(돈바스)의 샤흐띠(Шахты), 노보샤흐찐스크(Новошахинск), 구꼬보(Гуково) 등지에서 양질의 석탄을 매장 및 채굴하고 있다. 또한 규암(硅巖), 석회암, 모래 등의 산지가 있다.

주요 산지:

석탄: 샤흐찐스크(Шахтинск), 노보샤흐찐스크, 구꼬보.

규암: 따라쏘보(Тарасово), 메슈꼬보(Мешково).

석회암: 지리노프스크(Жириновск), 보구라예보(Богураево).

모래: 밀레로보(Миллерово), 까를로보-야르스크(Карлово-Ярск).

Ⅲ. 정치시스템

1. 역사[1)]

돈스크(Вой ско Донского) 지방의 토지가 러시아 제국 소속으로 들어가는 것은 18세기부터였다. 일부의 세관 관문과 성(聖, святой) 드미뜨리야 로스또프를 포함하는 요새는 루시 국가가 돈으로 나가는 중요한 전초기지였다. 이 지역의 행정적 경계는 돈의 까자크 지방의 수도로부터 멀리 펼쳐져 있었다.

1763년부터 성 드미뜨리야 로스또프는 보로네쉬 현 지사의 관할에 있었고, 1775년에는 아조프 현이 구성되어 돈스크 지방, 아조프, 까갈니크와 성 드미뜨리야 로스또프가 여기에 속하게 되었다. 1806년은 로스또프시가 생긴 해로 간주된다. 성 드미뜨리야 로스또프 요새와 로스또프시는 분리되어 있었고 이후 요새는 빠르게 성장하는 도시에 의해 흡수되었다. 1870년에 돈스크 지방은 돈스크주(Область Вой ска Донского)로 개칭되었다.

1918년에 돈을 둘러싸고 벌어진 내전 상황에서 당시 돈스크주의 지도부는 새로운 국가, 돈 까자크 공화국을 구성했고, 이 공화국 1년 반의 기간 내내 전선의 원(圓)안에 있다가 1920년 초에 적군의 공격으로 함락되었다. 1920년에 소비에트 권력은 '해방된' 돈스크 지방을 로스또프를 중심으로 하는 돈스크주(Донская область)로 개편했다. 이 지역은 러시아 남-동지역의 혁명군사소비에트에 들어갔다. 남동지역에는 돈스크주 이외에, 쩨르스크현, 스따브로뽈현, 꾸반주와 다게스딴을 포함하고 있었다.

1924년 11월에는 북 까프까스 변강주가 로스또프를 중심으로 구성되었다. 북 까프까스 변강주에는 돈스크주, 꾸반주, 스따브로뽈, 북 까프까스의 민족

---

1) 로스또프주 역사 부분은 다음을 번역, 정리하여 구성한 것이다. 인터넷 자료에 대한 검색은 주로 2003년 11월부터 2004년 1월 사이에 이루어졌다. Dontr.Ru | ЮФО | Ростовская область - Общая характеристика. http://www.dontr.ru/Environ/WebObjects/dontr.woa/wa/Ufo?item=general&section=2; Dontr.Ru | ЮФО | Ростовская область - История. http://www.dontr.ru/Environ/WebObjects/dontr.woa/wa/Ufo?item=history&section=2; Dontr.Ru | ЮФО | Ростовская область - Ростов-на-Дону. http://www.dontr.ru/Environ/WebObjects/dontr.woa/wa/Ufo?item=rostov-on-don&section=2.

관구와 주의 지역들, 그리고 이전에는 우크라이나와 관련되었던 타간로그구와 샤흐찐스크주가 속했다. 같은 해 돈스크주가 폐지되면서 로스또프는 북까프까스 변강주 돈스크구의 중심이 되었다. 1928년 10월에 로스또프는 북까프까스 변강주 집행위원회에 직접 예속되는 독자적인 도시로 분리되었다. 로스또프는 돈스크구의 소속에서 벗어났고 구의 중심은 노보체르까스크가 되었다. 1950년에 변강주의 행정적 분할은 폐지되고 라이온이 등장한다.

1934년부터 북 까프까스 변강주는 로스또프-나-도누를 중심으로 하는 아조프-흑해 변강주, 삐찌고르스크를 중심으로 하는 북까프까스 변강주로 분리되었다. 1937년 9월 아조프-흑해 변강주는 끄라스노다르 변강주와 로스또프주로 분리되었다. 흐루시초프에 의해 시도되었던 행정적 경계의 개편으로 1954년 로스또프주는 로스또프주와 까멘스크주로 분리되었다. 그러나, 당시의 끄림이 우크라이나와 결합되던 것과 달리 로스또프는 1958년부터 1937년의 경계로 자신의 영토를 회복했다.

현재 로스또프주는 10만여 평방킬로미터 정도의 면적으로서, 덴마크, 네덜란드, 벨기에의 면적과 비슷하며 보로네쉬 지역으로부터 꾸반과 스따브로뽈까지 펼쳐져 있다.

로스또프주의 수도인 로스또프-나-도누는 1749년 아조프 해로 들어가는 하구에서 46킬로미터 정도 떨어져서 돈의 오른쪽 강가에 세워졌다. 처음 이곳에는 세관만이 있었고 1760년에 남부 러시아 경계의 방어를 위해 요새를 짓기 시작했다. 이 요새는 로스또프와 야로슬라블 대주교의 이름인 드미뜨리야를 붙이게 되었다. 이후 이름은 변화되는데, 드미뜨리야 로스또프 요새, 로스또프 요새, 로스또프, 그리고 야로슬라블 밑에 있는 오래된 도시 로스또프 벨리끼(Ростов Великий)와 구분하기 위해 로스또프-나-도누로 바뀌는 과정을 거쳤다.

로스또프-나-도누는 육로, 해로의 교차지점에 위치해 있어서 경제발전에 유리한다. 이미 20세기 초에 11만 정도의 주민이 있었고 100개 이상의 기업이 활동하고 있었다. 기업의 3분의 1 정도는 외국자본에 속했다. 1930년대에 로스또프는 주민 수와 경제발전 정도에 의거했을 때 소연방의 열 번째 이내에 드는 대도시 가운데 하나였다. 독일군의 침략으로 심하게 파괴되었으나, 러시아 남부에서 적군이 처음으로 방어에서 공격으로 전환한 지역이기도 하다.

2. 권력기관[2)]

1) 전체 통치구조상의 특징

로스또프주에서 국가권력기관체계는 러시아연방의 헌법적 구성의 기반에 따라 그리고 입법, 집행, 사법으로의 권력분립을 기반으로 세워진다. 입법권력은 로스또프주 의회가 실현한다. 집행권력은 로스또프주의 행정수반(주지사)이 지휘하는 로스또프주 행정부를 중심으로 한 집행권력기관 체계를 통해 실현된다. 사법권력은 러시아연방 사법체계에 들어가는 연방법원과 치안판사가 실현한다. 입법, 집행 및 사법권력기관은 자신의 권한실현에서 독자적이다. 권한실현에서 생기는 로스또프주 의회와 주 행정부 사이의 분쟁은 러시아연방 헌법, 주 헌법과 법률이 정한 협의절차에 따라 혹은 사법적 절차에 따라 해결된다. 로스또프주 의회와 주 행정부 사이의 권한에 관한 분쟁은 연방의 헌법적 법령인 <러시아연방 헌법재판소에 관하여>에 따라 러시아연방 헌법재판소가 해결한다.

러시아연방 국가권력기관과 로스또프주 국가권력기관 사이의 관할 및 권한의 분리는 러시아연방 헌법 및 연방조약에 의해 실현된다. 로스또프주의 국가권력기관은 관할 및 권한의 분리에 관해 러시아연방 국가권력기관과 조약을 체결할 수 있다.

2) 집행기관: 로스또프주 지사와 행정부

(1) 로스또프주 지사의 권한

로스또프주의 최고지도자는 주지사로서 로스또프주 행정부의 수장이다. 로스또프주 행정부는 상설적으로 활동하는, 로스또프주의 최고 집행권력기관이다. 주지사는 연방 국가권력기관, 연방주체의 국가권력기관, 지방자치기관과의 관계에서, 그리고 국제 및 대외경제관계에서 로스또프주를 대표하며

---

2) 로스또프주의 권력구조에 관한 내용은 공화국 헌법을 기본으로 하며 다음의 자료들을 번역, 정리하여 구성한 것이다. Устав Ростовской области. 147-177. 러시아연방 법령자료집 <러시아연방 남부지구 기본법: 개별주체의 헌법, 헌장> (용인: 경희대학교 비교문화연구소 러시아 지역연구팀), 147-177쪽(이 법령자료집은 http://www.legislature.ru/regconst.html에 실린 각 연방주체들의 기본법을 모은 것으로서, 자료검색은 2003년 4월-5월에 이루어졌다).

로스또프주의 이름으로 조약 및 협약에 서명할 권리를 갖는다.

로스또프주 지사는 러시아연방 상원의원의 임명과 임기만료 이전 권한을 중지할 수 있고, 주 의회와 함께 주 검찰의 임명, 로스또프주 관할 러시아연방 최고재판소 산하의 재판부 운영책임자 임면 동의에 참여하며, 연방 집행권력의 지역 기관들의 지도자 및 부지도자의 임명동의 혹은 연방법률이 정한 경우 그 임명에 다른 방식으로 참여한다. 주지사는 의회가 채택한 법률에 서명, 공표 혹은 거부할 수 있으며, 의회의 임시회의 소집을 요구할 권리가 있고 임기 시작 이전에 새로 선출된 의회의 회의를 소집할 수 있다. 자문권을 갖고 의회의 업무에 참여할 수 있으며 의회 명령의 수정, 보완, 혹은 폐기에 관한 제안을 의회에 할 수 있고 이 명령에 대해 사법적 절차를 밟을 수 있다. 연방법률 및 주 헌법과 법률에 따라 의회를 해산할 수 있으며 결정권을 갖고 로스또프주 선거관리위원회 위원 절반을 임명한다. 주지사는 주 행정부를 구성하고 주 행정부의 담당인사, 주 집행권력기관의 지도자와 부지도자를 임면한다. 주 행정부의 기본 활동방향을 정하고 그 업무를 조직한다. 주 행정부 및 집행권력기관의 법규를 파기할 수 있다. 로스또프-나-도누 시장을 제외하고 시의 수장을 임면하고 선출직인 경우 새로운 선거를 지정한다. 주지사는 권한 실현에서 러시아연방 헌법과 법률, 로스또프주 헌법과 법률, 러시아연방 대통령과 정부의 명령을 이행해야 한다. 주지사는 러시아연방 헌법과 법률, 러시아연방 대통령과 정부의 명령, 로스또프주 헌법과 법률을 기반으로 명령을 발포한다.

(2) 로스또프주 지사의 선출

로스또프주 지사는 5년 임기로서 로스또프주에 거주하는 러시아연방 시민이 선출될 수 있다. 동일인물이 두 번의 임기를 초과하여 주지사로 선출될 수 없다. 주지사 선거가 성립되지 않은 것으로, 유효하지 않은 것으로 인정되는 경우, 혹은 후보자들 가운데 당선자가 나오지 않았을 경우 재임 중인 주지사는 주지사가 새로 선출되어 취임할 때까지 자신의 권한을 계속 이행한다. 주지사는 동시에 주 의회 의원 혹은 러시아연방 다른 주체의 입법권력기관의 의원, 지방자치 대의기관의 의원이 될 수 없고 연방법률이 달리 정한 바가 없다면 교육, 학문 그리고 다른 창조적 활동을 제외한 유급활동에 종사할 수 없다.

주지사는 사망, 주 의회의 불신임 표명과 관련된 사임, 자신의 희망에 의한 사임, 연방법률의 절차에 따른 러시아연방 대통령에 의한 그의 해임, 그의 무능력상태 혹은 활동능력 제한에 대한 법원의 인정, 그의 소재불명의 부재 혹은 사망 발표의 법원에 의한 인정, 그에 대한 법원의 유죄판결의 효력 발생, 상시적인 거주를 위한 러시아연방 밖으로의 이주, 러시아연방 국적 상실 등의 경우 임기만료 이전 권한이 중지된다.

로스또프주 지사가 러시아연방 헌법과 법률, 주 헌법과 법률에 위배되는 규정을 발포했을 때, 그러한 위반을 관련 법원이 확인했지만 주지사가 법원 판결이 효력을 갖기 시작한 날로부터 한달 내에 지적된 위반사항을 시정하지 않을 때 주 의회는 주지사에게 불신임을 표명할 수 있다. 또한 주지사가 시민의 권리와 자유에 대해 막대한 침해를 초래할 정도로 러시아연방 헌법과 법률, 러시아연방 대통령과 정부의 명령, 주 헌법과 법률에 대해 다른 심각한 위반을 저질렀을 때에도 불신임을 표명할 수 있다.

로스또프주 의회의 주지사에 대한 불신임 결정은 전체 의원수의 3분의 1 이상이 발의하고 3분의 2 이상이 찬성하면 채택된다. 이 결정은 주지사와 그가 지휘하는 주 행정부의 즉각적인 사임을 동반한다. 주지사의 해임에 관한 러시아연방 대통령의 결정은 주 행정부의 사임을 동시적으로 수반한다. 이런 경우에 주 행정부는 새로운 주 행정부 구성이 완료될 때까지 계속 활동한다. 주지사가 임기만료 이전 권한이 중지되는 경우 의회는 주지사 선거를 지정하며, 선거는 권한중지일로부터 6개월 이내에 실시된다. 주지사가 자신의 의무를 이행할 수 없는 모든 경우에 그것은 한시적으로 부지사가 이행한다. 주지사의 의무를 대행하는 수석 부지사는 주 의회를 해산할 권리를 갖지 않는다.

(3) 로스또프주 행정부

로스또프주 행정부는 단독책임제의 원칙으로 주지사가 그 수장이다. 주 행정부의 구조에는 주지사, 부지사(수석 포함), 그리고 하위부서들이 들어간다. 주 행정부는 주지사가 독자적으로 구성한다. 주지사는 주 행정부의 협의기관을 구성할 수 있다. 주지사가 새로 선출되면 부지사, 주 집행권력기관의 지도자, 주 행정부 하위부서의 지도자들은 권한이 중지된다. 주 행정부는 법인의 권리를 가지며 문장이 있는 직인을 보유한다. 주지사는 주 행정부의 구조 및 정원, 하위부서에 관한 사항을 승인한다.

로스또프주 행정부는 러시아연방의 헌법과 법률, 다른 규범적 법규, 주 헌법과 법률, 다른 규범적 법규가 로스또프주에서 이행되는 것을 보장한다. 주 행정부는 주의 복합적인 사회-경제 발전의 지원에 관한 대책을 개발, 실현하고 재정, 과학, 교육, 보건, 사회보장 및 환경분야에서 단일한 국가정책을 펴는 데에 참여한다. 주 행정부는 시민의 권리와 자유 실현, 보장 및 보호, 소유재산과 공공질서의 보호, 범죄와의 투쟁에 관한 방책을 채택한다. 주의 예산안, 주의 사회-경제 발전계획을 개발하여 주지사가 주 의회에 제시할 수 있도록 한다. 주 예산을 집행하며 그 집행결산과 사회-경제 발전계획의 이행결산을 준비하여 주지사가 주 의회에 제시할 수 있도록 한다. 주의 집행권력기관을 구성하고 그에 관한 사항을 승인한다. 주 행정부의 지역(도시, 라이온 등)기관과 주의 집행권력기관의 설립과 활동절차를 정한다. 주의 소유재산을 운영, 관리하고 주에 그 운영이 이관된 연방 소유재산을 운영, 관리한다. 지방자치기관, 지방자치기관의 선출직 혹은 다른 유형의 담당인사가 발포한 법규가 상위법 및 규정에 어긋날 경우 상위의 법규에 따르도록 요청할 권리가 있으며 아니면 법원에 호소할 수 있다. 연방 집행권력기관과 관할항목 및 권한의 분리에 관해 조약을 체결하며 또한 자신의 권한의 일부를 상호 교환하는 협약을 체결한다. 로스또프주 행정부는 러시아연방 헌법과 법률, 다른 규범적 법규, 주 헌법과 법률, 주지사의 명령을 기반으로 명령을 발포한다. 주 행정부의 명령은 주지사나 그 위임 하에 수석 부지사가 서명한다. 주 행정부의 규범적 법규는 채택이후 7일안에 주 의회에 보내진다.

주 행정부는 주 집행권력기관(부서, 부, 위원회, 국 등)을 지휘한다. 부서, 부, 위원회, 국 등 주의 집행권력기관은 주 법령에 따라 세워지며 관련 (운영)분야의 활동 조정 및 조절, 그리고 허가, 통제, 감시 기능을 실현한다. 주 집행권력기관은 법인으로서 문장이 있는 직인을 갖는다. 주 집행권력기관은 자신의 권한영역에서 비규범적 성격의 법규를 발포한다. 주 집행권력기관에 관한 항목들과 주 행정부의 법규들에 따라 주 집행권력기관은 규범적 법규를 발포 할 수 있다. 주 집행권력기관의 규범적 법규는 주 행정부에 즉각적으로 보내지며 주 의회에는 그 채택이후 7일안에 보내진다. 시민의 권리, 자유 및 의무에 관한 주지사, 주 행정부, 주 집행권력기관의 규범적 법규는 공표된다. 이러한 규범적 법규가 전면적인 보도를 통해 공식적으로 공고되지 않으면 채택될 수 없다. 공식적 발표절차는 주지사가 주 법률에 따라 정하며, 그 규정들 자체에 효력발생에 관한 절차가 정해지지 않았으면 공식적 발표일로부터 10일이 지나면 효력을 발생한다. 주지사, 주 행정부, 주 집행권력기관의 다른 법규는 그 자체에 효력발생에 관한 절차가 정해지지 않았으면 그 채택일부터 효력을 발생한다. 주 집행권력기관의 회의에는 주 의회 의원이 참석할 수 있으며 주 의회 또는 그 의장의 위임하에 주 의회기구의 근무자가 참석할 수 있다.

3) 입법기관: 로스또프주 의회 (Законодательное Собрание Ростовской области)

로스또프주 의회는 상설적으로 활동하는 로스또프주 최고의 그리고 단일한 입법권력기관이다. 의회는 법인의 자격을 가지며 문장을 보유한다.

의회는 로스또프주에 거주하는 러시아연방 시민에 의해 선출되는 45명의 의원으로 구성된다. 의원의 임기는 5년이다. 직업적으로 상설적인 기반에서 일하는 의원 수는 의회의 명령으로 정해지며 의장과 부의장은 상설적인 기반에서 일한다. 의회의 의원은 임기동안 러시아연방 국가두마의원, 판사가 될 수 없으며 연방법률에 달리 정한 바가 없다면 러시아연방의 국가 공직, 로스또프주나 다른 연방주체의 국가 공직을 가질 수 없다. 직업적으로 상설적 기반으로 일하는 의원은 연방법률이 달리 정한 바가 없다면 교육, 학문 및 다른 창조적 활동을 제외한 유급활동에 종사할 수 없다. 의원은 의원권한의 실현과 관련되지 않은 활동에 자신의 지위를 이용할 수 없다. 의원의 권한, 권리, 의무 및 면책특권은 연방법률에 따라 그 지위를 규정한 주 법률이 정한다.

로스또프주 의회는 전체 의원의 3분의 2 이상이 선출되면 소집될 수 있다. 의회 내규에 따라 진행되는 회의에서 의회는 자신의 권한을 실현한다. 회의는 공개적이고 개방적으로 진행되는데 국가비밀 보호, 의원예절에 관한 문제들의 논의, 그리고 연방 및 주 법률, 의회 내규가 정한 다른 경우에 비공개로 진행될 수 있다. 회의에는 협의권을 가지고 주지사, 주 집행권력기관의 다른 지도자나 혹은 그들이 권한을 위임한 이들이 참석할 수 있다.

로스또프주 의회의 활동은 의장이 지휘한다. 의장과 부의장은 의원들 가운데서 비밀투표로 선출되며 주 의회에 예속된다. 그 임면절차는 주 헌법과 법률에 따라 의회의 내규로 정해진다. 의장은 국가권력기관, 지방자치기관, 조직, 사회단체, 시민들과의 관계에서 주 의회를 대표하며 의회의 회의를 소집, 주재하고 의회의 명령, 의회의 의사록에 서명한다. 의회는 위원회, 의원그룹을 만들 수 있으며 그 활동은 주 헌법과 법률에 따른 의회 내규와 다른 규범적 법규들에 의해 조절된다. 로스또프주 의회는 그 활동에 대한 조직적, 법적, 물질-기술적, 재정적 지원문제를 독자적으로 결정한다. 이러한 지원을 위하여 의회는 의회기구를 세운다. 의회 활동에 대한 지출은 의회 자체에서 승인되며 주 예산의 분리된 부분으로 정해진다. 의회 기구의 구조, 성원, 봉급 재원은 의회의 명령으로 확정된다.

로스또프주 의회는 러시아연방 헌법과 법률, 주 헌법과 법률에 따라 자신의 권한을 실현한다. 의회는 주 헌법 및 그 수정안, 법률의 채택, 의회의 명령과 내규의 채택, 의회 조직 및 활동기반 확정, 주 헌법과 법률의 공식적 해석에 관한 규범적 법규 채택, 주의 행정-영토적 구성과 그 변경절차의 확정, 다른 연방주체들과 로스또프주의 경계 변화에 관한 협약 승인, 로스또프주 조약의 체결과 파기 승인 등의 권한을 갖고 있다. 의회는 또한 주지사가 제시하는 주 예산 및 그 집행결산 승인, 주지사가 제시하는 주의 사회-경제 발전계획 승인, 주 관할인 세금 및 납입금의 도입, 징수절차의 확립 그리고 러시아연방 법령에 의해 위임된 권리의 범주 내에서 세금면제의 허가, 기업, 유통업체 등에서의 주의 지분, 주식 등을 포함하여 주 소유재산의 운영과 관리절차의 확정, 주 운영구도 승인, 주 통제-예산위원회의 구성 및 활동절차의 확정, 주의 통화기금 구성과 활동절차의 확정, 주의 통화기금의 자금 지출에 관한 결산의 승인, 지방자치기관의 활동절차 규정, 지방자치 대의기관의 해산, 로스또프주에서의 자연 및 문화유산 보호와 활용 절차의 확정 등의 권한을 갖고 있다.

로스또프주 의회는 주민투표의 지정 및 진행절차 확정, 주 의회 선거, 주지사선거, 지방자치기관 선거의 일자 및 절차 확정, 주 의회의 임기만료 이전 권한중지(자체 해산)에 관한 결정의 채택을 실행하며, 주지사의 불신임 결정 채택, 결정권을 갖고 주 선거관리위원회 위원의 절반 임명, 주 검찰의 임명동의, 로스또프주 소재 러시아연방 최고재판소 산하의 법원행정 운영책임자의 임면에 주지사와 함께 참여, 연방법률이 정한 경우 연방 집행권력의 지역 기관의 지도자 임명동의에 참여, 치안판사의 선출, 연방법원 판사의 임명에 참여 권한을 갖고 있다. 의회는 주지사가 채택한 규범적 규정의 수정, 보완 혹은 그 폐기에 관한 제안을 주지사에게 하고 사법적 절차에 맡길 수 있으며, 주 집행권력기관이 채택한 규범적 법규의 수정, 보완 혹은 그 폐기에 관한 제안을 주 집행권력기관에 하고 사법적 절차에 맡길 수 있다. 러시아연방 연방의회의 성원을 선출하고 임기만료 이전에 권한을 중지시킬 수 있는 권한을 갖고 있다.

로스또프주 의회는 러시아연방 국가두마에서 입법발의권을 실현한다. 연방헌법의 수정을 제안할 수 있고 효력 발생 이전에 연방헌법 2-8장의 수정에 관한 헌법적 법률을 승인 혹은 거부할 수 있는 권리를 갖는다. 러시아연방 헌법재판소에 연방 헌법의 해석에 관해 질의할 수 있는 권리가 있고, 연방법률, 연방 대통령, 연방의회, 국가두마, 정부의 규범적 법규, 연방주체의 헌법, 법률 및 러시아연방 국가권력기관의 관할에 관계되는 문제들과 연방과 연방주체 국가기관의 공동관할에 관계되는 문제에 관한 다른 규범적 법규, 연방과 연방주체 국가권력기관 사이의 조약, 연방 국가권력기관들 사이의 조약, 효력을 발행하지 않는 연방의 국제적 조약 등이 연방헌법에 합치되는가의 문제를 러시아연방 헌법재판소에 제기할 권리가 있다. 시민의 권리와 자유에 관련되는 연방 집행권력기관의 규범적 법규가 연방법령에 합치되는가에 대해 러시아연방 최고재판소에 제기할 권리가 있다.

로스또프주 의회는 위원회 및 다른 산하 기관들을 통해서 의회가 채택한 규범적 법규의 준수와 이행, 주 예산, 국가의 예산외의 기금의 예산집행, 주 소유재산 관리의 절차 준수 등에 대한 통제를 실행한다. 주 의회에서 입법발의권은 의회 의원, 주지사, 검찰, 지방자치 대의기관, 시의 수장, 주의 노동조합 회의에 속한다. 입법발의권은 또한 자신의 관할문제에 관해서는 주 법원, 중재재판소, 선거관리위원회에도 속한다. 주지사가 의회에 상정한 법률안은 우선적으로 심의된다. 세금의 도입 혹은 폐지, 그 지불 중지, 주의 재정적 의무의 변화에 관한 주 법률안 및 주 예산으로 소요되는 지출을 예정한 다른 법률안은 주지사의 제기에 의해 혹은 그의 결정이 있는 상태에서 주 의회가 심의한다. 해당 결정은 주지사가 그 요청을 받은 지 15일 이내에 주 의회에 제시된다.

로스또프주 법률안은 두 번 이상 논의를 거치며, 연방법률이 달리 정한 바가 없다면 전체 의원의 과반수이상에 의해 채택된다. 주 법률안의 채택 혹은 거부, 그리고 주 법률의 채택에 관한 결정은 의회의 명령으로 정식화된다. 의회가 채택한 법률은 채택된 날부터 10일내에 의회 의장이 주지사에게 보낸다. 주지사는 주 법률이 도착한 날로부터 14일내에 서명하거나 거부해야 한다. 주지사가 법률을 거부한 경우에 해당 법률은 주 의회의 전체 의원의 3분의 2 이상이 이전의 안을 찬성하면 승인될 수 있다. 이전의 안이 승인되면 주지사는 반복해서 그것을 거부할 수 없으며 5일내에 서명해야 한다. 재심의에서 법률의 새로운 안이 채택되는 경우에는 주지사에게 새로 채택된 법률의 성격으로 보내진다. 주 법률은 서명된 날로부터 14일 이내에 공표되어야 한다. 법률은 공표 이후에 효력을 발생한다. 시민의 권리와 자유의 보호문제에 관한 법률은 그 공식적 발표이후 10일 이내에 효력을 발생한다. 법률의 효력발생 기한은 법률 자체에 명시된다.

로스또프주 의회의 명령은 선출된 의원의 과반수의 찬성으로 채택된다. 의회의 자체 해산에 관한 명령, 주지사의 불신임에 관한 명령은 전체 의원의 3분의 2 이상에 의해 채택된다. 의회의 명령은 효력발생에 관해 다른 절차가 정해지지 않았다면 채택된 날부터 효력을 발생한다. 주 법률의 채택을 정식화하는 내용의 명령은 관련 법률과 함께 주지사에게 보내진다. 다른 명령은 채택된 날로부터 7일내에 주지사에게 보내진다.

로스또프주 의회의 권한은 자체 해산에 관한 결정의 채택, 주지사에 의한 의회의 해산의 경우 임기만료 이전 중지될 수 있다. 주 의회가 연방 헌법과 법률, 주 헌법에 위반되는 주 헌법과 법률, 다른 규범적 법규를 채택하고 그 위반을 관련법원이 확인하고 법원이 결정이 효력을 갖기 시작한 날로부터 6개월 내에 주 의회가 그 위반을 없애지 않았을 경우 주지사는 의회를 해산시킨다. 의회의 임기만료 이전 권한중지에 관한 주지사의 결정은 명령의 형식으로 채택된다. 또한 의원들에 의한 자신의 권한중지를 포함하여 주의회 의원의 해당 구성이 부당하다는 주 법원 결정이 효력을 발생할 경우, 연방법률이 정한 절차를 기반으로 채택된 주 의회 해산에 관한 연방법률이 효력을 발생하는 경우에도 임기만료 이전 주 의회의 권한이 중지될 수 있다. 임기만료 이전 주 의회의 권한중지의 경우 주 선거관리 위원회는 의회 선거를 지정한다. 이 선거는 의회의 권한중지 결정이 효력을 갖는 날로부터 6개월 이내에 진행된다.

로스또프주 헌법은 전체 의원의 3분의 2 이상의 찬성으로 의회가 채택한다. 그 수정은 전체 의원이 3분의 2 이상의 찬성으로 의회가 채택한 법률로 제기된다. 주 헌법 항목들에 대한 수정 제안은 주지사, 주 의회의 전체 의원의 3분의 1 이상의 의원집단, 주 검찰, 18개 이상의 시를 포함하는 지방자치 대의기관, 그리고 주 법원, 중재재판소, 선거관리위원회가 자신의 관할문제에 관해 할 수 있다.

4) 사법기관

러시아연방 헌법, 연방의 헌법적 법률 <러시아연방의 사법체계에 관하여>, 다른 연방법률에 따라 로스또프주 영토에서는 연방법원 및 치안판사가 자신의 활동을 실현한다.

5) 지방자치기관

로스또프주에서 지방자치는 러시아연방 헌법에 의해 인정되고 보장되며 주민의 이해, 역사적 그리고 지방의 다른 전통에서 나오는, 지방적 의미의 문제해결을 독자적으로 혹은 지방자치기관을 통한 해결에 관한 자신의 책임하에 있는 주민의 활동을 의미한다. 시 지역에서 지방자치의 조직과 실현절차는 연방 헌법, 연방 및 주 법률에 따라 채택된 시 규칙으로 규정된다. 시 규칙은 국가에 등록되어야 한다.

로스또프주 국가권력기관은 지방자치 분야에서 지방자치에 관한 주 법률의 채택과 수정, 그 준수에 대한 통제, 지방자치에 관한 주 법률이 연방 헌법 및 법률에 합치되는 것 보장, 시의 업무에 관한 입법, 시 규칙의 등록 절차 확정, 지방자치 실현에 관한 행정적 법규 위반에 대한 주 법률의 채택과 수정 등을 행한다. 또한 주의 소유재산의 시 소유재산으로의 이관 절차의 조정 및 그 대상의 이관, 주 예산과 지방예산 사이의 관계 조정, 주의 부분적 권한의 지방자치기관으로의 이관, 이 권한의 실현을 위해 필요한 물질적, 재정적 자원의 이관, 그 권한의 현실화에 대한 통제, 지방자치 실현에 대한 시민의 권리 보호, 지방자치 발전을 위한 지역 프로그램 채택, 지방자치의 재정적 자립 보장, 연방법률이 정한 국가의 최소한의 사회(보장)적 기준의 보장, 시의 형성, 통합, 개편 혹은 폐지 절차의 확정과 변경, 그 경계와 명칭의 확정과 변경, 주 권력기관이 채택한 결정의 결과 생기는 보완적 지출에 대한 지방자치에의 보상, 역사적 전통을 고려한 지방자치 조직의 특성의 조절 등에서 권한을 행사한다.

시의 관할에는 연방 및 주 법률이 규정하는 지방문제가 들어가며 또한 지방자치기관이 분배받는 부분적인 국가의 권한 들어간다. 주의 부분적인 국가 권한의 이관은 필요한 물질적, 재정적 자원의 이관과 함께 이루어지며, 그 권한실현에 대한 통제 조건과 절차는 주 법률이 정한다. 지방자치는 주민투표, 선거, 직접적인 의사표출의 다른 형식으로, 선출직 및 다른 지방자치기관을 통해 실현된다. 선출직 지방자치기관은 반드시 존재한다. 시민들은 거주지에 따라 시 구역별로(시, 동, 구역, 건물 등) 지역 공공자치를 직접, 그리고 그들이 세운 지역 공공자치기관을 통해 실현할 수 있다. 지역 공공자치가 이루어지는 지역은 시민 주도하에 지방자치 대의기관의 결정으로 정해진다. 지방자치기관은 지역 공공자치를 조직, 발전시킬 수 있고 그들에게 자신의 기능 및 권한의 일부를 이관시킬 수 있다.

지방자치의 경제적 기반을 구성하는 것은 시 소유재산, 지방재정, 국가소유이면서 그 운영이 지방자치기관에 이관된 재산, 그리고 시의 주민들의 요구를 충족시키는데 기여하는 다른 소유재산이다. 시 소유재산의 구성에는 지방재정 자원, 다른 재정적 자원, 지방자치기관의 재산, 또한 시의 토지 및 시 소유로 있는 다른 자연자원, 시 소유의 기업과 조직, 시 소유의 은행과 다른 재정-신용 조직, 시의 주택기금 및 비주거용 건물, 시의 교육, 보건, 문화, 체육기관, 다른 동산 및 부동산이 들어간다. 시의 예산은 지방재정에 관계되며, 지방자치기관은 독자적으로 지방예산을 형성, 승인, 집행한다. 주 국가권력기관은 지방자치의 형성과 발전을 위해 필요한 법적, 조직적, 물질-재정적 여건을 마련하며 지방자치에 대한 권리의 실현에서 주민에 기여한다. 국가권력기관은 연방 헌법과 법률이 정한 지방자치 권리를 제한하는 결정을 채택할 수 없다. 지방자치기관은 시의 주민의 법적 권리와 이해의 사법적 보호에 대한 권리를 갖는다. 지방자치기관과 담당인사는 시의 주민들, 국가, 자연인 및 법인 앞에서 연방 및 주 법률에 따라 책임을 진다.

<까자크 사회(Казачество)>

돈 까자크 사회는 로스또프주의 다민족적 주민에 속하는 역사적으로 형성된 공동체로서 독특한 전통, 문화를 갖는다. 로스또프주 국가권력기관과 지방자치기관은 까자크 사회와 관련하여 역사적 정의의 복구를 목적으로 까자크 사회에 관한 연방법률의 실현을 위해 필요한 정책들을 실현하며 까자크 사회의 부활에 관한 규범적 법규를 채택하고 그 집행을 지원한다.

돈 까자크들의 후예들과 자신을 연관시키면서 까자크 경제, 문화 및 생활형태를 공동으로 복구, 발전시키고 국가 및 시 업무에 복무하는 데에 참여하려는 희망을 나타내는 시민들은 소규모의 부락이나 마을로 결합되거나 까자크 사회를 위한 구역, 행정구역, 군사적 구역, 다른 전통적 사회를 만들 수 있다. 까자크 공동체는 돈 까자크의 직접적인 후손이 아닌 시민들도 참여할 권리를 갖는다. 마을(부락) 형태의 까자크 공동체는 영토적 공공자치의 형태들 가운데 하나이다.

돈 까자크의 후손들과 다른 시민들은 까자크 사회의 문화와 전통의 부활, 자선 및 다른 과제의 해결을 목적으로 공공단체에 관한 법령에 따라 활동하는 까자크 사회단체를 만들 권리를 갖는다. 까자크 공동체와 사회단체, 까자크 사회의 부활에 관계되는 국가권력기관과 지방자치기관의 활동은 까자크가 아닌 주민들의 권리와 자유를 침해해서는 안 된다.

3. 대의정치[3)]

---

3) 로스또프주 대의정치 부분은 다음을 번역, 정리하여 구성한 것이다. 인터넷 자료에 대한 검색은 주로 2003년 9월에 이루어졌다. 유권자수는, Дей ствующая схема одномандатных избирательных округов. Ростовская область. http://ww.fci.ru/way/1D9E70E5-D0B7-...(검색일:2003.12.3.). 표를 비롯하여 선거에 대한 부분은, Календарь выборов. Ростовская область. http://ww.fci.ru/html; Итоги голосования. Ростовская область. http://ww.fci.ru/EOUID/289881/way/203916/obj/300871.html; Сведения о кандидатах. Ростовская обл

1) 연방차원의 선거

(1) 러시아연방 대통령 선거

로스또프주에는 러시아연방 차원의 선거에서 7개의 선거구가 있다. 전체 유권자 수는 1999년 12월 러시아연방 국가두마의원 선거와 2000년 3월 러시아연방 대통령 선거의 경우 326만 7천명 안팎으로 집계되었다.

2000년 3월 26일 실시된 러시아연방 대통령 선거에는 유권자의 71.7%가 투표에 참여했고 뿌친이 과반수가 넘는 지지를 획득했다. 주요 후보들의 득표율은 다음과 같다.

후 보 명	득표율(로스또프주, %)	득표율(러시아연방,%)
지리놉스끼	2.4	2.70
쥬가노프	32.5	29.21

асть. http://ww.fci.ru/EOUID/289881/way/203914/obj/301090.html; Итоги выборов по одномандатным округам в разрезе окружных избирательных комиссий. Ростовская область. http://ww.fci.ru/v_razreze_okruzhnyh_izbiratelbnyh_komissiy; Выборы главы администрации Ростовской области - 2001. http://www.dosye.ru/archiv/reg61el.htm; НСН | Выборы Президента РФ 26 марта 2000. Ростовская область. http://nsn.net.ru/print.pht... Оригинал документа: http://nsn.net.ru/?id=645&ch=5&sub=2. (검색일: 2003.12.7.). 로스또프주 지사의 약력은, Ростовская область: Структура Администрации Ростовской области. http://www.regnum.ru/for... 상원의원에 대해서는, Ростовская область. Казаков Александр Иванович. http://www.council.gov.ru... (검색일: 2003.12.3.); Анохин Сергей Викторович. http://www.council.gov.ru... (검색일: 2003.12.3.). 국가두마의원 명단은, Ростовская область. Списки кандидатов. Список действующих депутатов Государственной Думы Федерального Собрания Российской Федерации третьего созыва (по состоянию на 3 апреля 2003 года). http://ww.fci.ru/way/18519C30-D0B7-... 46-47/61. (검색일: 2003.12.3.). 러시아연방과 관련해서는, Итоги выборов руководителей исполнительной власти субъектов РФ. http://ww.fci.ru/WAY/299554.html; Итоги выборов в законодательные (представительные) органы власти субъектов РФ. http://ww.fci.ru/WAY/299558.html; Статьи. Итоги голосования. Выборы Президента Российской Федерации 26 марта 2000 года. Российская Федерация. http://ww.fci.ru/way/203889/obj/202300.html. (검색일: 2003.9.5.); Итоги выборов по федеральному округу в разрезе окружных избирательных комиссий. Российская Федерация. http://ww.fci.ru/v_razreze_okruzhnyh_izbiratelbnyh_komissiy_1.(검색일: 2003.9.5.).

뿌찐	53.3	52.94
찌또프	0.7	1.47
뚤레예프	1.7	2.95
야블린스끼	5.2	5.80
기타	1.8	2.11
모든 후보에 대한 반대	1.5	1.88

(2) 러시아연방 국가두마의원 선거

1999년 12월 19일 실시된 러시아연방 국가두마의원에서 정당별 투표에 참여한 유권자수는 211만 9천 명 정도로서 전체 유권자의 65%를 차지했다. 로스또프주에서 정당별 투표의 최다득표자는 <단결>이었다.

로스또프주에서의 정당별 득표

(1999년 12월 19일 러시아연방 국가두마의원 선거)

목 록	득표수	득표율(%)	득표율(러시아연방,%)
야블로꼬	151858	7.17	5.93
단결(메드베드)	652297	30.78	23.32
쥐리놉스끼 블록	105446	4.98	5.98
조국-전러시아	156527	7.39	13.33
러시아연방 공산당	603594	28.48	24.29
우파연합	126313	5.96	8.52

7개의 선거구에서 소선거구제로 투표가 실시되었고 7명의 당선자가 나왔다. 벨로깔리트빈스크 선거구에서는 유권자의 65%가 투표에 참여했고 아베르첸꼬가 당선되었다.

후보별 득표 (1999년 12월 19일 러시아연방 국가두마의원 선거)

① 벨로깔리트빈스크 선거구

	후보명단	득표수	득표율(%)
1.	아베르첸꼬(Аверченко В.А.)	121082	37.89
2.	브라찌쉐프(Братищев И.М.)	66439	20.79
3.	모끄리꼬프(Мокриков В.И.)	23324	7.29
4.	빠따꼬바(Пятакова А.И.)	10884	3.40
5.	체레바쩬꼬(Череватенко В.И.)	42620	13.33
6.	셉쪼프(Шевцов В.И.)	13132	4.11
	모든 후보에 대한 반대	36433	11.40

볼고돈스크 선거구에서는 유권자의 66%가 투표에 참여했고 또뻴린이 당선되었다.

② 볼고돈스크 선거구

	후보명단	득표수	득표율(%)
1.	그린꼬(Гринько С.Д.)	9980	3.14
2.	자볼로츠끼(Заболотский Г.Е.)	27580	8.67
3.	꼬지찐(Козицын Н.И.)	9506	2.99
4.	리트비노프(Литвинов И.П.)	60190	18.92
5.	릐센꼬(Лысенко Н.Н.)	3403	1.07
6.	순구로프(Сунгуров Н.М.)	55396	17.41
7.	또뻴린(Топилин В.М.)	102355	32.17
	모든 후보에 대한 반대	44844	14.09

까멘스크 선거구에서는 유권자의 69%가 투표에 참여했고 단첸꼬가 당선되었다.

③ 까멘스크 선거구

	후보명단	득표수	득표율(%)
1.	아스따뽀프(Астапов Н.С.)	13247	4.32
2.	바실렙스끼(Василевский В.А.)	6676	2.17
3.	단첸꼬(Данченко Б.И.)	76825	25.03
4.	젤렌꼬프(Зеленков А.В.)	12914	4.21
5.	꼬랴긴(Корягин И.В.)	46931	15.29
6.	므릐힌(Мрыхин С.Н.)	8663	2.82
7.	빠세치니꼬바(Пасечникова И.А.)	29079	9.47
8.	스뚜팍(Ступак Е.Р.)	52579	17.13
9.	티타렌꼬(Титаренко В.А.)	4938	1.61
10.	파유스또프(Фаюстов Е.И.)	24744	8.06
	모든 후보에 대한 반대	25490	8.30

쁘롤레따르스크 선거구에서는 유권자의 64%가 투표에 참여했고 꼴로메이쩨프가 당선되었다.

④ 쁘롤레따르스크 선거구

	후보명단	득표수	득표율(%)
1.	베르찌(Вертий Ю.М.)	87673	27.83

2.	데니센꼬(Денисенко К.Г.)	16711	5.30
3.	까뽀리꼬프(Капориков Э.И.)	6741	2.14
4.	꼴로메이쩨프(Коломей цев Н.В.)	139218	44.19
	모든 후보에 대한 반대	57334	18.20

로스또프 선거구에서는 유권자의 63%가 투표에 참여했고 예멜야노프가 당선되었다.

⑤ 로스또프 선거구

	후보명단	득표수	득표율(%)
1.	안또힌(Антохин В.В.)	73484	27.14
2.	가따쇼프(Гаташов В.В.)	5985	2.21
3.	예멜야노프(Емельянов М.В.)	123633	45.65
4.	스뚜로프(Стуров Б.Н.)	17764	6.56
5.	뜨로이꼬(Трой ко Л.В.)	3301	1.22
	모든 후보에 대한 반대	40992	15.14

따간로그 선거구에서는 유권자의 67%가 투표에 참여했고 그레베뉴크가 당선되었다.

⑥ 따간로그 선거구

	후보명단	득표수	득표율(%)
1.	보리센꼬(Борисенко Н.И.)	104576	32.89
2.	그레베뉴크(Гребенюк В.Д.)	138625	43.61
3.	듸가이(Дыгай А.И.)	5637	1.77
4.	라디오노프(Радионов В.А.)	13887	4.37
	모든 후보에 대한 반대	49272	15.49

샤흐찐 선거구에서는 유권자의 59%가 투표에 참여했고 까딸니꼬프가 당선되었다.

⑦ 샤흐찐 선거구

	후보명단	득표수	득표율(%)
1.	까딸니꼬프(Катальников В.Д.)	96065	36.61
2.	오솝스끼(Осовский А.В.)	3753	1.43
3.	쁘로쩬꼬(Проценко В.А.)	43444	16.56

4.	사쁘로노프(Сапронов А.Г.)	5845	2.23
5.	시뜨니꼬프(Ситников В.В.)	2396	0.91
6.	페찌소프(Фетисов М.Г.)	57737	22.00
7.	호로쉴로프(Хорошилов С.А.)	21832	8.32
8.	유하나예프(Юханаев А.Л.)	3398	1.29
	모든 후보에 대한 반대	23095	8.80

(3) 러시아연방 의회 상원(연방회의)의 성원

로스또프주에서 선출된 러시아연방 상원의원은 까자꼬프(А. И. Казаков)와 아노힌(С. В. Анохин)이다. 까자꼬프는 러시아연방 상원의 연방 및 지역 정책위원회의 위원장이고 연방의회의 헌법적 권한의 실현방법에 관한 위원회, 자연적 독점에 관한 위원회의 위원이다. 로스또프주 의회에서 선출되었다. 1948년 5월 24일 생으로서 2003년 4월 5일 선출되었고 그 임기는 2008년 3월에 만료된다. 아노힌은 러시아연방 상원의 군사 및 안보위원회, 청년 및 체육위원회의 위원이고 정보정책 위원회의 부위원장이다. 로스또프주 정부에서 임명했다. 1964년 5월 16일 생으로서 2001년 12월 11일 임명되었고 그 임기는 2006년 9월에 만료된다.

2) 연방주체 차원의 선거

(1) 연방주체의 수장 선거

2001년 9월 23일 로스또프주의 주지사 선거가 성립되었다. 이 직위에는 2명이 입후보했다. 투표는 한 번에 걸쳐 실시되었다. 로스또프주의 법률 <로스또프주 지사의 선거에 관하여>에 따르면 선거는 투표종료 시점에 유권자 명부에 포함된 유권자의 33% 이상이 참여하면 성립된 것으로 인정된다. 투표에 참여한 유권자의 지지를 과반수이상 획득한 등록된 후보가 당선된 것으로 간주된다. 투표용지에 두 명의 등록된 후보가 포함될 경우 최다득표를 한 후보의 득표수가 모든 후보에 대한 반대에 투표한 수보다 많으면 이 후보가 당선된 것으로 인정된다. 주지사 선거에는 유권자의 48.34%가 참여했다. 모든 후보에 대한 반대에는 투표참여 유권자의 12.68%가 투표했다. 로스또프주 지사로는 추브가 당선되었다.

	후보명	출생년도	당시 주요경력	득표율(%)
1.	볼로쉰(ВОЛОШИН П.Я.)	1944년생	지모브니꼽스크 라이온 행정부 부행정수반, 농업담당 책임자	7.34
2.	추브(ЧУБ В.Ф.)	1948년생	로스또프주 행정수반(주지사)	78.11

추브는 벨로루시야의 브레스츠크 주의 핀스크 시에서 1948년 7월 24일 출생했다. 레닌그라드 해상운송 연구소(상뜨-뻬쩨르부르크 해상운송 대학)을 마쳤고, 1990년에는 소련 각료회의 산하 경제아카데미를 마쳤다. 생산현장에서의 직업적 경력은 기술자, 생산부서의 운영자, '붉은 함대(Красный флот)'의 수리-이용 숙련기사로 집약할 수 있다. 볼고-돈 강의 선박국의 숙련기사로 일했다. 로스또프-나-도누 시 라이온의 당을 거치며 1989-1991년에는 로스또프-나-도누 시 집행위원회 위원장, 로스또프시 인민대의원회의 의장으로 일한다. 1991년 10월 러시아연방 대통령 명령에 의해 로스또프주 행정수반으로 임명되었다. 1993년 연방회의 의원으로 선출되었고, 1996년 9월 로스또프주 행정수반(주지사)로 선출되었다. 1998-2001년 1월까지 북 까프까스 공화국, 변강주 그리고 주들의 사회경제 협력 협의회의 의장을 맡았다. 2001년 9월에는 로스또프주 행정수반(주지사)에 다시 당선되었다. 러시아연방 운송아카데미 회원이고 흑해 경제협력 의회 총회(ПАЧЭС)의 성원이기도 하다.

(2) 연방주체의 대의기관 구성원 선거

2003년 3월 30일 로스또프주 의회 의원선거가 진행되었다. 주 의회의 45개 선거구에 164명이 입후보했다. 로스또프주의 법률<로스또프주 의회 의원선거에 관하여>에 따르면 유권자의 25% 미만이 투표에 참여하거나 최다득표를 한 후보의 득표수가 모든 후보에 대한 반대에 투표한 수보다 적을 경우 선거는 성립되지 않은 것으로 인정된다. 선거구별로 최다득표를 하고 그 표수가 모든 후보에 대한 반대에 투표한 수보다 적지 않은 후보가 당선된 것으로 인정된다. 선거에는 31.0%에서부터 77.0%에 이르는 유권자들이 참여했다. 모든 선거구에서 선거는 성립했다. 로스또프주 의회는 구성되었다.

Ⅳ. 경제 시스템

1. 경제개황

로스또프주는 7개의 연방지구 중 남부연방지구에 속하고 12개의 러시아 경제지역 중 북 까프까스 경제지역에 속한다. 로스또프주는 러시아에서 경제-지리적으로, 정치적으로, 국제관계적으로 큰 역할을 하고 있는 지역이다. 특히 로스또프주는 경제적으로 여러 부문에서 매우 높은 성과를 거두고 있다. 공업부문은 물론 농업부문을 포함한 전 분야가 러시아대비 높은 비율을 거두고 있다.

2000년 통계를 기준으로 지역총생산은 러시아대비 1.7%, 공업부문은 1.4%, 농업은 3.6%이고, 소매유통은 2.6%, 자본투자는 1.7%를 차지하고 있어 러시아경제에서 중심축의 역할을 하는 지역이라 평가된다. 그 외 로스또프주는 과학기술이 매우 발달되어 있는 지역이기도 하다.

로스또프주의 공업에서 주요부문을 들면 전기전력, 연료공업, 기계제작공업, 그리고 식품공업이다. 이것들의 비중은 로스또프주의 총 공업생산량의 거의 3/4를 차지할 정도로 비중이 크다.

이 부문들에서 생산에 종사하는 기업들은 러시아경제에서 독점적 지위를 가지고 있어 여타 기업과는 경쟁이 안 되든지 아니면 규모면에서 손꼽히는 대기업들 중의 하나에 속하고 있다. 여기에는 세계적으로 이름이 난 대기업들이 많이 있다.

로스또프주는 농업 면에서는 오랫동안 생산량에 있어서 우위를 지켜오고 있는 전통적인 농업지역이다. 비교우위를 갖는 것은 곡물과 해바라기 재배이다. 이 대표적인 농산물을 포함한 여타 농업생산은 로스또프주의 주요 소득원이고 노동고용의 창출처로서의 특성을 내포하고 있다.

로스또프주의 전체적인 조명을 위해 지역총생산과 1인당 지역총생산, 그리고 지수를 표로 살펴보면 다음과 같다.

로스또프주 지역총생산액 추이

항목 \ 년도	1996	1997	1998	1999
지역총생산	31,351	35,574	40,266	68,976

1인당 지역총생산	7,089	8,063	9,164	15,780
지역총생산 지수		101.3	96.7	109.5

http://www.infostat.ru/epub.htm (검색일: 2003.1.10)

그리고 로스또프주의 지역총생산을 구성하고 있는 부문들의 비율을 보면 공업부문과 농업부문, 유통부문이 강한 위치를 형성하고 있으며 각각 22.7%와 19.9%, 20.3%이다. 또 운송부문이 5.6%, 건설이 4.9%의 비중을 차지하고 있는 등 대체로 고루 산업이 발전되어 있다.

로스또프주의 기업에 있어 총 기업수, 소 기업수 그리고 현재 공업부문 기업수를 연도별 추이로 보면 다음과 같다.

기업수 추이

항목 \ 년도	1997	1998	1999	2000
총기업수(연말)	76,897	80,638	84,047	87,662
소기업수(연말)	27,410	27,338	25,480	24,997
활동기업수	5,012	5,520	4,757	4,657

http://www.infostat.ru/epub.htm(검색일: 2003.1.10)

2. 산업

1) 공업

로스또프주의 공업은 양적으로 충분히 발달되어 있고 성장의 분산정도에 있어서 여러 부문에 고루 발달되어 있다. 로스또프주의 공업의 특징 중 하나는 수출에 주력하고 있다는 것으로 약 70개의 국가와 대외경제관계를 맺고 있다(미국, 이탈리아, 에스파니아, 독일, 터키, 슬로바키아, 불가리아, 우크라이나, 라트비아 등이 대표적이다). 대외협력측면에서 가장 많은 양의 교류를 맺고 있는 파트너는 흑해연안의 여러 인접 국가들이고 2000년 현재 유럽의 여러 국가들과의 관계를 더욱 돈독히 해 수출입을 포함한 경제협력을 확대하고 있다.

로스또프주에는 세계적인 기업들이 많이 있다. 이것은 발달된 산업의 특성상 규모의 경제를 형성하는 부문들로 주로 공업이 구성되어 있기 때문이기도 하고 정책적으로 산업조직의 형성과정에서 전문화, 대규모화의 추구에 기인하기도 한다. 현재 여러 분야에서 기여도가 큰 기업들은 대략 공기업이 95개, 합작기업이 213개 정도에 이르고 있다.

특히 로스또프주는 민간기업으로서 합작기업이 주가 되어 공업구조를 포함한 산업구조를 변화시키고 있다. 주요 구성과 비율을 보면 터키가 가장 높은 비율의 합작기업을 형성하고 있으며 약 56.7%에 이르고 있다. 그 외 끼프르 23.4%, 독일 6.5%, 미국 8.5%, 영국 2.2% 등으로 순위가 매겨진다.

로스또프주의 총 공업생산량과 지수를 살펴보면 다음과 같다.

총 공업생산량 추이

항목 \ 년도	1997	1998	1999	2000
총 공업생산량	23,007	21,762	37,317	57,372
공업생산 지수	98	100.1	129	120

http://www.infostat.ru/epub.htm (검색일: 2003.1.10)

로스또프주의 공업은 여러 부문이 고루 발달되어 있다. 그 주요 구조와 구조에 대한 비율들을 표로 살펴보면 다음과 같다.

주요 공업생산부문별 생산비율

생산부문	로스또프주 총공업생산 비율
전기전력	15.7%
연료공업	5.7%
철강업	10.0%
비철금속	3.8%
화학 · 석유화학	3.6%
기계제작 · 금속가공	23.5%
목재가공, 종이 · 펄프	1.7%
건재공업	3.7%
경공업	4.0%
식품공업	24.0%
기타	4.8%

http://www.infostat.ru/epub.htm (검색일: 2003.1.10)

로스또프주의 주요 공업중심지로는 로스또프와 따간로크, 노보체르까스크, 까멘스크-샤흐찐스크, 볼고돈스크 등을 들 수 있다.

2) 농업

로스또프주는 러시아 농업의 대표적 중심지 중의 하나이다. 남부지역에서 농업생산물량이 최고를 기록하고 있으며 러시아 전체에서도 2위를 오랫동안 지켜오고 있다.

로스또프주의 농공단지는 체계적으로 형성되어 있으며 이곳에서는 주민들에게 필요한 식량들은 대부분이 생산되고 있다. 이 농공단지는 높은 고용률을 가지고 있으며 노동인구의 36%가 일하고 있으므로 농업은 핵심산업 중의 하나라고 평가된다.

이 농산물들은 주로 대외로 판매되며 주요 공급처는 모스크바와 쌍뜨 뻬쩨르부르크이다. 그 외 41개의 연방주체로 판매되고 있다. 국외로 수출되는 양도 엄청나며 주로 독립국가연합과 인근 국가로 수출되고 있다.

로스또프주의 주요 농산물을 보면 곡물류(쌀, 보리, 옥수수, 기장 등)와 약초류(약초, 사료용 풀 등), 채소, 호박유, 포도와 과일 등이다. 그 외 해바라기와 옥수수, 콩 등도 충분한 양을 생산하고 있다. 전체적으로 보아 곡물류가 50%이상을 차지하고 있다.

가축사육에서는 낙농이 주가 되고 있으며 목양, 양돈, 양금, 짐승사육(야생동물 등) 등이 행해지고 있다. 가축사육에 의한 고기와 우유가 충분히 생산되고 있으며 2000년 소는 62만 1,700 마리(이 중 암소는 30만 5,400 마리), 돼지는 66만 1,900 마리를 사육하고 있다.

로스토프 주의 전체적 농업상황을 파악하기 위해 총 농업생산량과 총 농업생산액 중 작물생산액, 가축생산액, 그리고 농업생산 지수추이를 표로 살펴보면 다음과 같다.

농업생산량 추이

항목 \ 년도	1997	1998	1999	2000
총농업생산액	8,590.5	9,755.2	21,992.3	27,882.1
작물관련 생산액	5,038.9	5,785.0	12,828.5	16,065.4
가축관련 생산액	3,551.6	4,570.2	9,163.8	11,816.7
농업생산지수	99.6	91	115	109

http://www.infostat.ru/epub.htm (검색일: 2003.1.10)

3. 자원 등 기타

로스또프주는 적당한 대륙성 기후로 토양자원이 매우 풍부하다. 흑토질이 전체 토지의 64.2%로 토양의 두께는 1.5m이하이다. 이 지역은 전 세계에서 가장 비옥한 토지로 알려져 있다. 흑토질의 부식토에는 인산염, 칼륨, 칼슘, 질소를 비롯하여 다양한 종류의 식물을 위한 영양성분이 포함되어 있다.

로스또프주의 수자원을 살펴보면 유럽의 가장 큰 강중의 하나인 돈 강이 이 지역을 경유하고 있으며 그 길이는 2천km에 이른다. 전체적으로 이 지역에는 450개의 호수가 있으며 수면이 차지하는 면적은 97.3㎢에 해당한다.

돈 강 유역의 동식물계는 매우 다양하다. 매우 다양한 어종이 발견되고 있으며 포유류의 종류도 수십 종에 이르고 있다. 포유류 중에는 여우, 야생 멧돼지도 포함되어있다. 이들 다양한 동물들을 보호하기 위해서 주 정부는 광범위한 금렵정책을 펴고 있다.

로스또프주의 숲지대는 전체 면적의 2.5%에 해당한다. 그렇지만 숲지대의 비중은 점점 줄어들고 있다. 숲을 이루는 주종은 참나무(32.5%)와 소나무(31%)이다.

로스또프주는 러시아에서 두 번째로 손꼽히는 석탄매장지이다. 이 지역의 석탄은 그 품질이 매우 우수한 것으로도 평가받고 있다. 이 외 가스와 석유 매장지가 있으며 석회암과 점토 도자기원료, 건축용 모래 등 건축자재의 매장지도 풍부하다.

비광산 자원의 매장지도 풍부한 것으로 알려져 있으며 이것들은 용제나 제강용 전로로 쓰이는 석회암 및 철과 다른 물체의 합금을 위한 석영 등을 이용한 야금공업에 활용된다.

동력자원 또는 코크스용 석탄은 돈 강 부근 석탄 매장지역의 동쪽에 분포되어 있으며 약 600억 톤이 매장 되어 있는 것으로 추정되어 있다. 그 두께는 0.5에서 1.5m으로 추정된다. 지표면에서의 깊이는 1,500m이하로 조사되어져 있다.

석유는 레오노프 매장지에서 이미 개발되고 있다. 또한 비금속 유용광물은 점토, 석회석, 석영, 도자기 원료, 내화성 점토, 각종 모래 등이 풍부하고 로스또프주 북쪽 지역에는 인산염이 채굴되고 있다. 이 외 미네랄수와 치료용 진흙도 풍부하다.

V. 문화시스템

1. 지역정체성

1) 인구

로스또프주의 인구는 2001년 현재 4,317,000명으로 러시아연방 전체의 2.98%, 89개 주체 중 6위를 차지하고 있다. 로스또프주의 인구상황은 1995년까지 꾸준한 증가세를 보인 후 1996년부터 약한 감소세를 보인다. 2001년 현재 1995년 대비 감소율은 1.97%이다. 러시아연방 다른 주체에 비하면 비교적 안정된 인구상황을 보인다고 할 수 있다.

그런데 로스또프주의 인구 자연증가율은 이미 1990년대 초부터 마이너스 증가율을 보이고 있을 뿐 아니라 최근 들어서는 그 폭이 약 2배에 이른다. 그럼에도 불구하고 비교적 안정된 인구상황을 보이는 것은 인근 지역의 정치, 경제적 불안정으로 인한 북 까프까스와 우끄라이나 지역으로부터의 급격한 인구유입에 기인한 것이다.

로스또프주 인구변동 추이

연도	1990	1992	1993	1994	1995	1996	1997	1998	1999	2000	2001
인구수 (1,000명)	4,310	4,346	4,367	4,385	4,413	4,409	4,404	4,387	4,368	4,341	4,317

Российский статистический ежегодник. Госкомстат России. М., 2001. С. 83.

로스또프주 인구의 자연증가율은 1990년대 초부터 이미 출생률은 하락하고 사망률은 증가하기 시작하여, 사망률이 출생률은 훨씬 초과하게 되었다. 2000년도 인구 자연증가율은 사망률이 출생률을 89.7%를 상회하는 등 전반적인 인구상황에 극히 부정적인 영향을 미치고 있다.

로스또프주 출생자수, 사망자수, 자연증가율

연도	출생자수(명)	사망자수(명)	자연증가율(명)
1990	54,021	53,992	29
1992	47,000	57,484	-10,484
1993	41,602	65,992	-24,390

1994	42,457	69,636	-27,179
1995	40,676	70,041	-29,365
1996	38,807	65,692	-26,885
1997	36,723	64,412	-27,689
1998	36,163	63,697	-27,534
1999	33,396	65,771	-32,375
2000	35,606	67,555	-31,949

Россий ский статистический ежегодник. Госкомстат России. М., 2001. С. 114.

2000년 현재 로스또프주의 경제활동인구는 2,062,000명, 전체 인구의 약 47.5%로 비교적 적은 수이다. 그 중 실업자 수는 1,755,000명, 실업률은 14.9%에 이른다. 이러한 고실업 사태는 1997년 경제위기를 계기로 나타나기 시작하여, 1999년에는 17.8%까지 치솟았으나 2000년을 계기로 차츰 안정적인 추세를 보이기 시작했다. 하지만 경제상황이 크게 개선되지 않는 한 이러한 고실업은 당분간 지속될 것으로 전망된다.

로스또프주 경제활동인구(취업자, 실업자), 실업률

연도	경제활동인구 (1,000명)	취업자수 (1,000명)	실업자수 (1,000명)	실업률(%)
1992	2,166	2,054	13	5.2
1993	2,119	2,001	118	5.6
1994	2,066	1,905	161	7.8
1995	2,063	1,888	175	8.5
1996	1,950	1,785	165	8.5
1997	1,935	1,703	232	12.0
1998	1,927	1,626	300	15.6
1999	2,066	1,700	367	17.8
2000	2,062	1,755	306	14.9

Россий ский статистический ежегодник. Госкомстат России. М., 2001. С. 137.

2) 민족

1989년 현재 로스또프주에는 약 100여 민족이 거주하고 있으며, 대부분의 주민은 러시아인으로 89.6%를 차지한다. 그 외에 우끄라이나인 4.2%, 아르메니아인 1.4%, 벨라루스인 0.9%, 따따르인 0.4%, 체첸인 0.4%, 집시 0.3%, 유태인 0.2%, 몰다브인 0.2%, 아제르바이잔인 0.2%, 독일인 0.2%, 한인 0.2%,

그루지야인 0.2%, 다르긴족 0.1%, 우르무르트인 0.1%, 모르드바인 0.1%, 아바르인 0.1%, 추바슈인 0.1% 등이 거주하고 있다.

3) 교육

로스또프주는 러시아 남부지역의 대규모 과학 중심지이다. 현재 로스또프주의 중고등 전문기술교육 시스템에 속해 있는 학교는 122개 중등학교 및 30개 단과대학, 기술전문학교, 기타 20여개 특수학교이다.

최근에는 대학 내에 다양한 중등교육기관이 개설되어 운영되고 있으며, 중등 전문학교가 단과대학으로 확장되어 다양한 직업교육이 이루어지고 있다.

로스또프주에는 80개 대학 및 분교가 있으며, 그 중 28개교는 사립이다. 그 중 5개교는 현지 대학으로 로스또프 국립대학, 로스또프 국립사범대학, 로스또프 국립의과대학, 돈 국립대학, 로스또프 국립철도대학 등이 있다.

또한 로스또프에는 타 지역 대학의 분교들이 개설되어 있는데, 모스크바 국립경제대학 로스또프 분교, 모스크바국립 정보통신기술대학의 북 까프까스 분교 등이 있다.

로스또프주에서는 현지 주민들 외에도 많은 외국인들이 교육을 받고 있는데, 최근 30년 동안 104개 국가 출신의 전문가 15,000명을 배출했다.

로스또프-나-도누시에는 북 까프까스 지역 전체가 보유한 과학기술 잠재력의 반 이상을 보유하고 있다. 이곳에는 약 4,500명의 박사급 전문가들이 20개 과학기술 연구소, 55개 설계연구소, 21개 설계소, 4개 산학협동기업, 100개 과학실험실에서 활동하면서 매년 1,200여건의 발명품을 개발하고 있다.

2. 지역문화

1) 문화개괄

오늘날 로스또프-나-도누시는 주의 가장 큰 문화적 중심 역할을 하고 있다. 이 곳에는 많은 문화 기관이 위치하고 있으며 페스티벌과 콘서트가 자주 개최되고 있다. 시에는 32개의 클럽, 12개의 음악 학교, 300개의 독자적 예술 집단이 활동하고 있으며 4개의 극장, 필하모니, 로스또프 국립 서커스, 김

나자레또프(Ким Назаретов) 지방자치 콘서트 센터, 동물원(유럽에서도 가장 큰 것 중의 하나이다), 문화 휴식 공원 등이 있다.

역시 많은 전문적인 예술 단체들이 활동하고 있다. 이들 중의 몇 개는 로스또프에서만이 아니라 러시아의 다른 지역에까지 이름이 알려져 있다. 이것들은 다음과 같은 것들인데, 국립 돈 까자크 노래와 춤 앙상블, 로스또프 아카데미 심포니 오케스트라, 북 까프까스 병사 노래와 무용 앙상블 등이다.

4개의 로스또프 박물관들은 20만 점이 넘는 유물들을 보관하고 있다. 돈 국립 대중 도서관과 150개가 넘는 도서관들은 33만권이 넘는 책을 소장하고 있다. 로스또프에는 여러 번 '러시아의 코미디' 같은 민족 페스티벌이 열렸고 어린이와 젊은이를 위한 극장 국제 페스티벌인 '미니페스트'(Минифест)는 전통적인 행사가 되었다.

로스또프주는 기념물들이 풍부한 곳인데 여기에는 543개의 건축 기념물이 위치하고 있으며 5개의 고고유물과 연방의 가치가 있는 예술 기념물이 18개 있다. 로스또프 시에는 전 러시아 창작 연합의 지역 지부가 활동하고 있는데 이 곳에는 작가, 저널리스트, 예술가, 작곡가들이 소속되어 있다.

로스또프주는 러시아의 탁월한 문화 활동가들과 깊은 인연이 있는 곳이다. 예를 들면 이곳에 푸쉬킨이 왔었고 작가 스딴께비치(К.М. Станкевич)가 살았다. 그리고 로스또프의 항구에서 작가 고리끼가 일했고 자바츠끼가 드라마 극장을 이끌었으며 작가 솔제니친이 어린 시절을 이곳에서 보냈으며, 작가 숄로호프도 여러 번 왔다 갔었다.

2) 문화시설

아조프 지지(地誌) 박물관

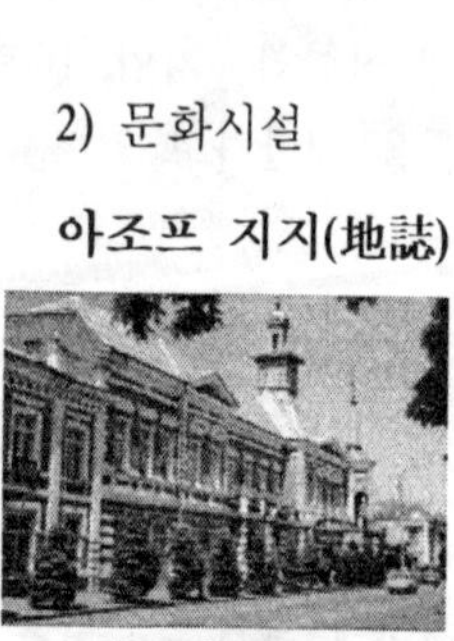
아조프지지 박물관

아조프(Азов) 지지 박물관은 돈 지역의 역사-지지 박물관 중에서 가장 흥미 있는 박물관 중의 하나이다. 전시실이 있는 건물은 시의 역사적 사건과 관계 있는 19세기 후반의 건축 기념물이다.

화석-식물관: 화석관에는 아조프시의 근교 모래 채석지에서 발굴된 뼈 조각들을 재구성해서 만든 남부 상아의 놀라운 전시품이 있다. 러시아 동물학 연구소(뻬쩨르부르크에 위치)의 연구원이며 동물학

자인 가루뜨가 이 상아를 재구성했다.

고고 유물 전시관: 이곳에는 그리스-로마 시기의 주거지이며 따나이스 지역에 속했던 뽀다보프스끼와 끄레뽀스뜨니이의 도시지역에서 발굴된 유물이 전시되어 있고 이것들 외에도 아조프 근교의 꾸르간 지역과 꾸르간 묘지의 많은 유물들이 있다.

또 이곳에는 고대 아조프 근처와 돈의 스텝지역에서 거주했던 까체프민족, 스끼따이인, 사르마뜨인, 하자르인 등에 관한 유물들이 전시되어 있다.

아조프 성벽의 알렉세예프의 문

역사 전시관: 아조프시의 역사에 관한 유물과 문서들이 전시되어 있는데 아조프 요새 건물이 있고 뾰뜨르 1세의 원정시기, 러시아-터키 전쟁 시기, 19세기와 20세기 초의 역사를 포함하고 있다. 박물관은 18세기에서 20세기 초의 일상생활과 전쟁 예술작품의 매우 많은 양을 소장하고 있다.

병기고

숄로호프(М.А.Шолохов) 국립박물관-보호구역

이 박물관 보호구역은 7개의 기본적인 전시실을 가지고 있으며 이곳에는 20세기 초의 사류 돈 까자크의 생활과 노동에 관한 유물들이 전시되어 있다. 박물관의 전시실에는 숄로호프의 어린시절, 유년시절, 장년시절에 대한 자료와 그의 작품들이 전시되어 있다. 박물관 보호구역의 수집품 중 유물전시관은 매우 독특한데 이곳에는 세계 여러 나라 언어로 출판된 작가의 작품들과 편지, 수기들이 전시되어 있다.

모두 26개의 건물에 16개의 역사 문화 전시관이 있다. 그것들 중에 베센스크(Вешенск)에 있는 숄로호프의 영지, 호텔과 20세기 초의 영화관이 딸린 복합건물, 까자크인들의 풍속을 잘 나타내는 다수의 생활건축물들이 있다.

볼고그라트주

Волгоградская Область

Ⅰ. 개황

1. 기초정보

주 성립일: 1961년 11월 10일.

- 1936년 12월 5일 - 스딸린그라트주
- 1934년 1월 10일 - 스딸린그라트 변강주

주도: 볼고그라트(Волгоград)

인구: 2,658,000명(2001년 현재: 러시아연방 전체의 1.83%, 89개 주체 중 17위)

인구밀도: 23.33명/㎢

면적: 113,900㎢(러시아연방 전체 면적의 0.67%; 89개 주체 중 34위)

소속지구: 남부연방지구, 볼가경제지구

한국과의 시차: -6시간

2. 상징

볼고그라트주 문장

볼고그라트주의 문장은 붉은색 방패에 볼가강과 돈강을 상징하는 두개의 파선(波線)위에 모국(母國: Мать-Родина)상이 묘사되어 있는 형상이다. 좌측 상단 모서리에는 낫, 망치, 별이 형상화되어 있다. 방패 주위는 나뭇잎과 이삭이 감싸고 있으며, 방패 밑에는 붉은색 리본에 '볼고그라트주'라는 문자가 새겨져 있다. 볼고그라트주의 문장은 2000년 6월 채택되었다.

볼고그라트 주기

볼고그라트 주기는 붉은색 장방형 천에 좌측 깃대와 나란히 두 개의 파란색 띠가 수직으로 드리워져 있다. 붉은색 천 중앙에는 모국(母國: Мать-Родина)상이 형상화되어 있다. 볼고그라트 주기는 2000년 6월 채택되었다.

3. 주요도시

볼고그라트(Волгоград): 인구 987,400명; 북위 48°43′, 동경 44°29′

볼쥬스끼(Волжский): 인구 286,300명; 북위 48°49′, 동경 44°44′

까미신(Камишин): 인구 123,300명; 북위 50°6′, 동경 45°24′
미하일로프까(Михайловка): 인구 57,800명; 북위 50°4′, 동경 43°13′
프롤로보(Фролово): 인구 42,700명; 북위 49°46′, 동경 43°49′
우류삔스크(Урюпинск): 인구 42,200명; 북위 50°49′, 동경 42°1′
꼬또보(Котово): 인구 28,300명; 북위 50°19′, 동경 44°49′
깔라치-나-도누(Калач-на-Дону): 인구 25,100명; 북위 48°43′, 동경 43°29′
꼬쩰니꼬보(Котельниково): 인구 20,600명; 북위 47°38′, 동경 43°8′
노보안닌스끼(Новоаннинский): 인구 20,200명; 북위 50°32′, 동경 42°40′
(인구: 2002년 현재)

4. 주요 산업 및 농업

주의 주요 산업으로 기계제작(트랙터, 베어링), 화학공업, 석유화학공업(인조고무, 플라스틱, 합성수지, 자동차 타이어), 제철산업(철강, 압연, 강관), 연료·에너지 산업, 식료품 산업 등이 발달했으며, 농업부문은 밀, 야채, 멜론 재배, 낙농업, 가금업, 양봉, 산양사육 등이 발달했다.

Ⅱ. 자연환경

1. 지리적 위치와 구성

볼고그라트주는 33개 행정구, 19개 시 및 27개 도시형마을, 445개의 농촌마을로 구성되어 있으며, 동유럽 평원 남동부에 위치하고 있고, 볼가강에 의해서 높은 오른쪽 강변(최대 높이 358m까지)과 낮은 왼쪽 강변지역(자볼지예)의 두 지역으로 나누어진다.

보로네슈주, 싸라또프주, 아스뜨라한주, 로스또프주 및 깔미끼야 공화국, 까자흐스딴과 경계를 이룬다.

주요 하천은 볼가강과 그 지류인 아흐뚜바(Ахтуба), 돈강과 그 지류인 호뻬르(Хопер)와 메드베지짜(Медведица)강이다. 두 개의 큰 저수지와 염수호(Эльтон 등)가 있다.

수도 볼고그라트와 모스크바 간의 거리는 1,073㎞이다.

2. 기후조건

온난기후대, 대륙성기후

1월 평균기온: -8℃ ~ -12℃

7월 평균기온: 23℃

연강수량: 270(볼가강 좌안) ~ 450㎜(우안)

식물 생장 기간: 160 ~ 170일

식생: 스텝이 영토의 80% 이상을 차지한다.

토양: 충적토(볼가 연안), 밤색토, 흑토

삼림분포도: 4%

3. 주요 유용광물

원유, 가스, 시멘트 원료, 식염 등의 광물이 있다.

주요 산지:

원유 및 가스: 꼬로프꼬프스크(Коробковск), 지르노프스크(Жирновск).

철광석: 까미신(Камышин).

시멘트 원료: 쎄레브랴꼬프스크(Серебряковск).

식염: 엘똔호.

Ⅲ. 정치시스템

1. 역사[1]

16세기에 이반뇌제는 아스뜨라한 한국과 까잔 한국에 속한 니즈니 뽀볼쥐 초원지대를 러시아 국가에 편입시켰다. 러시아 남동 국경의 방어를 위해 요새도시가 설립되었다. 이러한 도시들 가운데 하나가 오늘날 볼고그라트시의 전신(前身)인 짜리찐시이다. 처음에 짜리찐 요새는 그 명칭을 얻은 짜리짜강(따따르어로 сарысу는 '노란 색깔의 물'을 의미)의 하구 반대편에 위치한 섬에 세워졌다. 러시아족의 거주가 여기에서 처음 등장한다. 1590년대 말에, 후에 볼고그라트주의 행정중심지가 성장하게 되는, 목재 요새는 볼가의 오른쪽 강변의 높은 언덕으로 옮겨졌고 17세기 초에 다시 건설되었다. 이 요새는 유목민족의 습격으로부터 모스크바 국가의 남쪽 경계의 방어를 위한 경계선의 부분을 차지했다. 남쪽 경계에 지속적으로 위협을 준 것은 터키의 영향 하에 있던 끄림 한국(汗國)이었다.

1606년에는 르제드미뜨리 I세하에서 볼가의 까자크들이 도시를 장악하기도 했다. 1667년에는 카스피해를 거쳐 페르시아로 행하는 스테판 라진의 부대가 도시를 통과했으며 그 3년 후 짜리찐은 라진이 일으킨 농민전쟁 지역에 들어있게 된다. 1707년에 돈과 뽀볼쥐예에서는 불라빈에 의해 지휘되는 대규모 농민반란이 일어났고 그 궤도 안에 짜리찐이 들어갔다. 1717년에 끄림과 꾸반 따따르의 니즈니 뽀볼쥐예로의 대규모 습격이 있었으며 그 결과 짜리찐, 사라또프 등의 도시들이 약탈당했다.

---

1) 볼고그라트주 역사 부분은 다음의 자료들을 번역, 정리하여 구성한 것이다. 볼고그라트주 역사 부분은 다음을 번역, 정리하여 구성한 것이다. 인터넷 자료에 대한 검색은 주로 2003년 11월부터 2004년 1월 사이에 이루어졌다. Dontr.Ru|ЮФО|Волгоградская область - Общая характеристика. http://www.dontr.ru/Environ/WebObjects/dontr.woa/wa/Ufo?item=general&section=3; Dontr.Ru|ЮФО|Волгоградская область - История. http://www.dontr.ru/Environ/WebObjects/dontr.woa/wa/Ufo?item=history&section=3; Dontr.Ru|ЮФО|Волгоградская область - Волгоград. http://www.dontr.ru/Environ/WebObjects/dontr.woa/wa/Ufo?item=volgograd&section=3; История Волгограда. http://www.volgograd-info.com/volgograd...

적대적인 민족들의 습격에 쉽게 노출되는 볼가와 돈 사이의 지역들에서 방어선을 긴급하게 건설해야 할 필요성이 생겼고 짜리찐과 빤쉬노 사이의 60킬로미터의 길이를 갖는 방어선이 뾰뜨르 I세의 명령으로 1718-1720년에 건설되었다. 이것은 당시에는 깊은 참호와 12미터의 높이를 갖는 둑으로 구성되는 대형 건축물이었다. 방어를 위한 둑은 목재로 된 울타리, 23개의 전초기지 그리고 다섯 개의 흙으로 된 요새를 가졌다. 짜리찐의 방어선에서의 경계업무에 정규군과 돈의 까자크들이 배치되었다. 오늘날 주의 중심지 부근의 라이온들에서는 이 방어선의 흔적이 흙으로 된 둑으로 남아있다. 이어 새로운 군사기술, 특히 포병술을 고려하여 짜리찐 요새 자체가 개조되었다. 연대기 편자들의 증거에 의하면 뾰뜨르 황제는 1722년에 짜리찐을 방문하여 둑으로 된 사각의 능보(稜堡) 요새 모양으로 이 요새의 설계를 종이에 자필로 계획하고 그렸다.

민간 건축물에 대해서 말하자면, 도시의 계획과 그 건축조감은 충분히 천천히 변화되었다. 또한 점차 주민수도 늘어났으며 거주자들의 생활 여건과 방식도 변화되었다. 1728년에 짜리찐시 주변부가 구성되었고 여기에는 수공업자들, 항행 종사자들, 그리고 볼가의 까자크인들이 거주했다. 도시는 주로 계속 목재로 되어 있었고 교회만이 석재로 지어졌다. 방어선의 건설 및 그의 정규적인 방어의 조직화이후 니즈네 뽀볼쥐예는 점차 거주지가 되었으며 그 상당부분은 정부가 조절했다. 1731년에 거주를 위해 우크라이나인, 볼가의 까자크 군대를 구성하는 돈의 까자크의 천여 가구 이상이 여기로 향했다. 까자크 마을의 건설과 관련하여 짜리찐은 강화되고 볼가에서부터 돈에 이르는 군사적 방어선의 중심이 되었다.

1708년에 짜리찐은 까잔현에 편입되었으며 1719년에는 아스뜨라한현, 1779년부터는 사라또프구에 편입되었다. 1780년부터는 사라또프구(이후에 현)의 지역 도시였다. 1765년에 예까쩨리나 대제의 두개의 포고의 결과로 이 지방에서는 처음으로 러시아에서 거주하기 위해 외국에서 들어온 외국인들이 등장했으며, 이들에게는 30년 동안 병역 및 조세의무의 면제를 포함하여 몇가지 특혜가 주어졌다. 결과적으로 볼가 강변을 따라 102개의 독일인 거주지가 생겨났다. 그 즈음에 또한 짜리찐에서 사라또프 - 아스뜨라한까지 28 킬로미터에 이르는 우편로에는 사르빠 강으로부터 사레쁘따라는 명칭을 얻은 거주지가 생겨났다. 그 첫 번째 거주민은 카톨릭의 박해를 피해 체코로부터 도망한 얀 구스의 후예들이었다. 그 부근에 베께또브까, 오뜨라다, 빈노브까, 고로디쉐 등의 주변 마을이 등장했다. 여기에서는 수공업 등이 활발하게 발전하기 시작했다.

18세기 말 끄림과 꾸반의 러시아 편입과 함께 국가의 경계는 남쪽으로 멀리 펼쳐지게 되었다. 짜리찐 경계선은 폐기되었고 볼가의 까자크 군대도 해체되었다. 도시는 자신의 군사적-전략적 의의를 잃게 되었다. 오랜 기간동안 도시는 사라또프현의 지역 도시로 남아 있었으며 이 시기에 도시건설은 사실상 실현되지 못했다. 1825년에 짜리찐에 9개의 석재 건물과 717개의 목재 건물이 있었던 것으로 추산된다면, 1860년경에는 그것에 전부 하나의 석재 건물과 210개의 목재건물이 추가된다.

자본주의 체계가 생산력을 성장시키게 된 19세기 후반에서 이르러서야 겨우 짜리찐은 짧은 기간에 대형 유통 도시로 변모했고 이후 니즈니 뽀볼쥐야의 산업지역으로 변화되었다. 유통의 발전은 교통 및 산업의 급격한 성장에 기여했다. 1868년에는 철도 건설이 시작되었고, 이 철도는 나라의 중앙지역과, 이후에는 발트해 연안 및 리가와 도시를 연결시켰다. 단기간에 도시는 중요한 철도 및 해로의 교차지역이 되었다. 짜리찐의 상인들은 자신의 도시를 러시아의 시카고로 불렀다. 1880년에는 원유산업의 소도시 노벨이 건설되었고 이는 계속하여 시간이 지나면서 원유산업 복합체를 성장시켰다.

1915년에 도시에는 전체 4만 명의 노동자를 갖는 454개의 산업체가 있었다. 이런 식으로 1917년 가을 정치적 사건 즈음에 도시의 프롤레타리아는 큰 조직적 힘을 구성하였다. 도시에서 소비에트 권력의 선포 이후에 백군은 중요한 전략적 의의를 갖는 철도 지역을 장악하고자 했다. 내전기간 동안 짜리찐에서는 치열한 전투가 벌어졌다. 내전이후 짜리찐은 전면적인 폐허 상태에 놓여 있었으며 그 극복을 위해서는 헌신적인 노동이 투여되는 시기가 요구되었다.

1920년에 짜리찐은 짜리찐현의 중심이었다. 1925년 4월에는 스탈린그라드로 개명되었다. 이 시기에는 나라의 적극적인 산업화 단계의 시작이 관련된다. 1928년까지 구의 중심은 니즈네볼쥐스크주의 소속이었고, 1932년에는 니즈네볼쥐스크 변강주의 중심이 되었다. 1934년에 니즈네볼쥐스크 변강주가 사라또프와 스탈린그라드 변강주로 분리된 이후 스탈린그라드는 후자의 중심이 되었다. 1936년에 스탈린그라드 변강주는 스탈린그라드 주로 개편되었다.

제2차 세계대전 시기에 도시를 둘러싸고 그리고 도시 바로 안에서 제2차 세계대전의 가장 중요한 전투 가운데 하나인 스탈린그라드 전투가 전개되었으며 으며 이는 (전체 전세가) 급변하는 단계가 되었다. 1942년 11월 소비에트 군대는 공격으로 전환했으며 1943년 2월 2일 히틀러 군대는 스탈린그라드 아래서 완전히 파멸되었다. 도시는 1942-43년 치열한 전투의 결과 거의 완전히 파괴되었다. 그 중앙부에는 단 하나의 건물도 온전히 남아 있지 못했다. 41685개의 건물, 즉 주택 기반의 90% 이상이 불타거나 파괴되었다. 모두 226개의 산업체가 무너졌고 당시 현대적 설비를 갖추고 있던 48개의 공장이 기반까지 파괴되었다. 복구작업, 정확히 말하면 새로운 스탈린그라드 건설이 필요하게 되었다.

1961년 스탈린 개인숭배에 대한 비판이후 도시는 볼고그라트라는 이름을 갖게 되었다. 역사적인 명칭 짜리찐이 짜리짜의 표제와 그 어떤 관계를 갖지 않는다 해도 그것은 분명히 군주제적인 것으로 연결되는 것이었으며, 이 명칭을 대신하여 볼고그라트라는 명칭이 도시에 부여되었다. 새로운 명칭은 인위적인 것으로서 강의 명칭에 그라드(град, 도시)라는 단어를 결합시키는 것은 러시아어의 명칭에서 유사한 경우를 갖고 있지 않다. 현재 볼고그라트는 80 킬로미터 이상의 길이를 갖고 대략 5만 6천 5백 헥타르의 토지를 갖는 러시아의 대도시들 가운데 하나이다. 여기에는 100개 이상의 민족들로 구성된 주민들 수백만 명이 거주한다.

2. 권력기관2)

1) 전체 통치구조상의 특징

볼고그라트주는 자신의 영토, 국가권력기관체계, 소유재산, 법령을 갖는

2) 볼고그라트주의 권력구조에 관한 내용은 공화국 헌법을 기본으로 하며 다음의 자료들을 번역, 정리하여 구성한 것이다. Устав (Основной закон) Волгоградской области. 178-209. 러시아연방 법령자료집 <러시아연방 남부지구 기본법: 개별주체의 헌법, 헌장> (용인: 경희대학교 비교문화연구소 러시아 지역연구팀), 178-209쪽 (이 법령자료집은 http://www. legislature.ru/regconst.html에 실린 각 연방주체들의 기본법을 모은 것으로서, 자료검색은 2003년 4월-5월에 이루어졌다).

다. 국가권력은 주의 주민들의 이해와 러시아연방의 모든 다민족적 국민들의 이해를 결합한 위에 실현된다. 볼고그라트주는 자신의 권한영역에서 독자적으로 국가권력체계 및 그 활동절차를 정한다. 국가권력은 합법성, 권력/권한의 분립, 공개성, 시민의 권리와 자유의 전면적 보장, 주권재민, 사회적 정의의 보장, 연방기관과의 권한 분리 등을 원칙으로 하여 실현된다. 주의 국가권력기관은 볼고그라트주 두마와 주 행정부이다. 법령의 틀내에서 이 기관들은 독자성을 가지고 자신의 권한을 실현한다.

2) 집행기관: 볼고그라트주 지사와 행정부

(1) 볼고그라트주 지사의 권한

볼고그라트주 집행권력체계에는 주의 행정수반(주지사), 주 행정부의 지역별, 부문별 하위부서가 속한다. 주지사는 주의 집행권력을 지휘하고 주 두마에 의해 확인된 운영구도에 따라 주 행정부를 구성한다. 연방헌법에 따라 연방 관할영역에서 그리고 연방과 주의 공동관할항목에 관한 권한영역에서 연방 집행권력기관과 주의 집행권력기관은 단일한 집행권력체계를 구성한다.

볼고그라트주 지사는 연방 헌법과 법률, 주 헌법과 법률, 연방 대통령과 정부의 명령을 기반으로 활동한다. 집행권력의 실현분야에서 주 지사는 연방 국가권력기관에서, 러시아연방의 다른 주체들과의 관계에서, 그리고 지방자치기관과의 관계에서 볼고그라트주를 대표한다. 외국 국가의 기관 및 관련 인사들과의 관계에서 볼고그라트주를 대표하고 필요한 서류에 서명할 수 있다. 주지사는 부지사 및 행정부 하위부서의 지도자의 임면, 그 징계책임의 적용문제 결정, 주 행정부의 전체적 지도 실현, 주 검찰과 연방 집행권력기관의 지역 하위부서의 책임자 임명동의, 주 선거관리위원회 위원의 절반 임명, 주 행정부의 담당인사의 불신임 표명에 관한 주 두마의 명령 심의, 그에 관한 최종적인 결정 등의 권한이 있고 주 행정부 산하의 지역별, 부문별 하위부서의 구도를 개발하여 주 두마의 승인을 받으며 주 두마의 승인 하에 주 행정부의 지출이 필요한 행정부의 정원을 구성한다. 주 행정부의 지역별, 부문별 하위부서에 관한 사항을 확정하고 주 두마에 의한 지출을 제외한 볼고그라트주 예산집행에서 신용관리기능을 실현한다. 연방 대통령과 정부, 다른 연방주체의 집행권력기관에서 볼고그라트주 집행권력기관의 대표에 관한 문제를 결정한다.

입법권력과의 상호작용 분야에서 볼고그라트주 지사는 주 두마에서 입법발의권을 실현하며 심의권을 갖고 주 두마의 회의에 참여하거나 자신의 특사를 파견한다. 주 법률에 서명, 공표하며 필요한 경우 거부권을 행사한다. 주 예산안과 그 집행결산을 주 두마의 승인에 부치고 주의 사회-경제 발전계획, 그 이행에 관한 결산을 주 두마의 승인에 부친다. 주 두마의 임시회의 소집, 회의 의제 등을 제안할 수 있고 주의 정세, 주의 사회-경제적 발전에 관한 주 행정부의 활동방향과 관련하여 연례발송문을 주 두마에 보낸다. 주의 조약의 체결과 파기를 확정하는 법률안을 주 두마의 심의에 부친다.

자신의 권한영역에서 주지사는 명령의 형식으로 규범적 법규를, 지시의 형식으로 개인적인 규칙을 발포한다. 주지사의 명령은 그 공포 순간부터 효력을 발생한다. 주지사는 주 집행권력기관의 활동에 책임을 진다.

(2) 볼고그라트주 지사의 선출

볼고그라트주 지사는 4년 임기로 선출되며, 입후보 시점에서 30세 이상의 러시아연방 시민이 선출될 수 있다. 동일 인물이 두 번 임기를 초과하여 연속으로 주지사가 될 수 없다. 주지사는 국가기구, 지방자치기관, 상업구조 및 사회단체에서 다른 직위를 가질 수 없으며 기업에 종사하거나 러시아연방 연방의회를 제외한 대의기관의 의원이 될 수 없다. 주지사는 선서를 하는 순간부터 권한을 실현하며 새로 선출된 주지사가 선서를 하는 순간에 권한이행을 중지한다.

볼고그라트주 지사의 권한은 사임에 관한 성명을 발표했을 때, 효력을 발생하는 법원의 결정에 의해 그의 무능력 혹은 활동능력 제한이 인정될 때, 효력을 발생하는 법원의 결정에 의해 일정기간동안 공직을 가질 수 있는 그의 권리가 제한당할 때, 자격을 갖춘 의료위원회의 결정에 의해 확정된, 연속으로 4개월을 넘는 기간 동안 직위상의 의무를 이행할 수 없는 와병상태에 있을 때, 유권자에 의한 소환, 그의 사망, 주 두마의 불신임 표명과 관련한 그의 사임, 법원에 의하여 소재불명의 부재가 인정되거나 혹은 사망한 것으로 공고될 때, 상시적인 거주를 위해 러시아연방 영역 밖으로 이주할 때,

법원의 유죄판결이 그와 관련하여 효력을 발생할 때, 러시아연방 대통령에 의한 해임의 경우 임기만료 이전 중지된다.

주지사의 사임은 주 두마에 보내는 발표로 실현되며 그의 권한은 사임 수용에 관한 주 두마의 명령에 제시된 날부터 중지된다. 유권자들이 소환한 경우 주지사의 권한은 국민투표 결과 관련 명령을 주 두마가 채택하는 순간부터 중지된다. 나머지 경우에 주지사의 권한은 관련 사건이 일어난 순간부터 혹은 제시된 행위가 완료된 순간부터 중지된다. 임기만료 이전 권한중지는 주 두마의 명령에 의해 확정된다. 주지사 선거는 권한중지가 이루어진 날로부터 3개월 이내로 지정되어야 한다. 주지사가 자신의 권한을 불이행 혹은 부당하게 이행한 경우, 주지사가 러시아연방 헌법과 법률, 주 헌법과 법률을 여러 번 혹은 심각하게 위반한 경우 유권자들은 그의 임기가 끝나기 전에 소환할 수 있다. 임기만료 이전 주지사를 소환하는 문제는 주 두마의 전체 의원수의 3분의 1 이상에 의해 제기될 수 있다. 주지사 소환에 관한 투표의 조직과 진행, 서명자 모집, 투표수 계산의 절차와 투표 결과의 규정 및 다른 문제들은 주 법률이 조절한다. 주지사는 유권자의 50% 이상이 투표에 참여하고 그 가운데 절반 이상이 소환에 찬성할 때 소환된 것으로 인정된다. 주지사 부재시, 주지사가 자신의 의무를 이행하지 못할 경우, 그리고 임기가 끝나기 전 권한 중지시 그의 의무는 한시적으로 수석 부지사들 가운데 한사람이 실현하며 만일 그들이 없다면 부지사들 가운데 한사람이 대행한다.

(3) 볼고그라트주 행정부

볼고그라트주 행정부는 주지사, 수석 부지사, 부지사, 구체적인 운영분야에서 주의 집행권력의 권한을 실현하는 지역별, 부문별 하위부서의 지도자들로 구성된다. 주지사는 독자적으로 자신의 기구를 구성한다. 수석 부지사, 부지사는 주지사가 새로 취임하면 권한이 중지된다. 수석 부지사의 수는 주지사가 결정한다.

볼고그라트주 행정부는 주 예산안과 그 집행결산을 작성하고 주 두마의 심의에 부치기 위해 주지사에게 제출한다. 주 예산을 집행한다. 주의 소유재산과, 주에 그 운영이 이관된 연방소유 재산의 운영과 관리를 실현한다. 재정, 투자 및 가격정책을 개발, 실행하며 기업활동의 발전에 관한 방책을 실현하고 은행, 화폐 및 신용체계의 강화와 발전에 기여한다. 주의 사회-경제 발전계획, 다른 정책을 개발하고 채택된 계획과 프로그램의 이행을 지원한다. 과학, 문화, 교육, 보건, 사회보장, 환경보호의 발전을 위한 방책, 사회적 안전, 준법성, 공공질서의 보호, 시민의 권리와 자유의 보장에 관한 방책을 실현한다. 지방자치기관, 지방자치기관의 선출직 혹은 다른 유형의 담당인사가 발포한 규범적 규정이 연방 헌법과 법률과 규범적 법규, 주 헌법과 법률, 다른 규범적 법규에 위배되는 경우 연방법령에 따르도록 그들에게 요구한다.

볼고그라트주 담당인사들이 연방 및 주 법률을 위반한 사실이 확인되는 경우 그들에 대한 불신임이 표명될 수 있다. 주 두마는 전체 의원수의 3분의 1 이상의 발의로 불신임 표명에 관한 문제를 심의한다. 이에 관한 명령은 비밀투표로 전체 의원수의 3분의 2 이상이 찬성하면 채택된다. 불신임이 표명되는 경우 주지사는 한 달의 기한으로 관련 인사를 해임시키거나 아니면 주 두마의 명령을 거부해야 한다.

3) 입법기관: 볼고그라트주 두마(Волгоградская областная Дума)

볼고그라트주에서 입법권력은 주민투표와 주 두마에 의해 실현된다. 주 두마는 상설적으로 활동하는, 최고의, 단일한 선출직 대의 및 입법권력기관으로서 주민의 이해를 대표하고 입법적 규정을 채택한 권리를 갖는다. 두마는 4년 임기로 선출되는 의원들로 구성된다. 법인의 자격을 가지며 문장이 들어간 직인을 갖는다. 두마 업무의 조직적, 법적, 물질적-기술적 지원은 두마 기구가 한다.

볼고그라트주 두마의 의원은 21세 이상의 선거권을 갖고 있는 러시아연방 시민이 당선될 수 있다. 두마의 의원은 두마에서 상설적, 그리고 비상설적 기반으로 일할 수 있으며, 상설적 기반으로 일하는 의원 수는 주 두마가 정한다. 의원들은 다른 대의기관의 의원이 될 수 없고 국가권력 및 지방자치의 집행기관의 직위를 차지할 수 없으며 판사, 검찰, 두마 기구의 근무자가 될 수 없다. 상설적 기반으로 일하는 두마의 의원은 다른 국가 혹은 시 업무에 속할 수 없고 교육, 학문 및 다른 창조적 활동을 제외한 유급활동에 종사할 수 없다. 두마의원의 형사상, 행정적인 책임, 권한 제한문제는 연방 및 주 법률에 따라 결정된다. 의원은 권한실현에서 누구의 견해로부터도 독자적이며 자신의 신념대로 활동한다. 의원은 자신의 투표결과에 대해 그리고 주 두마에서 결정의 채택과 관련하여 어떤 책임도 지지 않는다.

볼고그라트주 두마는 자신의 성원들 가운데서 비밀투표로 의장과 부의장을 선출하며 이들은 같은 방식으로 언제든지 교체되어 선출될 수 있다. 의장과 부의장은 두마 업무를 조직한다. 의장은 두마의 법률적 대표자로서 노동법률에 준하여 기관의 지도자의 권리를 갖는다. 의장은 명령을 발포한다. 두마는 자신의 의원들로 입법활동의 실현, 두마의 관할에 들어가는 문제의 사전 심의와 준비를 위해, 주 법률의 생활의 진행에의 기여 및 집행기관의 활동에 대한 통제의 진행에의 기여를 위해 상설적인 위원회를 구성한다. 두마는 통제실현의 목적으로 한시적인 특별 위원회를 세우며 이 위원회는 전체 의원수의 4분의 1 이상의 제안으로 구성될 수 있다.

볼고그라트주 두마는 주 헌법과 법률의 채택, 그 수정 및 보완, 주 관할항목과 연방과 주의 공동관할 항목에 관해 주의 권한영역에서 입법적 조절, 주의 조약의 체결과 폐기 승인, 주의 법률 및 다른 규범적 규정 위반에 대한 행정적 책임의 대책 확정, 주의 전역 혹은 일부지역에 비상사태 도입에 대한 동의 등의 권한이 있다. 또한 주 예산안의 심의와 승인, 그 집행결산 승인, 주지사가 제시하는 사회-경제 발전계획 및 특별 프로그램의 승인, 기업, 유통업체 등에서의 지분, 주식 등을 포함하여 주 소유재산의 운영과 관리 절차의 확정, 국가의 예산외의 기금의 예산 승인, 그 집행에 대한 통제 및 그 통제 절차의 확정, 이 기금의 자금 지출 결산 승인, 주 관할인 세금 및 납입금, 그 징수절차의 확정, 주의 통제-예산위원회 위원장의 임면에서 권한을 행사한다. 주의 운영구도 및 집행권력기관 체계의 승인, 주 검찰총수, 내무담당 수장, 재판담당 부서의 수장, 일반법원 및 중재재판소의 판사, 볼고그라트주 관할 다른 연방기관의 지도자들의 임명에 대한 동의, 주 선거관리위원회의 위원의 절반의 임면, 주 행정부의 공직담당자들에 대한 불신임 표명, 주지사의 해임 수용 등의 권한을 실현하고 주민투표, 주지사 선거, 주 두마의원 선거를 지정하며, 러시아연방 국가두마에서 입법발의권을 실현하고 주 법률안에 대한 주민들의 논의를 진행하며 자체해산 결과로 주 두마의 권한을 임기만료 이전에 중지시킬 수 있다.

볼고그라트주 두마는 독자적으로 혹은 자신이 세운 기관을 통해 채택된 법률 및 다른 규범적 규정의 집행, 주 예산의 집행, 연방예산으로부터의 신용 재원과 지출, 주의 국가의 예산외 기금의 자원 집행, 사회-경제 발전계획의 이행, 주 소유재산의 관리에 대한 통제를 실현한다. 두마는 주 소유재산의 관리 통제를 목적으로 주 두마가 그 관리에 대해 동의하는, 특히 중요한 대상물의 목록을 정할 수 있다. 규모별, 구조별 그리고 목적별로 주 예산과 국가의 예산외 기금의 예산의 세입, 세출항목이 정해진 기간 내에 집행되었는지를 통제하기 위해, 그리고 지방자치기관이 연방 및 주의 세금과 예산 법률을 준수했는지를 통제하기 위해 두마는 주 통제-예산위원회를 구성한다. 이 위원회는 상설적으로 활동하는 국가의 재정 통제기관으로서 구성과 활동 절차는 주 법률이 정한다. 두마는 주 헌법과 법령에 따라 통제기능을 실현할 수 있다.

볼고그라트주 두마는 러시아연방 국가두마에서 입법발의권을 가지며 러시아연방 의회가 심의를 보낸 연방헌법 수정안을 심의하고 승인하거나 아니면 승인하지 않는다. 두마는 연방 및 주의 집행권력기관의 규범적 법규, 효력을 발생하지 않는 연방의 국제적 조약 및 협약이 헌법에 합치하는지에 대해, 그리고 연방헌법의 해석에 관해 러시아연방 헌법재판소를 질의할 권리를 갖는다.

볼고그라트주 두마는 법률과 명령의 형식으로 규범적 법규를 채택한다. 주 법률은 주의 권한분야에서 가장 중요한 사회적 관계를 조절하고 두마의 전체 의원의 과반수이상에 의해 채택되는 규범적 법규이다. 법률안은 두 번 이상 심의되며 법률의 채택이나 거부에 대한 결정은 두마의 명령으로 정식화된다. 두마의 명령은 선출된 의원의 과반수이상에 의해 채택된다. 두마는 성명, 호소, 선언을 내규에 따라 채택할 수 있다.

볼고그라트주 두마의 권한은 자체 해산에 관한 결정이 채택될 경우, 그리고 자신의 권한 중지와 관련되는 것을 포함하여 주 두마의 해당 소집 기의 의원들의 권한 없음에 관해 주 법원이 내린 결정이 효력을 발생하는 경우 임기만료 이전에 중지될 수 있다. 임기만료 이전 자체 해산에 관한 결정은 주 두마의 전체 의원의 3분의 2 이상에 의해 채택된다. 이 경우 두마선거는 권한의 임기만료 이전 중지에 관한 결정이 채택된 날로부터 6개월 이내에 진행된다.

볼고그라트주 두마에서 입법발의권은 두마, 주지사, 지방자치 대의기관, 법원 및 중재재판소의 소장, 검찰, 주 관할 러시아연방 법무담당 수장, 주 관할 러시아연방 세무담당 지도자가 그 관할문제에 대해 가지며, 노동조합 볼고그라트주 소비에트, 볼고그라트주에 거주하는 러시아연방 시민이 입법발의 실현 절차에 따라서 행사할 수 있고, 볼고그라트주에서 선출된 러시아연방의 연방의회와 국가두마의원도 갖는다. 세금의 도입 혹은 폐지, 세금감면 부여, 공채 발생에 관한 법률안, 주 예산의 자금 지출을 전제하는 다른 법률안은 주지사의 결정이 있는 상태에서 두마가 심의한다. 주 두마가 채택한 법률은 주지사에게 이관되며 그는 법률이 도착한 시점부터 10일 이내에 서명하거나 거부해야 한다. 법률은 주지사의 서명이후 10일내에 공표된다. 주지사가 채택된 법률에 동의하지 않으면 재심의를 위한 자신의 의견을 달아 그것을 되돌릴 수 있다. 재심의는 해당 법률이 도착한 시점부터 14일이 넘지 않는 기한내에 이루어져야 한다. 전체 의원의 3분의 2 이상에 의해 이전이 안이 채택되면 주지사는 다시 그것을 거부할 수 없으며 서명, 공표해야 한다. 재심의에서 의원들이 주지사의 수정에 동의하고 그가 제안한 안을 채택하면 주지사는 거부권을 행사할 수 없다.

<국가권력 실현에서 주민의 직접적 참여>

볼고그라트주에 상시적으로 거주하는 러시아연방 시민은 주민투표, 선거 및 다른 형식으로 국가권력의 실현에 직접적으로 참여한다. 볼고그라트주의 주민들의 권력을 직접적으로 표현하는 최고의 방식은 주민투표와 국가권력 기관의 자유로운 선거이다.

볼고그라트주 생활의 가장 중요한 문제들을 주민들이 직접 결정하기 위해 주민투표가 실시될 수 있다. 주민투표에서 채택된 결정은 의무적으로 적용되며 보완적인 승인 필요하지 않다. 그 결정은 볼고그라트주의 전 지역에서 유효하고 새로운 주민투표가 실시되는 방식으로만 폐기 혹은 변화될 수 있다.

볼고그라트주 두마와 주지사는 중요한 문제, 규범적 법규의 안을 언론매체 등을 이용하여 주민들의 논의의 의제로 상정할 수 있다. 권력기관은 상정된 제안의 일반화를 진행하며 논의의 진행과 채택된 결론을 언론매체에 실어 열람할 수 있도록 한다. 주민들은 공공의 이해에 관한 문제를 다루는 주 두마의 상설적 위원회의 공개적인 청취에 참여할 수 있다.

시민발의에는 해당 선거구 주 두마 의원에 대한 유권자들의 청원권이 속한다. 유권자들은 법률 채택 및 수정에 관한 제안을 할 수 있다. 두마의원은 한 달의 기한으로 유권자(들)에게 입법발의 절차에 따라 제안을 실현하기 위한 의뢰를 받은 것으로 청원의 채택에 관해 통보하거나 혹은 의뢰의 성격으로 청원을 받는 것을 거부하는 것에 대한 이유를 설명하는 대답을 한다. 두마의원은 주 두마에서 해당 입법발의 심의결과에 관한 유권자(들)에게 서면으로 통보한다.

시민의 입법발의에는 일정한 수의 유권자가 주 두마에 법률안 및 다른 제안을 제출할 수 있는 권리가 속한다. 시민의 입법발의권은 발의 집단에 의한 서명 수집, 필요한 서류의 주 두마에의 이관으로 실현된다. 이러한 절차에 따라 주 두마에 보내진 법률안과 제안은 두마에서 우선적으로 심의되며 심의결과 채택된 결정은 공표된다. 연방관할문제, 시민의 권리와 자유를 제한하는 제안은 시민의 입법발의권의 실현절차에 따라 주 두마에 보내질 수 없다.

볼고그라트주의 국가권력기관은 자유로운 선거를 기반으로 혹은 자유롭게 선출된 기관들의 의지에 따라 형성된다. 볼고그라트주에 상시적으로 혹은 우선적으로 거주하는, 18세 이상의 러시아연방 시민이 투표권을 갖는다. 국가권력 및 지방자치기관은 모든 유권자들에게 투표에 참여할 수 있는 현실적인 가능성을 보장해야 한다.

러시아연방 시민의 선거권 및 국민투표권의 실현과 보호, 선거와 국민투표의 준비와 진행을 담당하는 것은 선거관리위원회, 국민투표위원회이다. 볼고그라트주에는 주, 선거구, 지역, 투표구 등 각 수준별로 선거관리위원회가 구성되어 있다. 선거관리위원회, 국민투표위원회는 자신의 권한영역에서 국가권력기관 및 지방자치기관으로부터 독립적이다. 주 선거관리위원회 활동의 재정은 연방과 주 법률, 다른 규범적 법규들에 따라 연방 및 주 예산의 자원으로 실현된다. 주 선거관리위원회는 상설적으로 활동하는 국가기관으로서 위원수와 임명절차는 법률로 정해진다. 주 선거관리위원회의 권한임기는 4년이다. 결정권을 갖는 주 선거관리위원회의 위원들은 자신의 성원들 가운데서 비밀투표로 위원장, 부위원장, 비서를 선출하며 이들은 상근직이다. 결정권을 갖는 주 선거관리위원회 위원은 상근체제로 선거관리위원회에서 일할 수 있다. 위원장은 위원회의 업무를 조직하고 연방법률에 따라 국가권력기관의 지도자의 모든 권리를 갖는다. 위원장은 명령을 발포한다. 선거의 준비와 진행에서 다른 수준의 선거관리위원회, 국민투표위원회의 권한과 활동절차는 연방법률, 주 헌법과 법률, 시 규칙에 의해 정해진다.

4) 사법기관

볼고그라트주 헌법에서는 사법권력기관에 관한 내용이 따로 규정되지 않으며 러시아연방의 헌법과 법률에 따른 연방 법원체계가 활동한다.

5) 지방자치

볼고그라트주에서 지방자치는 독립적이고 자신의 책임 하에 직접 혹은 지방자치기관을 통해 지방문제를 해결하기 위한 주민들의 활동을 의미한다. 지방자치의 조직, 재정, 법적 기반은 연방과 주의 헌법과 법률 그리고 등록된 시의 규칙이다. 볼고그라트주에서는 시의 역사적, 사회-경제적, 인종적 특성 등을 고려하여 지방자치의 조직화가 보장된다.

지방자치 활동의 실현에서 볼고그라트주의 국가권력기관은 시민의 권리보호, 지방자치 발전의 주 계획 채택, 지방자치의 재정적 독립 지원, 국가의 최소의 사회적 기준의 보장 등을 실행하며, 지방자치관련 법규위반에 대한 행정적 책임에 관한 법률을 채택하고 수정한다. 시 지역에서 민족적 집단과 공동체, 까자크 사회, 역사적 그리고 다른 지역적 전통을 고려하여 지방자치 조직의 특성을 조절한다. 주 국가권력기관이 채택한 결정의 결과 생기는 보완적 지출을 지방자치에 보상한다. 도시, 농촌의 주민은 그 숫자와 상관없이 지방자치 실현에 대한 권리를 제한당할 수 없다.

시 지역은 역사적 그리고 다른 지역적 전통을 고려하여 주 법률에 따라 정해지는데, 시의 영토를 구성하는 것은 도시 및 농촌의 촌락의 토지, 거기에 붙어있는 공용의 토지, 휴경지, 촌락 발전을 위해 필요한 지대, 그리고 소유형태 및 목적과 상관없이 시 경계 안에 있는 다른 토지들이다. 시 지역의 경계는 주민, 지방자치기관, 국가권력기관의 발의에 따라 주민의 견해를 고려하여 주의 국가권력기관이 정하고 변경한다.

지방자치의 구조 및 조직적 형태는 시의 주민들이 독자적으로 규정하며 시 규칙으로 확립된다. 지방자치는 주민투표, 시의 선거, 집회, 대중적인 입법발의, 다른 형태의 직접적인 의사표출에 의해, 선출직 및 다른 지방자치기관, 지역 공공자치를 통해 시 지역에 거주하는 주민들이 실현한다. 지방자치기관은 국가권력기관 체계에 들어가지 않는다. 지방자치의 모든 기관은 공개적으로 주민의 통제 하에 민주적 원칙을 기반으로 역할 한다.

시의 관할에는 지방문제, 그리고 지방자치기관에 이관되는 부분적인 국가권한이 있다. 시는 지방문제에 관계되는 다른 문제들, 그리고 자신의 관할에서 제외되지 않고 다른 시 및 국가권력기관의 관할에 관계되지 않는 문제들을 심의할 수 있다. 지방자치기관은 독자적으로 시 소유재산을 운영하고 지방예산을 형성, 승인, 집행하며 지방 세금과 납입금을 정하고 또한 지방적 의미의 다른 문제를 결정한다. 자신의 권한영역에서 지방자치기관은 지방자치 영토에 있는 조직, 담당인사 및 시민들이 반드시 이행해야 하는 규범적 법규를 채택할 수 있다.

주의 국가권력기관은 지방자치 체계의 형성과 발전을 위해 필요한 조건을 마련하고 지방자치에 대한 권리의 실현에서 주민들에 기여해야 한다. 주의 국가권력기관은 부분적인 국가권한을 필요한 물질적, 재정적 자원의 동시적 이관과 함께 주 법률에 의해 지방자치기관에 이관할 수 있다. 지방자치기관에 의한 부분적인 국가권력의 실현에 대한 통제 조건과 절차는 주 법률이 정한다. 지방자치기관은 지방문제의 결정에 관한 부분적인 권한을 국가권력기관에 이관할 수 있다. 지방자치 대의기관은 주 두마에서 입법발의권을 갖는다.

지방자치의 경제적 기반을 구성하는 것은 부분적인 국가권한의 실현을 위해 지방자치기관에 이관된 시와 국가의 소유재산과, 또한 주민의 필요를 충족시키는 데 기여하는 다른 소유재산이다. 지방자치의 재정적 기반을 구성하는 것은 지방예산, 유가증권, 신용 및 발효 중인 법령에 따른 다른 재정적 자원이다. 주의 국가권력기관은 주 예산과 지방예산 사이의 관계를 조절하며 최소 예산보장 기준을 기반으로 한 최소 지방예산과 국가의 최소 사회적 표준의 균형을 보장한다.

지방자치기관과 지방자치 담당인사는 시의 주민들, 국가, 자연인 및 법인들 앞에 법령에 따라 책임을 진다. 주민의 신뢰의 상실의 결과 지방자치기관 및 지방자치 담당인사의 책임의 절차 및 조건은 시의 규칙이 정한다. 지방자치기관, 지방자치 담당인사의 권한은 연방법률에 의해 정해진 절차에 따라 중지될 수 있다.

3. 대의정치[3)]

1) 연방차원의 선거

(1) 러시아연방 대통령 선거

볼고그라트주에는 러시아연방 차원의 선거에서 4개의 선거구가 있다. 전

3) 볼고그라트주 대의정치 부분은 다음을 번역, 정리하여 구성한 것이다. 인터넷 자료에 대한 검색은 주로 2003년 9월에 이루어졌다. 유권자수는, Дей ствующая схема одномандатных избирательных округов. Волгоградская область. http://ww.fci.ru/way/1D9E70E5-D0B7-...(검색일:2003.12.3.). 표를 비롯하여 선거에 대한 부분은, Календарь выборов. Волгоградская область. http://ww.fci.ru/html; Итоги выборов по одномандатным округам в разрезе окружных избирательных комиссий . Волгоградская область. http://ww.fci.ru/v_razreze_okruzhnyh_izbiratelbnyh_komissiy; Выборы губернатора Волгоградской области - 2000. http://www.dosye.ru/archiv/reg34el.htm; НСН | Выборы Президента РФ 26 марта 2000. Волгоградская область. http://nsn.net.ru/print.pht... Оригинал документа: http://nsn.net.ru/?id=618&ch=5&sub=2. (검색일: 2003.12.7.). 볼고그라트주 지사의 약력은, Волгоградская область. Список членов областной администрации. http:// www.regnum.ru/allnews/49606.html. 상원의원에 대해서는, Волгоградская область. Голованчиков Александр Борисович. http://www.council.gov.ru... (검색일: 2003.12.3.); Агапцов Сергей Анатольевич. http://www.council.gov.ru... (검색일: 2003.12.3.). 국가두마의원 명단은, Волгоградская область. Списки кандидатов. Список дей ствующих депутатов Государственной Думы Федерального Собрания Россий ской Федерации третьего созыва (по состоянию на 3 апреля 2003 года). http://ww.fci.ru/way/18519C30-D0B7-... 33-34/61. (검색일: 2003.12.3.). 러시아연방과 관련해서는, Итоги выборов руководителей исполнительной власти субъектов РФ. http://ww.fci.ru/WAY/299554.html; Итоги выборов в законодательные (представительные) органы власти субъектов РФ. http://ww.fci.ru/WAY/299558.html; Статьи. Итоги голосования. Выборы Президента Россий ской Федерации 26 марта 2000 года. Россий ская Федерация. http://ww.fci.ru/way/203889/obj/202300.html. (검색일: 2003.9.5.); Итоги выборов по федеральному округу в разрезе окружных избирательных комиссий . Россий ская Федерация. http://ww.fci.ru/v_razreze_okruzhnyh_izbiratelbnyh_komissiy_1.(검색일: 2003.9.5.).

체 유권자 수는 1999년 12월 러시아연방 국가두마의원 선거와 2000년 3월 러시아연방 대통령 선거의 경우 199만명 안팎으로 집계되었다.

2000년 3월 26일 실시된 러시아연방 대통령 선거에는 유권자의 68.4%가 투표에 참여했고 뿌친이 투표참여 유권자의 과반수를 넘는 지지를 획득했다. 주요 후보들의 득표율은 다음과 같다.

후 보 명	득표율(볼고그라트주,%)	득표율(러시아연방,%)
지리놉스끼	2.3	2.70
쥬가노프	33.9	29.21
뿌친	53.5	52.94
찌또프	1.0	1.47
뚤레예프	1.8	2.95
야블린스끼	3.8	5.80
기타	1.7	2.11
모든 후보에 대한 반대	1.3	1.88

(2) 러시아연방 국가두마의원 선거

1999년 12월 19일 실시된 러시아연방 국가두마의원에서 정당별 투표에 참여한 유권자수는 116만 9천 명 정도로서 전체 유권자의 59%를 차지했다. 볼고그라트주에서 정당별 투표의 최다득표자는 <러시아연방 공산당>이었다.

볼고그라트주에서의 정당별 득표
(1999년 12월 19일 러시아연방 국가두마의원 선거)

목 록	득표수	득표율(%)	득표율(러시아연방,%)
야블로꼬	47586	4.07	5.93
단결(메드베드)	337392	28.86	23.32
쥐리놉스끼 블록	72101	6.17	5.98
조국-전러시아	70655	6.04	13.33
러시아연방 공산당	347585	29.73	24.29
우파연합	77184	6.60	8.52

소선거구제로 진행되는 지역구 선거는 4개 선거구에서 실시되었고 4명의 당선자가 나왔다. 볼스크 선거구에서는 유권자의 58%가 투표에 참여했고 꿀리꼬프가 당선되었다.

후보별 득표 (1999년 12월 19일 러시아연방 국가두마의원 선거)

① 볼스크 선거구

	후보명단	득표수	득표율(%)
1.	부드첸꼬(Будченко Л.И.)	31541	10.33
2.	예레민(Еремин А.Г.)	9308	3.05
3.	까자체녹(Казаченок П.П.)	14798	4.85
4.	끼리첸꼬(Кириченко Л.М.)	71554	23.43
5.	꿀리꼬프(Куликов А.Д.)	125067	40.96
6.	뽀뽀프(Попов А.А.)	0	-
	모든 후보에 대한 반대	44226	14.48

끄라스노아르메이스크 선거구에서는 유권자의 58%가 투표에 참여했고 갈루쉬낀이 당선되었다.

② 끄라스노아르메이스크 선거구

	후보명단	득표수	득표율(%)
1.	갈루쉬낀(Галушкин В.И.)	112707	40.00
2.	꼬노넨꼬(Кононенко А.Ф.)	3749	1.33
3.	모끄렌꼬(Мокренко В.И.)	3331	1.18
4.	세르듀꼬프(Сердюков Н.Н.)	50501	17.92
5.	따란쪼프(Таранцов М.А)	72219	25.63
	모든 후보에 대한 반대	33206	11.78

미하일롭스크 선거구에서는 유권자의 62%가 투표에 참여했고 쁠로뜨니꼬프가 당선되었다.

③ 미하일롭스크 선거구

	후보명단	득표수	득표율(%)
1.	븨꼬프(Быков А.Ф.)	27010	8.99
2.	구레예프(Гуреев И.И.)	12334	4.11
3.	옐리세예프(Елисеев А.Н.)	12006	3.99
4.	조친(Зотин В.А.)	8010	2.67
5.	끄라쉔꼬(Кращенко А.Н.)	74826	24.92
6.	쁠로뜨니꼬프(Плотников В.Н.)	127398	42.44
7.	뽀노마료프(Пономарев Ю.Ф.)	5644	1.88
8.	쉐볼다예프(Шеболдаев С.Б.)	1538	0.51
	모든 후보에 대한 반대	27537	9.17

쩬뜨랄늬 선거구에서는 유권자의 57%가 투표에 참여했고 이쉔꼬가 당선되었다.

④ 쩬뜨랄늬 선거구

	후보명단	득표수	득표율(%)
1.	아빠리나(Апарина А.В.)	64141	22.92
2.	고류노프(Горюнов В.Д.)	42676	15.25
3.	구드꼬프(Гудков А.И.)	753	0.27
4.	예피모바(Ефимова Е.А.)	2247	0.80
5.	자하로프(Захаров В.А.)	663	0.24
6.	이쉔꼬(Ищенко Е.П.)	82989	29.66
7.	까르펜꼬(Карпенко О.А.)	822	0.29
8.	리트비넨꼬(Литвиненко С.М.)	1088	0.39
9.	로바체바(Лобачева Г.К.)	4222	1.51
10.	루까쉐프(Лукашев И.Л.)	5922	2.12
11.	올레이니꼬프(Олей ников Е.М.)	3533	1.26
12.	필린(Пылин Б.Ф.)	3073	1.09
13.	사벤꼬(Савенко В.В.)	36147	12.92
14.	떼렌찌예프(Тереньев С.В.)	6669	2.38
	모든 후보에 대한 반대	21590	7.72

(3) 러시아연방 상원(연방회의)의원

볼고그라트주에서 선출된 러시아연방 상원의원은 골로반치꼬프 (А. Б. Голованчиков)와 아가프쪼프(С. А. Агапцов)이다. 골로반치꼬프는 러시아연방 상원의 학문, 문화, 교육, 보건 및 환경위원회, 러시아연방 예산위원회와의 상호 활동에 관한 위원회의 위원이다. 볼고그라트주 두마에서 선출되었다. 1945년 8월 22일 생으로서 2001년 6월 14일 선출되었고 그 임기는 2003년 12월에 만료된다. 아가프쪼프는 러시아연방 상원의 예산관련 위원이고, 러시아연방 예산위원회와의 상호 활동에 관한 위원회의 위원장이며 정보정책 위원회, 연방의회 활동보장에 대한 통제위원회 위원이다. 볼고그라트주 정부에서 임명했다. 1961년 12월 25일 생으로서 2001년 1월 25일 임명되었고 그 임기는 2004년 12월에 만료된다.

2) 연방주체 차원의 선거

(1) 볼고그라트주 지사 선거

2000년 12월 24일 볼고그라트주의 주지사선거가 성립되었다. 주의 법령에 따르면 최다 득표를 한 후보가 주지사선거의 승자가 된다. 결선투표는 진행되지 않는다. 8명의 등록된 후보가 입후보했다. 볼고그라트주 선거관리위원회의 집계에 따르면, 선거에는 50.36%의 유권자가 참여했고 막슈따가 당선되었다.

후보별 득표 (2000년 12월 24일 볼고그라트주지사 선거)

	후보명단	득표율 (%)
1.	본다렌꼬(Бондаренко Л.Н.)	2.87
2.	갈루쉬낀(Галушкин В.И.)	2.90
3.	꾸로치낀(Курочкин Г.Я.)	0.21
4.	막슈따(Максюта Н.К.)	36.51
5.	뽀뽀프(Попов А.А.)	9.59
6.	사브첸꼬(Савченко О.В.)	28.47
7.	쩨렌찌예프(Теретьев С.В.)	1.45
8.	체호프(Чехов Ю.В.)	11.21
	모든 후보에 대한 반대	5.47

막슈타는 1947년 5월 26일 우크라이나의 끼로보그라드주의 노보우크라인스크 라이온의 자하로브까 마을에서 태어났다. 1965년 조선 연구소에 입학하여 1971년 기계기사 자격을 얻었다. 볼고그라트 조선소의 기술자 보조로 직업적 경력을 시작했다. 1971년부터 1996년까지 볼고그라트 조선소, 그 다음에는 AOOT <볼고그라트 조선소>에서 일했다. 기술자 보조에부터 대표이사에까지 이르는 노동경력을 갖고 있다. 러시아연방 품질문제 아카데미 회원이다. 1995년 가을 볼고그라트시 두마 선거에 참여하여 의원으로 선출되며 1995년 10월에는 시 두마의 의장, 그 다음에는 시 인민대의원회의의 의장이 된다. 1997년 1월에는 1996년 12월 29일 진행된 볼고그라트주 행정수반 선거 결과에 따라 볼고그라트주 행정수반에 취임한다. 기계제작분야에서 오랫동안의 노동에 대한 공로를 인정받아 '러시아연방 공훈 기계제조자(Заслуженный машиностроитель Россий ской Федерации)' 칭호를 러시아연방 대통령 명령에 의해 부여받았다.

(2) 볼고그라트시 행정수반 선거

2003년 9월 14일 볼고그라트시의 행정수반 선거가 진행되었다. 볼고그라트주의 법령 <볼고그라트주의 지방자치기관 선거에 관하여>에 따르면, 등록된 유권자의 25% 미만이 선거에 참여하거나 다른 후보에 비해 가장 많은 표를 얻은 후보의 표수가 모든 후보에 대한 반대에 투표한 수보다 적을 때 선거는 성립되지 않은 것으로 간주된다. 투표에 참여한 유권자들의 표를 가장 많이 얻고 그 수가 모든 후보에 대한 반대에 투표한 수보다 적지 않은 후보가 당선된 것으로 인정된다.

이 직위에는 9명이 입후보했다. 33.09%의 유권자가 선거에 참여한 것으로 집계되었다. 볼고그라트시의 행정수반으로는 러시아연방 국가두마의원인 이쉔코(Е. П. Ищенко)가 당선되었고 39.06%의 득표율을 보였다.

Ⅳ. 경제 시스템

1. 경제개황

볼고그라트주는 7개의 연방지구 중 남부연방지구에 속하고 12개의 러시아 경제지역 중 볼가경제지역에 속한다. 볼고그라트주는 역사적인 지역이면서 경제적으로 큰 비중을 가지고 있는 중요한 지역이다.

자연적 호조건과 전통적인 제도에 기인해 농업의 발달이 두드러지고 있다. 볼고그라트주의 농기업은 대단한 활동을 하고 있으며 소유형태로 나누어 보면 27개의 공기업, 150개의 주식회사, 67개의 합명회사, 50개의 생산협동조합, 12,900개의 농장과 개인형태의 소기업이 있다.

그리고 볼고그라트주의 공업은 전통적으로 불균형 성장보다는 내수중심의 균형성장을 해왔다고 할 수 있다. 그리하여 산업들이 골고루 발달되어 있으며 대표적으로 전후방연쇄효과를 크게 일으키고 있는 주요산업들로 연료공업, 화학, 기계제작공업과 식품공업, 그리고 전기전력과 철강업 등을 들 수 있다.

볼고그라트주의 공업은 몇 개의 부문에서 비교우위를 가지면서 전통적으로 꾸준히 성장해 왔다. 그러나 경제위기(1998년 8월에 일어나 '8월의 위기'라 불린다)는 볼고그라트주의 중소기업들을 중심으로 경제전반을 거의 궁지에 몰아넣었다. 그러나 경제의 기본 틀이 단단한 덕분에 거의 반년을 지나면서 다시 경제지표들이 상승하기 시작했다. 2000년 현재 약 2만개이상의 법인형태의 기업들이 존재하고 있고 약 8만개의 개인기업, 그리고 1만5천개의 조합들이 각 부문에서 활동을 하고 있는 중이다.

러시아경제에서 차지하는 볼고그라트주의 경제상황을 전체적으로 파악하기 위해 각종 거시경제지표들을 살펴보면 대체로 러시아의 여타 주체 중에서 매우 높은 비율을 전반적으로 차지하고 있다. 지역총생산은 러시아전체 대비 볼고그라트주의 비중이 1.2%로 높은 편이고 공업생산량도 1.4%, 농업생산량은 2.1%, 소매유통-0.8%, 자본투자는 0.9%에 이르고 있다.

볼고그라트주의 지역총생산과 그에 대한 관련 지표들을 표로 살펴보면 다음과 같다

볼고그라트주 지역총생산액 추이

항목 \ 년도	1996	1997	1998	1999
지역총생산	28,926	31,138	31,949	49,974
1인당 지역총생산	10,699	12,524	11,844	18,603
지역총생산 지수		103	87.9	101.2

http://www.infostat.ru/epub.htm (검색일: 2003.1.10)

볼고그라트주의 지역총생산을 주요 구성별로 비율을 파악해 보면 공업부문이 월등히 강하게 나타나고 있으며 지역총생산 대비 38.1%로 나타나고 있다. 농업부문은 14.6%, 건설부문은 5.1%, 운송부문은 7.8%, 유통부문은 7.4%이다.

볼고그라트주의 기업부문에서 총 기업수, 소 기업수 그리고 공업부문에서 활동하고 있는 기업수를 연도별로 보면 다음과 같다.

기업수 추이

항목 \ 년도	1997	1998	1999	2000
총기업수(연말)	49,002	51,174	53,335	55,948
소기업수(연말)	13,630	13,530	17,944	13,009
활동기업수	1,075	1,262	1,320	2,160

http://www.infostat.ru/epub.htm (검색일: 2003.1.10)

2. 산업

1) 공업

볼고그라트주는 러시아 남부지구의 공업 중심지라고 할 수 있으며 볼가연안의 경제지역을 이끄는 리더로서의 역할을 하고 있다. 공업부문은 고른 균형성장을 하고 있으며 각 부문마다 세계적 규모의 기업들이 많이 있다.4)

4) 몇 개의 주요 기업들을 들면 다음과 같다. AOOT 'Волгоградский тракторный завод', OAO 'Волгоградский металлургический завод 'Красный Октябрь', AO 'Волжский трубный завод', AO 'Михай ловский машиностроительный завод', AO 'Нижневолжскнефть', AO 'Лукой л - Волгограднефтепереработка', OAO 'Волжское химволокно', OAO 'Волжский оргсинтез', AOBT 'Волжскрезинотехника', AO 'Каустик', OAO 'Химпром', TOO 'Камышинский хлопчатобумажный

볼고그라트주에서 가장 중요한 공업부문은 연료공업, 석유공업 그리고 그 외 가공산업을 들 수 있다. 주요 품목들은 석유채굴, 가스채굴 등과 석유원료제품 등이다. 가스를 포함한 석유채굴은 2000년 3,060만 톤을 생산해 내었고 이것을 1차 가공한 제품은 850만 톤의 생산에 이르고 있다.

전기전력도 핵심 산업 중 하나이다. 철강업부문에서는 강철관이 주요 품목이며 이것은 2000년 52만 3,000톤의 생산량을 기록하고 있다. 그 외 기계제작부문과 금속가공부문이 중요한 비율을 차지하고 있는바 주요 품목으로는 타이어관련 제품: 220만 개, 전문 석유채굴장비: 5,000 개, 트랙터: 5,200 개 등이 2000년 현재 생산되고 있다.

볼고그라트주의 공업을 전체적으로 조망하기 위해 총 공업생산량과 공업생산지수를 보면 표와 같다.

총 공업생산량 추이

항목 \ 년도	1997	1998	1999	2000
총 공업생산량 (명목가격,단위:백만루블, 1997년까지 십억루블)	29,382	53,936	87,603	56,995
공업생산 지수 (전년대비 %)	99.3	109	110	112

http://www.infostat.ru/epub.htm (검색일: 2003.1.10)

볼고그라트주의 공업을 총 공업생산량 대비 비율로 살펴보는 것은 중요한 정보를 제공해준다. 주요 부문별 비율을 살펴보면 아래 표와 같다.

주요 공업생산부문별 생산비율

생산부문	볼고그라트주 총공업생산 비율
전기전력	11.6%
연료공업	19.2%
철강업	13.0%
비철금속	4.4%
화학 · 석유화학	15.7%
기계제작 · 금속가공	16.2%
목재가공, 종이 · 펄프	0.8%

комбинат им. А.Н. Косыгина' 등이 있다.

건재공업	4.1%
경공업	0.8%
식품공업	10.8%
기타	3.4%

http://www.infostat.ru/epub.htm (검색일: 2003.1.10)

2) 농업

볼고그라트주의 농업은 내적으로는 주민들의 식량원이면서 식품산업의 원료를 충분히 공급해 주고 있다. 이것은 주민들에게 일자리를 주었고 수출지향적 중공업 등의 산업이 불황을 맞고 있을 시에도 하나의 기둥역할을 하는 기초산업으로서 역할을 충실히 해 나왔다.

대외적으로는 볼가경제지역 등 인근지역의 식량원으로서 매우 중요한 역할을 차지하고 있다. 본래 이 지역은 천혜의 자연조건을 갖고 있어, 가축사육과 작물재배에 더없이 적합하다. 따뜻한 날씨와 기름진 토양은 러시아 대비 2.1%의 충분한 농업생산량을 생산하게 하는 주요인이 되고 있는 것이다.

볼고그라트주의 농업을 전체적으로 조망하기 위해 총 생산량과 가축과 작물 생산량, 그리고 농업생산지수를 표로 살펴보면 다음과 같다.

농업생산량 추이

항목 \ 년도	1997	1998	1999	2000
총농업생산액	7,423.7	6,881.5	12,928.4	16,723.6
작물관련 생산액	3,933.8	2,880.8	6,641.3	8,855.5
가축관련 생산액	3,389.9	4,000.7	6,287.1	7,868.1
농업생산지수	114	78	102	111

http://www.infostat.ru/epub.htm (검색일: 2003.1.10)

구체적으로 볼고그라트주 농업의 파종면적을 살펴보면 총 파종면적은 2000년 261만 200 헥타르를 파종하였고 그 주요 구성과 비율을 정리해보면 다음과 같다.

곡물류- 59.2%, 특용작물- 20.8%, 감자와 채소 등- 4.2%, 사료용 식물류- 15.8%이다. 곡물류의 재배가 주가 되는 것을 알 수 있다.

3. 자원 등 기타

볼고그라트주는 지하 광물자원이 매우 풍부하다. 석유와 천연가스의 매장량은 잘 알려져 있다. 인산염과 식탁염 및 염화마그네슘염, 광천수, 건축용 모래와 점토, 석회암을 비롯한 다른 자원들도 채굴되고 있다.

볼고그라트주에는 동식물계 역시 다양하다. 깨끗한 물이 있는 곳에서만 서식하는 물쥐는 세계적으로 희귀한 동물이다. 이 외 여우와 사슴, 멧돼지, 너구리, 담비 등 49종의 포유류가 서생하고 있으며 200여 종의 조류와 다양한 어류가 발견되고 있다.

이 지역에는 강과 호수 등 수자원이 매우 특이하다. 이 지역에는 볼가강과 돈강이 아름답게 흐르고 있으며 전체적으로 199개의 수류가 있다. 이 수류는 볼가강, 돈강과 연결되어 있으며 볼가강이 흐르고 있는 길이는 이 지역의 234km이며 돈강은 86km에 해당한다.

볼가강은 러시아 유럽부분의 모든 강들을 연결하는 수상체계를 가지고 있어서 이 지역은 다섯 개 바다로 진출입하는 항구로서 핵심적 위치를 차지하고 있다.

V. 문화시스템

1. 지역정체성

1) 인구

볼고그라트주의 인구는 2001년 현재 2,658,000명으로 러시아연방 전체의 1.83%, 89개 주체 중 19위이다. 주의 전반적인 인구증감 현상을 보면, 1995년까지는 꾸준히 증가하여 절정에 달한 후 1996년부터 점차 감소하기 시작하였다. 2001년도에는 1995년 대비 39,000명(1.44%)이 감소하였고, 이는 사망률이 출생률을 초과한데서 비롯된 것이며, 그나마 구소련 지역으로부터의 인구유입으로 인해 지나친 인구감소현상은 피할 수 있게 되었다. 하지만, 근본적인 인구대책이 마련되지 않는 한 당분간 인구감소현상은 지속될 것이다.

볼고그라트주 인구변동 추이

연도	1990	1992	1993	1994	1995	1996	1997	1998	1999	2000	2001
인구수 (1,000명)	2,614	2,642	2,659	2,673	2,693	2,703	2,702	2,700	2,693	2,677	2,658

Россий ский статистический ежегодник. Госкомстат России. М., 2001. С. 83.

볼고그라트주의 인구 자연증가율은 이미 1990년대 초에 마이너스 증가현상을 보이기 시작했다. 1990년대 초부터 사망자수가 출생자수를 초과하기 시작하여 최근에는 그 차이가 2배에 이르고 있다.

볼고그라트주 출생자수, 사망자수, 자연증가율

연도	출생자수(명)	사망자수(명)	자연증가율(명)
1990	34153	30,772	3,382
1992	28,359	31,936	-3,577
1993	25,555	36,939	-11,384
1994	25,572	41,390	-15,818
1995	24,439	39,523	-15,084
1996	23,147	39,054	-15,907
1997	22,122	38,319	-16,197

1998	22,649	38,803	-16,154
1999	21,298	41,464	-20,166
2000	22,346	41,614	-19,268

Россий ский статистический ежегодник. Госкомстат России. М., 2001. С. 113.

2000년 현재 볼고그라트주의 경제활동인구는 1,295,000명으로 전체인구의 약 48.7%로 비교적 적은 수이다. 그 중 취업자 수는 1,169,000명이며, 실업자 수는 126,000명, 실업률은 9.7%로 비교적 안정된 상황을 보이고 있다. 그러나 이는 1990년대 초반에 비하면 매우 높은 실업률로, 1997년을 전후로 한 경제위기를 계기로 실업률이 크게 증가했다. 최근 들어서 상황이 점차 개선되고 있으나, 경제상황이 크게 개선되지 않는 한 이전의 안정된 실업률로 회귀하기는 어려울 전망이다.

볼고그라트주 경제활동인구(취업자, 실업자), 실업률

연도	경제활동인구 (1,000명)	취업자수 (1,000명)	실업자수 (1,000명)	실업률(%)
1992	1,342	1,269	74	5.5
1993	1,309	1,235	74	5.6
1994	1,273	1,176	97	7.6
1995	1,286	1,138	148	11.5
1996	1,271	1,129	142	11.2
1997	1,191	1,020	171	14.3
1998	1,167	1,001	166	14.2
1999	1,301	1,147	154	11.8
2000	1,295	1,169	126	9.7

Россий ский статистический ежегодник. Госкомстат России. М., 2001. С. 137.

2) 민족

1989년 현재 볼고그라트주에는 약 80여 민족이 거주하고 있으며, 대부분의 주민은 러시아인으로 89.1%에 달하며, 나머지는 우끄라이나인 3.1%, 까자크인 1.6%, 독일인 1.1%, 따따르인 1%, 벨라루스인 0.6%, 체첸인 0.4%, 추바슈인 0.4%, 마리인 0.3%, 아제르바이잔인 0.3%, 아르메니아인 0.3%, 집시 0.2%, 모르드바인 0.2%, 몰다브인 0.2%, 우드무르트인 0.1%, 유태인 0.1·% 등으로 구성되어 있다.

3) 교육

볼고그라트주는 러시아연방 교육법에 따라 교육제도 개혁 프로그램을 실행중이며, 현재 볼고그라트에는 주민들의 교육문화 욕구에 따른 이동교육제도가 진행되고 있다.

현재 볼고그라트주에는 약 160여개 중등학교와 44개의 특수학교, 20개 실습장, 17개 보충교육기관, 11개 근로청소년 학교, 2개 사범학교, 20개 체육학교 등이 개설, 운영되고 있다.

주에서는 사립학교 운영에 대해서도 많은 관심을 기울이고 있다. 예를 들면, 사립학교 고학년 학생들은 세계문학과 역사, 종교, 심리학, 철학을 공부하며, 외국어 및 경제학, 정보학, 교직 등을 배우기도 한다. 비즈니스 스쿨을 마친 학생들은 중등학교 졸업장과 함께 매니저, 경리, 주식거래 자격증을 함께 받게 된다.

볼고그라트 고등교육 시스템에는 20개 국립 및 사립 교육기관(대학, 아카데미, 단과대학, 및 대학 분교 포함)이 있다. 여기에는 그 중 볼고그라트 국립대학, 볼고그라트 국립 사범대학, 볼고그라트 기술대학, 건축-조각대학, 법률대학, 싸마르 문화대학 분교, 국가공무원 아카데미 등이 포함되어 있다.

주는 또한 교육분야의 국제협력을 강화하고 있다. 이와 관련하여, 50여개 이상의 교육기관이 9개국의 많은 교육기관들과 정부 간 프로그램을 실행하고 있으며, 교원 및 학생들의 교류를 실시하고 있다.

2. 지역문화

1) 문화개괄

볼가의 어머니로 러시아인들에게 사랑받고 있는 볼가 강은 유럽에서도 가장 큰 강이다. 그 유역 면적만을 전부 합쳐도 서유럽 전체와 비슷한 넓이가 된다. 이 강은 모스크바에서 까잔, 싸라또프 등을 경유하여 카스피해로 간 다음 다시 운하를 거쳐서 흑해에서 지중해까지 이르는 큰 강으로 수상 교통의 대동맥이라고 할 수 있다. 볼고그라트주 근처에는 야로슬라블, 까잔, 울랴노프, 볼고그라트 등의 시가 있다.

볼고그라트는 볼가의 도시라는 이름 그대로 볼가 강의 오른쪽 강변 70킬로미터에 걸쳐 길게 위치하고 있는데 볼가 강과 돈 강을 연결하는 운하의 기점으로서도 잘 알려져 있다. 볼고그라트가 시로서 형성된 것은 16세기로 러시아 제국이 남동쪽 성채를 이곳에 구축하면서부터였다.

그 후 17세기에는 대규모 농민 봉기의 지도자였던 스텐카 라진의 활동무대가 되기도 했다. 뾰뜨르 대제 때에는 통상의 거점으로서 번창하여 차리친(황제의 시)이라 불리게 되었다. 그런가 하면 1925에서 1961년 동안 스탈린그라트(스탈린의 시)로 불렸다.

제 2차 세계 대전 중 스탈린그라트에서의 대 공방전은 독일군 패전의 계기가 된 전투이기도 하다. 이 대전으로 전 시가지가 거의 불타버렸지만 그 후 완전히 복구되었다. 스탈린그라트는 1961년에 볼고그라트로 이름이 바뀌었다.

볼고그라트 항은 볼가 강의 중심지에 어울리는 규모와 아름다움을 갖추고 있다. 강변에서 시가지 쪽으로 하얀 계단이 이어져 있으며 녹지대도 잘 형성되어 있다. 또 항구 가까이에는 원기둥이 몇 개씩 서 있어서 그리스의 항구에 와 있다는 느낌이 든다.

평화를 상징하는 마마예프(Мамаев) 언덕은 한번 가볼 만한 곳이다. 마마예프란 이름은 따따르 몽고군의 마마예프 칸이 유럽으로 서진하던 중 이곳에서 야영한 것에서 유래되었다. 지금은 반전(反戰)의 상징이 되는 언덕이다. 레닌 대로에서 포플러 가로수들이 줄지어 서있는 돌길을 따라 조금만 올라가면 작은 연못이 나타난다, 연못 가운데에는 총과 수류탄을 지닌 '사수의 상'이 서있다.

언덕 위에는 칼을 쥔 오른손을 높이 쳐든, 높이 51미터의 거대한 '모국상'이 서 있다. 그리고 동상 바로 앞에는 전몰자의 위령당이 있는데 벽에는 영령들의 이름이 적혀 있고 중앙에는 '영원의 불'(вечная огонь)이 타오르고 있다. 위령당에는 1년 내내 찾아오는 사람들의 발길이 끊이지 않는다.

동상 밑은 볼가 강과 새로운 거리 모습을 조망할 수 있는 풀밭으로 되어 있다. 또 스탈린그라트 공방전 박물관은 폭격을 당하여 외곽만 간신히 남아 있는 옛 제분소 옆에 있다. 전시품들은 스탈린그라트 공방전에 관한 것이 중심인데 그 배경과 공방전의 과정, 그 후의 전황에 관하여 많은 자료들이 전시되어 있다.

2) 문화시설

막심 고리끼 볼고그라트 극장

이 볼고그라트 극장은 러시아의 국민 예술가이며 스따니슬라프스끼 상의 수상자인 오따르 잔기셰라슈빌리(Отар Джангишерашвили)가 만들었다. 이미 1998년의 시즌 말에 극장은 자신의 첫 번째 상연극이었던 '로미오와 쥴리엣'을 179번 공연했다.

10년 동안 하나의 연극을 계속 상연했다는 것은 지방 무대에서는 기록적인 것이었다. 그 사이에 실무진들도 바뀌고 했지만 10주년을 기념하여 창립 당시에 초연을 한 모든 연기자들을 초청했다. 극장의 축제는 관객들에게도 축제일이 되었다. 10년이 흐르는 동안 많은 관객이 찾았다. 이 극장의 연출 스타일의 근본에는 그루지아 극장의 전통이 놓여있다.

스탈린그라트 전투 국립 볼고그라트 박물관-파노라마

스탈린그라트 전투 국립 볼고그라트 박물관-파노라마 전경

박물관은 1936년에 세워졌지만 일반 대중들에게는 1937년 1월 3일 문을 열었다. 박물관의 명칭은 자주 바뀌다가 1982년에 현재의 명칭을 얻었다.

이 박물관에는 1982년 7월8일부터 '스탈린그라트에서 독일 파시스트군의 괴멸'이라는 파노라마를 위한 특별한 건물이 있다. 이 박물관에는 스탈린 전투에 대한 수집품이 있으며 이 박물관은 내전관(1917년이후), 조국 전쟁관, 전전과 전후 스탈린그라트, 부분 테마 수집품 등으로 구성되어 있다.

'스탈린그라트에서 독일 파시스트군의 괴멸'이란 파노라마는 현재 러시아의 가장 큰 유화 중의 하나이다. 박물관의 전시실에는 전쟁을 주 소재로 그리는 예술가인 그레꼬프(М. А. Греков)의 작품 스튜디오가 있다.

볼고그라트 조형 예술 박물관

이 박물관은 1960년에 세워져서 1963년 7월 22일부터 일반인에게 문을 열었다. 러시아 예술품 전시실은 성상화, 18-19세기 문화의 흐름, 18-19세기 인물화 등을 포함하고 있고 안뜨로뽀프(А. В. Антропов)와 로따리(П. А. Ротари),

뜨로삐닌(В. В. Тропинин), 바르네크(А. В. Варнек), 자랸꼬(С. В. Зарянк о) 등의 작가들의 작품들이 전시되어 있다.

전시품들 중에서 알렉세예프(Ф.А. Алексеев), 레베제프(М.В. Лебедев), 보로비예프(М. А. Воробьев), 아이바조프스끼(И. В. Айвазовский) 등의 작품들은 러시아 풍경화의 발달 과정을 잘 보여주고 있다. 19세기 후반의 예술은 쉬쉬낀이나 사브라소프, 레삔 등의 작가들에 의해 대표되고 있다.

19세기말에서 20세기 초의 러시아 예술의 수집품은 다음과 같은 예술가들의 작품으로 대표되는데 예술세계 회원, 러시아 예술가연합 회원, 제4예술 회원들이 그들이다.

서유럽예술가들의 유화 전시실은 독일과 네덜란드, 이탈리아, 프랑드르, 17-19세기 프랑스의 작가들의 작품을 전시하고 있다. 외국의 장식-실용 예술 전시실에는 17-20세기 중국의 실용적 장식품들이 많이 전시되어 있다.

북 오쎄찌야 공화국
Республика Северная Осетия

Ⅰ. 개황

1. 기초정보

공화국 성립일: 1993년.

- 1990년 10월 - 북 오세찌야 쏘비에트 사회주의 공화국
- 1936년 12월 5일 - 북 오세찌야 자치 쏘비에트 사회주의 공화국
- 1924년 7월 7일 - 러시아연방 소속 자치주로 승격
- 1921년 1월 - 고르스까야(Горская) 자치 쏘비에트 사회주의 공화국 소속 블라지까프까스구 성립

수도: 블라지까프까스(Владикавказ)

인구: 677,000명(2001년 현재: 러시아연방 전체의 0.46%, 89개 주체 중 68위)

인구밀도: 인구밀도 84.62명/㎢

면적: 8,000㎢(러시아연방 전체 면적의 0.05%; 89개 주체 중 85위)

소속지구: 남부연방지구, 북 까프까스 경제지구

한국과의 시차: -6시간

2. 상징

북 오세찌야 공화국 문장

북 오세찌야 공화국의 문장은 파란색 산봉우리를 배경으로 금빛 표범이 묘사된 원형 방패 형상을 띠고 있다. 표범은 평온한 가운데 경계태세를 취하고 있다. 표범의 몸체에는 검은 점이 묘사되어 있고, 복부는 흰색이며, 점은 없다. 문장의 가장 중요한 요소는 산봉우리로 오세찌야인들의 주거환경을 상징하며, 두 번째 요소는 표범으로, 오세찌야인들의 기질을 상징한다. 고양이 과의 표범은 1.5m 정도의 키에 늘씬하고 유연하며 근육질이다. 표범은 균형 잡힌 몸매에 아름답고 힘이 세며, 매우 날쌔다는 점에서 호랑이와는 다르다. 표범은 또한 나무나 절벽을 잘 오르며 필요한 경우에는 헤엄을 치기도 한다. 표범은 매우 용맹하고 단호하다. 난관에 처할 경우, 결코 물러서지 않으며, 적에게는 가차 없이 달려든다.

북 오세찌야 공화국 국기는 위로부터 동일한 너비의 백색, 적색, 황색의 3

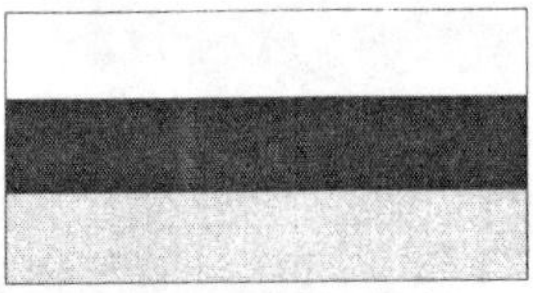

북 오쎄찌야 공화국 국기

색 띠가 수평으로 드리워져 있는 장방형 천으로 되어있다.

백색은 오쎄찌야인들의 도덕적인 청렴성, 적색은 전사의 용맹성, 황색은 풍요를 각각 상징한다. 이러한 색상과 그들이 상징하는 각각의 개념은 고대 오쎄찌야인들의 사회구조와 관계가 있다. 당시 사회는 세 계급으로 나뉘어 유기적으로 통합되었는데, 차례로 종족의 지도자를 배출한 군 귀족, 군 지휘관, 그리고 목축과 농업에 종사한 평민으로 구성되었다.

3. 주요도시

블라지까프까스(Владикавказ): 인구 313,100명; 북위 43°2′, 동경 44°40′
모즈도크(Моздок): 인구 40,500명; 북위 43°44′, 동경 44°39′
베슬란(Беслан): 인구 35,500명; 북위 43°11′, 동경 44°32′
알라기르(Алагир): 인구 23,800명; 북위 42°58′, 동경 44°13′
(인구: 2002년 현재)

4. 주요 산업 및 농업

공화국의 주요 산업으로 기계제작(각종 기기, 전기공학 산업), 비철금속공업, 식료품 산업, 경공업(내의, 커튼, 양탄자 생산), 가구산업, 유리공업 등이 발달했으며, 농업부문은 곡물생산, 축산업, 원예업, 야채재배, 포도재배, 낙농업, 계란, 꿀 등의 생산이 주를 이룬다.

II. 자연환경

1. 지리적 위치와 구성

북 오쎄찌야 공화국은 8개 행정구, 6개 시, 7개 도시형마을, 95개의 농촌마을로 구성되어 있으며, 볼쇼이 까프까스 산록(山麓) 및 북사면에 위치한다.

스따브로뽈 변강주, 까바르드-발까리야, 체첸, 인구셰찌야 공화국 및 그루지야와 경계를 이룬다. 남북의 길이는 120㎞, 동서의 길이는 125㎞이다. 남쪽은 산악지역이며 중앙과 북쪽은 낮은 산맥이 있는 비스듬한 평야지대이다. 산에는 얼음이 얼어 있는데 그 중 가장 큰 산이 까라우곰(Караугом)과 쩨이스끼(Цей ский)다.

주요 하천은 쩨레크강(공화국 내를 흐르는 총 연장은 110㎞)이며 곳곳에 많은 광천수 원천이 있다.

수도 블라지까프까스(Владикавказ)와 모스크바 간의 거리는 1,923㎞이다.

2. 기후조건

온난 대륙성기후, 고산기후. 겨울이 짧고 따뜻하며 여름은 덥다.

1월 평균기온: -4℃(모즈도크 저지대와 오쎄찌야 평원), 산악 지대는 -7℃

7월 평균기온: 20℃ ~ 23℃(산악지대는 13℃)

연강수량: 55㎜(산악 지대에서는 950㎜)

식물 생장 기간: 180일

식생: 스텝과 활엽수림 지대

토양: 밤색토, 흑토

삼림분포도: 23%

3. 주요 유용광물

수은, 다금속광, 백운석, 건축자재(이탄암, 석회암), 유황천 등이 있다.

주요 산지:

다금속광: 싸돈스크(Садонск) 산지.

Ⅲ. 정치시스템

1. 역사[1)]

북 오쎄찌야-알라니야 공화국의 영토에는 오래된 옛날부터 인간이 살았다. 유리한 자연-기후 조건은 농경과 목축에의 종사, 채광업 및 구리생산의 탄생에 기여했다. 기원전 2천 년대와 1천 년대 경계에서는 청동기시대에서 초기 철기시대로 넘어가는 'кобанская культура'가 형성되었으며, 그 유적지는 많이 남아있다. 기원전 7세기부터 북 까프까스로 이란어를 쓰는 스키파 민족이, 기원후 4세기부터는 그들과 동류인 사라마트인들이 침투해 들어온다. 기원 시점에 이들 중에서 현대 오세찐 민족의 직접적인 선조인 알란인들이 분리되었다.

인종적 용어 '오쎄찐'은 중세 알란인의 일반적인 자체명칭 '아스(ас)'로부터 유래한다. 러시아어원으로는 아스 혹은 야스(яс)이며 그루지야어로는 옵스(овс) 혹은 오스(ос)이다. 여기에서 나라의 명칭 옵세찌(Овсети) 혹은 오세찌(Осети)가 나오는데 이는 옵스/오스들의 나라를 의미한다. 현재 오세찐을 의미하는 일반적인 자체명칭은 '이론(ирон)'이고 나라 명칭은 '이릐스똔(Ирыстон)'인데, 그 방언을 살펴보면 '이르(ир)'는 공화국의 동쪽에서 그리고 '디고라(дигора)'는 서쪽에서 사용된다. 거대한 민족이동에 참여하여 알란의 상당부분은 서유럽으로 떠났고 남은 부분 역시 꾸반과 쩨렉 강 사이의 지역, 그리고 산악지대로 이주했다. 9-10세기에는 초기 봉건국가인 알라니야가 형성되었다.

---

1) 북 오쎄찌야 공화국 역사 부분은 다음을 번역, 정리하여 구성한 것이다. 인터넷 자료에 대한 검색은 주로 2003년 11월부터 2004년 1월 사이에 이루어졌다. Историческая справка по Республике Северная Осетия-Алания. http://www.alania.osetia.ru/Osetia2.htm; Владикавказ (Торчинов В.А. "Владикавказ" Краткий историко-краеведческий справочник) - История - 15-й регион. ttp://ossetia.com.ru/page.php?p=vladikavkaz_ history; Dontr.Ru|ЮФО|Республика Северная Осетия (Алания) - Общая характеристика. ttp://www.dontr.ru/Environ/WebObjects/dontr.woa/wa/Ufo?item=general&section=13; Dontr.Ru|ЮФО|Республика Северная Осетия (Алания) - История. http://www.dontr.ru/Environ/WebObjects/dontr.woa/wa/Ufo?item=history&section=13; Dontr.Ru|ЮФО|Республика Северная Осетия (Алания) - Владикавказ. ttp://www.dontr.ru/Environ/WebObjects/dontr.woa/wa/Ufo?item=vladikavkaz&section=13.

5세기부터 비잔틴에서, 이후에는 그루지야에서 나와 알란인들에게 침투하게 된 기독교가 10세기에는 공식적인 종교가 되었다. 서부 알라니아(꾸반 강의 상류지역)에는 콘스탄티노플 총주교 관구에 예속되는 알란스크 주교 직위가 구성되었고 대규모의 교회건설이 전개되었다. 대(大) 젤렌축, 떼베르다, 꾸반의 계곡들에서는 동-비잔틴 건축양식의 기념비적인 둥근지붕의 사원들이 축조된다. 동시에 알라니아의 동쪽지역에서는 그루지야 기독교인들의 선교활동이 활발해지며 구성이 전형적으로 그루지야식인 교회들이 지어진다. 현대에까지(1945년) 보존되어서 기능했던 초기 기독교적인 알라니아의 가장 오래된 유적은 까라차이-체르께씨야에 있는 꼬스따-헤따구로보 마을 근방의 수안스크 사원이다.

10-12세기에 알라니야는 강한 국가로서 적극적인 대외정책을 펼쳤다. 그루지야, 끼예프 루시, 비잔틴과 밀접한 정치 및 교역관계가 지지(支持)되었다. 기원전 2세기부터 기원후 16세기까지 존재했던 그 유명한 '비단길(중앙아시아, 북 까프까스를 통해서 서유럽까지 중국산 비단과 동방의 다른 상품들이 옮겨짐)'이 알라니야의 영토를 통과했고 그 경제적 발전에 심대한 영향을 미쳤다. 8-12세기에는 알란-오스 (오쎄찐) 민족체의 형성이 시작되었다.

알란인에게 무서운 타격을 가한 것은 몽골-따따르의 침입이었으며 주민수의 급격한 감소, 많은 문화유적들의 파괴와 분쇄를 가져왔다. 알란 민족의 적지 않은 부분이 유럽, 비잔틴 그리고 극동으로 이주해야만 했다. 남아있는 부분은 산악지대로 쫓겨났고 생산의 강력한 기반이었던 평야지대를 거의 완전히 상실했다. 사회생활의 많은 분야의 발전이 오랫동안 중단되었다. 알란인들을 최종적으로 파멸시킨 것은 티무르였으며 그의 여러 번에 걸친 알라니야 침략은 14세기 말에 이루어졌다. 결국 알란인들은 북 까프까스의 중앙지역의 산악에 갇히게 되었고 평야에 있었던 그들의 토지는 까바르드의 영주들과 터키어를 사용하는 종족들의 소유가 되었다.

14세기 말부터 북 오쎄찌야로 이슬람이 침투하기 시작하며 이는 이슬람적인 까바르다와의 근접성에 연관되며 또한 국경부근 오쎄찐 주민들의 까바르다에 토지상으로 종속되는 것으로 인한 그 영향력에 관련된다. 현재 이슬람을 믿는 인구는 공화국의 종교신자들 가운데 4분의 1을 넘지 않는다. 15세기부터 18세기에 걸쳐 북 오쎄찐들은 쩨렉강과 우루흐(이라프)강 상류지방 사이 산악지역의 협곡에 살았으며 4개의 상호 고립된 사회(공동체), 따가우르스크, 꾸르따찐스크, 알라기르스크, 디고르스크를 구성했다. 자연조건과 관련된 객관적 어려움에 더해지는 것은 여러 번에 걸친 전염병의 유행이었다. 그래서 19세기 초에는 흑사병으로 인해 주민수가 2만 6천명까지 감소되었다.

어려운 경제적 조건과, 자신의 대외적 안보의 필요성은 러시아 국가에 대한 오쎄찌야의 지향을 규정지었다. 18세기 중반부터 시작하여 오세찐들은 자신들의 러시아 국적 채택에 관한 문제를 제기하게 되었다. 오쎄찌야의 모든 산악 공동체의 애족적인 대표자들은 당시 두드러진 외교가였던 주라프 옐리하노프(마그까예프)의 지휘하에 18세기 30년대 말부터 시작하여 순차적으로 이 목표를 달성하기 위한 맹렬한 대책들을 실행했다. 옐리하노프(마그까예프)를 수장으로 한 오쎄찌야의 사절단이 1750년 2월 상뜨-뻬쩨르부르크에 머물면서 진행한 러시아 정부와의 긴 협상의 결과, 오쎄찌야가 러시아 소속으로 들어가는 것에 대한 러시아의 원칙적인 동의를 얻을 수 있었다. 1774년 터키와의 꾸축-까이나르쥐스크 평화조약에 러시아가 서명한 이후 오쎄찌야는 기꺼이 러시아 국가에 편입되었다. 1784년 다르얄스크 협곡 입구에 위치한 오쎄찐의 마을 드자우쥐까우 근방에 블라지까프까스 요새가 건설되었다. 1860년 도시로 개편되었다.

오쎄찐 민족의 역사에서 혁명적 사건이었던 러시아로의 편입은 봉건적인 분열성의 극복, 민족적 통일의 성취, 러시아의 민족들의 공동체에서 안전보장과 진보적 발전의 현실적인 조건을 마련해주었다. 오쎄찐들은 러시아와 세계 문화의 가치들에 접근할 수 있게 되었다. 18세기 말에 오쎄찐어로 된 첫 번째 책이 인쇄되었다. 현지 주민들의 참여와 함께 러시아 군대에 의해 건설된 그루지야 군용도로는 준령(峻嶺)인 끄레스또븨 고개를 거쳐(1799년) 그리고 오쎄찌야 군용도로는 마미손스크 고개를 거쳐(1888년), 오쎄찌야를 오랜 기간의 고립에서 벗어나게 했으며 러시아의 중심과 자(외)까프까스와의 소통을 가능하게 했다.

19세기 초부터 오쎄찐들에게 산악에서 평야로의 이주가 허용되었다. 이것은 보다 높은 수준의 농경문화로 옮겨가고 사회적 긴장을 어느 정도 해소하며 생활수준, 특히 토지가 없거나 충분하지 않은 농민-이주자들의 생활수준을 높일 수 있도록 했다. 19세기 전반기 오쎄찐들의 문화는 나중에 오쎄찌야에서 계몽활동이 발전하는 기반이 된 선교, 군사 학교, 그 다음에 민간성격의 학교의 조직들에 의해 보여진다. 이 무렵에는 또한 오쎄찐 문자가 그루지야 알파벳에서 러시아 알파벳으로 번역되었다. 중요한 사건은 러시아족의 학자 쉐그렌(A. Шегрен)에 의해 보다 완성도가 높은 오쎄찐어의 알파벳이 구성되고 그에 의해 1844년 빛을 본 <오쎄찐어 문법>이 만들어진 것이다.

오쎄찐 사회의 사회-경제 발전에서 중요한 진전의 결과 사회-정치 사상의 격렬한 발전이 일어났다. 19세기 후반기 - 20세기 말 문화, 문학, 민속학, 평론(評論) 및 역사학에서 선명한 이름들의 등장이 목격되었다. 80년대부터 오쎄찐 문학의 창설자, 혁명가-민주주의자였던, 뛰어난 시인이자 평론가 헤따구로프의 사회-정치적 활동이 시작되었다. 1871년 4월에 블라지까프까스에는 러시아 연극공연장이 문을 열었다. 현재 아카데미 극장이자, 블라지까프까스 출신으로서 연극 연출자들 가운데 하나인 바흐딴고프의 이름을 딴 극장이 그것이다. 1904년부터 블라지까프까스와 여러 마을들에서 독립적인 오쎄찐 연극공연 집단이 생겨났고 적극적으로 활동했으며 그들을 기반으로 1933년 북 오쎄찌야 연극공연장이 세워졌다.

오쎄찐들은 자발적으로 러시아 군대에 복무에 했으며 러시아 제국이 행한 모든 군사행동에 적극적으로 참여했다. 가장 눈에 띄는 것은 1877-1878년 러시아-터키 전쟁에 참여한 것이다. 분절적인 오쎄찐 사단에게는 '1877-1878년 터키전쟁을 승리로 이끌기 위해'라고 써진 게오르기엡스크 군기가 맡겨졌다. 1917년까지 33명의 오세찐인이 러시아 군대의 장군이 되었고 22명이 성(聖) 게오르기야 훈장을 받았다. 오세찐의 군사 인텔리겐챠들은 또한 민족문화의 발전, 다른 민족들의 정신적 가치와 학문적 업적들을 도입하여 그것을 풍부하게 만드는 것, 문화활동가와 재능 있는 젊은 학생들을 지지하는 데에서도 적지 않은 역할을 했다.

19세기 후반기 러시아에서 자본주의적 관계의 집약적인 발전은 오쎄찌야의 사회경제적 발전에서 빼놓고 얘기할 수 없다. 19세기 50년대에는 외국자본의 참여와 함께 사돈스크 광산의 개발을 기반으로 한 광산업이 탄생한다. 은(銀)과 납을 다루는 알라기르스크 공장이 건설되었다. 토착 소상품 생산이 발전한다. 러시아로부터 들어오는 상품유통이 큰 의의를 획득하며 블라지까프까스는 북 까프까스 전체의 상업중심지가 된다. 블라지까프까스와 로스또프-나-도누를 잇는, 그리고 블라지까프까스와 뻬뜨롭스크(현재의 마하치깔라)를 잇는 철도가 건설되었다.

1920년 3월 말 소비에트권력은 최종적으로 북 오쎄찌야의 전영토에서 확립되었다. 1920년 11월 17일 쩨르스크 주 인민대회에서 북 오쎄찌야가 오쎄찐(블라지까프까스) 지구로 들어가는 산악 자치소비에트 사회주의공화국이 선포되었다. 1924년 7월 7일 북 오쎄찌야는 북오쎄찐 자치주로 분리되었고 1936년 12월 5일에는 북 오쎄찐 자치소비에트 사회주의공화국으로 개편되었다.

소비에트 권력이 초기 십 수 년 간 일어난 대중적인 정치적 억압, 대형 정치적, 경제적 개편을 실행하는 데에서의 강압적인 방법들은 북 오쎄찌야 역시 그냥 지나치지 않았다. 공화국의 많은 지도적 근로자들, 혁명과 사회주의 건설의 적극적 참여자들, 학문과 문화의 뛰어난 활동가들, 독자적인 사회적 그룹들은 억압받았다. 이와 함께 새로운 구성의 이념을 진심으로 수용했던 공화국의 절대다수의 주민들은 그 실현을 위해 열심히 일했다. 이 덕분에 북 오쎄찌야에는 강력한 경제적 토대가 마련되었다. 중공업 및 경공업이 크게 발전했고, 농업은 집단화되었으며 문화혁명이 실현되었고, 이 결과 북 오쎄찌야는 아직 40-50년대에 문맹퇴치에 성공한 공화국이 되었고, 경제 및 문화의 모든 분야에서 민족 간부들이 성장했고 강력한 기술, 과학-교육 및 예술 인텔리겐챠들이 형성되었다.

1942년 10월 말부터 1943년 1월 1일에 걸쳐 북 오쎄찌야의 상당부분이 독일-파시스트 군대에 의해 점령당했다. 1942년 11월 초에 적은 블라지까프까스 아래에서 정지당했고, 그 다음 여러 달에 걸친 치열한 전투의 결과 공화국 영토에서 물러났다. 전후시기에 공화국의 경제와 문화는 상당한 발전을 거뒀다. 파괴된 것들이 복구되었고 새로운 기업들, 특히 선진적인 산업분야, 운송 및 통신 분야의 기업들이 작동하기 시작했다. 특히 공연기관, 도서관, 유치원, 중급의 보통학교, 직업-기술 전문학교의 망이 확장되었고 공화국의 4개의 고등교육기관 모두의 물질적 기반이 강화되었고 새로이 의료기관이 건설되었는데, 여기에는 여러 전문병원들 - 소아, 응급, 물리치료, 종양, 정신신경증 전문병원들이 포함된다.

구소련의 몰락과 1991년 말부터 러시아연방의 시장관계 및 민주주의로의 근본적인 변혁이후에 북 오쎄찌야-알라니야 공화국에서도 역시 중요한 정치적, 사회-경제적 변화가 일어났다. 1994년 11월에는 새로운 헌법이 채택되었고 대통령제 통치형태가 도입되었으며 경제의 다우클라드성, 사적 소유권, 이데올로기적 그리고 정치적 다양성, 권력분립의 원칙들이 헌법적으로 인정되었고, 선거체계의 민주화가 실현되었으며 종교의 자유를 위한 실제적인 여건이 마련되었다. 상당수의 중소기업과 일부의 대형 산업체, 유통, 일상적 용역 및 은행부문의 사유화 혹은 주식회사화가 진행되었다.

80년대 말 - 90년대 초의 분리주의적 경향은 구소련의 많은 지역들에서 지엽적인 군사적 갈등의 등장을 초래했다. 그렇게 1989년 수백 명의 인명피해를 가져온 그루지야-오쎄찌야 갈등이 일어났다. 수만 명의 시민들이 자신의 집을 떠나 러시아 영토에서 피난처를 찾아야만 했었다. 남 오쎄찌야와 그루지야로부터 4만 명 이상의 피난민을 북 오쎄찌야가 받아들였다. 1992년 10월 말 -11월 초에 오쎄찌야-인구셰찌야 무장 분쟁이 일어났으며, 이로 인해 수백 명의 무고한 시민이 죽었고 공화국의 경제에 막대한 손실을 가져왔으며 수천 명의 시민이 피난민이 되었다. 이 갈등들의 결과는 공화국의 전반적인 사회-경제적 형편에 반영되지 않을 수 없었다.

군사적-정치적 격변의 결과를 극복하기 위해서는 막대한 노력이 필요했다. 갈등이후의 건설 과정은 불가피한 어려움에도 불구하고 필연적으로 요구되었고 이는 공화국 민중의 건설적인 가능성을 전적으로 펼쳐보이는 데에서 유리한 여건을 마련한다.

북 오쎄찌야 공화국의 행정적 중심은 블라지까프까스 시로서, 블라지까프까스의 오쎄찐식 명칭은 드자우쥐까우(Дзауджикау)이다. 1784년에 오쎄찐의 드자우쥐까우 마을 근방에 러시아 요새로서 건설되었다. 블라지까프까스 요새를 지원한 것은 그루지야 군용도로를 이용한 그루지야와의 소통이었으며 1863년까지 까프까스 국경 방어선 체제에서 가장 중요한 고리였다. 19세기 중반 무렵 블라지까프까스는 유통 및 산업적 의의를 획득하게 되었다. 1860년에 도시로 개편되었으며 곧이어 1863년 구성된 쩨르스크 주의 중심이 되었다. 도시의 급속한 성장에 기여한 것은 1875년 도시를 로스또프-나-도누와 연결시킨 철도의 건설이었다. 1890년 초에 블라지까프까스에는 50개 이상의 산업체들이 작동했으며 이들은 당시 화폐액수로는 상당한 규모인 2백만 루블 이상의 연간거래액을 보였다.

1918-1920년 내전시기에 도시는 전투의 장이었다. 1919년 2월에 블라지까프

까스는 제니낀 장군의 자원군 부대가 차지했으며, 1920년 3월에는 적군의 부대가 장악했다. 1921-1924년에 블라지까프까스는 산악 자치소비에트 사회주의공화국의 수도였고 1924-1936년에는 북 오쎄찐 자치주의 중심, 1936년부터는 북 오쎄찐 자치소비에트 사회주의공화국의 수도였다. 1931년에 블라지까프까스는 소련의 국가 및 당 활동가 오르드조니끼제(Г. К. Орджоникидзе)를 기리기 위해 개명되었다.

1941-1945년 위대한 애국전쟁 시기에는 까프까스 쟁탈 전투과정에서 1942년 11월에 도시로 근접하는 지점에서 독일-파시스트 군대는 정지당했고 분쇄당했다. 1944-1954년에는 드자우쥐까우라는 명칭을 지녔고, 1954-1990년에는 오르드조니끼제, 1990년에는 역사적 유래가 있는 명칭 블라지까프까스가 도시에 되돌려졌다. 블라지까프까스에는 여러번에 걸쳐 그리보예도프(А. С. Грибоедов, 1818년), 뿌쉬낀(А. С. Пушкин, 1829년), 레르몬또프(М. Ю. Лермонтов, 1837년), 똘스또이(Л. Н. Толстой, 1850년대), 오스뜨롭스끼(А. Н. Островский, 1889년)이 머물렀었다. 블라지까프까스와는 오쎄찐의 시인, 화가이면서 사회적 활동가였던 헤따구로프(К. Л. Хетагуров)의 삶과 예술이 관련된다. 그는 블라지까프까스에 묻혔다. 여기에서는 배우이면서 감독이었던 바흐딴고프 (Е. Б. Вахтангов)가 태어나고 배웠으며 1920년대에는 작가 불가꼬프(М. А. Булгаков)가 살면서 작업을 했다.

2. 권력기관[2)]

1) 전체 통치구조상의 특징

북 오쎄찌야-알라니야 공화국은 자신의 영토에서 러시아연방 관할로 이관된 권한을 제외하고 완전한 국가권력을 갖는다. 북 오쎄찌야-알라니야 공화

2) 북 오쎄찌야-알라니야 공화국의 권력구조에 관한 내용은 공화국 헌법을 기본으로 하며 다음의 자료들을 번역, 정리하여 구성한 것이다. Конституция Республики Северная Осетия - Алания. 210-239. 러시아연방 법령자료집 <러시아연방 남부지구 기본법: 개별주체의 헌법, 헌장> (용인: 경희대학교 비교문화연구소 러시아 지역연구팀), 210-239쪽(이 법령자료집은 http://www.legislature.ru/regconst.html에 실린 각 연방주체들의 기본법을 모은 것으로서, 자료검색은 2003년 4월-5월에 이루어졌다).

국에서 국가권력은 입법, 집행, 사법권력의 분립을 기반으로 실현된다. 각 권력기관은 독자적이다. 북 오쎄찌야-알라니야에서 국가권력을 실현하는 것은 북 오쎄찌야-알라니야 공화국의 의회, 대통령, 정부, 법원, 지방의 국가권력기관이다. 북 오쎄찌야-알라니야 공화국에서는 지방자치가 인정되고 보장된다. 지방자치는 자신의 권한영역에서 독자적이다. 북 오쎄찌야-알라니야 공화국은 인종적, 민족적, 역사-영토적 단일성, 사회-경제적 그리고 문화적 통합을 기반으로 남 오쎄찌야 공화국과 관계를 갖는다.

2) 집행기관: 북 오쎄찌야-알라니야 공화국 대통령과 정부

(1) 북 오쎄찌야-알라니야 공화국 대통령의 권한

북 오쎄찌야-알라니야 공화국 대통령은 국가수반이자 집행권력의 장이다. 대통령은 공화국 헌법, 시민의 권리와 자유를 보장한다. 공화국의 국가성과 영토적 완전성 보장에 필요한 방책을 마련하며 공화국의 국가권력과 운영기관들의 역할과 상호작용를 지원한다. 대통령은 공화국 헌법과 법률에 따라 국가의 대내 및 대외정책의 기본방향을 정하며 국가수반으로 러시아연방과 국제관계에서 공화국을 대표한다.

북 오쎄찌야-알라니야 공화국 대통령은 집행권력기관의 전체적 지도를 실현하며 공화국 정부 회의를 주재하고 정부 구조를 정한다. 공화국 의회의 동의를 얻어 총리를 임명하며 부총리, 장관, 국가위원회 위원장 및 다른 인사들을 법률에 따라 임면한다. 공화국 정부의 사퇴결정을 내리며 공화국 헌법감시위원회의 위원장, 부위원장 그리고 그 후보들, 공화국 법원의 판사 후보들을 임명을 위해 공화국 의회에 제출한다. 공화국 민족은행장 후보를 의회에 추천하며 그 해임에 관한 문제를 의회에 제기한다. 공화국 전권대표를 임면한다.

북 오쎄찌야-알라니야 공화국 대통령은 공화국 의회의 선거 및 국민투표를 지정하며 공화국 의회를 해산하여 새로운 의회 선거를 지정할 수 있다. 공화국 의회에서 입법발의권을 가지며 공화국 법률에 서명, 공표한다. 일년에 한번 이상 공화국 정세에 관해 의회에서 연설하고 공화국 주민에 담화를 발표하며 공화국 의회에 발송문을 보낸다.

북 오쎄찌야-알라니야 공화국 대통령은 집행권력기관의 규범적 혹은 다른 규정들이 공화국 헌법에 위배될 경우 그 효력을 중지시키거나 그것을 폐기

한다. 공화국의 전역 혹은 일부지역에 비상사태 체제를 도입하고 폐지하며 공화국 국적문제를 결정한다. 협상을 진행하고 국가 간 조약과 협약에 서명한다. 공화국 대통령은 공화국 전역에서 집행되어야 하는 명령을 발포하며, 이는 공화국 헌법과 법률에 위배되어서는 안 된다.

북 오쎄찌야-알라니야 공화국 대통령은 공화국 의회가 공화국 헌법 가운데 헌법적 구조에 관한 내용을 수정하고자 할 때 의회를 해산할 수 있다. 그 수정은 새로 선출된 의회가 심의한다. 만일 새로 선출된 의회가 그 수정의 불가피성을 확정하더라도 의회는 해산되지 않는다. 의회 해산 시 대통령은 새로 구성되는 의회가 해산 시점으로부터 네 달 안에 소집될 수 있도록 선거일을 정한다. 공화국 의회는 대통령에 대한 탄핵을 제기한 시점부터는 해산될 수 없다. 공화국 의회는 공화국 영토에 전쟁 혹은 비상사태가 선포되는 경우 그리고 대통령이 임기를 6개월 남겨둔 시점부터는 해산될 수 없다.

북 오쎄찌야-알라니야 공화국 대통령은 면책특권을 갖는다.

(2) 북 오쎄찌야-알라니야 공화국 대통령의 선출

북 오쎄찌야-알라니야 공화국 대통령은 35세 이상의, 선거법을 준수하고 오쎄찐어와 러시아어를 구사하는 공화국 시민이 될 수 있다. 4년 임기로 선출되며 동일 인물이 두 번을 초과하여 연속으로 대통령이 될 수 없다.

북 오쎄찌야-알라니야 공화국 대통령은 선서를 하는 순간부터 권한이행에 들어가며 새로 선출된 대통령이 선서를 하는 순간 임기가 만료된다. 대통령은 사임, 건강상의 이유로 인해 권한실현이 불가능한 자연적인 무능력, 혹은 해임의 경우 권한이 중지된다. 이때 대통령 선거는 권한중지 시점부터 3개월 이내에 성립되어야 한다. 대통령이 의무를 이행할 수 없는 경우 공화국 총리가 한시적으로 그것을 대행한다. 대통령 권한대행은 공화국 의회를 해산하거나 국민투표를 지정할 수 없으며 또한 공화국 헌법의 개정에 관해 제안할 권리를 갖지 못한다.

북 오쎄찌야-알라니야 공화국 대통령은 선거를 위반하거나 고의적인 범법행위를 했을 경우 해임될 수 있다. 대통령 해임안은 공화국 의회의 3분의 1 이상의 의원에 의해 발의되며, 공화국 헌법감시위원회는 해임사유가 있는지에 관해 판정한다. 해임사유가 있을 경우 의회는 전체 의원수의 3분의 2 이상의 찬성으로 대통령을 해임할 수 있다. 이 결정은 대통령에 대한 탄핵이 제기된 후 3개월 기한 내에 채택되어야 한다. 만일 이 기한 내에 결정이 채택되지 않으면 대통령에 대한 탄핵은 폐기되는 것으로 간주된다.

(3) 북 오쎄찌야-알라니야 공화국 정부

북 오쎄찌야-알라니야 공화국 정부는 총리, 부총리, 장관과 다른 인사들로 구성된다. 총리는 대통령이 의회의 동의를 얻어 임면한다. 총리는 공화국 정부의 구조와 인적 구성을 공화국 대통령에게 제안한다. 총리는 공화국의 헌법과 법률, 공화국 대통령의 명령에 따라 정부의 활동의 기본방향을 정하고 그 업무를 조직한다.

북 오쎄찌야-알라니야 공화국 정부는 공화국 예산을 작성하고 의회의 승인을 받으며 그것을 집행하고 예산집행에 관한 연간 결산을 제시한다. 경제, 문화, 과학, 교육, 보건, 사회보장, 환경부문의 통일적인 국가정책을 실행한다. 공화국의 소유재산을 운영하고 시민의 준법성, 권리와 자유의 보장, 소유권과 공공질서의 보호, 범죄와의 투쟁에 관한 방책을 실행하고 하위 집행권력기관을 지도한다. 공화국 정부는 공화국의 헌법, 법률, 대통령의 규범적 명령을 기반으로 명령을 발포하고 집행한다. 그 명령은 공화국 전역에서 집행되어야 한다.

북 오쎄찌야-알라니야 공화국 정부는 사임할 수 있으며 대통령은 그것을 수리 혹은 반려한다. 의회는 정부에 대한 불신임을 표명할 수 있다. 정부에 대한 불신임은 공화국 의회의 전체 의원의 과반수이상에 의해 수용된다. 정부에 대한 의회의 불신임 표명이후 대통령은 정부의 사임을 공고하거나 아니면 의회의 결정에 동의하지 않을 수 있다. 의회가 3개월의 기간 내에 다시 정부에 대한 불신임을 표명하는 경우 대통령은 정부의 사임을 공고한다. 사임 혹은 권한중지의 경우 공화국 정부는 대통령의 위임 하에 새로운 정부가 구성될 때까지 계속 활동한다.

3) 입법기관: 북 오쎄찌야-알라니야 공화국 의회

북 오쎄찌야-알라니야 공화국의 대의 및 입법기관은 의회이다. 의회는 4년 임기로 선출되는 75명의 의원으로 구성된다. 공화국 의회의 의원은 21세 이상의, 선거에 참여할 권리를 갖고 있는 공화국 시민이 선출될 수 있다.

공화국 의회의 의원은 지방자치 대의기관의 의원이 될 수 없다. 의원은 직업적으로 상설적인 기반에서 의회에서 일할 수 있으며, 이러한 의원은 국가 공무에 종사할 수 없고 교육, 과학 및 다른 창조적 활동을 제외한 유급활동에 종사할 수 없다. 공화국 정부의 성원은 의원으로 선출된 경우 기본업무에 관한 자신의 권한을 중지해야 한다. 의원은 자신을 선출해 준 유권자들의 대표로서, 유권자들은 언제든지 자신의 의원을 소환할 권리가 있다. 공화국 의회의 의원은 자신의 임기동안 면책특권을 갖는다. 의원의 면책특권 제한에 관한 문제는 공화국 검찰의 제기로 의회가 결정한다.

북 오쎄찌야-알라니야 공화국 의회는 상설적으로 활동하는 기관으로서 공화국 헌법의 채택, 그 수정 및 보완, 공화국 법률의 채택과 그 집행에 대한 통제, 공화국 헌법과 법률의 해석, 공화국 예산의 승인 및 집행 통제, 공화국의 세금 및 다른 납입금의 승인, 공화국 행정-영토적 구성의 규정 권한이 있다. 의회는 공동관할 및 공화국 관할에 관한 러시아연방 대통령, 정부의 명령, 부처, 국가위원회의 명령, 그리고 다른 연방 관청의 명령이 공화국 헌법과 법률에 위배된다면 러시아연방 헌법재판소의 결정이 내려지기 전까지 그 효력을 중지시킬 수 있다. 공화국 대통령의 명령이 공화국 헌법 혹은 법률에 위배된다면 헌법감시위원회의 결정에 따라 그것들을 중지 혹은 폐기 시킬 수 있다. 의회는 러시아연방 및 연방주체, 외국 국가, 국제적 단체들과의 조약의 인준 및 폐기통고 권한을 갖는다.

북 오쎄찌야-알라니야 공화국 의회는 국민투표 지정, 공화국 대통령 선거 지정, 지방자치기관 선거 지정, 공화국 중앙선거관리위원회 구성, 공화국 헌법감시위원회 위원장, 부위원장, 위원들의 임명, 러시아연방 의회에서 입법발의 실현, 공화국 의회의 의장, 수석 부의장, 부의장 선출 등을 관할하며, 공화국 대통령의 해임, 대통령이 추천한 총리 후보에 대한 임명동의, 정부 신임문제에 대한 결정, 정부의 활동계획 승인, 공화국 검찰의 임명에 대한 동의, 공화국 법원의 판사 임명, 민족은행장 임면, 비상사태 도입에 관한 공화국 대통령의 명령 승인, 공화국에서 군대형성에 대한 동의 등에서 권한을 행사한다.

북 오쎄찌야-알라니야 공화국 의회와 그 위원회의 회의에는 대통령, 정부의 성원, 헌법감시위원회 위원장, 최고재판소 소장, 중재재판소 소장, 검찰 등이 참석할 수 있다. 의회는 의원들 가운데서 의장, 수석 부의장, 부의장을 비밀투표로 선출한다. 이들은 의회의 회의진행과 내부적 운영을 담당한다. 의장단은 의회의 결정에 따라 임기만료 이전 해임될 수 있다. 의회는 법률안 작업, 심의에 부쳐진 문제들의 사전 심의와 준비, 법률 및 다른 규정들의 집행에 대한 감시, 의회 차원의 보고 청취를 위해 의원들로 위원회를 구성한다. 또한 의회는 필요한 경우 상설적 혹은 한시적인 위원회를 구성한다.

입법발의권은 공화국 대통령, 정부, 의회의 의원들, 헌법감시위원회, 최고재판소, 중재재판소, 공화국 검찰에 속한다. 의회는 헌법적 법률, 법률, 명령 및 다른 규정들을 채택한다. 공화국 헌법, 그 수정 및 헌법적 법률은 전체 의원수의 3분의 2 이상에 의해 채택된다. 공화국 법률, 의회의 명령과 다른 규정은 전체 의원수의 과반수이상에 의해 채택된다. 채택된 법률은 5일내에 서명 및 공표를 위해 공화국 대통령에게 보내지며, 대통령은 14일내에 그것에 서명, 공표한다. 대통령이 이 기간 동안 거부권을 행사하면 의회는 해당 법률을 재심의 한다. 재심의에서 전체 의원수의 3분의 2 이상에 의해 이전의 안이 채택되면 대통령은 7일내에 그것에 서명, 공표해야 한다.

<북 오쎄찌야-알라니야 공화국 헌법감시위원회>

북 오쎄찌야-알라니야 공화국 헌법감시위원회는 공화국에서 헌법적 통제를 실행하는 기관이다. 이 위원회는 공화국 대통령의 추천으로 의회에 의해 10년 임기의 위원장, 부위원장 및 3명의 위원으로 구성된다. 헌법감시위원회 구성원은 그 규정/규칙이 이 위원회의 감독을 받는 기관들의 구성원이 될 수 없고 교육, 학문, 다른 창조적 활동을 제외한 유급활동에 종사할 수 없다. 헌법감시위원회 구성원은 독립적으로 활동하며 공화국 헌법에만 예속된다.

북 오쎄찌야-알라니야 공화국 헌법감시위원회는 공화국 의회, 대통령, 정부의 요청에 의해, 그리고 법률이 정한 다른 경우에 공화국의 법률, 의회의 명령, 공화국 관할문제에 관한 연방 부처와 관청의 규범적 법규를 포함하여, 규범적 성격을 띠는 공화국 대통령과 정부의 명령, 부처, 국가위원회, 다른 국가권력기관과 사회단체들, 지방자치 규정, 효력을 발생하지 않은 조약 등이 공화국 헌법에 합치하는지에 관한 결정을 내린다. 의회가 채택한 법률과 다른 규범적 법규, 대통령의 명령이 공화국 헌법에 합치되지 않는다는 헌법감시위원회의 결정은 의회와 대통령에게 각각 보내져서 이러한 위반을 없애도록 한다. 공화국 정부, 부처, 국가위원회, 다른 국가권력기관과 사회단체의 규정이 공화국 헌법에 합치되지 않는다는 결정을 헌법감시위원회가 내리면 이 규정이나 부분적인 항목들을 효력을 상실하게 된다. 그 권한영역에서 채택된 헌법감시위원회의 결정은 공화국의 전지역에서 의무적으로 적용되어야 한다.

4) 사법기관

북 오쎄찌야-알라니야 공화국에서 재판은 법원에 의해서만 실현되며 재판의 구성 및 진행은 러시아연방 헌법, 공화국 헌법, 연방 및 공화국 법률이 정한다. 사법권력은 중재, 민사, 행정 및 형사소송의 진행에 의해 실현되며 비상법원의 설립은 허용되지 않는다.

판사는 25세 이상의, 법학 고등교육을 받고 법률분야에서 5년 이상의 실무경력을 갖고 있는 시민이 될 수 있으며 판사에 대한 보완적 요구가 법률로 정해질 수 있다. 판사는 재판의 진행에서 독립적이며 법률에만 예속된다. 판사는 법률이 정한 절차와 다르게 그 권한이 중지 혹은 중단될 수 없다. 불가침권을 가지며 연방법률이 정한 절차 및 기반과 다르게 형사상의 책임을 지지 않는다.

재판은 모든 법정에서 공개되며 비공개로 진행되는 사건 심리는 법률에 정해진 경우에 허용된다. 형사사건의 결석재판은 법률에 정해진 경우를 제외하고는 허용되지 않는다. 재판은 양자의 논쟁과 동등권을 기반으로 진행되며 법률이 정한 경우 배심원이 참여한다.

북 오쎄찌야-알라니야 공화국 최고재판소는 민사, 형사, 행정사건 등에 관한 최고 사법기관이며, 라이온(도시)과 다른 법원들의 사법적 활동에 대한 감독을 실현한다. 중재재판소는 경제분쟁과 중재재판소의 재판권 하에 있는 다른 사건들의 해결에 관한 사법기관이다. 공화국 법원의 판사들은 공화국 대통령의 추천 하에 공화국 의회가 임명한다.

북 오쎄찌야-알라니야 공화국에서 발효 중인 법률의 집행에 대한 감시는 러시아연방의 단일 검찰기관 체계에 들어가는 검찰이 실행한다. 공화국 검찰총수는 5년 임기로 러시아연방 검찰총수가 공화국 의회의 동의하에 임면하며, 하위의 검찰기관은 5년 임기로 러시아연방 검찰총수가 임명한다. 하위의 검찰기관은 러시아연방 검찰총수 및 공화국 검찰총수에 예속된다. 공화국 검찰기관은 연방 법률을 기반으로 어떤 지방기관으로부터도 독립적으로 자신의 권한을 실현한다.

5) 지방자치기관

북 오쎄찌야-알라니야 공화국에서 지방자치는 주민에 의한 지방문제의 독자적 결정, 시 소유재산의 점유, 활용, 관리를 보장한다. 지방자치는 국민투표, 선거, 직접적 의사표출의 다른 형식에 의해, 선출직 및 다른 지방자치기관을 통해 시민들이 실현한다. 지방자치는 도시, 촌락 등에서 역사적, 지방의 다른 전통을 고려하여 실현된다.

지방자치기관은 독자적으로 시 소유재산을 운영하고, 지방예산을 형성, 승인, 집행하며 세금과 요금을 정하고 공공질서의 보호를 실현하며, 또한 지방의 다른 문제들을 결정한다. 지방자치기관은 필요한 물질적, 재정적 자원과 함께 부분적인 국가권한을 이관받는다.

북 오쎄찌야-알라니야 공화국에서 지방자치는 사법적 보호, 국가권력기관에 의해 채택된 결정의 결과 생기는 보완적 지출에 대한 보상 권리에 의해, 공화국 헌법과 법률이 정한 지방자치 권리제한에 대한 금지에 의해 보장된다.

3. 대의정치[3)]

---

3) 북 오쎄찌야 공화국 대의정치 부분은 다음을 번역, 정리하여 구성한 것이다. 인터넷 자료에 대한 검색은 주로 2003년 9월에 이루어졌다. 유권자수는, Дей ствующая с хема одномандатных избирательных округов. Республика Северная Ос етия. http://ẁw.fci.ru/way/1D9E70E5-D0B7-...(검색일: 2003.12.3.). 표를 비롯하여 선거에 대한 부분은, Календарь выборов. Республика Северная Осе тия-Алания. http://ww.fci.ru/html; Итоги голосования. Республика Севе рная Осетия-Алания. http://ww.fci.ru/EOUID/282017/way/203916/obj/23821 9.html; Сведения о кандидатах. Республика Северная Осетия-Алания. http:// ww.fci.ru/EOUID/282017/way/203914/obj/238220.html; Итоги голосования. Респу блика Северная Осетия-Алания. http://ww.fci.ru/EOUID/300236/way/20391 6/obj/301513.html; Сведения о кандидатах. Республика Северная Осети я-Алания. http://ww.fci.ru/EOUID/300236/way/203914/obj/301646.html; Итог

1) 연방차원의 선거

(1) 러시아연방 대통령 선거

북 오쎄찌야 공화국에는 러시아연방 차원의 선거에서 하나의 선거구가 있다. 전체 유권자 수는 1999년 12월 러시아연방 국가두마의원과 2000년 3월 러시아 대통령 선거의 경우 43만 6천명 안팎으로 집계되었다.

2000년 3월 26일 실시된 러시아연방 대통령 선거에는 유권자의 70.9%가 투표에 참여했고 뿌친이 60%를 넘는 지지를 획득했다. 주요 후보들의 득표율은 다음과 같다.

и голосования. Республика Северная Осетия-Алания. http://ww.fci.ru/EOUID/301656/way/203916/obj/301677.html; Сведения о кандидатах. Республика Северная Осетия-Алания. http://ww.fci.ru/EOUID/301656/way/203914/obj/303012.html; Итоги выборов по одномандатным округам в разрезе окружных избирательных комиссий. Республика Северная Осетия - Алания. http://ww.fci.ru/v_razreze_okruzhnyh_izbiratelbnyh_komissiy; Выборы Президента Республики Северная Осетия-Алания - 2002. http://www.dosye.ru/archiv/reg15el.htm; НСН | Выборы Президента РФ 26 марта 2000. Северо-Осетинская Республика. http://nsn.net.ru/print.pht... Оригинал документа: http://nsn.net.ru/?id=599&ch=5&sub=2. (검색일: 2003.12.7.). 북 오쎄찌야 공화국 대통령의 약력은, Александр Дзахосов. Биография. 상원의원에 대해서는, Республика Северная Осетия. Кадохов Валерий Тотразович. http://www.council.gov.ru... (검색일: 2003.12.3.); Бугулов Эрик Русланович. http://www.council.gov.ru... (검색일: 2003.12.3.). 국가두마의원 명단은, Республика Северная Осетия. Списки кандидатов. Список действующих депутатов Государственной Думы Федерального Собрания Российской Федерации третьего созыва (по состоянию на 3 апреля 2003 года). http://ww.fci.ru/way/18519C30-D0B7-... 24-25/61. (검색일: 2003.12.3.). 러시아연방과 관련해서는, Итоги выборов руководителей исполнительной власти субъектов РФ. http://ww.fci.ru/WAY/299554.html; Итоги выборов в законодательные (представительные) органы власти субъектов РФ. http://ww.fci.ru/WAY/299558.html; Статьи. Итоги голосования. Выборы Президента Российской Федерации 26 марта 2000 года. Российская Федерация. http://ww.fci.ru/way/203889/obj/202300.html. (검색일: 2003.9.5.); Итоги выборов по федеральному округу в разрезе окружных избирательных комиссий. Российская Федерация. http://ww.fci.ru/v_razreze_okruzhnyh_izbiratelbnyh_komissiy_1.(검색일: 2003.9.5.).

후 보 명	득표율(북 오쎄찌야 공화국, %)	득표율(러시아연방, %)
지리놉스끼	1.3	2.70
쥬가노프	28.5	29.21
뿌친	64.7	52.94
찌또프	0.3	1.47
뚤레예프	1.0	2.95
야블린스끼	1.0	5.80
기타	1.0	2.11
모든 후보에 대한 반대	0.8	1.88

(2) 러시아연방 국가두마의원 선거

1999년 12월 19일 실시된 러시아연방 국가두마의원에서 정당별 투표에 참여한 유권자수는 23만 4천 명 정도로서 전체 유권자의 53.7%를 차지했다. 북 오쎄찌야 공화국에서 정당별 투표의 최다득표자는 <러시아연방 공산당>이었다.

북 오쎄찌야 공화국에서의 정당별 득표
(1999년 12월 19일 러시아연방 국가두마의원 선거)

목 록	득표수	득표율(%)	득표율(러시아연방,%)
야블로꼬	2855	1.22	5.93
단결(메드베드)	42608	18.17	23.32
쥐리놉스끼 블록	10067	4.29	5.98
조국-전러시아	42650	18.19	13.33
러시아연방 공산당	98806	42.13	24.29
우파연합	4629	1.97	8.52

소선거구제로 진행되는 지역구 선거는 53%의 투표율을 보였다. 16명의 등록된 후보를 대상으로 투표가 진행되었으며 러시아연방 공산당 소속의 체호예프가 당선되었다.

후보별 득표 (1999년 12월 19일 러시아연방 국가두마의원 선거)

	후 보 명 단	득표수	득표율(%)
1.	보고프(Богов Х.М.)	48775	21.25
2.	가자치(Газзати Б.Р.)	953	0.41

3.	기오예프(Гиоев Р.Б.)	2722	1.19
4.	다찌예프(Датиев О.Б.)	1392	0.61
5.	제제그까예프(Дедегкаев В.Х.)	36408	15.86
6.	드잘라예프(Дзалаев Р.Г.)	2610	1.14
7.	까도호프(Кадохов А.К.)	33146	14.44
8.	까르꾸소프(Каркусов У.С.)	662	0.29
9.	까따예프(Катаев Г.С.)	1649	0.72
10.	꼬치예프(Кочиев А.Ф.)	1489	0.65
11.	오스따예프(Остаев И.З.)	773	0.34
12.	레바조프(Ревазов В.Г.)	5656	2.46
13.	또르치노프(Торчинов А.М.)	8369	3.65
14.	헤따구로프(Хетагуров К.Д.)	11296	4.92
15.	후가예프(Хугаев Р.Р.)	1431	0.65
16.	체호예프(Чехоев А.Г.)	52631	22.93
	모든 후보에 대한 반대	15194	6.62

(3) 러시아연방 의회 상원(연방회의)의 성원

북 오쎄찌야-알라니야 공화국에서 선출된 러시아연방 상원의원은 까도호프(В. Т. Кадохов)와 부굴로프(Э. Р. Бугулов)이다. 까도호프는 러시아연방 상원의 연방 및 지역정책 위원회의 수석 부위원장이고 러시아연방 예산위원회와 상호적으로 활동하는 위원회, 연방의회의 헌법적 권한의 실현방법에 관한 위원회 위원이다. 북 오쎄찌야-알라니야 공화국 의회에서 선출되었다. 1945년 1월 7일 생으로서 2003년 6월 10일 선출되었고 그 임기는 2007년 5월에 만료된다. 부굴로프는 러시아연방 상원의 산업정책위원회 부위원장으로서, 북 오쎄찌야-알라니야 공화국 집행권력기관에서 임명했다. 1959년 6월 20일 생으로서 2002년 2월 19일 임명되었고 그 임기는 2006년 1월에 만료된다.

2) 연방주체 차원의 선거

(1) 연방주체의 수장 선거

2002년 1월 27일 북 오쎄찌야-알라니야 공화국의 대통령선거가 성립되었다. 이 직위에는 7명이 입후보했다. 투표는 한 번에 걸쳐 실시되었다.

공화국의 선거관련 법령에 따르면 투표종료시점에 유권자 명부에 포함된 유권자의 50% 이상이 선거에 참여하고 승리한 후보의 득표수가 모든 후보에 대한 반대에 투표한 수보다 적지 않을 경우 선거는 성립된 것으로 인정된다. 투표에 참여한 유권자의 50% 이상의 지지를 얻은 등록된 후보가 당선된 것으로 인정된다.

등록된 후보

	후보명	출생년도	주요 경력
1.	바사예프(Басаев Б.Б.)	1937년생	국립 산악 농업대학의 총장
2.	브즤꼬프(Бзыков В.Х.)	1950년생	북 오쎄찌야-알라니야 공화국 의회, 법령, 입법 및 지방자치에 관한 위원회의 위원장
3.	보고프(Богов Х.М.)	1951년생	단체<러시아>
4.	드자소호프(Дзасохов А.С.)	1934년생	북 오쎄찌야-알라니야 공화국 대통령
5.	수아노프(Суанов С.Н.)	1949년생	러시아 비상대책부 차관
6.	하따고프(Хатагов В.Б.)	1948년생	러시아연방 출판, 라디오 및 대중매체에 관한 부의 남부지구 지역간 영토적 행정, 북 오쎄찌야-알라니야 공화국에서 대표자
7.	체호예프(Чехоев А.Г.)	1950년생	러시아연방 국가두마의원, 독립국가연합문제 및 동포와의 관계에 관한 위원회의 부위원장

(** 헤따구로프(С. В. Хетагуров), 1942년생. 러시아 비금속 산업체 회의의 의장, 북 오쎄찌야-알라니야 공화국의 최고법원의 결정에 의해 2002년 1월 17일 등록이 취소됨.)

공화국 대통령 선거에는 유권자의 60.13%가 참여했다. 최다득표자는 56.02%의 득표율을 보인 드자호소프였고 그가 북 오쎄찌야-알라니야 공화국 대통령으로 당선되었다.

드자호소프는 1934년 4월 3일 블라지까프까스(오르드조니끼제) 시에서 출생했다. 1957년 북 까프까스 산악철강연구소를 마쳤고 이 해에 오르드조니끼젭스크 라이온 꼼소몰의 제1서기로 선출되었다. 1958년 꼼소몰 중앙위원회의 승인을 받아 모스크바시로 직장이 이동된다. 1962년에는 소연방 청년조직들의 위원회의 책임서기로 선출된다. 1963-64년에는 꾸바 공화국에서 행정-영토와 관련된 지원사업을 위한 전문가 집단의 지도자로 일한다. 고국으로 돌아와서는 소연방 청년조직들의 위원회의 수석 부위원장으로 임명된다.

1967년에는 아시아 및 아프리카 연대 위원회의 제1서기로 선출되며 이후 동 위원회의 수석 부위원장이 되며, 1986년까지 이 자격으로 일했다. 드자소호프는 식민주의와 인종주의를 박멸하기 위한 투쟁의 직접적인 참여자이다. 이 분야에서 그의 공로는 러시아연방 및 다른 나라들의 여러 훈장들로 기록된다. 이 시기에 그는 소연방 최고소비에트 상임위원회의 명령으로 시리야 공화국에서 소연방의 비상 및 전권대사로 임명되었다. 시리야에서의 근무기간동안 그의 노력덕분에 러시아와 시리아, 근동 지역 전체의 정치적, 경제적 관계가 공고해지고 눈에 띠는 발전을 하게 되었다. 이 국가적인 외교임무를 마치면서 그는 시리아 공화국의 최고훈장을 받았다.

1988년에는 오쎄찌야로 돌아와서 소련공산당 북 오쎄찌야 당위원회의 제1서기로 선출된다. 1990년에는 소연방 최고소비에트 상임위원회의 성원, 최고소비에트 청년문제에 관한 위원회의 위원장으로 선출되었다. 1990년 6월 소련공산당 제28차 대회에서 그는 정치국 위원과 소련공산당 중앙위원회 서기로 선출되었다. 28년 이상 대외정치적 활동분야에서 그는 공시적, 업무상의 임무를 가지고 73개의 국가들을 방문했다. 여러 번에 걸쳐 유엔의 업무에 참여했고 국제적, 그리고 전러시아적인 형식으로 소련과 러시아 대표단을 이끌었다. 그는 국가두마의 의원으로 선출되었고 '아시아-태평양 지역에서의 대화와 협력을 위한' 국제적 협의체의 공동의장, 러시아연방 의회간 그룹의 부위원장이었다. 1997년 4월부터는 유럽회의의 의원총회의 러시아연방 의회의 대표단을 이끌었다. 1998년 1월 18일에는 북 오쎄찌야-알라니야 공화국의 대통령으로 선출되었다. 공화국 대통령에 취임한 것은 1998년 1월 18일로서 4년의 임기를 보냈고 2002년 1월 27일 재선에 성공했다. 드자소호프는 정치학 독또르, 역사학 박사이며 여러 저작들을 가지고 있다. 여러개의 외국어를 구사하며 러시아 예술 아카데미의 회원이기도 하다.

Ⅳ. 경제 시스템

1. 경제개황

북 오쎄찌야 공화국은 7개의 연방지구 중 남부연방지구에 속하고 12개의 러시아 경제지역 중 북 까프까스 경제지역에 속한다. 러시아경제에서 차지하는 북 오쎄찌야 공화국의 경제비중은 아주 작다고 할 수 있다. 특히 공업의 비중은 0.1%에 불과하고 지역총생산은 0.2%에 이르고 있다. 농업은 0.4%, 소매유통은 0.3%, 자본투자는 0.1%에 다다르고 있다.

이에 북 오쎄찌야 공화국의 정부는 2000년까지 '북 오쎄찌야 공화국의 사회경제 발전에 관한 프로그램'을 거시정책 차원에서 오랫동안 준비해 왔다. 여기에는 여러 가지 부문별 발전방향이 들어 있는바 구체적으로 '북 오쎄찌야 공화국의 전기전력 발전방향', '석유산업 발전방향', '산맥개발 발전방향' 등에 관한 것이다. 북 오쎄찌야 공화국 정부는 이를 위해 법적 토대를 만들고 있고 또 외국자본을 유인하기 위해 부단히 노력하고 있다.

북 오쎄찌야 공화국의 전반적 경제상황을 구체적으로 알아보기 위해 지역총생산을 표로 보면 다음과 같다.

북 오쎄찌야 공화국 지역총생산액 추이

항목 \ 년도	1996	1997	1998	1999
지역총생산	3,174	3,392	4,126	7,572
1인당 지역총생산	4,181	5,107	6,217	11,319
지역총생산 지수		94.6	102.1	112.0

http://www.infostat.ru/epub.htm (검색일: 2003.1.10)

북 오쎄찌야 공화국의 지역총생산을 구체적으로 분석해 보면 주요 구성과 비율을 알 수 있다. 지역총생산 대비 공업부문과 농업부문이 각각 19.7%와 11.7%이고 그리고 유통부문이 21.0%로 강세를 나타내고 있다. 그 외 건설부문과 운송부문은 각각 5.5%, 2.5%를 기록하고 있다.

북 오쎄찌야 공화국의 기업부문의 지표를 총 기업수, 소 기업수, 그리고 공업부문에서 활동하는 기업수로 나누어 보면 다음과 같다.

기업수 추이

항목 \ 년도	1997	1998	1999	2000
총기업수(연말)	12,579	12,903	13,499	13,464
소기업수(연말)	1,208	1,725	2,415	3,729
활동기업수	371	562	756	1,018

http://www.infostat.ru/epub.htm (검색일: 2003.1.10)

2. 산업

1) 공업

북 오쎄찌야 공화국의 공업은 발전정도가 낮은 상태에 있으며 불균형적이고 또 지역적으로는 수도인 블라지까프까스에 집중되어 있다. 이곳에 몇 개의 대기업들이 있고 주요 생산품목들과 각각의 양은 2000년 기준으로 다음과 같다.

전기전력 : 3억 4,000만 킬로볼트/시간, 각종 전등 : 2,600만 개, 건설용 벽돌 : 6,650만 개, 조립용 철 구조물 : 41.4 ㎥, 주식용 빵류 : 2만 9,300 톤 등이다.

북 오쎄찌야 공화국의 총공업생산량과 공업생산지수를 알아보면 다음과 같다.

총 공업생산량 추이

항목 \ 년도	1997	1998	1999	2000
총 공업생산량	1,406	1,435	3,140	4,466
공업생산 지수	100.1	102	114	109

http://www.infostat.ru/epub.htm (검색일: 2003.1.10)

북 오쎄찌야 공화국의 공업 부문별 구조에서는 비철금속과 식품공업이 주요 부문으로 꼽히고 있다. 각 부문의 비율을 표로 살펴보면 다음과 같다.

주요 공업생산부문별 생산비율

생산부문	북 오쎄찌야 공화국 총공업생산 비율
전기전력	12.2%
연료공업	0.4%
철강업	0.2%
비철금속	28.5%

화학 · 석유화학	2.3%
기계제작 · 금속가공	8.3%
목재가공, 종이 · 펄프	3.9%
건재공업	3.9%
경공업	4.2%
식품공업	26.1%
기타	10.0%

http://www.infostat.ru/epub.htm (검색일: 2003.1.10)

2) 농업

북 오쎄찌야 공화국의 농업은 여타 산업에 비해 상대적인 발전을 나타내고 있다. 그러나 러시아대비 농업생산량의 비율은 낮은 상황에 있다. 생산되는 농업품목은 호밀과 옥수수, 해바라기, 원예, 포도와 각종 가축 등이며 가축사육이 작물재배보다 더 중심이 되고 있다. 가축사육의 생산량을 구체적으로 보면 소가 2000년 기준으로 12만 9,100 마리, 이 중 암소는 6만 3,000 마리, 그리고 돼지는 약 8만 600 마리이다.

그리고 작물재배를 구분해서 생산량을 보면 다음과 같다. (기준은 2000년)

곡물 : 15만 200 톤(수확 후), 감자 : 8만 9,600 톤, 채소 : 2만 8,800 톤, 가축 등 : 2만 4,100 톤(도살 후 무게측정), 우유 : 14만 2,700 톤 등이다.

북 오쎄찌야 공화국의 농업의 전반적 조망을 위해 총 농업생산량과 관련 자료를 표로 살펴보면 다음과 같다.

농업생산량 추이

항목 \ 년도	1997	1998	1999	2000
총농업생산액	919.3	1,120.0	2,148.1	2,802.7
작물관련 생산액	340.8	363.1	863.8	1,133.3
가축관련 생산액	578.5	756.9	1,320.3	1,669.4
농업생산지수	101	97	113	100.5

http://www.infostat.ru/epub.htm (검색일: 2003.1.10)

3. 자원 등 기타

북 오쎄찌야 공화국은 러시아 남쪽 산악지대에 위치한 지역이다. 모든 강들은 쩨레크 연안지역과 근접해 있다. 가장 큰 강은 쩨레크강으로 북 오쎄찌야 공화국의 영역을 110km나 흐르고 있다.

토양은 흑토질과 밤색토양이다. 산림은 잎이 넓은 활엽수가 주종을 이루고 있으며 전체 공화국 영토의 22%를 차지하고 있다.

동물계는 매우 다양하다. 숲지대에는 멧돼지, 곰, 늑대, 여우, 사슴, 알프스의 영양, 들고양이, 야생소 등이 서생하고 있다. 쩨야강, 아르돈강, 삐아르돈강 등의 상류에는 '북 오쎄찌야 금렵구역'이 자리 잡고 있다.

복합광산이 많이 분포되어 있다. 건축자재와 광천수의 원천도 많이 분포하고 있다. 연간 1,240만 톤의 방출량을 가지고 있는 납-구리 매장지도 있다. 또한 지하 담수, 광천수, 온천수 및 공업용수가 풍부하다. 특히 광천수의 경우에는 품질이 매우 다양하고 온천의 특성을 지닌 경우도 있다.

V. 문화시스템

1. 지역정체성

1) 인구

2001년 현재 북 오쎄찌야 공화국의 인구는 677,000명으로 러시아연방 전체의 0.46%, 89개 주체 중 68위를 점하고 있다. 일시적으로 인구 변동 폭이 기복을 나타낸 적은 있으나(1992-1994), 최근까지도 꾸준한 증가세를 보이고 있다. 이는 절대적으로 주변의 연방 주체 및 구소련국가들의 정치불안 및 갈등으로 인한 인구유입에 따른 것으로 볼 수 있다.

북 오쎄찌야 공화국 인구변동 추이

연도	1990	1992	1993	1994	1995	1996	1997	1998	1999	2000	2001
인구수 (1,000명)	636	694	650	649	656	661	664	662	663	670	677

Россий ский статистический ежегодник. Госкомстат России. М., 2001. С. 83.

북 오쎄찌야 공화국 인구의 자연증가율은 이미 1990년대 초부터 역조현상을 보이기 시작하여 출생률에 대한 사망률의 우위는 더욱 심화되고 있다. 그럼에도 불구하고 연방의 타 주체에 비하면 매우 양호한 편이다.

북 오쎄찌야 공화국 출생자수, 사망자수, 자연증가율

연도	출생자수(명)	사망자수(명)	자연증가율(명)
1990	10,967	6,166	4,801
1992	10,048	7,125	2,923
1993	8,251	7,872	379
1994	8,806	8,329	477
1995	8,781	8,574	207
1996	8,043	8,514	-471
1997	7,758	8,378	-620
1998	7,767	8,188	-421
1999	7,195	8,412	-1,217
2000	7,179	8,626	-1,447

Россий ский статистический ежегодник. Госкомстат России. М., 2001. С. 112.

2000년 현재 북 오쎄찌야 공화국의 경제활동 인구는 총 328,000명, 총인구 대비 약 50%로 비교적 적은 편이나 경제활동인구를 측정하기 시작한 1995년 이래 꾸준히 증가하고 있다. 그러나 실업자 수가 지나치게 많아 실업률이 위험수위에 다다르고 있다. 이는 많은 전입인구에 비해 경제상황이 호전되지 않은 탓에 기인한다. 따라서 경제상황이 호전되지 않는 한 이러한 고실업 사태는 당분간 지속될 전망이다.

북 오쎄찌야 공화국 경제활동인구(취업자, 실업자), 실업률

연도	경제활동인구 (1,000명)	취업자수 (1,000명)	실업자수 (1,000명)	실업률(%)
1992-94*	.....	.....	.....	.....
1995	307	236	71	23.3
1996	315	220	95	30.1
1997	288	224	64	22.2
1998	275	203	72	26.6
1999	309	210	99	32.0
2000	328	234	93	28.5

* 1992~1994년까지의 통계수치는 조사된 바 없음.

Россий ский статистический ежегодник. Госкомстат России. М., 2001. С. 137.

2) 민족

북 오쎄찌야 공화국에는 약 60여 민족이 거주하고 있다. 공화국에는 토착 민족인 오쎄트인은 53%이며, 그 외에 러시아인 29.9%, 인구슈인 5.2%, 아르메니아인 2.2%, 그루지야인 1.9%, 우끄라이나인 1.6%, 꾸미크인 1.5%, 독일인 0.5%, 한인 0.5%, 그리스인 0.4%, 까바르드인 0.4%, 체첸인 0.4%, 따따르인 0.3%, 벨라루스인0.3%, 아제르바이잔인 0.3% 및 기타 민족들이 거주하고 있다.

3) 교육

현재 북 오쎄찌야 공화국에는 14개 중등특수교육기관, 15개 중등 직업기술학교, 17개 아동음악학교와 1개 예술학교가 있으며, 12개 어린이 창작학교, 8개 어린이 기술학교, 23개 체육학교, 4개 국립대학(북 오쎄찌야 국립대학,

북 까프까스 국립공과대학, 고르 국립농과대학, 북 오쎄찌야 국립의학아카데미)이 있다.

이들 교육기관에서는 오쎄트어 및 오쎄트 문학에 대한 관심이 지대하며, 일부 과목은 오쎄트어로 교육을 실시하고, 학생들에게 오쎄트인의 전통과 문화를 소개하고 있다.

블라지까프까스에는 1개의 그루지야 민족학교가 운영되고 있으며, 9개 학교의 일부 학급에서는 다양한 소수민족 언어(아르메니아어, 그리스어, 까바르드어, 꾸미크어, 인구슈어)로 교육이 진행되고 있다.

공화국의 대학생 수는 총 22,000명이며, 그 중 7,500명은 통신교육을 받고 있다. 기술전문학교와 단과대학 학생은 8,500명이다.

2. 지역문화

1) 문화개괄

북 오쎄찌야 공화국의 문화는 매우 다양한 모습을 지니고 있다. 공화국에는 6개의 전문 극장이 활동하고 있다. 이것들은 공화국 바흐딴고프 (Е. Б. Вахтангов) 아카데미 러시아 극장, 뜨하쁘사예프 (В. В. Тхапсаев) 북 오쎄찌야 국립 아카데미극장, 북 오쎄찌야 음악 극장, 어린이와 청소년을 위한 공화국 극장, 러시아에서 유일한 말 극장 '나르띠(Нарты)', 1996년에 세워진 북 오쎄찌야 공화국 드라마 극장이다.

역시 공화국에는 다음과 같은 문화 예술 단체가 활동 중이다. 국립 필하모니(1945년), 국립 필하모니 심포니 오케스트라, 민속 악기 오케스트라(이 단체의 예술 지도자는 러시아의 공훈 예술가이며 북 오쎄찌야 공화국의 국민 예술가인 가즈다노프(В. А. Газданов)이다. 북 오쎄찌야 공화국 미니 꿀뚜라의 민족 경연극 오케스트라(이 단체의 예술 지도자는 북 오쎄찌야 예술 공훈 활동가인 까보프이다), 국립 민중 춤 앙상블인 '알란(Алан)', 젊은이 대학생 전 세계 페스티벌의 수상자, 직업 춤 단체의 국제 콩쿠르 대회의 수상자, 국립 필하모니의 무용 앙상블인 '아르트(Арт)', 국립 필하모니 실내악 앙상블, 북 오쎄찌야 -알라니야 공화국의 실내악 합창단들이 그것이다.

북 오쎄찌야-알라니야 공화국에는 국립 통합 역사, 건축, 문학 박물관이 활동 중이고 그것을 구성하고 있는 박물관들은 공화국지지 박물관, 블라지까프까스 역사박물관, 마이라마다크(Маирамадак) 마을에 있는 북 까프까스 조국 전쟁 박물관, 사령관 뾜리예프(В. А. Полиев) 회상 박물관, 끼로프 박물관, 나르(Нар) 마을에 있는 헤따구로프(В. А. Хетагуров) 회상 박물관, 모즈도크(П. А. Моздог)지지 박물관, 헤따구로프(Хетагуров) 오쎄찌야 문학 박물관, 아르돈(Ардон) 민중 교육 박물관, 올긴스크(Ольгинск) 마을에 있는 맘수로프(В. А. Мамсуров) 회상 박물관, 다르가프(В. А. Даргав) 건축 민속학 회상 박물관들이고 뚜가노프(М. А. Туганов) 예술 박물관과 트하프싸예프(В .А. Тхапсаев) 극장 박물관이 독자적으로 운영되고 있다.

블라지까프까스시에는 북 까프까스 영화 스튜디오와 북 까프까스 영화 협회인 '돔 끼노(Дом кино)' 창조 연합인 '알라니야-쩰레필름(Алания-телефильм)', 끼노스튜디오, '블라지까프가스-쩰레필름(Владикавказ-телефильм)'과 북 오쎄찌야 영화 비디오 연합이 활동 중이다. 공화국의 영화 예술은 50-60년대에 성장해서 창작의 독특한 스타일을 얻었고 민족 연극의 독특함과 배우들의 연기기술을 영화에 응용할 수 있게 되었다. 공화국에는 헤따구로프의 서사시와 동명인 장편의 예술 영화인 '파찌마(Фатима)', '오쎄찌야 전설', '꼬스뜨의 귀환' '까라바이르 (Карабаир)의 자취를 따라', '전설이 된 삶', '산악인" 등이 제작되어 상당한 성공을 누렸다.

오늘날 공화국에는 166개의 도서관이 있고 그 중 162개는 대중용이며 3개는 학술, 청소년, 어린이용이며 하나는 맹인들을 위한 특수 도서관이다. 북 오쎄찌야 공화국은 자신의 아름다움과 산악 풍경 덕분에 휴가를 보내기에 훌륭한 장소이다.

아름다운 폭포, 작은 강, 계곡 등을 매 걸음마다 볼 수 있어서 북 오쎄찌야 공화국은 러시아의 관광 중심지 중의 하나이며 1970년대와 80년대 이 공화국에서 여러 번 전소련관광대회가 열렸다.

2) 문화시설

뚜가노프 예술 박물관(국립 문화 기관)

뚜가노프(М. А. Туганов) 예술 박물관은 1939년에 세워졌는데 수집품의 기본은 1939-40년에 러시아 국립 박물관 전시품과 국립 유물 구입 위원회와 게르므(ГРМ 문화 위원회)에서 온 유물들로 구성되어 있다. 박물관의 유물

뚜가노프 예술 박물관 전경

중에는 북 오쎄찌야의 지지 박물관으로부터 받은 것이 있고 전쟁 이후에 박물관의 수집품으로, 19-20세기 초의 러시아의 화가이며 예술가인 사포노프(B. B. Сафонов)의 수집품이 있다.

1981년에는 박물관의 수집품은 러시아의 19세기 화가들의 작품으로 가득 차게 되었는데 이 작품들은 모스크바의 예술 수집가인 골꼬프가 기증한 것들이다. 1992년에 뚜가노프의 아들인 엔베르 마까르베꼬비치(Энвер Макарбекович)가 죽은 후에 박물관은 그의 유언에 따라 유화, 그림, 예술가의 개인 소장품 등 150여점의 유물을 얻었다.

박물관의 수집품 중 가장 최근의 의미 있는 유입품은 북 오쎄찌야 세관에서 온 100여 점의 장식-실용 예술이다. 상설 전시관에는 3개의 기본적인 섹터가 있는데 이 섹터들은 17-20세기 초의 러시아 예술, 1960-80년대 러시아 예술, 오쎄찌야 민족 예술관이다. 박물관의 건물은 1903년에 블라지까프까스의 독특한 기념물이며 근대 양식으로 지어졌다. 3개의 홀과 2층으로 만든 이후에 2001년에 다시 문을 열었다.

스따브로뽈 변강주
Ставропольский Край

Ⅰ. 개황

1. 기초정보

변강주 성립일: 1943년 1월 12일.

•1937년 3월 17일 - 오르조니끼제프스끼(Орджоникидзевский) 변강주

• 1924년 10월 16일 - 북 까프까스 변강주로 개명, 1924년 2월 13일 - 유고보스토크(Юго-Восток)주 성립

주도: 스따브로뽈(Ставрополь)

인구: 2,654,000명(2001년 현재: 러시아연방 전체의 1.83%, 89개 주체 중 18위)

인구밀도: 39.90명/㎢

면적: 66,500㎢(러시아연방 전체 면적의 0.39%; 89개 주체 중 48위)

소속지구: 남부연방지구, 북 까프까스 경제지구

한국과의 시차: -6시간

2. 상징

스따브로뽈
변강주 문장

스따브로뽈 변강주의 문장은 상하 두 부분으로 양분된 방패형으로, 상반부에는 푸른 바탕에 과거 1878년에 채택된 스따브로뽈 현 문장의 주요 요소가 묘사되어 있다. 산 정상에 성이 묘사되어 있으며, 성으로 길이 나 있다. 성문(城門) 위에는 방호를 상징하는 오릉보(五陵堡)가 묘사되어 있다. 하반부에는 푸른 바탕에 금빛으로 스따브로뽈 변강주의 지도가 그려져 있다. 지도 왼편, 스따브로뽈시가 위치한 지점에는 흰색의 십자가가 묘사되어 있다. 십자가 좌우측으로 스따브로뽈시가 위치한 북위 45도를 나타내는 선이 그려져 있다. 문장 방패는 참나무 잎과 밀 이삭이 러시아연방 국기를 상징하는 리본으로 엮여있다. 문장 방패 위에는 러시아연방 문장의 주요 상징인 쌍두 독수리가 묘사되어 있다. 스따브로뽈 변강주의 문장은 1997년 5월 15일 채택되었다.

스따브로뽈 변강주기는 금빛 장방형 천에 백색 십자가가 묘사되어 있는 형상이다. 깃발과 십자가의 너비는 위로부터 각각 5.5:4.1:5.5, 좌로부터

스따브로뽈 변강주기

7.5:4.5:13의 비율을 나타낸다. 십자가 중심에는 칼라나 단색(금빛)으로 스따브로뽈 변강주의 문장이 새겨져 있다. 그 크기는 백색 십자선(腺)의 범위를 초과하지 않는다. 깃발의 세로와 문장의 세로 길이는 16:6이며, 깃발의 가로와 문장의 가로 길이는 25:5이다. 깃발의 금빛은 일조량이 많은 스따브로뽈 변강주과 금빛 이삭을 상징한다.

스따브로뽈 변강주기는 1997년 5월 15일 채택되었다.

3. 주요도시

스따브로뽈(Ставрополь): 인구 346,800명; 북위 45°3′, 동경 41°58′
빠찌고르스크(Пятигорск): 인구 134,400명; 북위 44°2′, 동경 43°4′
네빈노미스크(Невинномысск): 인구 134,200명; 북위 44°38′, 동경 41°56′
끼슬로보쯔크(Кисловодск): 인구 123,200명; 북위 43°54′, 동경 42°43′
예쎈뚜끼(Ессентуки): 인구 99,700명; 북위 44°2′, 동경 42°51′
미네랄니예 보디(Минеральные воды): 인구 76,500명; 북위 44°13′, 동경 43°8′
게오르기예프스크(Георгиевск): 인구 67,600명; 북위 44°8′, 동경 43°27′
부존노프스크(Будённовск): 인구 63,900명; 북위 44°47′, 동경 44°8′
미하일로프스크(Михай ловск): 인구 51,400명; 북위 45°8′, 동경 42°2′
스베뜰로그라트(Светлоград): 인구 41,300명; 북위 45°21′, 동경 42°50′
젤레노꿈스크(Зеленокумск): 인구 40,800명; 북위 44°25′, 동경 43°52′
이조빌니(Изобильный): 인구 38,900명; 북위 45°22′, 동경 41°42′
블라고다르니(Благодарный): 인구 35,000명; 북위 45°6′, 동경 43°25′
젤레즈노보쯔크(Железноводск): 인구 30,900명; 북위 44°8′, 동경 43°2′
노보알렉싼드로프스크(Новоалександровск): 인구 29,600명; 북위 45°29′, 동경 41°12′
이빠또보(Ипатово): 인구 29,300명; 북위 45°43′, 동경 42°53′
네프쩨꿈스크(Нефтекумск): 인구 25,300명; 북위 44°40′, 동경 44°55′
노보빠블로프스크(Новопавловск): 인구 23,600명; 북위 43°58′, 동경 43°38′
레르몬또프(Лермонтов): 인구 22,800명; 북위 44°6′, 동경 42°57′
(인구: 2002년 현재)

4. 주요 산업 및 농업

변강주의 주요 산업으로 기계제작(전기설비, 선반, 각종 기기, 자동 크레인, 트레일러), 식료품 산업, 경공업, 원유, 가스 채굴산업, 화학공업(광물성 비료), 전력에너지 산업, 건축자재, 가구산업 등이 발달했으며, 농업부문은 곡물, 해바라기 재배, 세모(細毛)양사육, 원예, 포도재배, 양금, 양봉 등이 발달했다.

Ⅱ. 자연환경

1. 지리적 위치와 구성

스따브로뽈 변강주는 26개 행정구, 18개 시 및 7개 도시형마을, 284개의 농촌마을로 구성되어 있으며, 전(前) 까프까스 중앙지역, 볼쇼이 까프까스 북사면에 위치하고 있다.

로스또프주, 끄라스노다르 변강주, 깔미끼야, 다게스딴, 체첸, 까바르드-발까리야, 까라차이-체르께씨야 공화국과 경계를 이룬다.

주요 하천은 꾸반, 꾸마(Кума), 에고를리크(Егорлык, 서 마니치강의 지류), 깔라우스(Калаус, 동 마니치(Восточный Маныч)강의 지류)강이다. 염분 호수들과 여러 개의 저수지가 있다.

수도 스따브로뽈과 모스크바 간의 거리는 1,621㎞이다.

2. 기후조건

온난기후대, 대륙성기후, 고산기후

1월 평균기온: -4 ~ -10℃

7월 평균기온: 22 ~ 25℃

연강수량: 300 ~ 2,000㎜(산악지역)

식물 생장 기간: 180 ~ 185일(북부와 중부 지역)에서 120일(산기슭 부분)

식생: 개간된 스텝 지대

토양: 흑토, 밤색토

삼림분포도: 1.5%(참나무-까치박달나무 군락, 참나무-너도밤나무 군락)

3. 주요 유용광물

원유, 천연가스, 석탄, 다금속광, 건축자재 등이 있다.

주요 산지:

천연가스: 주요 매장지는 미르넨스크(Мирненск), 센길레예프스크(Сенгилеевск), 북 스따브로뽈-뻴라기아진스크(Северо-Ставропольско-Пелагиадинск)이며 스따브로뽈(Ставрополь), 미르노예(Мирное), 따흐따(Тахта)는 채굴 중에 있다.

원유: 아치까마크스크(Ачикамакск), 쁘라스꼬베이스크(Прасковей ск).

석탄: 후마린스크.

구리: 우루프스크(Урупск).

다금속광: 엘브루스꼬예(Эльбрусское).

우라늄광: 레르몬또프(Лермонтов).

광천수: 끼슬로보쯔크(Кисловодск; Нарзан), 젤레즈노보쯔크(Железноводск; Славяновская, Смирновская), 에쎈뚜끼(Ессентуки).

Ⅲ. 정치시스템

1. 역사[1)]

스따브로뽈의 역사는 기원전 천 년대에 시작되며, 이때 스따브로뽈에는 신드와 메오트족이 살았다. 선사시대로 올라가면 가장 오래된 고고학적 발견물은 갈류가옙스크 마을 부근 따슬로 강에 있는 거주지이다. 기원전 2-1세기에는 유목민족인 사라마트인의 영향을 받았다. 고대인들의 생활은 스따브로뽈과 미하일롭스크, 키슬로보드스크 지역의 유적들에서 발견된다. 부조놉스크 지역에는 킵차크 한국의 도시로서 당시 북 까프까스의 중심지였던 마좌르가 있었다. 14-15세기에 이 지역은 유럽과 아시아 유통의 교차로의 역할을 했다. 마좌르의 고대문명은 현재와 과거를 잇는 고리이다. 1395년 티무르에 의해 도시가 파괴되었지만 이후에도 도시는 계속 존속했고, 도시 건설의 흔적은 18세기까지 보존되어 있다. 대략 40만개의 고고학적 유적이 스따브로뽈에 있는 것으로 산정되며 이 가운데 직접 고려대상이 되거나 연구되는 것은 6-700개 정도이다.

러시아의 남부 경계의 방어를 위해 북 까프까스의 산기슭과 초원지대의 일부에는 18세기 말 아조프-모즈독 방어선이 건설되었다. 이 유적의 연구와 발굴은 이제 겨우 시작되었고 이전에는 그 의미가 충분히 평가되지 못했다. 아조프-모즈독 방어선의 요새의 건설은 키슬로보드스크, 삐찌고르스크, 게오르기옙스크 시, 수보롭스크, 네비노미스크, 라쉐바트스크, 바르수꼽스크 마을들의 발전의 기반이 되었다. 이들 가운데 많은 곳에서 처음 방어선의 흔적이 발견된다. 고고학적 발굴작업과 항공촬영의 도움으로 요새를 연구하는 작업이 필요하다. 스따브로뽈 요새 산악지역에는 군사 및 생활의 모든 가능한 소재들과 함께 문화적 층이 발견되었다. 고고학의 도움으로 스따브로뽈의 역

---

1) 스따브로뽈 변강주 역사 부분은 다음을 번역, 정리하여 구성한 것이다. 인터넷 자료에 대한 검색은 주로 2003년 11월부터 2004년 1월 사이에 이루어졌다. Dontr.Ru|ЮФО|Ставропольский край - Общая характеристика. ttp://www.dontr.ru/Environ/WebObjects/dontr.woa/wa/Ufo?item=general&section=5; Dontr.Ru|ЮФО|Ставропольский край - История. http://www.dontr.ru/Environ/WebObjects/dontr.woa/wa/Ufo?item=history&section=5; Dontr.Ru|ЮФО|Ставропольский край - Ставрополь. ttp://www.dontr.ru/Environ/WebObjects/dontr.woa/wa/Ufo?item=stavropol&section=5.

사는 문서의 형태를 띠지 않는 새로운, 보다 상세한 증거를 보충하게 되었다. 스따브로뽈 민중의 정치, 경제, 문화 생활에 막대한 영향을 미친 것은 그들의 자발적인 러시아로의 편입이었다.

스따브로뽈 변강주의 역사는 1924년 2월 시작되며 이때 스따브로뽈 현이 스따브로뽈 변강주로 개편되었다. 1937년 3월 오르드조니키제 변강주로 명명되었다가 1943년 1월 12일부터 다시 스따브로뽈 변강주가 되었다.

스따브로뽈 변강주의 중심지인 스따브로뽈 시는 1777년 아조프-모즈독 방어선의 하나로 건설되었다. 1785년부터 까프까스 현의 지역 도시, 1822년부터 까프까스 주의 중심, 1847년부터 스따브로뽈 현의 중심이었다. 스따브로뽈을 통해 유럽 러시아의 중앙지역과 까프까스를 잇는 주요 우편로가 지나갔다. 도시에는 까프까스 방어선과 흑해의 지휘본부가 배치되었다. 1897년부터 블라지까프까스의 철도와 지선으로 연결되었다. 스따브로뽈에서 소비에트 권력은 1918년 1월 확립되었다. 1918년 7월 백군이 장악했다가 1920년 2월 29일 적군이 해방시켰다. 1937년-43년에는 스따브로뽈 변강주가 개명한 오르드조니끼제 변강주의 중심이었다. 스따브로뽈은 1942년 8월 3일부터 1943년 1월 21일에 걸쳐 독일-파시스트 군대에 점령당했었다.

역사는 스따브로뽈이 다시 국경부근의 중심지가 되도록 흐른다. 1994년부터 여기에는 러시아의 연방 국경수비대의 대규모 끄라스노즈나멘늬 북 까프까스 지역본부가 위치하게 되었다. 1995년부터 도시의 규칙이 채택되었고 몇 달 후 지방자치 기관의 선거가 성립되어 도시의 수장과 22명의 도시 두마의원이 선출되었다. 이 시기에 새로운 지방자치가 실질적으로 시작되었다고 할 수 있다.

2. 권력기관[2)]

1) 전체 통치구조상의 특징

2) 스따브로뽈 변강주의 권력구조에 관한 내용은 공화국 헌법을 기본으로 하며 다음의 자료들을 번역, 정리하여 구성한 것이다. Устав (Основной закон) Ставропольского края. 240-260. 러시아연방 법령자료집 <러시아연방 남부지구 기본법: 개별주체의 헌법, 헌장> (용인: 경희대학교 비교문화연구소 러시아 지역연구팀), 240-260쪽(이 법령자료집은 http://www.legislature.ru/regconst.html에 실린 각 연방주체들의 기본법을 모은 것으로서, 자료검색은 2003년 4월-5월에 이루어졌다).

스따브로뽈 변강주에서 국가권력은 러시아연방의 헌법적 구성의 기반에 따라 실현된다. 스따브로뽈 변강주에서 입법권력의 실현은 국민투표를 통한 주민들과 변강주의 국가두마이다. 집행권력은 국가권력의 최고 집행기관인 스따브로뽈 변강주 정부를 중심으로 하는 집행권력기관이다. 스따브로뽈 변강주의 최고 지도자는 독자적인 권한을 갖는 변강주 주지사이다. 주지사는 변강주 정부를 지휘한다. 스따브로뽈 변강주에서 사법권력은 연방법원과 치안판사가 실현한다. 스따브로뽈 변강주에서는 지방자치가 보장되며 지방자치는 주민들이 독자적으로 지방적 의미의 문제 결정하고 시 소유재산의 점유, 이용, 관리하도록 지원한다.

2) 집행기관: 스따브로뽈 변강주지사와 행정부

(1) 스따브로뽈 변강주지사의 권한

스따브로뽈 변강주의 주지사는 최고지도자로서 스따브로뽈 변강주 정부의 수반이다. 스따브로뽈 변강주 헌법에 따르면 주지사가 총리 (председатель Правительства)의 역할을 직접 한다. 주지사는 연방 및 연방주체의 국가권력기관, 지방자치기관과의 관계에서 그리고 대외경제관계에서 스따브로뽈 변강주를 대표하고 그 이름으로 조약과 협약에 서명한다. 법률에 서명하고 공표하며 아니면 변강주 국가두마에 의해 채택된 법률을 거부할 수 있다. 변강주 정부를 구성하며 제1부총리 후보를 국가두마의 동의를 얻어 임명한다. 변강주 정부의 제1부총리를 해임할 수 있고 또한 변강주 정부의 부총리, 장관들, 다른 집행권력기관의 지도자들을 임면한다. 변강주의 경제적 그리고 사회적 안전에 관한 평의회를 구성, 지휘한다.

스따브로뽈 변강주의 주지사는 변강주 국가두마의 임시회의 소집을 요구할 수 있고 새로 선출된 국가두마의 첫 번째 회의를 임기 시작 이전에 소집할 수 있다. 협의권을 가지고 국가두마의 업무에 참여할 수 있고, 또한 국가두마에 법률안을 제출할 수 있다. 변강주의 정세에 관해 그리고 경제적, 사회적 정책의 기본방향에 관해 연례발송문과 함께 변강주 국가두마에 호소한다. 주지사는 러시아연방의 헌법, 법률 및 변강주의 헌법과 법률을 준수하고 러시아연방 대통령 및 정부의 명령을 이행해야 한다.

(2) 스따브로뽈 변강주지사의 선출

스따브로뽈 변강주의 주지사는 변강주에 상시적으로 혹은 우선적으로 거주하고 연방법률에 따라 적극적인 선거권을 갖는 러시아연방 시민이 선출된다. 주지사는 5년 임기로 선출되며 두 번의 임기를 초과하여 연속으로 선출될 수 없다. 주지사 선거가 성립되지 않은 것으로, 즉 유효하지 않은 것으로 인정되는 경우에 혹은 입후보한 후보들 가운데 그 누구도 당선되지 않았을 경우 재임 중인 주지사는 새로 선출된 주지사의 취임시까지 권한을 이행한다. 주지사는 동시에 변강주 국가두마의원, 지방자치 대의기관의 의원이 될 수 없고, 러시아연방 법령이 달리 정한 바가 없다면 교육, 학문 및 다른 창조적 활동을 제외한 유급 활동에 종사할 수 없다.

스따브로뽈 변강주지사의 권한은 자신의 희망에 의한 사임, 변강주 국가두마의 그에 대한 불신임 표명과 관련된 사임, 러시아연방 대통령에 의한 해임, 상시적인 거주를 위해 러시아연방 밖으로 나가는 경우, 그와 관련된 법원의 유죄판결이 유력을 발생하는 경우, 그의 무능력 혹은 능력제한 상태에 대한 법원의 인정, 소재불명의 부재 혹은 사망발표에 대한 법원의 인정, 사망의 경우 임기만료 이전에 중지된다.

스따브로뽈 변강주의 국가두마는 러시아연방의 헌법과 법률, 변강주의 헌법과 법률에 위배되는 규정을 주지사가 발포했을 때, 그러한 위반이 관련 법정에 의해 확정되었는데 주지사가 법원판결이 효력을 발생한 날로부터 한 달의 기간 동안 지적된 위반을 없애지 않을 때 그에 대한 불신임을 표명할 수 있다. 또한 러시아연방 헌법과 법률, 러시아연방 대통령과 정부의 명령, 변강주의 헌법과 법률에 대한 다른 심각한 침해가 있을 때, 이러한 침해가 시민의 권리와 자유에 막대한 침해를 초래할 때 불신임을 표명할 수 있다.

주지사에 대한 불신임 표명 결정은 국가두마의원 전체 의원수의 3분의 1 이상이 발의하고 3분의 2 이상이 찬성하면 채택된다. 주지사 불신임 표명에 관한 국가두마의 결정은 주지사와 그에 의해 지휘되는 변강주 정부의 즉각적인 사임을 동반한다.

임기만료 이전 주지사의 권한중지 혹은 그의 한시적인 부재의 경우 주지사의 권한은 부지사 혹은 주지사의 위임 하에 변강주 제1부총리들 가운데 한 사람에 의해 한시적으로 실현된다. 부지사는 주지사가 임명하며 그는 주지사의 위임 하에 부분적인 권한을 실현한다. 임기만료 이전 주지사의 권한중지에 의해 치러지는 주지사 선거는 권한중지일로부터 6개월 이내에 진행된다.

(3) 스따브로뽈 변강주의 정부

스따브로뽈 변강주의 최고 집행권력기관은 주지사가 지휘하는, 상설적으로 활동하는 변강주 정부이다. 변강주 정부의 구성에는 주지사, 부지사, 정부의 제1부총리, 부총리, 장관들, 그리고 집행권력기관의 다른 지도자들이 들어간다. 변강주 정부는 러시아연방의 헌법과 법률 및 다른 법규들, 변강주의 헌법과 다른 법규들이 변강주에서 집행되는 것을 보장한다. 변강주 정부는 변강주의 복합적인 사회-경제적 발전의 지원에 관한 방책을 개발, 실현하고 재정, 과학, 교육, 보건, 사회보장과 환경분야에서 통일적인 국가정책의 실행에 참여한다.

스따브로뽈 변강주 정부는 시민의 권리와 자유의 실현, 보장 및 보호, 소유재산과 공공질서의 보호, 범죄와의 투쟁에 관한 대책을 자신의 권한영역에서 실행한다. 주지사가 변강주 예산안과 사회-경제적 발전계획을 국가두마에 제출할 수 있도록 개발하고, 변강주 예산을 집행하며 예산집행 결산과 사회-경제적 발전계획의 집행결산을 주지사가 국가두마에 제시할 수 있도록 준비한다. 다른 집행권력기관을 구성하고 변강주 소유재산과 변강주에 그 운영이 이관된 연방 소유재산을 운영, 관리한다. 지방자치기관, 지방자치기관의 선출직 혹은 다른 담당인사들이 발포한 명령이 러시아연방의 헌법과 법률 및 다른 법규들, 변강주의 헌법과 법률 및 다른 법규들에 모순된다면 이러한 규정들을 시정하도록 요청할 수 있고 또 법원에 청원할 수 있다. 연방 집행권력기관과 관할 및 권한항목의 분리에 관해 조약을 체결하며 또한 자신의 권한실현에서 상호이관에 관한 협약을 체결할 수 있다. 변강주 국가두마에서 입법발의권을 실현한다.

스따브로뽈 변강주 정부의 임기는 주지사의 임기에 의해 제한되며 임기만료 이전 변강주 정부가 사퇴하는 경우 새로운 정부가 구성될 때까지 그 활동을 계속한다.

주지사는 러시아연방 헌법과 법률, 러시아연방 대통령의 규범적 규정, 러시아연방 정부의 명령, 변강주의 헌법과 다른 법률들을 기반으로 명령을 발포한다. 자신의 권한영역내에서 채택된 주지사와 변강주 정부의 규정은 변강주에서 집행되어야 하며 이는 러시아연방 헌법과 법률, 러시아연방 대통령과 정부의 명령, 변강주의 헌법과 법률에 위배되어서는 안 된다.

3) 입법기관: 스따브로뽈 변강주의 국가두마(Государственная Дума Ставропольского края)

스따브로뽈 변강주의 입법(대의)기관인 변강주 국가두마는 상설적으로 활동하는 최고 그리고 유일한 변강주 입법권력기관이다. 국가두마는 5년 임기로 선출되는 25명의 의원으로 구성된다. 변강주 국가두마 의원은 21세 이상의, 연방법률에 따라 수동적 선거권을 갖는 러시아 시민이 선출될 수 있다. 변강주 국가두마 의원은 동시에 러시아연방 국가두마의원, 판사가 될 수 없고 러시아연방과 변강주의 다른 공직을 차지할 수 없다. 변강주 국가두마의원은 임기동안 의원 면책특권을 갖는다.

스따브로뽈 변강주 국가두마는 의장과 부의장을 선출한다. 국가두마는 의원들 가운데서 국가두마의 관할문제에 대한 사전심의와 준비, 그 결정, 법률 및 다른 규범적 법규의 집행 통제를 위해 위원회를 구성한다.

스따브로뽈 변강주의 국가두마는 변강주 헌법과 수정안을 채택하며, 변강주의 관할항목에 대해 그리고 연방과 연방주체의 관할항목에 대해 변강주의 권한영역에서 입법적 조절을 실행한다. 변강주 법률의 준수 및 이행, 예산집행에 대해, 변강주 소유재산의 관리절차 준수에 대해 다른 기관들과 함께 통제를 실행한다. 자신이 채택한 법적 규정들을 해석한다.

스따브로뽈 변강주 국가두마가 채택하는 법률에 의해 주지사가 제시한 예산과 그 집행결산이 승인되며 국가두마의 조직과 활동기반이 정해진다. 변강주 국가두마와 주지사의 선거 및 진행절차, 국민투표 지정과 진행절차가 정해지며 지방자지치관의 선거지정 및 진행절차가 연방주체의 입법(대의)기관의 권한영역에서 정해지고 그 활동질서가 규정된다. 변강주 조약의 체결과 파기가 승인되며 변강주의 행정-영토적 구성과 변경절차가 정해진다. 변강주 운영구도가 승인되고 변강주 정부의 구조가 규정되며 변강주 공직 목록이 승인된다. 또한 주지사가 제시한 변강주 사회-경제 발전계획이 승인되며 연방주체 관할의 세금 및 요금, 그 징수절차가 정해진다. 변강주의 예산외의 그리고 통화기금의 구성과 활동절차가 정해지고 이 기금의 지출 결산이 승인된다. 기업, 유통업체 등의 지분을 포함하여 변강주 소유재산의 운영 및 관리절차가 정해진다.

스따브로뽈 변강주 국가두마는 명령을 채택함으로써 주지사 불신임 결정, 그리고 국가두마가 임명에 참여하는 집행권력기관의 지도자에 대한 불신임 결정을 내릴 수 있다. 변강주 인권관련 전권대표의 임면, 변강주 정부의 제1부총리의 임명동의, 연방법령이 정한 경우 연방 권력기관 담당인사의 임명동의, 변강주 검찰의 임명동의 등의 권한을 행사하며 변강주 경계의 변경에 관한 협약 승인 권한을 갖는다.

스따브로뽈 변강주 국가두마에서 입법발의권은 그 의원들, 주지사, 변강주 정부, 지방자치 대의기관, 변강주에서 선출된 러시아연방 국가두마의원, 변강주에서 파견된 러시아연방 연방의회(상원) 의원들에 있다. 주지사가 변강주 국가두마에 상정한 법률은 우선적으로 심의된다. 세금의 도입 혹은 폐지, 그 불입 중지, 변강주의 재정적 의무변경에 관한 법률안, 변강주 예산에서 그 지출이 예상되는 법률안은 주지사의 제안에 따라 아니면 주지사의 결정이 있는 상태에서 국가두마가 심의하며 해당 결정은 법률안 심의일 14일 이전에 국가두마에 제시된다.

스따브로뽈 변강주의 헌법과 그 수정은 국가두마의 전체 의원수의 3분의 2 이상의 찬성으로 채택되며 법률은 과반수의 찬성으로 채택된다. 국가두마의 명령은 선출된 의원수의 과반수이상의 찬성으로 채택된다. 법률안은 국가두마에 의해 두 번 이상의 논의를 거치며 법률안의 채택 혹은 거부에 관한 결정은 국가두마의 명령으로 정식화된다. 채택된 법률은 7일의 기한으로 서명 및 공표를 위해 주지사에게 보내지며 주지사는 그것이 도착한 날로부터 14일 이내에 서명, 공표하거나 거부할 수 있다. 만일 재심의에서 국가두마의 전체 의원수의 3분의 2 이상의 찬성으로 이전이 안이 채택되면 주지사는 10일내에 그것에 서명하고 공표해야 한다.

스따브로뽈 변강주 국가두마의 권한은 새로 소집된 국가두마가 업무를 시작하는 순간부터 중지된다. 국가두마가 변강주 법률에 따라 자체 해산을 결정했을 때, 주지사에 의한 국가두마의 해산 경우, 해당 소집 기의 국가두마 의원들이 의원권한을 갖고 있지 못하다는 변강주 법원의 결정이 효력을 발생했을 때, 연방법률에 따라 러시아연방 대통령의 주도하에 변강주 국가두마의 해산이 이루어질 경우 등에는 변강주 국가두마의 권한이 임기만료 이전에 중지될 수 있다. 변강주 국가두마가 채택한 변강주 헌법과 법률, 규범적 법규가 러시아연방 헌법, 법률, 변강주 헌법에 위배될 경우, 만일 그러한 위반을 법원이 확인하고 국가두마가 법원결정의 효력발생일로부터 6개월 동안 시정하지 않았다면, 주지사는 변강주 국가두마의 권한을 임기만료 이전에 중지시킬 수 있다. 이에 관한 주지사의 결정은 명령의 형식으로 채택된다. 이 경우 변강주 국가두마 선거는 권한중지 결정이 효력을 발생한 날로부터 6개월 이내에 진행된다.

스따브로뽈 변강주 헌법은 변강주 국가두마가 채택한다. 변강주 헌법은 공식적으로 공표되는 날부터 효력을 갖는다. 변강주 헌법에 대한 수정은 국가두마에 의해 가능하며, 그 제안은 변강주 국가두마 전체 의원의 3분의 1 이상, 주지사, 변강주의 지방자치 대의기관의 3분의 1 이상이 할 수 있다. 변강주 헌법 수정에 관한 결정은 변강주 국가두마의 전체 의원수의 3분의 2 이상에 의해 채택된다.

4) 사법기관

스따브로뽈 변강주에서 사법권력은 헌법, 민사, 행정 및 형사 소송의 진행으로 실현되며 재판은 오직 법원에서만 진행된다. 재판 진행의 원칙, 형식, 질서, 절차적 보장, 판사에게 제출되는 요구 등은 러시아연방 헌법 및 법률에 따라 정해진다.

스따브로뽈 변강주의 검찰은 러시아연방 검찰의 단일한 중앙집중적 체계에 들어가며 러시아연방 검찰총수에 예속된다. 변강주 검찰총수는 변강주 국가두마와 주지사의 동의하에 러시아연방 검찰총수가 임명한다.

5) 지방자치기관

스따브로뽈 변강주에서 지방자치는 러시아연방 헌법과 법률이 정한 원칙에 따라 실현되며 변강주 국가권력기관은 지방자치 발전을 위해 필요한 여건을 마련하고 그 기능과 권한의 실현에서 지방자치에 기여해야 한다. 변강주에서 지방자치는 라이온, 도시, 촌락 등에서 실현된다.

지방자치를 구성하는 부분은 지역 공공자치이다. 이는 해당 거주지별로 시민의 주도하에 구성된다. 지방자치의 경제적 기반을 이루는 것은 시 소유재산, 지방재정, 국가소유지만 그 운영이 지방자치기관에 이관된 재산, 그리고 주민의 필요를 충족시키는 시의 다른 소유재산이다. 지방자치의 재정적 기반을 이루는 것은 지방예산, 신용 및 다른 재정적 자원들이다. 지방자치 대의기관은 연방 법률에 따라 지방 세금과 요금을 정할 수 있다.

스따브로뽈 변강주에서 지방자치기관은 자신의 권한영역에서 국가권력기관으로부터 독자적으로 활동한다. 변강주 국가권력기관은 지방자치기관의 권한에 관계되는 문제를 독자적으로 심의할 수 없으며 지방자치기관이 자신의 권한을 독자적으로 실현하는 것을 방해할 수 없다. 지방자치기관이 필요한 물질적, 재정적 자원과 함께 변강주 국가권력기관의 국가권한을 이관받는 것은 변강주 법률에 의해서만 가능하다. 이 권한의 실현은 변강주 국가권력기관의 통제를 받는다.

스따브로뽈 변강주에서 지방자치기관은 자신의 권한영역에서 변강주 국가권력기관으로부터 독자적으로 활동한다. 변강주 국가권력기관들은 지방자치기관의 권한에 관계되는 문제들을 독자적으로 자신이 심의할 권리가 없다. 변강주 국가권력기관은 지방자치기관이 자신의 권한을 독자적으로 실현하는 것을 방해할 권리가 없다. 지방자치기관의 변강주 국가권력기관의 국가권한의 분배는 변강주 법률에 의해서만 실현되며 동시에 그 실현에 필요한 물질적, 재정적 자원을 이관받는다. 이관된 권한의 현실화는 변강주 국가권력기관의 통제를 받는다. 변강주에서 지방자치는 변강주 행정-지역 단위 안에서 실현된다.

3. 대의정치[3)]

3) 스따브로뽈 변강주 대의정치 부분은 다음을 번역, 정리하여 구성한 것이다. 인터넷 자료에 대한 검색은 주로 2003년 9월에 이루어졌다. 유권자수는, Дей ствующая схема одномандатных избирательных округов. Ставропольский край . http://ww.fci.ru/way/1D9E70E5-D0B7-...(검색일:2003.12.3.). 표를 비롯하여 선거에 대한 부분은, Календарь выборов. Ставропольский край . http://ww.fci.ru/html; Итоги выборов по одномандатным округам в разрезе окружных избирательных комиссий . Ставропольский край . http://w

1) 연방차원의 선거

(1) 러시아연방 대통령 선거

스따브로뽈 변강주에는 러시아연방 차원의 선거에서 4개의 선거구가 있다. 전체 유권자 수는 1999년 12월 러시아연방 국가두마의원 선거와 2000년 3월 러시아연방 대통령 선거의 경우 190만 8천명 안팎으로 집계되었다.

2000년 3월 26일 실시된 러시아연방 대통령 선거에는 유권자의 68%가 투표에 참여했고 뿌친이 투표참여 유권자의 과반수이상의 지지를 획득했다. 주요 후보들의 득표율은 다음과 같다.

후 보 명	득표율(스따브로뽈 변강주,%)	득표율(러시아연방,%)
지리놉스끼	2.1	2.70
쥬가노프	36.4	29.21
뿌친	52.5	52.94
찌또프	0.7	1.47
뚤레예프	1.8	2.95

---

w.fci.ru/v_razreze_okruzhnyh_izbiratelbnyh_komissiy; Выборы губернатора Ставропольского края - 2000. http://www.dosye.ru/archiv/reg26el.htm; НСН | Выборы Президента РФ 26 марта 2000. Ставропольский край. http://nsn.net.ru/print.pht... Оригинал документа: http://nsn.net.ru/?id=610&ch=5&sub=2. (검색일: 2003.12.7.). 상원의원에 대해서는, Ставропольский край. Лысяков Алексей Алексеевич. http://www.council.gov.ru... (검색일: 2003.12.3.); Коробейников Анатолий Антонович. http://www.council.gov.ru... (검색일: 2003.12.3.). 국가두마의원 명단은, Ставропольский край. Списки кандидатов. Список действующих депутатов Государственной Думы Федерального Собрания Российской Федерации третьего созыва (по состоянию на 3 апреля 2003 года). http://ww.fci.ru/way/18519C30-D0B7-... 30-31/61. (검색일: 2003.12.3.). 러시아연방과 관련해서는, Итоги выборов руководителей исполнительной власти субъектов РФ. http://ww.fci.ru/WAY/299554.html; Итоги выборов в законодательные (представительные) органы власти субъектов РФ. http://ww.fci.ru/WAY/299558.html; Статьи. Итоги голосования. Выборы Президента Российской Федерации 26 марта 2000 года. Российская Федерация. http://ww.fci.ru/way/203889/obj/202300.html. (검색일: 2003.9.5.); Итоги выборов по федеральному округу в разрезе окружных избирательных комиссий. Российская Федерация. http://ww.fci.ru/v_razreze_okruzhnyh_izbiratelbnyh_komissiy_1.(검색일: 2003.9.5.).

야블린스끼	3.0	5.80
기타	1.7	2.11
모든 후보에 대한 반대	1.2	1.88

(2) 러시아연방 국가두마의원 선거

1999년 12월 19일 실시된 러시아연방 국가두마의원에서 정당별 투표에 참여한 유권자수는 113만 6천 명 정도로서 전체 유권자의 60%를 차지했다. 스따브로뽈 변강주에서 정당별 투표의 최다득표자는 <러시아연방 공산당>이었다.

스따브로뽈 변강주에서의 정당별 득표
(1999년 12월 19일 러시아연방 국가두마의원 선거)

목 록	득표수	득표율(%)	득표율(러시아연방,%)
야블로꼬	46756	4.12	5.93
단결(메드베드)	321396	28.29	23.32
쥐리놉스끼 블록	58253	5.13	5.98
조국-전러시아	72987	6.42	13.33
러시아연방 공산당	354814	31.23	24.29
우파연합	64555	5.68	8.52

4개의 선거구에서 소선거구제로 지역구 선거가 진행되었고 4명의 당선자가 나왔다. 게오르기옙스크 선거구에서는 유권자의 59%가 투표에 참여했고 메쉐린이 당선되었다.

후보별 득표 (1999년 12월 19일 러시아연방 국가두마의원 선거)

① 게오르기옙스크 선거구

	후보명	득표수	득표율(%)
1.	바쥐나(Бажина О.Б.)	7964	2.84
2.	벨첸꼬(Бельченко В.Ф.)	18061	6.43
3.	바르따노프(Вартанов С.А.)	6641	2.37
4.	비쉬냐꼬바(Вишнякова Н.В.)	10589	3.77
5.	꼬발레바(Ковалева О.Д.)	12978	4.62
6.	마이오로프(Май оров Л.С.)	7616	2.71
7.	메쉐린(Мещерин И.В.)	70260	25.02
8.	물라리예프(Муллалиев Б.А.)	6432	2.31

9.	오치로프(Очиров В.Н.)	42606	15.17
10.	뻬뜨롭스끼(Петровский О.А.)	20947	7.46
11.	뽀노마렌꼬(Пономаренко В.Ф.)	34992	12.46
12.	스뗀끌랸니꼬프(Стеклянников И.Ю.)	7720	2.75
13.	또뽀르꼬프(Топорков А.Н.)	3881	1.38
14.	표도또프(Федотов В.Н.)	1167	0.42
15.	쉘로꼬프(Щелоков А.В.)	1576	0.56
	모든 후보에 대한 반대	21150	7.53

까브민보듸 선거구에서는 유권자의 58%가 투표에 참여했고 까뜨렌꼬가 당선되었다.

② 까브민보듸 선거구

	후보명단	득표수	득표율(%)
1.	바르바쇼프(Барбашов Р.В.)	3040	1.07
2.	브린짤로바(Брынцалова Н.Г.)	17693	6.24
3.	갈낀(Галкин С.Ф.)	11367	4.01
4.	디야꼬프(Дьяков А.Ф.)	33365	11.78
5.	자하렌꼬프(Захаренков А.В.)	16258	5.74
6.	이바노바(Иванова М.В.)	22533	7.95
7.	일리아디(Илиади И.Х.)	13220	4.67
8.	까뜨렌꼬(Катренко В.С.)	61844	21.83
9.	꾸라소프(Курасов Н.В.)	2223	0.78
10.	끄쇼프(Кшов С.С.)	3488	1.23
11.	말리샤크(Мальшак Ю.Г.)	58876	20.78
12.	밀레닌(Миленин В.Г.)	2540	0.89
13.	티모페예프(Тимофеев О.В.)	3124	1.10
	모든 후보에 대한 반대	27702	9.78

뻬뜨롭스크 선거구에서는 유권자의 62%가 투표에 참여했고 꿀리꼬프가 당선되었다.

③ 뻬뜨롭스크 선거구

	후보명단	득표수	득표율(%)
1.	아뜨로쉔꼬프(Атрощенков Д.И.)	20140	7.19
2.	바르바쇼프(Барбашов Г.В.)	1745	0.62
3.	보로다이(Бородай В.И.)	23885	8.53

4.	두쉬까(Душка Н.Л.)	13447	4.80
5.	까쁘스짠스끼(Капустянский А.Н.)	17888	6.39
6.	꼴레스니꼬프(Колесников В.В.)	1785	0.64
7.	꿀리꼬프(Куликов А.С.)	95160	33.97
8.	마르띄넨꼬(Мартыненко В.П.)	1525	0.54
9.	모로즈(Мороз В.А.)	6658	0.24
10.	뻬기셰프(Пегишев А.И.)	13334	4.76
11.	흘리노프(Хлынов М.И.)	5393	1.93
12.	흐미로프(Хмыров В.И.)	56832	20.29
	모든 후보에 대한 반대	16506	5.89

스따브로뽈 선거구에서는 유권자의 59%가 투표에 참여했고 이베르가 당선되었다.

④ 스따브로뽈 선거구

	후보명단	득표수	득표율(%)
1.	바비치(Бабич А.Г.)	1367	0.47
2.	보드로프(Бодров В.В.)	2512	0.87
3.	볼로디나(Володина О.В.)	3571	1.23
4.	고들렙스까야(Годлевская М.В.)	969	0.33
5.	그랴드스까야(Грядская Т.В.)	5724	1.98
6.	두지노프(Дудинов А.В.)	9578	3.31
7.	이베르(Ивер В.М.)	52335	18.08
8.	꼬지네쯔(Козинец В.Г.)	1487	0.51
9.	꼬로베이니꼬프(Коробей ников А.А.)	11097	3.83
10.	꾸지민(Кузьмин Д.С.)	33539	11.59
11.	삐스멘늬(Письменный Е.Я.)	24030	8.30
12.	뽀뽀프(Попов В.С.)	20229	6.99
13.	뽀뽀프(Попов (Сафонов) С.И.)	9189	3.17
14.	라진(Разин А.А.)	41619	14.38
15.	레셰뜨냑(Решетняк В.И.)	32481	11.22
16.	로흐미스뜨로프(Рохмистров В.В.)	9492	3.28
	모든 후보에 대한 반대	23975	8.28

(3) 러시아연방 의회 상원(연방회의)의 성원

스따브로뽈 변강주에서 선출된 러시아연방 상원의원은 리샤꼬프 (Лысяков А.А.)와 꼬로베이니꼬프(Коробей ников А.А.)이다. 리샤꼬프는 러시아연방 상원의 경제정책, 기업활동 및 소유에 관한 위원회 위원으로서, 스따브로뽈 변강주 국가두마에서 선출되었다. 1969년 11월 10일 생으로서 2002년 2월 21일 선출되었고 그 임기는 2006년 12월에 만료된다. 꼬로베이니꼬프는 러시아연방 상원의 국제문제 위원회 위원으로서, 스따브로뽈 변강주 정부에서 임명했다. 1937년 10월 3일 생으로서 2001년 1월 25일 임명되었고 그 임기는 2005년 12월에 만료된다.

2) 연방주체 차원의 선거

(1) 연방주체의 수장 선거

2000년 12월 3일 스따브로뽈 변강주의 주지사 선거가 성립되었다. 주지사 직위에는 13명이 입후보했다. 2000년 12월 17일 결선투표가 성립되었다. 변강주의 법령에 따르면 투표에 참여한 유권자의 표를 과반수이상 획득한 등록된 후보가 당선된 것으로 인정된다. 50% 이상 득표한 후보가 없을 경우 최다 득표를 한 두 후보를 대상으로 결선투표가 진행된다.

선거관리위원회의 집계에 따르면 1차 투표에는 46.51%의 유권자가 참여했다. 모든 후보에 대한 반대에는 투표참여 유권자의 6.13%가 투표했다.

후보별 득표 (2000년 12월 3일 스따브로뽈 변강주의 주지사 선거 1차투표)

	후보명단	득표율(%)
1.	곤따르(Гонтарь Ю.А.)	1.70
2.	주예프(Зуев Н.И.)	0.31
3.	일리야소프(Ильясов С.В.)	18.91
4.	까즈나체예프(Казначеев В.А.)	1.40
5.	꼰스딴띠노프(Константинов В.Г.)	0.21
6.	끄라술랴(Красуля В.А.)	0.39
7.	꾸지민(Кузьмин М.В.)	17.51
8.	삐스멘늬(Письменный Е.Я.)	4.22
9.	라진(Разин А.А.)	3.78
10.	로흐미스뜨로프(Рохмистров В.В.)	0.53
11.	호룬쥐(Хорунжий В.В.)	1.42
12.	체르노고로프(Черногоров А.Л.)	28.69
13.	쉬야노프(Шиянов А.А.)	13.38
	모든 후보에 대한 반대	6.13

선거관리위원회의 집계에 따르면, 결선투표에는 43.33%의 유권자가 투표에 참여했다. 모든 후보에 대한 반대에는 투표참여 유권자의 6.07%가 투표했다. 스따브로뽈 변강주의 주지사로는 체르노고로프가 당선되었다.

후보별 득표 (2000년 12월 17일 스따브로뽈 변강주의 주지사 선거 결선투표)

	후보명단	득표율(%)
1.	일리야소프(Ильясов С.В.)	36.33
2.	체르노고로프(Черногоров А.Л.)	56.57
	모든 후보에 대한 반대	6.07

체르노고로프는 스따브로뽈 변강주의 아빠나센꼽스크 라이온에서 1959년 7월 13일 출생했다. 1981년 꾸반 농업연구소를 졸업하고 끄라스노다르 시의 `사뚜른' 공장에서 기술자로 일하기 시작했으며 1982년부터 꼼소몰 활동을 시작했다. 그의 꼼소몰 활동은 1990년까지 이어지는데, 1987년에는 스따브로뽈 변강주 꼼소몰의 제1서기로 선출되었다. 제19차 전당대회의 대의원으로 선출되었고, 꼼소몰의 20차 및 21차 대회, 러시아연방의 꼼소몰 조직들의 대회들, 13회 세계 청년축전의 대표로 선출되기도 했다.

1990년에 체르노고로프는 변강주의 인민대의원회의 청년문제에 관한 상설위원회의 의장으로 선출되었다. 1993년 러시아 행정아카데미를 마쳤고 국가 및 시 행정에 관한 법률-자문역의 자격을 얻었다. 1994년 9월부터 1995년 12월에 걸쳐 스따브로뽈 대학의 국가-법 분과와 스따브로뽈 국립대학의 법학부의 교수로 일했다. 1995년 12월에 러시아연방 의회의 국가두마의원으로 선출되었다. 1996년 11월에 스따브로뽈 변강주의 주지사로 당선되었다. 2000년 12월에 체르노고로프는 2005년까지의 임기를 갖는 스따브로뽈 변강주의 주지사로 재선되었다. 법학박사이며 러시아 안보, 방위 및 법치 아카데미의 회원이다. 러시아연방 국가평의회의 성원이기도 하다.

(2) 연방주체의 수도의 장 선거

2003년 9월 21일 스따브로뽈 시의 수장 선거가 진행되었다. 시장선거에는 7명의 등록된 후보가 등록되었으며 6명은 등록이 거부되었고 2명은 사퇴했다.

스따브로뽈 변강주의 법률 <스따브로뽈 변강주에서 지방자치기관의 선거 진행절차에 관하여>에 따라 투표종료시점에 유권자 명부에 포함된 유권자의

25% 미만이 투표에 참여한 경우, 최다득표를 한 후보의 득표수가 모든 후보에 대한 반대에 투표한 유권자 수보다 적을 경우, 선거는 성립되지 않은 것으로 해당 선거관리위원회가 인정한다. 투표에 참여한 유권자의 표를 가장 많이 얻은 후보가 당선된 것으로 인정되며, 동수(同數)일 경우 먼저 등록한 후보가 당선된 것으로 간주된다.

스따브로뽈 시장 선거는 성립되었고 41.88%의 유권자가 투표에 참여했다. 시장으로는 현직 시장인 꾸지민(Д. С. Кузьмин)이 당선되었으며 40.12%의 유권자가 그에 투표했다.

Ⅳ. 경제 시스템

1. 경제개황

스따브로뽈 변강주는 7개의 연방지구 중 남부연방지구에 속하고 12개의 러시아 경제지역 중 북 까프까스 경제지역에 속한다. 경제지역 중 북 까프까스 경제지역은 지리적으로 살펴보면 스따브로뽈 변강주를 중심으로 주변에 10개에 자치주체들이 병풍을 두르고 있는 형상을 하고 있어 스따브로뽈 변강주가 이 경제지역의 중심축 역할을 하고 있다. 즉 스따브로뽈 변강주는 러시아에서 경제 전략지역으로서 중요한 역할을 차지하고 있는 것이다.

스따브로뽈 변강주는 농업이 매우 발달되어 있다. 러시아 대비 비율을 보면 농업생산액이 2.6%에 이르고 있을 정도로 대규모의 농업이 이루어지고 있다.

스따브로뽈 변강주는 농업부문 외에 몇 가지 부문의 산업이 융성해 있다. 공업이 대표적이고 그 외 요양-관광부문과 운송산업이 기반화되어 있다. 특히 공업은 몇 개의 부문이 특화되어 있는바(화학 · 석유화학과 전기전력, 기계제작, 그리고 식품공업) 공업생산량은 러시아대비 비율이 0.7%에 이르고 있다.

요양-관광산업도 여타 지역에 비해 앞서 있으며 주로 관광이 대표적이고 치료 요양과 휴가 요양이 융성해 있다. 이것은 지리적 위치로 인해 공기와 물이 맑고 자연환경이 뛰어난 것에 기인하고 있다.

스따브로뽈 변강주의 지역총생산은 러시아대비 1.0%에 이르고 있으며, 지역총생산을 연도별 추이로 살펴보면 다음과 같다.

스따브로뽈 변강주 지역총생산액 추이

항목 \ 년도	1996	1997	1998	1999
지역총생산	22,060	25,357	29,223	43,440
1인당 지역총생산	8,261	9,469	10,882	16,148
지역총생산 지수		96	94.6	104.1

http://www.infostat.ru/epub.htm (검색일: 2003.1.10)

스따브로뽈 변강주의 지역총생산에 있어 주요 구성별을 살펴보면 공업부문과 농업부문이 각각 19.9%, 18.9%로 주요 부문이고 여타 유통 14.9%, 운송 11.6%, 건설 6.0%로 나타나고 있다.

스따브로뽈 변강주의 기업부문의 지표에 있어 총 기업수, 소 기업수 그리고 현재 공업에서 활동하고 있는 기업수를 표를 통해 연도 추이별로 알아보면 다음과 같다.

기업수 추이

항목 \ 년도	1997	1998	1999	2000
총기업수(연말)	52,544	53,600	55,362	57,436
소기업수(연말)	10,361	155,221	9,596	7,101
활동기업수	2,837	3,570	2,365	1,625

http://www.infostat.ru/epub.htm (검색일: 2003.1.10)

2. 산업

1) 공업

스따브로뽈 변강주의 공업은 몇 년 동안 개혁의 여파 속에 있었다. 각 부문의 문제를 찾아내고 발전방향을 설정하고 꾸준한 개혁을 실행해 왔다. 그럼에도 불구하고 스따브로뽈 변강주의 공업성과는 아직도 러시아의 평균보다 약간 아래에 머물고 있다. 이러한 상황은 북 까프까스 경제지역 전체가 대체로 비슷하다. 로스토프주는 러시아 평균에 비해 60%에 이르고 스따브로뽈 변강주와 끄라스노다르스크주, 그리고 까라차이-체르께씨야 공화국은 약 30-40%에 이르고 있는 수준이다. 그리고 여타 지역은 약 25%수준에 이르고 있다.

이러한 요인에는 대체로 경제개발시기가 정책적으로 여타 경제지역보다 늦었던 점도 있었고 정책적인 산업구조 조정기에 자연적 조건을 고려해 전통적으로 발전해 오던 농업에 특화하는 정책을 써왔기 때문이다.

그렇지만 스따브로뽈 변강주에서 몇몇 발전된 공업부문을 발견할 수 있으며 전기전력, 화학·석유화학부문과 식품공업, 그리고 기계제작부문 등을 상당한 진전이 있는 산업으로 손꼽고 있다.

스따브로뽈 변강주의 공업조망을 위해 총 공업생산량을 표로 살펴보면 다음과 같다.

총 공업생산량 추이

항목 \ 년도	1997	1998	1999	2000
총 공업생산량	11,453	11,633	19,399	28,416
공업생산 지수	84	104	119	106

http://www.infostat.ru/epub.htm (검색일: 2003.1.10)

스따브로뽈 변강주의 공업을 구성하는 주요 부문과 각 비율을 살펴보면 전기전력과 식품공업, 그리고 화학·석유화학이 주요한 역할을 하고 있다. 여타 부문을 표로 보면 다음과 같다.

주요 공업생산부문별 생산비율

생산부문	스따브로뽈 변강주 총공업생산 비율
전기전력	26.9%
연료공업	5.8%
철강업	0.2%
화학·석유화학	22.4%
기계제작·금속가공	11.0%
목재가공, 종이·펄프	1.0%
건재공업	3.1%
경공업	1.0%
식품공업	22.4%
제분,곡물,사료	2.5%
기타	3.7%

http://www.infostat.ru/epub.htm (검색일: 2003.1.10)

2) 농업

스따브로뽈 변강주의 농업은 자연적 조건이 훌륭해서 충분히 발달된 상태에 있다. 러시아 평균 농업 생산량 보다 실질적으로 몇 배가 높다. 이러한 현상은 북 까프까스 경제지역에 모두 공통되게 나타나고 있으며 스따브로폴 지방과 끄라스노다르스크 지방은 러시아 평균 생산량보다 각각 1.7배와 1.6배를 기록하고 있다.

북 까프까스 지역은 공업으로 러시아경제에 큰 기여를 하지는 못하지만 식량의 창고로서의 농업은 중요한 역할을 하고 있다. 특히 식물성 식용유는 52%나 생산하고 있고 설탕은 39%, 모든 형태의 통조림은 24%를 생산하고 있다.

이 외 가축사육도 북 까프까스 지역에서는 활성화되고 있으며 스따브로뽈 변강주과 다게스딴이 러시아 동물성 식량의 주 공급원이라 할 수 있다. 낙농을 비롯한 목양이 주요 분야이며 스따브로뽈 변강주의 가축사육에 의한 공급량은 러시아 총 생산량대비 약 14%에 이르고 있다.

스따브로뽈 변강주의 총 농업생산액과 가축-작물생산량 등의 관련자료를 살펴보면 다음과 같다.

농업생산량 추이

항목 \ 년도	1997	1998	1999	2000
총농업생산액	8,700.3	9,878.7	15,605.4	20,677.8
작물관련 생산액	1,402.5	3,883.6	7,707.5	10,552.8
가축관련 생산액	4,657.8	5,995.1	7,897.9	10,125.0
농업생산 지수	97	93	97	103

http://www.infostat.ru/epub.htm (검색일: 2003.1.10)

3. 자원 등 기타

스따브로뽈 변강주은 평지와 산악지대의 중심에 자리 잡고 있다. 이 지역의 북동지역은 융기한 산악지대를 낀 평원이며 남서부는 전형적인 산악지대이다.

빠찌고르스크(Пятигорск) 지역은 초원, 활엽수림을 가지고 있으며 등산하기에 안성맞춤인 산이 있는 평원지대이다. 이 평원지대의 주위로는 꾸마강과 뽀드꾸마강이 펼쳐져 있다. 이 평원의 아래 지역으로 17개의 가파른 산들이 펼쳐져 있다.

끼슬로보쯔크(Кисловодск) 지역은 깊은 동굴과 암굴을 가지고서 대지를 형성하고 있는 모래산과 백악기산에 위치하고 있어 그 자연 경관이 무척 아름답다.

이 지역의 토양은 크게 두 가지로 구분된다. 첫 번째 유형은 흑토질로서 전형적이며 평범한 것으로 주로 남쪽 지방에 펼쳐져 있으며 다른 밤색토양의 경우는 그 종류가 어두운 밤색, 중간밤색, 밝은 밤색으로 나뉘어져 있다.

스따브로뽈 변강주는 전체적으로 지하자원 분야에서는 희귀한 광물원소들이 많으며 다른 지역에서 발견하기 어려운 독특한 수성 인산칼슘, 세슘을 함유한 합성우란, 염소, 희귀 토양들이 분포하여 있다.

스따브로뽈 변강주의 동물계는 다양하여 숲과 초원 등지에서 너구리, 들쥐, 고슴도치, 초원 족제비, 산토끼 등을 볼 수 있으며 특히 조류는 매우 풍부하다.

식물계의 측면을 보면 초원지대와 목초지대로 대표할 수 있으며 특히 남쪽 경사부분은 희귀한 건성식물계를 이루고 있다. 전체적으로는 밤나무, 참나무, 호두나무, 소나무를 비롯하여 250여종의 식물 및 관목들이 있다.

V. 문화시스템

1. 지역정체성

1) 인구

스따브로뽈 변강주의 인구는 2001년 현재 총 2,654,000명으로 러시아연방 전체 인구의 1.83%, 89개 주체 중 18위이다. 변강주의 인구상황은 매우 양호한 편으로, 2000년까지도 꾸준한 증가세를 보인 후 2001년부터 약간 감소추세를 보이나, 1990년 대비 인구 증가율이 8.85%에 이른다. 이는 변강주 인구의 자연증가율이 1990년 초반부터 마이너스로 돌아섰음에도 불구하고 나타나는 긍정적인 현상으로, 외부로부터의 유입인구가 미치는 영향이 절대적이다.

스따브로뽈 변강주 인구변동 추이

연도	1990	1992	1993	1994	1995	1996	1997	1998	1999	2000	2001
인구수 (1,000명)	2,438	2,507	2,551	2,586	2,621	2,638	2,644	2,653	2,660	2,660	2,654

Российский статистический ежегодник. Госкомстат России. М., 2001. С. 113.

스따브로뽈 변강주의 인구 자연증가율은 이미 1993년부터 사망률이 출생률을 초과함으로써 역조현상을 보인지 오래다. 게다가 그 폭은 해가 거듭될수록 커지고 있는 양상이다. 그럼에도 불구하고 전체 인구상황은 매우 안정적인 상태로 이는 주변 국가와 인접지역 주체들로부터 유입되는 전입인구의 증가에 따른 것이다.

스따브로뽈 변강주 출생자수, 사망자수, 자연증가율

연도	출생자수(명)	사망자수(명)	자연증가율(명)
1990	36,374	28,590	7,784
1992	33,181	30,420	2,761
1993	28,628	34,524	-5,896
1994	29,699	35,993	-6,294
1995	28,404	36,022	-7,618
1996	26,085	35,265	-9,180

1997	25,622	35,121	-9,499
1998	25,681	34,257	-8,576
1999	24,005	36,055	-12,050
2000	24,799	37,304	-12,505

Россий ский статистический ежегодник. Госкомстат России. М., 2001. С. 113.

스따브로뽈 변강주의 2000년 현재 경제활동인구는 전체 인구의 약 46.50%, 1,237,000명으로 비교적 적은 편이다. 그 중 실업자 수는 총 171,000명으로 13.8%의 실업률을 보이고 있다. 변강주의 실업률은 1997년 경제위기를 계기로 전년대비 무려 4.1p가 상승하였고, 1999년도에는 18.5%까지 도달하였으나, 2000년 들어서 급격한 하락세를 보이고 있다.

스따브로뽈 변강주 경제활동인구(취업자, 실업자), 실업률

연도	경제활동인구 (1,000명)	취업자수 (1,000명)	실업자수 (1,000명)	실업률(%)
1992	1,228	1,158	70	5.7
1993	1,196	1,122	74	6.2
1994	1,173	1,107	66	5.6
1995	1,130	1,024	106	9.4
1996	1,102	994	108	9.8
1997	1,109	955	154	13.9
1998	1,078	903	175	16.2
1999	1,241	1,011	230	18.5
2000	1,237	1,066	171	13.8

Россий ский статистический ежегодник. Госкомстат России. М., 2001. С. 137.

2) 민족

스따브로뽈 변강주에는 약 90여 이상의 민족이 거주하고 있다. 주요 민족은 러시아인으로 84.0%를 차지하며, 아르메니아인 2.9%, 우끄라이나인 2.6%, 다르긴인 1.3%, 그리스인 1.1%, 노가이인 0.7%, 벨라루스인 0.6%, 체첸인 0.6%, 까라차이인 0.6%, 집시 0.5%, 독일인 0.2%, 까바르드인 0.2%, 오쎄트인 0.2%, 유태인 0.2%, 아바즈인 0.1% 등이 거주한다.

3) 교육

스따브로뽈시는 교육도시라 할 수 있을 정도로 각급학교와 학생 수가 많다. 16개 고등교육기관이 운영되고 있는데, 그 중 9개교가 국립이며 나머지는 사립이다. 사립학교는 첨단설비와 교육 장비를 도입하고 전산실을 도입하는 등 교육여건을 잘 갖추고 있다. 학생과, 학부모, 교사 등은 자유롭게 학교를 선택할 수 있게 되었다.

이와 관련, 최근에는 이공계 학교를 진학하는 학생 수는 감소한 반면, 인문계 및 상대, 법대 진학 학생이 늘고 있는 추세이다.

각 대학은 북 까프까스 지역에 소요되는 고급전문가들의 양성 뿐 아니라 북 까프까스 지역 제 민족들의 우호관계를 강화하는 데 크게 기여하고 있다.

스따브로뽈 변강주에는 10개 초급기술전문학교가 안정적으로 운영되고 있으며, 이들 교육기관에서는 각 분야의 근로자 및 전문가를 양성함으로써 노동시장의 수요를 충족시킬 뿐 아니라 기존의 전문가들 및 실직자들의 재교육에 앞장서고 있다.

스따블로뽈시에는 시에서 운영하는 27개를 포함한 69개 취학 전 아동교육기관과 27개 보충교육기관, 5개 고아원이 운영되고 있다.

2. 지역문화

1) 문화개괄

까프까스의 역사에는 많은 비밀과 전설이 있다. 역사의 시작은 문화의 형성과 일치하고 있다. 인간은 존재하기 위해서 항상 생활 도구들을 만들어내고 그것들을 아름답게 장식했다. 이 모든 도구들은 현대인들에게 당대의 문화에 대해서 알려주고 있다.

스따브로뽈 지역의 역사는 기원전 천여 년 전에 시작되었는데 당시 이 지역의 주민들은 신트(Синт)족(고대 까프까스 민족의 하나), 메오트(Меот)족이었다.

소맥 이삭과 말머리 장식이 있는 동전들이 남아 있는데 이것들은 당시의 주요한 일이 무엇인지를 잘 말해주고 있다. 또 무기 장식이나 생활도구의 장식이 거의 변화 없이 남아 있다. 또 알란의 장인들의 뼈와 금속 작품들이 남아 있다.

기원전 2-1세기에 스따브로뽈의 생활과 문화는 까체브(Качев)족인 사르마뜨(Сармат)족의 영향으로 약간의 변화를 겪게 되었다. 스따브로뽈이 러시아에 자발적으로 편입된 것은 스따브로뽈의 정치, 경제, 문화 영역에서 커다란 변화를 불러 일으켰다.

오늘날 스따브로뽈 지역에는 3개의 극장과 3개의 콘서트 단체와 644개의 클럽이 있고 9개의 문화와 휴식 공원, 37개의 박물관, 637개의 도서관, 124개의 어린이 음악 예술 학교, 3개의 중등 문화 예술 전문학교가 있다. 지역에는 1,185개의 문화 기념물이 있고 그중 115개는 연방차원에서 중요하다.

스따브로뽈시는 행정적으로뿐만 아니라 산업, 학문, 문화적으로 변강주에서 가장 큰 중심지이다. 20세기 초에 시는 크게 성장했다. 중심지가 건설되었고 건축은 현대적 양식을 갖추게 되었다. 시의 모습에는 유럽적 경향이 나타나고 있다.

시는 문화와 민중 교육에 상당한 관심을 기울이고 있다. 상원의원과 변호사들의 주창에 따라 두개의 박물관이 개관 중이며 그것은 교과서박물관과 지지 박물관이다. 박물관이 하나로 통합된 지지박물관은 북 까프까스에서 가장 큰 박물관이다. 1962년 이 박물관을 토대로 해서 조형 예술 박물관, 문학 박물관, 로빠찐(В. А. Лопатин) 가족 박물관, 예술가 그레치쉬낀 (П. М. Гречишкин) 박물관이 만들어졌다. 시의 요새 언덕에 스따브로뽈시 박물관이 개관 중에 있고 따따르시에 박물관-보호 구역이 운영 중이다.

그리보에도프, 알렉산드르 푸쉬킨, 레르몬또프, 레프 톨스토이, 베레샤긴이 생전에 스따브로뽈 변강주에 방문했었고 이들의 방문은 스빠브로뽈시 문화의 발전에 커다란 기여를 했다.

1845년에 스따브로뽈 변강주에는 최초의 러시아 극장이 세워졌다. 1920년에 이 극장에 스따브로뽈 레닌 극장이라는 이름이 주어졌고 1964년에 스따브로뽈 레르몬또프 드라마 극장으로 개칭되었다. 이 극장은 다른 지역에까지 이름이 알려져 있다. 1955년에 극장은 새로운 건물로 이전했는데 이 건물은 특별한 계획에 따라 세워졌다.

1959년에 세워진 스따브로뽈 식물원은 커다란 의미를 가지는데 첫째는 여기에는 여러 가지 토양에서 자라는 수 천 그루의 나무와 관목들이 있고 둘째로는 이 식물원의 소장 식물들은 시 녹화 사업에 참여하고 자연보호 사업에도 기여하고 있다.

스따브로뽈에는 북 까프까스에서 가장 큰 문화 체육 궁전이 있고 이 건물은 자신의 독특한 건축 양식을 가지고 있으며 콘서트홀과 영화 관람석을 합쳐서 1,700명의 관객을 수용할 수 있다.

2) 문화시설

레르몬또프 스따브로뽈 변강주 드라마 극장

스따브로뽈시에는 훌륭한 레르몬또프 극장이 있다. 이것은 까프까스에 세워진 최초의 러시아 극장이다. 1845년에 극장을 건립하려는 시도가 있었다. 그래서 모스크바잡지 '극장 통신'에 새로운 극장에 대해서 다음과 같이 썼다. "새로운 아름다운 석조 건축물이 세워졌다. 이 새로운 건물은 극장건물이고 두 개의 특별층이 있고 3층에는 갤러리가 건설되어 있다. 극장 무대는 매우 넓고 높다. 극장 실내 장식은 아주 훌륭하며 극장의 배우진은 그리 많지 않은 6명의 남자 배우들과 3명의 여배우들로 구성되어 있다."

1869년에 스따브로뽈 극장은 정부의 지원이 끊어져 첫 번째 타격을 입었다. 그러나 시의 주민들은 자신들의 극장을 사랑해서 극장이 해산되고 문을 닫는 것을 허용할 수 없었다. 그래서 극장을 살리기 위한 공동 출자금을 모금하자는 서명이 있었다.

1882년에도 극장은 위기에 봉착했지만 시의 주민들이 재건했다. 1964년에 이 극장은 스따브로뽈 레르몬또프 드라마 극장으로 개칭되었고 새로운 건물로 이사했다. 현재 극장은 아카데미란 명칭을 얻고 있다. 1997년에 극장은 '영예로운 상'의 수상자가 되었고 러시아 전역으로 객연활동을 벌이고 있다.

아디게야 공화국
Республика Адыгея

I. 개황

1. 기초정보

공화국 성립일: 1990년 10월.

- 1928년 8월 13일 - 아디게야 자치주
- 1922년 8월 24일 - 아디게야(체르께씨야) 자치주
- 1922년 7월 27일 - 끄라스노다르 변강주 소속 체르께씨야(아디게야) 자치주

수도: 마이꼬프(Майкоп)

인구: 446,000명(2001년 현재: 러시아연방 전체의 0.30%, 89개 주체 중 74위)

인구밀도: 58.68명/㎢

면적: 7, 600㎢(러시아연방 전체 면적의 0.04%; 89개 주체 중 86위)

소속지구: 남부연방지구, 북 까프까스 경제지구

한국과의 시차: -6시간

2. 상징

아디게야 공화국 문장

아디게야 공화국 문장은 원형이며, 상반부는 '아디게야 공화국'이라는 글자가 러시아어와 아디게어로 새겨져 있는 리본으로 감싸여 있다. 리본 중앙에는 큰 별이 새겨져 있으며, 좌측에는 단풍나무와 참나무 잎, 우측에는 금빛 밀 이삭과 옥수수가 새겨져 있다. 원형 방패 하단부에는 '러시아연방'을 의미하는 약자 'PΦ'가 새겨져 있으며, 그 위에는 빵과 소금이 놓여 있는 식탁이 묘사되어 있다. 원형 방패 중앙에는 싸우스리꼬(Саусрыкъо)구전 서사시에 나오는 비마(飛馬)를 탄 영웅이 형상화되어 있다.

기마상의 손에는 영웅이 신들에게서 백성들의 행복을 위해 빼앗은 횃불이 쥐어져있으며, 횃불에서 나오는 불꽃은 12개의 별이 되어 마치 하늘을 향해 흩어지는 듯하다. 기수의 비상은 신생 공화국의 미래, 진보를 향한 비상을 상징한다. 또한 식탁 위의 빵과 소금, 방패 좌우측의 밀 이삭, 옥수수, 그리

고 황소머리는 공화국의 부를 상징한다. 문장 상부에 새겨진 오각성(五角星)은 아디게야 공화국의 수많은 민족들의 통합과 친선을 의미한다.

아디게야 공화국의 문장은 1994년 3월 24일 채택되었다.

아디게야 공화국 국기

아디게야 공화국 국기는 녹색의 장방형 천에 12개의 금빛 별과 3개의 금빛 화살이 교차되어 있는 형상이다. 국기의 가로, 세로 비율은 3:2이다. 공화국 국기는 1830년대에 제작되었다. 여기서 12개의 별은 12개 체르께씨야 종족을, 3개의 화살은 3개 고대 아디게야 귀족을 나타내며, 화살이 교차하는 형상은 그들의 화합을 상징한다. 녹색은 공화국 국민들의 삶과, 40%가 숲으로 된 공화국 영토의 영원성을 상징한다. 아디게야 공화국 국기는 1994년 3월 24일 채택되었다.

3. 주요도시

마이꼬프(Майкоп): 인구 167,900명; 북위 44°37′, 동경 40°5′
(인구: 2002년 현재)

4. 주요 산업 및 농업

공화국의 주요 산업으로 기계제작, 식료품산업, 연료산업(원유, 가스 채굴 및 가공), 경공업, 목재가공 산업 등이 발달했으며, 농업부문은 관개농지를 포함한 농업이 특화되어, 사탕무우, 밀, 옥수수, 해바라기, 정유(精油) 함유 식물, 산지원예, 야채재배, 포도재배, 참외류 재배, 그리고 축산업, 낙농업, 산악목양, 양금, 양봉 등이 발달했다.

Ⅱ. 자연환경

1. 지리적 위치와 구성

아디게야 공화국은 7개 행정구, 2개 시, 5개 도시형마을, 50개의 농촌마을로 구성되어 있으며, 까프까스 북서부, 끄라스노다르 변강주의 내륙에 위치하고 있어, 바다가 없는 공화국이다. 북쪽에는 꾸반 평원이 있고 남쪽에는 볼쇼이 까프까스의 산들(주요 산은 추구슈(Чугуш)로 높이는 3,238m이다)이 있다.

주요 하천은 꾸반강과 그 지류인 라바(Лаба), 벨라야, 프쎄꾸프스(Псекупс)강이다. 그밖에 4개의 커다란 저수지가 있다.

수도 마이꼬프(Май коп)와 모스크바 간의 거리는 1,669㎞이다.

2. 기후조건

온난기후대, 대륙성기후, 고산기후

1월 평균기온: -2℃

7월 평균기온: 22℃

연강수량: 700㎜

식물 생장 기간: 210(저지대) ~ 180일(산기슭 부분)

식생: 스텝 지대

토양: 흑토

삼림분포도: 36%(너도밤나무, 참나무, 까치박달나무, 단풍나무 등)

3. 주요 유용광물

건축 재료가 되는 광물 원료(모래-자갈 혼합물, 판암)와 연료-에너지 자원이 많이 매장되어 있다. 7개의 벽돌용 점토 산지, 5개의 모래-자갈 원료 산지, 2개의 건축용 석고 산지가 알려져 있다. 다호프스크 화강암층에 매장된 암설도 공화국이 보유한 주요 자원이다. 건축용 모래와 유리 산업에 사용되는 양질의 석회암 산지가 있다. 인회토의 매장량은 18만 톤 정도이다. 원유는 17만 1천 톤, 천연가스는 약 200억㎥이 매장되어 있다.

Ⅲ. 정치시스템

1. 역사[1)]

아디게족(민족의 자체 명칭 - 아디기, адыги)은 북-서 까프까스에서 오래된 토착민족이며 세계의 역사에서는 체르께스로 더 유명하다. 소비에트 러시아의 형성 시기에 인위적으로 부분으로 나뉘어진 아디게족들의 집단 하나를 '아디게인'이라고 불렀으며, 나머지 집단은 현대의 까바르드 민족과 체르께스 민족이다. 아디게인들의 선조는 다양한 시기에 인종적 용어를 지녔다. 메오트, 신드, 께르께트(керкеты)는 아조프 해의 연안과 흑해의 북-동 연안을 따라서, 그리고 꾸반 하류지역에서 살았다.

초기 철기시대에 북-서 까프까스에는 농경 및 목축 형태의 문화가 등장했다. 기원전 3천년 경 여기에서는 독특하게 큰 돌을 이용하는 매장의 유적 때문에 그렇게 불리는 고분(돌멘)문화가 생겨났고 번성했다. 이 문화는 기원전 2천 년대 마지막 4분기까지 존속했다. 까프까스 돌멘의 분포지역은 아디기-아브하지야 족의 발상지이다. 꾸반 연안의 돌멘문화와 함께 마이꼬프 문화가 존재했다. 첫 번째 고전적인 마이꼬프 문화의 유적들은 귀금속으로 만들어진 훌륭한 제품들을 갖춘 커다란 무덤의 형태로 혁명이전 시기 꾸반 연안에서 발굴되었다.

첫 번째 철은 기원전 2천 년대부터 여기에 나타나며 기원전 9세기 말 - 8세기 초에는 중요한 경제적 및 사회적 진보가 일어났다. 경제양식은 목축, 농경, 제철, 방적으로 대표된다. 기원전 1천 년대부터 처음으로 인종의 발생에 중요한 역할을 한 북 까프까스 종족의 명칭 - 메오트, 신드, 아헤이, 지히

---

1) 아디게야 공화국 역사 부분은 다음을 번역, 정리하여 구성한 것이다. 인터넷 자료에 대한 검색은 주로 2003년 11월부터 2004년 1월 사이에 이루어졌다. Dontr. Ru | ЮФО | Республика Адыгея - Общая характеристика. http://www.dontr.ru/Environ/WebObjects/dontr.woa/wa/Ufo?item=general&section=10; Dontr.Ru | ЮФО | Республика Адыгея - История. http://www.dontr.ru/Environ/WebObjects/dontr.woa/wa/Ufo?item=history&section=10; Dontr.Ru | ЮФО | Республика Адыгея - Май коп.http://www.dontr.ru/Environ/WebObjects/dontr.woa/wa/Ufo?item=maikop&section=10; Республика Адыгея. Исторический очерк. http://adygheya.ru/index.shtml?adg/hist/.

등 -이 알려지게 된다. 그리스 및 로마의 사료에서는 그들은 메오트와 신드라는 집합적 명칭아래 기원전 1천년에 흑해, 아조프 해의 동쪽 연안 그리고 꾸반 연안을 차지하고 있었던 것으로 기록된다. 기원전 5세기 초 신드의 메오트 족 가운데 하나의 땅에서 수공업과 유통의 중심지인 도시가 생겨났다. 신드에게서 그리스 세계와의 접촉에 힘입어 계급과 국가의 등장과정이 빨라졌다. 기원전 5세기 말경 신드 사회(Синдика)는 왕조로 변화된다. 보스뽀르스크 국가와의 밀접한 정치적, 경제적 관계가 형성된다. 150년이상 보스뽀르에 의해 통치된 스파르타크의 왕조는 그리스가 아닌 메오트 계열이었다는 학자들의 견해가 존재한다.

기원전 7-6세기에 북-서 까프까스에서 철의 광범위한 활용의 시작은 모든 물질문화 및 사회생활의 변화에 기여하는 생산력을 강력하게 발전시킨다. 이 시기에 즈음하며 꾸반의 오른쪽 강변과 까프까스 산맥의 북쪽 사면(斜面)에 이르는, 멀리는 메오트 호수(아조프해)의 동쪽 연안에 이르는 그 왼쪽 하구를 따라 메오트 문화가 펼쳐졌다. 메오트족은 정착 농경인들이었다. 농경과 함께 가축 사육, 어업, 제철, 수공업(세라믹, 방적, 귀금속, 가죽, 목재가공 등)이 발달되었다.

기원후 초기에 역사의 무대에는 연해주의 종족 가운데 하나인 지히가 등장한다. 초원의 메오트들보다 더 유리한 조건으로 지히는 통합과정에서 중요한 역할을 시작한다. 6세기 경 지히를 중심으로 이웃 종족들이 결합되며 지흐스크 연합이 구성된다. 8세기의 저자들은 지히 사회를 흑해의 동쪽 해안에 있는 중요한 나라로 기록한다. 이 사건에서 단일한 아디기 민족체로 종족들이 연대하는 과정이 보여진다. 지흐스크 연합과 함께 꾸반 부근의 까소그, 꾸반 남-동쪽의 아바즈그 연합이 형성된다.

6세기에 북-서 까프까스에서 비잔틴의 영향이 강화된다. 6세기 경 해안의 아디게들이 기독교에 호소한 것과 비잔틴 주교에 직접적으로 예속되는 지히스크 그리스 정교 감독관구의 구성이 관련된다. 지히와 까소그라는 이름하에 이 시기 아디게들에 대한 기록은 아디게족 전체의 통일성이 서쪽 및 동쪽 아디게들(까바르드인들)로 해체되는 것에 대해 말할 수 있는 근거를 준다.

944년 끼예프 대공 스뱌토슬라프에 의한 하자르 족의 몰락이후 따마따르흐 시는 뜨무따라깐의 이름하의 루시에 들어갔다. 뜨무따라칸 공국의 영토는 동쪽 끄림, 따만 반도를 차지했다. 그 영토에는 슬라브인, 아디기, 그리스인, 알란족 등이 살았다.

10세기부터 러시아 라브렌찌예프 연대기에는 처음으로 까소그의 이름하의 아디기들이 기록된다. 까소그는 뜨무따라깐 대공 므스찌슬라브의 부대의 일원이었고 11세기 야로슬라브 무드릐에 반대하는 출정에 참여했다. 끼예프 국가의 약화와 함께 루시 대공들은 뜨무따라칸을 상실한다. 이는 11세기 말-12세기에 일어났다. 낍차크들(뽈로베쯔인들)은 루시로부터 뜨무따라깐을 잘라냈다. 북-서 까프까스의 슬라브계 주민은 아디게인들과 완전히 섞였다. 13세기 후반기부터 거의 15세기 말까지 아디게들의 문화-역사적 발전과정에는 아디게의 땅에 자신의 도시-정주지로 마뜨레트, 꼬프, 마프를 갖는 제노바인들이 일정한 영향력을 행사했다. 주민들은 이탈리아인, 그리스인, 아디게인 출신으로 구성되었다. 역사상의 체르께씨야의 영토를 통과하여 유명한 '비단길'이 지나갔는데, 이에 대해서는 쁘세바이스크 라이온의 라바 강의 무덤 모쉐바야 발까(7-9세기)와 벨로렌체스크 분묘(13-15세기)로부터 나온 고고학 자료들이 증명한다.

10세기에 아디기는 이미 통일된 민족으로 등장한다. 자신의 인종학적 자료에 따르면 아디기는 유럽 인종에 관련된다. 언어상으로는 까프까스 언어 북-서 까프까스 그룹(아브하즈-아디게) 그룹에 관련된다. 천년에 걸친 아디게 인종의 형성은 근동의 종족들, 그리스인, 낌메리쯔, 스키파, 사라마트인와의 긴밀한 접촉에서 일어났다. 아디게인들이 산재한 주요한 지역들은 꾸반의 서부의 산악전방 및 하류의 평야와 돈의 하구에서부터 아브하지야에 이르는 흑해의 동쪽 연안이다. 당시 아디게 사회에 대해서는 초기봉건제적이었다고 말할 수 있다. 주요한 경제분야는 경작이었다. 목축, 말 사육, 양어, 수공업이 발전되었다. 아디게의 초기 및 중기의 중세봉건적 문화의 선명한 예로 들 수 있는 것은 꼴스로소브까 무덤(8세기), 쁘세꿉스 무덤(8-9세기), 벨로레첸스크 분묘(13-15세기) 등의 발굴물이다.

몽고의 침입은 북 까프까스의 동부 및 중앙지역에서 종족들의 분포 지도를 바꾸어놓았다. 1238-1239년에 몽고인들은 까프까스 전방의 평야를 완전히 장악했다. 13세기 40년대 초에는 낍차크 한국의 국가가 있었고, 그 남부경계가 끄림과 까프까스의 산악전방까지 세워졌다. 이러한 여건에서 그리고 그러한 정치적 상황에서 아디게의 일부(까바르드족)가 동쪽, 즉 까프까스 전방의 중앙지역에 이주하였고 이는 아디게 공통의 언어가 서부-아디게 방언(아디게어) 및 동부-아디게 방언(까바르드어)로의 분해를 가져왔는데, 후에 현대의 아디게어와 까바르드어의 형성의 기반이 되었다. 이를테면 13세기 40년대부터 사료들에서는 '체르께스'라는 단어가 등장한다. 인종적 용어 '체르께스'는 아디게인의 의미를 갖는 터키어적 환경에서 아디게인이라는 의미를 가지며 다른 민족들이 수용해서 유럽 및 동방의 문헌들에 들어갔다.

17세기에 까바르드인들로부터 분리된 아디게인 일부는 서쪽으로 회귀하여 꾸반 상부지역에 정착했다. 18세기 말 - 19세기 초에 이들에게 까바르드에서 나온 두 번째 그룹이 합쳐진다. 언어, 정신적, 물질적 문화, 전반적인 인식 이외에 아디게인들에게 공통의 영토가 있었다 하더라도, 이 모든 사건의 결과 아디기는 세 개의 민족 (아디게족, 까바르드족, 체르께스족)으로 분리되었다.

아디기들에게서 기독교의 몰락은 15세기 말부터 1453년 콘스탄티노플의 몰락과 세계 정치지도에서 비잔틴제국이 사라진 이후 시작된다. 16세기 말부터 끄림-따따르 한들(ханы)과 터키 목회자들의 노력으로 아디기 환경에 수니파 이슬람교가 도입된다. 이 모든 것은 끄림 한들의 측면에서 군사적 확장이 동반되었다. 북-서 까프까스에서 이슬람의 강화 및 최종적 정착에는 19세기 까프까스 전쟁이 결정적 영향을 끼쳤다.

이러한 위험을 고려하여, 러시아적 정향에 의해 지지되는, 까바르드의 최상부 대공 쩸류크 이다로프를 중심으로 하는 아디게(까바르드) 대공들의 일부는 러시아로의 편입에 관한 요청과 함께 모스크바에 청원한다. 1557년 까바르다가 러시아 국가의 소속으로 들어가는 것에 대한 조약이 서명된다. 이 정치적 행위는 이반4세와 쩸류크 대공의 딸과의 결혼을 통한 동맹으로 공고해진다. 이는 이반4세의 주변에 강력하고 우수한 체르까스크 대공들의 혈통의 등장에 기여하는데, 그들 가운데서 모스크바 국가, 이후에는 러시아 제국의 전투 지휘관들과 고관들이 나타났다.

18세기 경 아디기는 꾸반 하구에서부터 흑해 해안을 따라 쁘소우 강까지, 그리고 까프까스 산악의 북쪽 사면을 따라 오쎄찌야에 이르끼까지의 영토를 차지했다. 그리고 19세기 전반기에 그들은 흑해연안과 북 까프까스의 넓은 지역을 차지했다. 러시아의 남진과 함께 19세기 30년대 경 아디기의 거주지역은 18만 평방 킬로미터까지 축소되었다. 1830년 무렵 그 숫자는 러시아의 장교 노비쯔끼의 자료에 의하면 1백 8만 2천명이었으며 아디기의 인종적인 하위분류로 샤쁘수기, 아바제히, 나뚜하엡쯰, 쩨미르고엡쯰, 브줴두기, 하뚜까이쯰, 베슬레네엡쯰, 예게루하엡쯰, 마호쉡쯰, 아다미엡쯰, 마므헤곱쯰, 까바르딘쯰가 보존되었다. 19세기 60년대 경 까프까스 전쟁과 역사적인 고향에 있는 오스만 제국의 영역으로의 강제적인 이주의 결과 아디기의 5%만이 남았다. 현대 아디기 민족의 구성은 인종학에 의해 분산된 민족으로 규정된다. 터키, 시리아, 요르단, 이스라엘, 미국, 이라크, 이집트, 사우디아라비아, 독일 등의 나라에 3백만명 이상의 아디기가 살고 있다.

까프까스 전쟁의 종료이후 북-서 까프까스의 지역에는 1867년까지 군사-점령체제가 활동했다. 아디기 주민은 완전히 군사권력 하에 있었다. 드디어는 1867년 1월 1일부터 군사-민중 지구가 폐지되고 아디게 주민들은 일반적 주민들에 속하게 되며 다시 구성된 마이꼬프, 예까쩨리노다르, 바탈파쉰스크와 같은 새로이 구성된 향(уезд)들에 속하게 된다. 1888년 3월 21일 알렉산드르 III세는 꾸반 주, 쩨르스크 주, 흑해현의 운영기관에 관한 새로운 명령을 승인했는데, 이에 따라 민간 관청이 폐지되고 도시 민중의 참여없이 협소한 계급적 군대-까자크의 운영이 정착되었다.

1914-1917년 아디기는 체르께스 부대 '맹렬 사단(Дикой дивизии)' 소속으로 제1차 세계대전에 참여했다. 내전의 결과 다시 아디게 주민의 터키 및 근동 나라들로의 이주가 일어난다. 위대한 사회주의혁명이후에야 겨우 오래된 아디게 민중이 민족으로서 부활되는 과정이 시작되었다. 1921년 7월 21일 체르께스 (아디게이) 자치주가 구성되었다. 1936년에는 ВЦИК 명령에 의해 아디게이 수도는 끄라스노다르 시에서 마이꼬프로 옮겨진다.

1991년 10월 5일 아디게 민족은 진정한 국가성을 성취하며 아디게야 공화국이 선포되었다. 변화된 러시아에서 아디게이의 위치와 역할을 규정한 법적 문서가 된 것은 <소비에트 사회주의공화국 아디게야의 국가주권에 관하여> 선언이다. 러시아연방의 독자적 주체로서 아디게야의 새로운 지위의 법적 정식화는 러시아 사회주의공화국 최고소비에트에 의해 1991년 7월 3일부터 발효된 <아디게야 자치주의 소비에트 사회주의공화국 아디게야로의 개편에 관하여>에 의해 행해졌다. 1991년 12월 아디게야 공화국 최고소비에트 대의원 선거가 성립되었다. 아디게야 역사에서 첫 번째 의회가 구성되었다. 1992년 1월 공화국의 첫 번째 대통령이 선출되었다.

아디게야 공화국의 수도는 마이꼬프 시로서 1857년 5월 25일 벨라야 강이 오른쪽 강변에 세워졌다. 1936년부터 마이꼬프는 아디게야의 수도였다. 시골의 도시였다가 산업 및 문화의 중심지로 탈바꿈했다. 제2차 세계대전 기간에는 다섯 달 이상 파시스트의 점령 하에 있었으며 심각한 물질적 손실을 입었고 수천 명의 민간인이 희생되었다. 전후에 완전히 복구되었다. 1991년부터 아디게야 공화국의 수도가 되었다. 1897년 고고학자 베셀롭스끼에 의해 보샤드 고분에서 족장의 화려한 장례식이 밝혀졌고 이는 마이꼬프 문화라는 명칭을 얻은 기원전 3천 년대 후반기의 고고학적 문화에 관련된다.

2. 권력기관[2)]

1) 전체 통치구조상의 특징

아디게야 공화국에서 국가권력은 입법, 집행, 사법권력의 분립에 기반하여 실행되며, 연방조약, 러시아연방헌법, 아디게야 공화국의 헌법이 정한 연방 국가권력기관과 공화국 국가권력기관 사이의 관할 및 권한의 분리에 준하여 실현된다. 입법, 집행, 사법권력기관은 자신의 영역에서 독자적으로 활동하며 상호작용한다. 국가권력은 아디게야 공화국 대통령이 국가수반 및 행정수반으로, 국가평의회-하세는 최고 대의 및 입법권력기관으로, 내각은 집행권력기관으로, 법원은 사법권력기관으로 실현된다. 지방자치가 인정되고 보장된다.

아디게야 공화국은 이 영토에 거주하면서 역사적으로 형성된 주민들의 자결권이 현실화되어 구성되었으며 연방의 관할이외의, 그리고 연방과 공화국

---

2) 아디게야 공화국의 권력구조에 관한 내용은 공화국 헌법을 기본으로 하며 다음의 자료들을 번역, 정리하여 구성한 것이다. Республика Адыгея. Конститиция Республика Адыгея. http://www.adygheya.ru/index.shtml?coun/zak/; Конституция Республики Адыгея. 261-303. 러시아연방 법령자료집 <러시아연방 남부지구 기본법: 개별주체의 헌법, 헌장> (용인: 경희대학교 비교문화연구소 러시아 지역연구팀), 261-303쪽(이 법령자료집은 http://www.legislature.ru/regconst.html에 실린 각 연방주체들의 기본법을 모은 것으로서, 자료검색은 2003년 4월-5월에 이루어졌다).

의 공동관할 이외에서는 완전한 국가권력을 점유하며 공화국의 다민족적 주민의 이해를 대변한다. 또한 아디게야 공화국은 명목상의 민족적 소속이 어떠하든지 간에 아디게족 출신의 혹은 그와 연관되는 동족들이 역사적인 고향으로 귀향할 수 있는 권리를 인정한다.

2) 집행기관: 아디게야 공화국 대통령과 내각

(1) 아디게야 공화국 대통령의 권한

아디게야 공화국의 대통령은 연방 헌법, 공화국 헌법과 법률에 따라 공화국의 대내 및 대외정책의 기본방향을 정하고 대내 및 국제, 대외경제적 관계에서 아디게야 공화국을 대표한다. 공화국 시민의 권리와 자유, 공화국의 안보와 영토적 완전성을 보장한다.

아디게야 공화국 대통령은 국가평의회-하세에서 입법발의권을 실현하며 국가평의회-하세의 업무에 참여할 수 있다. 국가평의회-하세에 연례발송문을 보내며 공화국 법률의 서명, 공표, 거부권한을 갖는다. 공화국 각료회의를 주재하고 집행권력기관의 구조를 정하며 내각을 형성, 그 활동을 지도하고 집행권력기관의 지도자들에 대한 임면권을 행사한다. 시와 라이온의 행정담당 수장을 해임시킬 수 있다. 공화국 대통령 기구를 구성한다.

아디게야 공화국 대통령은 국가평의회-하세의 동의를 얻어 총리를 임명하고 재정, 내무, 법무, 사회보장, 민족정책 및 대외관계를 담당하는 장관을 임명하며, 국가평의회-하세와 공동으로 러시아연방 검찰총수에 의한 공화국 검찰총수의 임명에 대해 동의한다. 공화국 헌법재판소 구성에 참여하고 국가평의회-하세에 공화국 최고재판소 소장, 부소장, 판사들, 중재재판소 소장, 부소장, 판사들 그리고 라이온의 판사들의 후보를 추천, 동의를 얻어 임명한다. 국가평의회-하세의 동의하에 공화국의 공식적 대표를 임명한다.

또한 아디게야 공화국 대통령은 공화국의 내각, 부처, 그 산하의 다른 기관들의 결정의 효력을 중지 혹은 폐지시킬 수 있으며 지방행정기구의 결정이 공화국 헌법과 법률, 대통령의 결정에 위반될 경우 그 효력을 중지 혹은 폐지시킬 수 있다. 공화국 헌법재판소와 연방 헌법재판소에 청원할 수 있다.

아디게야 공화국 대통령은 면책특권을 갖고 있으며 그 사회적 보장 및 양심의 보호는 법률로 정해진다. 아디게야 공화국 대통령의 권한은 대의 및 입법권력의 합법적으로 선출된 기관들을 해산하거나 그 활동을 중지시키는 데에 이용될 수 없다.

(2) 아디게야 공화국 대통령의 선출

아디게야 공화국의 대통령은 공화국의 국가수반이자 집행권력의 수장으로서 5년 임기로 선출된다. 30세 이상의, 아디게야 공화국의 국가언어-러시아어와 아디게어-를 자유롭게 구사하고 선거권을 갖고 있는 러시아연방 시민이 선출될 수 있다. 대통령에 입후보하는 인원은 제한되지 않으며 유권자의 과반수이상이 투표에 참여하면 대통령 선거는 유효한 것으로 인정된다. 투표에 참여한 유권자의 과반수이상의 표를 획득한 후보가 당선된다.

아디게야 공화국 대통령은 다른 직위를 가질 수 없으며 공화국과 지방자치기관의 의원이 될 수 없다. 대통령으로 취임하게 되면 정당과 사회단체 소속을 포기해야 하며 상업적 조직의 직위를 사퇴하고 상업적 구조에서의 재산, 지분 등의 운영권을 위임장에 기반하여 신용인에게 위임하고 자신의 소득, 동산과 부동산 재산을 신고해야 한다.

아디게야 공화국 대통령은 선거를 하는 순간부터 권한이행에 들어가며 새로 선출된 대통령이 선서를 하는 순간부터 그 권한이 중지된다. 아디게야 공화국 대통령은 임기 종료, 사임, 건강상태로 인해 권한실현을 할 수 없는 무능력상태, 해임, 사망 등의 경우에 그 권한이 중지된다.

대통령은 공화국의 국가평의회-하세, 공화국 헌법재판소에 공문을 보내서 사임할 수 있다. 대통령의 권한은 이들에게 공고한 날부터 중지된다. 대통령은 공화국 헌법재판소 소장이 진행하는 국가평의회-하세와 헌법재판소의 공동회의에서 사임 동기를 말한다. 대통령이 건강상태로 인해 권한을 실행할 수 없는 무능력상태는 국가평의회-하세가 임명한 국가의료위원회의 제기에 따라 헌법재판소가 결정한다. 이러한 경우 대통령의 권한이 중지되는 순간부터 3개월 내에 대통령선거가 실시된다. 대통령이 의무를 계속 이행할 수 없는 경우 대통령이 새로 선출될 때까지 그것은 국가평의회-하세의 의장이 대행한다.

아디게야 공화국 대통령은 공화국 헌법과 법률, 그리고 선서에 대한 고의적인 위반으로 공화국 헌법이 정한 절차에 따라 대통령 신임에 대한 국민투표를 기반으로 하여 해임될 수 있다. 대통령에 대한 탄핵은 국가평의회-하세의 의원은 3분의 1 이상의 제안으로 제기될 수 있다. 공화국 헌법위반으로 대통령을 탄핵하는 기반이 될 수 있는 사실들을 심의하기 위해 국가평의회-하세는 의원들로 위원회를 구성한다. 위원회 업무의 결과에 따라 국가평의회-하세의 전체 의원의 과반수 이상은 공화국 헌법 위반으로 대통령에 대한 탄핵을 제기하며 대통령이 공화국 헌법과 법률, 자신이 한 선서를 위반했다는 것에 대한 판결을 내려줄 것을 공화국 헌법위원회(Конституционная Палата)에 요청한다. 공화국 헌법위원회는 국가평의회-하세의 요청을 심의하고 그 요청을 받는 날로부터 10일 이내에 판결을 내린다. 대통령이 공화국 헌법과 법률, 그가 한 선서를 위반했다고 공화국 헌법위원회가 확인하는 경우 국가평의회는 비밀투표로 전체 의원수의 3분의 2 이상의 찬성으로 대통령 신임에 대한 국민투표의 진행에 관한 결정을 채택할 수 있다. 대통령 신임을 묻는 국민투표의 진행에 관한 국가평의회의 결정은 탄핵제기 이후 2달의 기한 내에 채택될 수 있다. 이 기한에 국가평의회가 결정을 채택하지 않으면 대통령에 대한 탄핵은 거부된 것으로 간주된다. 대통령 신임을 묻는 국민투표는 유권자의 과반수이상이 참여했을 경우 유효한 것으로 인정된다. 대통령은 투표에 참여한 유권자의 과반수이상이 그에 대한 불신임을 표명하면 해임된 것으로 인정된다. 대통령의 권한은 국민투표에서 그의 해임에 관한 결정이 채택되어 효력을 발생하는 날부터 즉시 중지된다. 국가평의회는 대통령 해임일로부터 5일내에 새로운 대통령 선거일을 지정해야 한다.

(3) 아디게야 공화국의 내각

아디게야 공화국의 내각은 공화국 대통령이 구성하는 집행권력기관이다. 대통령은 내각의 활동에 대한 지도를 실행한다. 내각은 총리와 장관들로 구성된다. 총리는 국가평의회-하세의 동의로 대통령이 임명한다. 일주일 간격으로 국가평의회-하세의 회의에서 총리지명자가 두 번에 걸쳐 동의를 받지 못할 경우 대통령은 국가평의회-하세에 여러 후보를 추천하며 가장 많은 득표를 한 후보를 대통령은 총리로 임명한다.

아디게야 공화국 총리는 공화국 내각을 지휘하며 국가평의회-하세와의 상호관계에서 내각을 대표한다. 처 및 다른 집행권력기관의 활동을 조정하고 공화국 장관 후보를 대통령에게 추천하며 대통령의 위임하에 집행권력의 수반으로서의 부분적인 권한을 실현한다. 대통령의 부재시에는 집행권력의 수반으로서 대통령의 위임 하에 그 권한을 대행한다. 총리와 내각 성원은 다른 직위를 가질 수 없고 의원이 될 수 없다. 기업활동을 하거나 기업, 기관, 사회단체에 속할 수 없다. 내각은 연방 및 공화국 법률, 국가평의회-하세의 결정, 연방과 공화국의 대통령의 명령, 연방정부의 명령을 기반으로 명령을 발포하고 집행한다.

아디게야 공화국의 내각은 공화국 예산을 작성, 국가평의회-하세에 제시하며 그것을 집행하고 공화국의 예산과, 예산외의 통화기금의 집행결산을 제시한다. 공화국 사회-경제 발전계획과 그 이행에 관한 결산을 작성, 국가평의회-하세의 승인을 받으며 공화국의 국가재산, 공화국에 그 운영이 이관된 연방 소유재산을 운영, 관리한다. 시민의 준법성, 권리와 자유의 보장, 소유재산과 공공질서의 보호, 범죄와의 투쟁 등에 대한 정책을 실행한다. 러시아연방 대통령과 정부가 결정하는 권한을 갖고 있는 사안들에 대해서는 안을 만들어 그 심의에 상정할 수 있다.

아디게야 공화국의 내각은 부처, 국가위원회 및 다른 하위기관들의 업무를 조정한다. 부처, 국가위원회, 다른 집행권력기관은 관할영역 및 분야에서 지도를 실현한다. 총리와 내각 성원은 사퇴할 수 있으며 대통령이 그것을 수리한다. 또한 총리와 내각 성원은 대통령이 해임할 수 있다. 내각은 대통령이 새로 선출되면 권한이 중지된다. 국가평의회-하세는 대통령에게 그 이유를 제기하면서 총리 혹은 내각 성원에 대한 불신임을 표명할 수 있다. 대통령은 국가평의회-하세의 제안을 한달동안 심의하고 결정을 국가평의회-하세에 통보해야 한다. 국가평의회-하세가 총리 혹은 내각 성원에 대한 불신임을 6개월 내에 다시 표명하는 경우 대통령은 일주일 기한으로 총리 혹은 내각 성원을 해임해야 한다. 국가평의회-하세는 총리 취임 이후 2년 동안은 그에 대한 불신임을 표명할 수 없다. 총리 불신임에 관한 국가평의회-하세의 명령은 전체 의원수의 3분의 2 이상에 의해 채택된다. 내각의 구조, 그 권한, 다른 국가권력기관과의 활동절차 및 관계는 공화국 헌법과 법률을 기반으로 규정된다.

3) 입법기관: 아디게야 공화국의 국가평의회-하세 (Государственный Совет-Хасэ Республики Адыгея)

아디게야 공화국의 최고 대의 및 입법권력기관은 국가평의회-하세로서 상설적으로 활동하는 기관이다. 국가평의회-하세는 5년 임기로 선출된다. 국가평의회-하세는 전체 54명의 의원으로 구성되며 양원제-대표자회의와 공화국회의-를 채택하고 있다. 대표자회의는 27명의 의원으로 구성되며 이들은 동등권을 기반으로 하는 공화국의 행정-영토적 단위(마이꼬프 시와 아디게야스크 시, 아디에갸 공화국 라이온들)의 이해를 대변한다. 이들은 대선거구제로 선출되는데 공화국적 의미의 도시, 공화국의 라이온의 선거구로부터 각각 3명씩 대표자가 선출된다. 공화국회의는 27명의 의원으로 구성되며 대략적으로 동일한 수의 유권자들로 구성된 선거구에서 소선거구제로 선출된다. 국가평의회-하세의 의원들은 상설적, 비상설적 기반에서 권한을 실현하며, 직업적으로 상설적 기반에서 일하는 의원 수는 양원이 각기 독자적으로 정한다. 국가평의회-하세의 의원은 21세 이상의 러시아연방 시민이 선출될 수 있으며 동일인이 동시에 대표자회의와 공화국회의 의원이 될 수 없다. 의원은 다른 국가권력 및 지방자치의 대의 및 입법기관의 의원이 될 수 없다. 직업적으로 상설적 기반에서 일하는 국가평의회-하세의 의원은 교육, 학문 및 다른 창조적 활동을 제외하고는 유급활동에 종사할 수 없다. 국가평의회-하세의 의원은 러시아연방 및 공화국의 공직, 시의 공직을 가질 수 없다.

아디게야 공화국의 국가평의회-하세의 양원은 각각 전체 의원의 3분의 2 이상이 선출된 30일후 첫 번째 회의를 소집하며 대통령은 이 기한 이전에 양원 모두 혹은 하나의 회의를 소집할 수 있다. 국가평의회-하세의 업무가 시작되는 순간부터 이전 평의회-하세의 권한은 중지된다. 국가평의회-하세의 양원은 각각 자신의 성원들 가운데서 의장과 부의장을 선출한다. 양원의 의장과 부의장은 각각 선출된 의원의 과반수이상에 의해 선출되고 해임된다. 이들은 직업적으로 상설적 기반에서 권한을 실현한다. 대표자회의는 자신의 구성원들 가운데에서 의장과 부의장을 선출한다. 공화국회의는 자신의 구성원들 가운데에서 의장과 부의장을 선출한다. 양원의 의장들과 부의장들은 양원의 각각의 선출된 의원들의 다수의 득표에 의해 선출되고 해임된다. 양원의 부의장은 동시에 양원의 위원회 가운데 하나를 지휘한다.

양원의 의장과 부의장은 각각 회의를 진행하고 업무를 조직하며 양원의 내부운영을 지휘하며 공화국 법률과 국가평의회 양원의 내규로 정해진 다른 권한을 실현한다. 국가평의회-하세는 양원의 합동회의에 관한 내규를 채택한다. 대표자회의와 공화국회의는 위원회를 구성하고 그 위원장을 선출하며 자신의 활동의 내부적 관리문제를 결정하고 자신의 관할문제에 관한 의회차원의 통제와 청취, 조사를 진행한다.

아디게야 공화국 국가평의회-하세의 대표자회의와 공화국회의는 각기 따로 회의를 연다. 양원의 회의는 공개되며 내규로 정해진 경우 비공개로 진행될 수 있다. 양원은 대통령이 국민에게 선서할 때, 대통령의 발송문, 헌법재판소 소장의 발송문을 듣기 위해, 공화국 헌법과 연방법령이 정한 공동관할문제에 관해 합동회의를 열 수 있다.

아디게야 공화국 국가평의회-하세의 대표자회의와 공화국회의는 총리, 재정, 내무, 민족 간 관계, 사회보장 및 농업문제를 관장하는 내각 성원의 임명 동의, 공화국의 경계 변화에 관한 협약 승인, 공화국의 헌법적 법령에 따라 대통령의 불신임(신임)에 대한 결정, 공화국 대통령과 공동으로 공화국 검찰총수의 임명에 대한 동의, 총리, 내각성원에 대한 불신임(신임) 결정, 연방법원 판사의 임명 동의, 공화국 선거관리위원회, 국민투표 진행에 관한 위원회 위원의 절반 임명, 러시아연방 의회에서 입법 발의권 실현, 의회 간 협력 등을 공동으로 다룬다. 국가평의회-하세는 그 활동의 조직적, 법적, 물질-기술적, 재정적 지원문제를 독자적으로 결정한다. 국가평의회-하세의 양원의 공동관할사항에 관한 결정은 그 명령으로 정식화되며 이에 대한 표결은 양원에서 각기 진행되어 선출된 의원의 과반수이상에 의해 채택된다.

아디게야 공화국 국가평의회-하세의 대표자회의는 공화국회의가 채택한 공화국 헌법, 헌법적 법률, 법률의 승인 결정, 공화국 대통령, 국가평의회-하세의 의원, 지방자치기관의 선거 지정, 공화국의 국민투표 지정, 공화국 헌법재판소의 판사 선출, 치안판사 임명, 공화국의 공식적 대표의 임명에 대한 동의, 러시아연방 헌법재판소에 대한 청원, 공화국 헌법재판소에 대한 청원, 공화국 국가권력의 지방 대의기관 및 지방자치기관과의 상호활동, 대표자회의의 내규 채택, 대표자회의의 의장, 부의장의 선출과 해임, 대표자회의의 위원회 구성, 그 위원장과 부위원장의 선출 및 해임 등을 다룬다. 국가평의회-

하세의 대표자회의는 자신의 관할문제에 관한 결정을 명령의 형식으로 채택한다. 대표자회의의 명령은 공화국 법률이 달리 절차를 정하지 않았으면 선출된 의원의 과반수 이상에 의해 채택된다.

아디게야 공화국 국가평의회-하세의 공화국 회의는 공화국 헌법의 채택 및 그 수정, 공화국의 헌법적 법률과 법률의 채택, 그 집행에 대한 통제, 공화국의 행정-영토적 구성 및 그 변경절차 확정 등을 관할한다. 또한 공화국 사회-경제발전에 관한 국가프로그램의 승인, 그 실현과정에 대한 결산 청취, 공화국 대통령이 제시하는 공화국 예산, 그 집행결산 승인, 연방법률이 공화국 관할로 정한 세금 및 납입금, 그 징수절차의 확정, 공화국의 예산외의 통화기금의 구성 및 활동절차 확정, 이 기금의 예산 및 지출 결산의 승인, 기업, 유통업체 등에서의 공화국 지분, 주식 등을 포함한, 공화국 소유재산의 운영 및 관리 절차 확정 등의 권한을 갖는다. 공화국 대통령의 제시에 의해 법률의 형식으로 내각의 구조를 규정하고, 공화국의 헌법적 법률에 따라 공화국 대통령의 불신임 표명에 관한 문제를 발의한다. 공화국 통제-예산위원회의 구성절차 확정, 러시아연방 헌법재판소에의 청원, 공화국 헌법재판소에의 청원, 공화국회의의 의장, 부의장의 선출과 해임, 공화국회의의 위원회 구성, 위원회의 위원장과 부위원장의 선출과 해임, 공화국회의의 내규 채택, 국가권력의 지방대의기관 및 지방자치기관과의 상호 활동, 공화국의 권한영역에서 공화국 관할사항에 관한, 연방과 공화국의 공동관할사항에 관한 다른 문제의 입법적 조절 등의 권한이 있다. 공화국회의는 자신의 관할문제에 관해 법률과 명령의 형식으로 결정을 채택한다. 공화국회의의 명령은 공화국 법률이 달리 절차를 정하지 않았으면 선출된 의원의 과반수 이상에 의해 채택된다.

아디게야 공화국 국가평의회-하세에서 입법발의권은 공화국 대통령, 국가평의회-하세의 의원, 도시, 라이온, 촌락의 인민대표자회의, 내각, 헌법재판소, 최고재판소, 중재재판소, 검찰, 선거관리위원회에 속한다. 대통령이 상정한 법률안은 그의 제안에 따라 우선적으로 심의된다. 세금의 도입 혹은 폐지, 그 지불 중지에 관한 법률안, 아디게야 공화국의 재정적 의무의 변화에 관한 법률안, 공화국예산의 자원으로부터의 지출이 예상되는 다른 법률안은 대통령이 제기하거나 아니면 대통령의 결정이 있는 상태에서 국가평의회-하세가 심의한다. 대통령의 결정은 국가평의회에 2주일의 기한으로 제시된다.

공화국 법률의 안은 국가평의회-하세의 공화국회의에 상정된다. 공화국 법률은 공화국 헌법이 달리 정한 바가 없으면 국가평의회-하세의 전체 의원의 과반수 이상에 의해 채택된다. 채택된 법률은 5일내에 대표자회의에 심의를 위해 보내진다. 법률은 거기에 대해 대표자회의의 전체 의원의 과반수 이상이 찬성하거나, 대표자회의가 반드시 심의해야 하는 법률을 제외하고 대표자회의가 그것을 14일 이내에 심의하지 않을 경우 대표자회의가 승인한 것으로 간주된다. 공화국회의가 채택하고 대표자회의가 승인한 법률은 5일내로 서명 및 공표를 위해 대통령에게 보내진다. 대표자회의가 법률을 거부한 경우 대표자회의와 공화국회의는 이견을 극복하기 위해 공동으로 협의위원회를 구성할 수 있으며, 이후에 공화국회의는 법률을 재심의해야 한다. 공화국회의가 대표자회의의 결정에 동의하지 않을 경우 공화국회의는 해당 법률을 다시 심의한다. 이때 재심의에서 공화국회의의 전체 의원 3분의 2 이상이 찬성하면 법률은 채택된 것으로 간주된다. 채택된 법률은 대표자회의의 재심의를 받지 않고 5일내에 서명 및 공표를 위해 대통령에게 보내진다. 대통령은 법률을 받은 지 14일내에 서명, 공표한다. 대통령이 법률을 받은 시점부터 14일내에 그것을 거부하면, 공화국회의와 대표자회의는 해당법률을 공화국 헌법이 정한 절차에 따라 심의한다. 재심의에서 공화국회의와 대표자회의의 전체 의원 3분의 2 이상의 찬성으로 이전의 안이 승인되면 대통령은 5일내에 해당 법률에 서명하고 그것을 공표한다.

아디게야 공화국 헌법의 채택, 그 수정, 헌법적 법률은 국가평의회-하세의 대표자회의의 심의를 반드시 거쳐야 한다. 또한 공화국 예산 및 집행결산, 공화국 통제-예산위원회의 구성절차 확정, 연방법률이 공화국 관할로 정한 세금 및 납입금, 그 징수절차의 확정, 공화국의 행정-영토적 구성, 공화국 소유재산의 운영 및 관리, 공화국의 예산외 통화기금의 예산과 집행결산, 공화국의 국가권력기관, 지방 국가권력기관, 지방자치기관의 선거, 조직 및 활동, 공화국 권한에 들어가는 조약 및 협약의 체결과 파기에 관한 법률도 대표자회의의 심의를 거쳐야 한다.

아디게야 공화국의 헌법적 법률은 공화국회의가 헌법이 정한 문제들에 관해 두 번 이상의 논의를 거치고 채택한다. 공화국의 헌법적 법률은 공화국회의와 대표자회의의 전체 의원의 3분의 2 이상이 찬성하면 채택된(승인된) 것으로 간주된다. 공화국의 헌법적 법률은 5일 이내에 서명 및 공표를 위해 대통령에게 보내진다. 대통령은 그것이 도착한 날로부터 14일 이내에 정해진 절차에 따라 서명, 공표한다. 공화국의 법률, 국가평의회-하세의 명령과 다른 법규는 러시아어와 아디게어로 공표된다. 법률은 공식적 공고이후에 효력을 발생한다. 시민의 권리와 자유의 보호문제에 관한 법률 및 다른 규범적 법규는 공식적으로 공고된 10일후에 효력을 발생한다.

아디게야 공화국 헌법수정에 관한 제안은 국가평의회-하세의 대표자회의의 의원 3분의 1 이상, 공화국회의의 의원 3분의 1 이상, 대통령, 헌법재판소가 공화국의회-하세에 상정할 수 있다.

4) 사법기관

아디게야 공화국에서 재판은 오직 법원에 의해서만 실현되며 사법권력은 헌법, 민사, 행정소송의 진행으로 실현된다. 비상법원, 연방의 헌법적 법령이 정하지 않은 법원의 설립은 허용되지 않는다. 공화국에서 재판은 연방법원, 공화국 헌법재판소, 공화국 치안판사가 실현하며, 이들은 연방헌법과 헌법적 법률에 따라 세워지고 러시아연방의 단일한 사법체계에 들어간다. 공화국 헌법재판소의 판사와 치안판사는 독립적이며 연방 헌법과 법률, 공화국 헌법과 법률에만 예속된다. 이들은 불가침권을 가지며 연방법률이 정한 절차와 다른 방식으로 그것은 제한받을 수 없다. 치안판사는 일반적 사법권을 담당하며 그 권한, 활동절차, 치안판사직의 설립절차는 연방법률이 정하고 임명(선출) 및 활동절차는 또한 공화국 법률이 정한다.

아디게야 공화국 헌법재판소는 공화국 대통령, 국가평의회-하세의 대표자회의, 공화국회의, 의원, 내각, 최고재판소, 중재재판소, 검찰, 지방 국가권력기관, 지방자치기관의 요청으로 공화국 법률, 대통령, 국가평의회-하세, 국가평의회-하세의 대표자회의, 공화국회의, 내각, 지방 국가권력기관의 규범적 법규, 시 규칙 및 지방자치기관의 다른 규범적 법규, 연방 관할 이외의, 그리고 연방과 연방주체의 공동관할 이외의 항목에 관해 아디게야 공화국과 연방주체 국가권력기관들 사이에 체결된, 효력을 발생하지 않은 조약 및 협약, 공화국 국가권력기관과 지방자치기관 사이에 체결된 조약 및 협약, 공화국 국민투표 혹은 지방의 주민투표에 상정하기 위해 제안된 규범적 법규의 안 혹은 다른 결정의 안 등이 공화국 헌법에 합치되는지에 관한 사안을 해결한다. 공화국 헌법재판소는 공화국 국가권력기관들 사이의 그리고 국가권력기관과 지방자치기관 사이의 권한에 관한 분쟁을 해결한다.

아디게야 공화국 헌법재판소는 공화국 대통령, 국가평의회-하세의 대표자회의와 공화국회의, 내각, 지방 국가권력기관, 지방자치기관의 요청으로 공화국 헌법을 해석한다. 공화국 헌법재판소는 시민의 헌법적 권리와 자유의 위반에 대한 공소제기에 의해 그리고 법원의 요청으로 구체적인 사건에 적용되거나 혹은 적용되어야 하는 공화국 법률, 다른 규범적 규정의 입헌성을 검토한다. 헌법에 맞지 않는다고 인정된 법률과 다른 규범적 법규 혹은 그 부분적인 항목들은 효력을 상실한다. 공화국 헌법에 부합되지 않는 공화국간 그리고 지역간 조약은 효력을 발생하거나 적용되어서는 안 된다. 헌법재판소는 국가평의회-하세의 요청으로 대통령 해임의 기반이 있는지에 관해 판결을 내린다. 헌법재판소는 법률이 정하고 헌법재판소의 사법적 성격에 모순되지 않는 다른 사건들을 심의한다.

아디게야 공화국 헌법재판소는 3명의 성원으로 구성된다. 이들은 입법, 집행, 사법 권력기관으로부터 헌법재판소 성원의 후보가 동등하게 대표되는 것을 기반으로 선출된다. 헌법재판소의 권한, 조직, 활동절차는 공화국의 헌법적 법률로 규정된다. 그 권한에 관계되는 문제에 관한 공화국 헌법재판소의 결정은 최종적이다.

아디게야 공화국 헌법재판소의 성원은 35세 이상의, 법학 고등교육을 받고 법률 전문분야에서 10년 이상의 실무경력을 갖고 있으며 법률적 지식이 높고 필요한 도덕성을 갖춘 아디게야 공화국 시민이 될 수 있다. 치안판사는 25세 이상의, 법학 고등교육을 받고 법률분야에서 5년 이상의 실무경력을 갖고 있는 러시아연방 시민이 될 수 있다. 치안판사에 대한 보완적 요구는 연방 및 공화국 법률로 정해질 수 있다.

5) 지방 국가권력기관과 지방자치

아디게야 공화국 지방에서 국가권력은 공화국적 의미의 라이온과 도시에서 활동한다. 지방대의기관은 법률에 따라 도시, 라이온에서 선출되는 도시,

라이온 인민대표자회의이다. 도시, 라이온의 인민대표자회의는 지방예산의 승인, 법령에 따른 지방 세금 및 납입금 확정, 시 소유재산의 운영절차 규정, 시 소유인 토지 및 다른 자연자원의 활용절차 규정, 해당 지역 사회적 발전 계획의 심의 및 승인, 지방행정부 결산의 연례적인 청취 등을 실행한다.

지방행정부는 해당 지역에서 행정을 담당하고 시민의 권리와 법적 이해를 보장하는 집행권력기관이다. 지방행정부의 활동은 행정부 수장이 지도한다. 도시, 라이온 행정부의 수장은 법률에 따라 주민이 선출한다.

지방자치는 농촌의 촌락, 소규모의 구역에서 그리고 다른 지역단위에서 집회, 주민투표 등의 직접적인 의사표출의 형식으로, 그리고 법률이 규정하는 절차와 형식에 따라 선출되는 지방자치기관을 통해 시민들이 실현한다. 지방자치기관은 법률에 의해 필요한 물질적, 재정적 자원과 함께 부분적인 국가권한을 이관받을 수 있다. 이관된 권한의 실현은 공화국 국가권력기관의 통제를 받는다.

3. 대의정치[3)]

---

3) 아디게야 공화국 대의정치 부분은 다음을 번역, 정리하여 구성한 것이다. 인터넷 자료에 대한 검색은 주로 2003년 9월에 이루어졌다. 유권자수는, Дей ствующая схема одномандатных избирательных округов. Республика Адыгея. http://ww.fci.ru/way/1D9E70E5-D0B7-... (검색일:2003.12.3.). 표를 비롯하여 선거에 대한 부분은, Календарь выборов. Республика Адыгея. http://ww.fci.ru/html; Итоги голосования. Республика Адыгея. http://ww.fci.ru/EOUID/281010/way/203916/obj/238036.html; Кандидаты. Республика Адыгея. http://ww.fci.ru/EOUID/281010/way/203914/obj/238037.html; Итоги голосования. Республика Адыгея. http://ww.fci.ru/EOUID/281011/way/203916/obj/238043.html; Сведения о кандидатах. Республика Адыгея. http://ww.fci.ru/EOUID/281011/way/203914/obj/238044.html; Итоги голосования. Республика Адыгея. http://ww.fci.ru/EOUID/281012/way/203916/obj/238050.html; Итоги голосования. Республика Адыгея. http://ww.fci.ru/EOUID/281966/way/203916/obj/238033.html; Кандидаты. Республика Адыгея. http://ww.fci.ru/EOUID/281966/way/203914/obj/238034.html; Итоги голосования. Республика Адыгея. http://ww.fci.ru/EOUID/286153/way/203916/obj/289472.html; Итоги выборов по одномандатным округам в разрезе окружных избирательных комиссий . Республика Адыгея. http://ww.fci.ru/v_razreze_okruzhnyh_izbiratelbnyh_komissiy; Выборы президента Республики Адыгея - 2002. http://www.dosye.ru/archiv/reg01el.htm; HCH | Выборы Президента РФ 26 марта 2000.

1) 연방차원의 선거

(1) 러시아연방 대통령 선거

아디게야 공화국에는 러시아연방 차원의 선거에서 하나의 선거구가 있다. 전체 유권자 수는 1999년 12월 러시아연방 국가두마의원과 2000년 3월 러시아 대통령 선거의 경우 33만 8천명 안팎으로 집계되었다.

2000년 3월 26일 실시된 러시아연방 대통령 선거에는 유권자의 65.8%가 투표에 참여했다. 뿌친과 쥬가노프가 거의 비슷한 득표율을 보였다. 주요 후보들의 득표율은 다음과 같다.

후 보 명	득표율(아디게야 공화국,%)	득표율(러시아연방,%)
지리놉스끼	1.7	2.70
쥬가노프	44.5	29.21
뿌친	44.7	52.94
찌또프	0.7	1.47
뚤레예프	1.8	2.95
야블린스끼	3.0	5.80
다른 후보들	1.5	2.11
모든 후보에 대한 반대	1.2	1.88

Республика Адыгея. http://nsn.net.ru/print.pht... Оригинал документа: http://nsn.net.ru/?id=585&ch=5&sub=2. (검색일: 2003.12.7.). 상원의원에 대해서는, Республика Адыгея. Воробьев Андрей Юрьевич. http://council.gov.ru/sostav/member/m10750.htm. (검색일: 2003.12.3.); Тлеуж Адам Хусей нович. http://council.gov.ru/sostav/member/m10625.htm. (검색일: 2003.12.3.). 국가두마의원 명단은, Республика Адыгея. Списки кандидатов. Список дей ствующих депутатов Государственной Думы Федерального Собрания Россий ской Федерации третьего созыва (по состоянию на 3 апреля 2003 года). http://ww.fci.ru/way/18519C30-D0B7-... 21/61. (검색일: 2003.12.3.). 러시아연방과 관련해서는, Итоги выборов руководителей исполнительной власти субъектов РФ. http://ww.fci.ru/WAY/299554.html; Итоги выборов в законодательные (представительные) органы власти субъектов РФ. http://ww.fci.ru/WAY/299558.html; Статьи. Итоги голосования. Выборы Президента Россий ской Федерации 26 марта 2000 года. Россий ская Федерация. http://ww.fci.ru/way/203889/obj/202300.html. (검색일: 2003.9.5.); Итоги выборов по федеральному округу в разрезе окружных избирательных комиссий . Россий ская Федерация. http://ww.fci.ru/v_razreze_okruzhnyh_izbiratelbnyh_komissiy_1.(검색일: 2003.9.5.).

(2) 러시아연방 국가두마의원 선거

1999년 12월 19일 실시된 러시아연방 국가두마의원에서 정당별 투표에 참여한 유권자수는 20만 여명 정도로서 전체 유권자의 61.5%를 차지했다. 아디게야 공화국에서 정당별 투표의 최다득표자는 <러시아연방 공산당>이었다.

아디게야 공화국에서의 정당별 득표
(1999년 12월 19일 러시아연방 국가두마의원 선거)

목 록	득표수	득표율(%)	득표율(러시아연방,%)
야블로꼬	9656	4.63	5.93
단결(메드베드)	47153	22.61	23.32
지리놉스끼 블록	9419	4.52	5.98
조국-전러시아	17389	8.34	13.33
러시아연방 공산당	82204	39.42	24.29
우파연합	8181	3.92	8.52

소선거구제로 진행되는 지역구 선거는 61.5%의 투표율을 보였다. 9명의 등록된 후보를 대상으로 투표가 진행되었으며 세닌이 당선되었다.

후보별 득표 (1999년 12월 19일 러시아연방 국가두마의원 선거)

	후 보 명 단	득표수	득표율(%)
1.	보구스(Богус А.А.)	33735	16.18
2.	가브릴렌꼬(Гавриленко В.П.)	3162	1.52
3.	도로페예프(Дорофеев А.А.)	37926	18.19
4.	꼬노발로바(Коновалова Н.Н.)	44244	21.23
5.	레드녜프(Леднев В.П.)	7285	3.49
6.	마르꼬프(Марков Г.Н.)	4347	2.09
7.	살로프(Салов Е.И.)	11319	5.43
8.	세닌(Сенин Г.Н.)	46516	22.32
9.	소브미스(Совмиз А.Х.)	4805	2.31
	모든 후보에 대한 반대	9548	4.58

(3) 러시아연방 상원(연방회의) 의원

아디게야 공화국에서 선출된 러시아연방 상원의원은 뜰레우스(А. Х. Тлеуж)와 보로비예프(А. Ю. Воробьев)이다. 뜰레우스는 러시아연방 상원의 연방 및 지역정책 위원회의 위원이고 연방의회 활동보장에 대한 통제위원회의 위원이다. 아디게야 공화국 국가평의회에서 선출되었다. 1951년 7월 23일 생으로서 2001년 4월 18일 선출되었고 그 임기는 2006년 3월에 만료된다. 보로비예프는 러시아연방 상원의 예산위원회 위원, 연방의회 활동보장에 대한 통제위원회 부위원장으로서, 아디게야 공화국 집행권력기관에서 임명했다. 1970년 4월 14일 생으로서 2002년 3월 6일 임명되었고 그 임기는 2007년 1월에 만료된다.

2) 연방주체 차원의 선거

(1) 연방주체의 수장 선거: 아디게야 공화국의 대통령 선거

2002년 1월 13일 아디게야 공화국의 대통령 선거가 실시되었다. 공화국의 대통령 직위에는 7명이 입후보했다.

	후보명	출생년도	당시 주요경력
1.	드좌리모프 (Джаримов А.А.)	1939년생	아디게야 공화국 대통령
2.	꼬노발로바 (Коновалова Н.Н.)	1947년생	<Союз Славян Адыгеи>의 운영위원장
3.	마뜨쮀프 (Матыжев А.К.)	1956년생	아디게야 공화국의 국가평의회-하세의 공화국회의 의원. 예산-재정, 조세 및 경제정책 위원회 위원장.
4.	멜니크(Мельник А.М.)	1953년생	연금생활자.
5.	소브멘(Совмен Х.М.)	1949년생	따흐따무까이스크 라이온의 행정부의 장.
6.	뜨까꾸쉬노프 (Ткакушнов А.К.)	1947년생	마이꼬프 국립 기술연구소의 총장.
7.	체르니첸꼬 (Черниченко М.Н.)	1944년생	마이꼬프시의 시장

아디게야 공화국의 중앙선거관리위원회는 유권자 명부에 포함된 유권자의 절반 미만이 투표에 참여했을 때, 다른 등록된 후보에 비해 득표를 가장 많이 한 후보의 득표수가 모든 후보에 대한 반대에 투표한 수보다 적을 때 아디게야 공화국의 대통령선거가 성립되지 못하는 것으로 인정한다. 투표에 참여한 유권자의 절반 이상이 투표한 등록된 후보가 당선된 것으로 간주된다. 만일 투표결과 당선자가 없을 경우 후보자들 가운데 가장 많은 득표를

한 두명을 대상으로 다시 투표가 실시된다. 이 투표는 전체 투표결과가 확인된 날로부터 21일보다 늦지 않게 실시된다.

아디게야 공화국 대통령선거는 성립되었다. 62.83%의 유권자가 투표에 참여했다. 아디게야 공화국의 대통령에는 소브멘이 당선되었고 68.89%의 유권자가 그에게 투표했다.

소브멘은 1937년 5월 1일 아디게야의 따흐따무까이스크 라이온에서 출생했다. 레닌그라드 산악 연구소를 마쳤다. 흑해함대에서의 복무이후 시베리야에서 운전사로 일했다. 그후 굴착노동자로 일했고 금광 발굴에 뛰어들었다. 29세의 나이에 금 가공 동업조합 <보스호트>의 의장, 이후에는 대규모의 조합 <소유즈>를 이끌었다. 1980년에는 끄라스노야르스크 변강주에서 조합, 이후에는 3AO 금가공 회사<폴류스>를 이끈다. 2002년 1월 아디게야 공화국의 대통령으로 선출되었다.

(2) 연방주체의 대의기관 구성원 선거: 아디게야 공화국 국가평의회-하세의 의원선거

2001년 3월 4일 아디게야 공화국의 국가평의회-하세의 대표자회의 의원선거가 진행되었다. 아디게야 공화국 헌법 제4장과 법령 <아디게야 공화국의 국가평의회-하세의 의원선거에 관하여>에 의거하여 국가평의회는 양원으로 구성된다. 공화국회의의 27명의 의원은 27개의 소선거구에서, 27명의 대표자회의 의원은 3명씩 선출되는 9개의 선거구에서 선출된다. 전부 265명이 입후보를 했고 247명이 후보로 등록되었다.

아디게야 공화국의 법령 <아디게야 공화국 국가평의회-하세의 의원선거에 관하여>에 따르면 투표종료시점에서 유권자 명부에 포함된 유권자의 30% 미만이 투표에 참여할 때, 다른 후보들에 비해 가장 많은 득표를 한 아디게야 공화국 국가평의회-하세의 대의원 입후보자가 아디게야 공화국 국가평의회-하세의 대의원에 입후보한 모든 후보들에 대한 반대표보다 적을 때 각 선거구의 선거는 성립되지 않은 것으로 간주된다. 3명씩 선출되는 선거구에서는 아디게야 공화국의 국가평의회-하세의 투표에서 참여한 유권자들의 표를 가장 많이 얻은 세 명의 후보가 당선된 것으로 인정된다. 동수의 득표일 경우 먼저 등록한 후보가 당선된 것으로 간주된다. 선거구별로 3명씩 선출되는

투표의 진행에서 아디게야 공화국의 국가평의회-하세의 대의원 후보에 던진 표수가 모든 후보에 대한 반대에 투표한 수보다 적을 때 당선되지 않은 것으로 간주된다. 이 경우 채워지지 않은 의석은 보궐선거를 통한다.

선거는 성립되었다. 49%의 유권자가 투표에 참여했다. 아디게야 공화국의 국가평의회-하세의 대표자회의는 완전히 구성되었다.

(3) 연방주체의 수도의 장 선거: 마이꼬프 시의 시장 선거

2001년 3월 4일 마이꼬프시의 행정부의 장에 대한 선거가 진행되었다. 아디게야 공화국의 법령 <도시, 라이온의 행정부의 장 선거에 관하여>에 따르면 유권자 명부에 포함된 유권자의 30% 이상이 투표에 참여하면 선거는 성립된 것으로 간주된다. 투표에 참여한 유권자들의 지지를 과반수 이상 얻으면 그 후보는 선출된 것으로 간주된다. 선거는 성립되었다. 47.57%의 유권자가 선거에 참여했다. 마이꼬프시의 시장에는 체르니첸꼬(M. H. Черниченко)가 60.64%의 지지를 얻어 당선되었다.

2002년 12월 8일 새로운 법령에 따라 마이꼬프시의 행정부의 장 선거가 실시되었다. 행정부의 장의 직위에는 8명이 입후보했다. 아디게야 공화국의 법령 <시 정부의 장 선거에 관하여>에 따르면 유권자 명부에 포함된 유권자의 20% 이상이 투표에 참여하면 선거는 성립된 것으로 인정된다. 마이꼬프시의 행정부의 장 선거는 성립되었다. 33.35%의 유권자가 투표에 참여했다. 마이꼬프 시의 행정부의 장에는 삐보바로프(H. M. Пивоваров)가 선출되었다. 37.51%의 유권자가 그에게 투표했다.

Ⅳ. 경제 시스템

1. 경제개황

아디게야 공화국은 7개의 연방지구 중 남부연방지구에 속하고 12개의 러시아 경제지역 중 북 까프까스 경제지역에 속한다. 아디게야 공화국의 역사적 발자취를 보면 오랫동안 크라스노다르 지방의 한 구성요소로 편입되어 있었고 특히 농업에 있어서는 부속지구에 속해 있어서 식량창고로서의 역할을 해 왔다.

이러한 사실이 아디게야 공화국이 러시아경제에서 차지하는 현 단계의 경제비중이 높지 않은 주원인이다. 여러 부문의 경제 비중 외에도 경제발전의 토대나 척도가 되는 교통이나 운송을 위한 인프라도 충분히 발달되어 있지 못한 것도 여기에 기인하고 있다.

아디게야 공화국은 시장경제로 전환되면서 자체적으로 경제자치를 실현하기 위해 부단히 노력해 왔고 그 중 대표적으로 현실화된 2가지 경제성과를 보면 다음과 같다.

1. 노동정책을 꾸준히 실시해 잠재실업을 줄인 것.

2. 상품의 경쟁력을 갖기 위해 다품종을 연구 개발할 필요성을 인식하여 중소기업을 중점육성하게 된 것.

전체적인 아디게야 공화국의 경제를 관망하여 보면 지역총생산이 러시아의 전 지역총생산 대비 0.1%에 지나지 않고 공업은 0.1%, 농업은 0.3%, 소매유통과 자본투자는 각각 0.1%, 0.1%를 기록하고 있다. 그나마 농업이 가장 큰 비중을 차지하고 있다.

아디게야 공화국의 지역총생산에 대해 살펴보면 다음의 표와 같다.

아디게야 공화국 지역총생산액 추이

항목 \ 년도	1996	1997	1998	1999
지역총생산	6,019	8,636	3,386	5,110
1인당 지역총생산	2,925	4,144	7,522	11,374
지역총생산 지수		100.9	96.5	105.4

http://www.infostat.ru/epub.htm (검색일: 2003.1.10)

아디게야 공화국의 지역총생산의 주요 구성과 비율은 농업의 비중이 25.0%로 가장 높고 공업부문이 17.5%, 유통이 10.4%, 건설이 6.9%, 운송이 1.6%의 순을 나타내고 있다.

2. 산업

1) 공업

아디게야 공화국은 수도인 마이꼬프에 산업이 집중되어 있다. 특히 공업은 집약화가 매우 높으며 그 곳에 발달되어 있는 공업은 기계제작과 금속가공부문이다. 이 외 아디게야 공화국 전체에서는 식품공업이 번성해 있으며 종이펄프와 목재가공이 발달해 있다.[4)]

아디게야 공화국의 기업부문의 지표를 살펴보기 위해 총 기업수, 소 기업수, 그리고 현재 공업에서 활동하고 있는 기업수를 표로 나타내면 다음과 같다.

기업수 추이

항목＼년도	1997	1998	1999	2000
총기업수(연말)	27,492	30,580	7,081	7,243
소기업수(연말)	10,169	2,003	2,218	2,202
활동기업수	1,957	466	614	655

http://www.infostat.ru/epub.htm (검색일: 2003.1.10)

아디게야 공화국의 공업에 대한 전반적 상황파악을 위해 총 공업생산량과 공업생산지수를 표로 보면 다음과 같다.

총 공업생산량 추이

항목＼년도	1997	1998	1999	2000
총 공업생산량	1,752	1,761	2,035	2,795
공업생산 지수	103	92	150	121

http://www.infostat.ru/epub.htm (검색일: 2003.1.10)

4) 아디게야 공화국의 공업발달의 상황이 높지는 않지만 아디게야 공화국의 공업을 이끌고 있는 몇 개의 대표적 기업이 있다. 그것은 다음과 같다. АООТ консервный комбинат 'Адыгей ский ', АО 'ЮР-АН', кондитерская фабрика 'Май копская', АО 'Май коплеспроммебель', АО 'Дружба', АО 'Картонтара', АООТ ' Май копский редукторный завод', АООТ 'Сахарный завод'.

아디게야 공화국의 공업의 부문별 구조를 살펴보면 식품가공이 가장 앞서 있는 부문이다. 이것은 발달된 농업으로부터 원료의 획득에서 기인한 전방 연쇄효과라고 분석되어진다. 여타 부문 구성이 어떠하고 그 비율은 어떤지를 표로 살펴보면 다음과 같다.

주요 공업생산부문별 생산비율

생산부문	아디게야 공화국 총공업생산 비율
전기전력	3.2%
연료공업	1.6%
화학 · 석유화학	1.1%
기계제작 · 금속가공	11.1%
목재가공, 종이 · 펄프	23.6%
건재공업	8.2%
경공업	1.1%
식품공업	45.9%
기타	4.2%

http://www.infostat.ru/epub.htm (검색일: 2003.1.10)

2) 농업

아디게야 공화국에서 가장 중요한 산업은 농업이다. 왜냐하면 국민경제에 가장 많은 영향을 미치는 산업도 농업이고 가장 많은 노동인구가 종사하는 산업도 농업이기 때문이다. 이것은 농업을 위한 천혜의 적당한 조건, 즉 온화한 날씨와 기름진 땅에 기반하고 있다.

아디게야 공화국의 주요 농산물은 곡물이고 여러 종류의 수확 종류 중 수확량과 파종 면적이 가장 넓다. 그 외 해바라기, 식용근대, 담배가 주요 품목이고 또 채소와 호밀, 호박, 포도, 차, 쌀 등도 많은 양을 수확하고 있다. 가축사육도 성행되고 있으며 낙농이 주요 형태이다. 그 외 돼지와 닭을 다량 사육하고 있다.

지역적으로는 아디게야 공화국에서 마이꼬프 시에 농업기업들이 여러 형태로 가장 많이 존재한다. 칼호즈(국영농장), 숍호즈(협동농장), 그리고 주식회사와 합자나 조합, 그리고 개인기업 등 여러 형태로 농업기업을 이루어 활동하고 있다.

아디게야 공화국의 농업을 총체적으로 보기위해 총 농업생산과 작물관련 생산액 그리고 가축관련 생산액, 농업생산지수를 보면 다음과 같다.

농업생산량 추이

항목 \ 년도	1997	1998	1999	2000
총농업생산액	2,173.8	2,570.0	2,018.0	2,240.3
작물관련 생산액	659.6	756.6	1,219.4	1,309.8
가축관련 생산액	1,514.2	1,813.4	798.6	930.5
농업생산 지수	88	95	90	101

http://www.infostat.ru/epub.htm (검색일: 2003.1.10)

3. 자원 등 기타

아디게야 공화국은 규모가 작은 공화국으로 북부지방은 꾸반강의 왼쪽 기슭에 위치하고 있고 남부지방은 대까프까스의 산기슭과 산악지대에 위치하고 있으며 흑해로부터 그리 멀지 않은 지역에 있다. 따라서 기후는 따뜻한 편이다.

아디게야 공화국의 토양은 대부분이 흑토질을 이루고 있어서 아주 많은 면적의 비옥토를 가지고 있다. 특히 남부지역의 토양이 우수하기 때문에 곡물 수확이 매우 성공적으로 이루어지고 있고 야채재배와 공예농작물의 재배가 활성화되고 있다. 그러나 산악지대는 토양의 성격상 수분이 불충분하여 주로 가축사육을 위한 방목용 토지로 이용되고 있다.

아디게야 공화국의 산림은 28만 5,700 헥타르로 전체 공화국 면적의 36.6%를 차지하고 있다. 그러나 분포에 있어서는 매우 고르지 못하다. 대부분의 산림이 계곡과 산악지대에 분포되어 있고 주종을 이루는 산림은 너도밤나무와 참나무이다.

참나무의 경우에 산악지대와 계곡에 넓게 분포되어 있으며 그 높이는 300-700m에 달하고 있다. 산림은 홍수를 예방하고 토양을 보호하는 등 매우 중요한 역할을 수행하고 있다. 북부의 평원지역에는 2만 헥타르에 달하는 면적이 숲으로 덮여 있다.

광원료와 동력에너지 자원을 살펴보면 아디게야 공화국은 광원료 면에서 매우 다양함을 알 수 있다. 가장 풍부한 원료로는 건축자재의 생산을 위한 원료를 들 수 있는 바, 종류로는 모래자갈 혼합물과 세공용 돌들이 있다. 현재 이 공화국의 영토에서는 벽돌점토와 모래점토가 있는 7개의 매장지, 모래자갈 물질을 함유한 5개의 매장지, 2개의 건축용 석고매장지 등이 유명한 것으로 알려져 있다.

이 외 아디게야 공화국에는 건축용 쇄석이 많이 분포되어 있고 건축용 모래와 품질이 우수한 석회석이 있다. 이 석회석은 유리 공업에도 이용할 수 있는 것이다. 광비료 생산원료의 측면에서도 잠재적 매장지를 많이 가지고 있으며 인회토의 보유량은 18만 톤으로 알려져 있다.

아디게야 공화국의 산악지대는 몰리브덴 광산과 텅스텐, 중토, 복합광물(납, 구리, 아연), 희귀금속, 금, 은 등이 넓게 분포되어 있다. 계곡뿐만 아니라 산악지대에서도 석유나 천연가스의 매장지가 있다. 그 매장량은 석유의 경우 17만 1,000 톤, 천연가스는 200억 m^3으로 추정된다.

아게디야 공화국의 수자원은 대부분 꾸반강의 중류지역의 연해와 연결된 강들이 대부분이다. 삼림이 많은 산지대에도 풍부한 수자원이 있으며 이 지역을 흐르는 강은 겨울에는 따뜻하고 여름에는 차갑다. 그리고 물의 흐름이 굉장히 빠른 강들로 이루어져 있다. 그러나 아게디야 공화국의 중부와 북부지역의 강들은 매우 혼탁하여 경제적으로나 식음용으로는 사용하기 어렵지만 전체적으로 이 공화국의 물은 주요한 수력에너지 자원이 되고 있다. 그리고 지하수 역시 이 지역의 경제에서 중요한 역할을 하고 있다.

아디게야 공화국은 수렵, 어로 자원이 풍부하다. 공화국의 전 지역에 걸쳐 수렵의 장소가 퍼져 있으며 사슴, 수코양이, 수달, 너구리, 꿩, 담비, 여우, 멧돼지 등이 수렵에 제한을 받지 않는 동물들이다.

V. 문화시스템

1. 지역정체성

1) 인구

2001년 현재 아디게야 공화국의 인구는 446,000명으로 러시아연방 전체의 0.30%, 89개 주체 중 74위를 점하고 있다. 전반적인 인구 상황은 러시아연방의 타 주체들에 비해 매우 안정적이나, 최근 들어서 1998년을 기점으로 점차 감소현상을 보이고 있다. 이는 우선적으로 사망률이 출생률보다 높은 데서 기인한다.

인구변동 추이

연도	1990	1992	1993	1994	1995	1996	1997	1998	1999	2000	2001
인구수 (1,000명)	435	441	446	448	450	450	449	450	449	448	446

Российский статистический ежегодник. Госкомстат России. М., 2001. С. 113.

아디게야 공화국의 인구상황에 결정적인 영향을 미치는 자연증가율은 이미 1990년대 초부터 역조현상을 보이고 있다. 이는 특히 공화국 전반에 걸친 경제상황 악화에 따른 출생률 저하에 기인한다. 그럼에도 불구하고 전반적인 인구상황이 비교적 안정되어 있는 것은 난민을 포함한 인근 지역으로부터의 인구전입에 따른 것이다.

출생자수, 사망자수, 자연증가율

연도	출생자수(명)	사망자수(명)	자연증가율(명)
1990	6,171	5,375	796
1992	5,306	5,969	-663
1993	4,774	6,662	-1,888
1994	4,907	6,519	-1,612
1995	4,798	6,475	-1,677
1996	4,625	6,382	-1,757
1997	4,430	6,302	-1,872

1998	4,340	6,245	-1,905
1999	3,879	6,215	-2,336
2000	4,071	6,710	-2,639

Россий ский статистический ежегодник. Госкомстат России. М., 2001. С. 111.

2000년 현재 아디게야 공화국의 경제활동 인구는 200,000명, 전체 인구의 44.6%로 매우 적은 편이다. 그럼에도 불구하고 1990년대 중반부터 실업률은 10%를 훨씬 초과한 실정이며, 1999년 19.7%를 기점으로 2000년도부터 약간 수그러들기 시작했다.

특히 난민과 퇴역군인들의 취업문제가 공화국의 가장 큰 현안으로 대두되고 있다.

경제활동인구(취업자, 실업자), 실업률

연도	경제활동인구 (1,000명)	취업자수 (1,000명)	실업자수 (1,000명)	실업률(%)
1992	203	187	16	7.7
1993	195	179	16	8.0
1994	193	167	25	13.0
1995	189	165	23	12.4
1996	181	161	20	11.1
1997	170	149	21	12.3
1998	163	137	25	15.6
1999	203	163	40	19.7
2000	200	172	28	14.1

Россий ский статистический ежегодник. Госкомстат России. М., 2001. С. 136.

2) 민족

아디게야 공화국에는 60여 이상의 민족이 거주하고 있으며, 토착민족인 아디게야인은 22.1%이다. 그 외에 공화국에는 러시아인 68%, 우끄라이나인 3.2%, 아르메니아인 2.4%, 벨라루스인 0.6%, 따따르인 0.6%, 독일인 0.4%, 그리스인 0.4%, 집시 0.2% 등 다양한 민족이 거주하고 있다.

3) 교육

아디게야 공화국에서는 문화 및 교육 시스템 구축에 많은 관심을 부여하고 있다. 비록 교육부문이 러시아연방이 겪고 있는 전반적인 어려움을 느끼고 있지만, 최근 10여 년 동안 단 한 개의 전문기술학교가 폐쇄된 적이 없다. 오히려 새로운 학교, 혹은 분교가 개설되고 있는 상황이다.

아디게야 공화국에서는 인구 1만 명당 426명이 중고등 전문교육기관에서 수학하고 있으며, 이는 러시아 전체(112명)와 끄라스노다르 변강주(125명)의 평균을 훨씬 상회한다.

공화국에는 73개 중등학교, 2개 고등교육기관, 5개 중등직업학교, 13개 초등직업기술학교, 4개 과학기술연구소 등 총 93개 학교기관이 개설되어 있다.

공화국의 각 교육기관은 '민족학교 발전' 프로그램에 적극 동참하고 있다.

어려운 경제여건에도 불구하고, 아디게야 국립대학을 중심으로 왕성한 학술활동이 전개되고 있다. 이곳에는 학문을 위한 제반 여건이 충분히 갖추어져 있다.

2. 지역문화

1) 문화개괄

아디게야 공화국은 전설, 문화와 전통이 풍부하며 500년의 세월이 흐르는 동안 많은 역사적 사건이 일어난 곳이다. 이 지역은 중세에는 유럽에서 아시아로 대비단길이 지나가던 곳이다.

마이꼬프 문화 유물
(말머리가 붙은 잔)

아디게야의 조상들은 세계 건축에서도 유명한 마이꼬프(Маиков)문화(이 문화는 도시 마이꼬프의 동쪽 끝에 있는 세계적 명성의 건축 기념물인 마이꼬프 분묘로부터 이름을 얻었다)를 창조해 내었다. 전설에 의해 서로 연관되어 있으면서 서로 멀지 않게 놓여 있는 수십 개의 구릉들은 하나하나가 박물관이라고 할 수 있다. 이것들은 고대 까프까스인의 매우 찬란했던 문화와 유럽과 동방의 밀접했던 관계를 보여준다.

역사적으로 다양한 시기의 문화기념물들은 아디게야 공화국의 명승고적이 되었다. 다른 민족들처럼 아디게야 공화국의 역사적 기억은 우선 서사시 속에, 이야기 속에, 영웅적인 노래 속에, 민중들의 노래 속에, 민중의 전래 교훈 속에, 기타 장르 속에 나타나 있다.

현재 아디게야에는 4개의 극장과 3개의 콘서트 단체와 139개의 클럽 형태의 기관들과, 문화와 휴식 공원들이 있으며 10개의 박물관, 151개의 도서관 22개의 어린이 음악 예술학교, 문화 예술 중등 전문학교가 있다. 지역에는 400개가 넘는 문화 기념물이 있고 그 중 9개는 연방차원에서 중요하다.

아디게야 국립 무용 앙상블

공화국 필하모니와 아디게야 국립 무용 앙상블인 '날메스(Нальмес)', 노래와 춤 앙상블 '이슬라메이(Исламей)', 공화국의 오케스트라-심포니와 러시아의 민속 악기 앙상블은 전문 예술단체이다.

공화국 드라마 극장의 작은 무대에서는 '사각형'이란 창작 집단이 활동 중이다. 화랑에서는 유명한 회화 작가의 작품, 조상, 사진과 아디게야와 꾸반의 민속품, 외국의 민속 수공업도 감상할 수 있다.

2) 문화시설

아디게야 공화국 지지박물관

아디게야 공화국 지지박물관의 전시품들

1925년에 건립된 박물관의 전시실에는 황금색으로 수놓은 일상용 직물 수집품과 양탄자들, 부채들이 전시되어 있고 갈대 세공품, 일상용 뜨개용품, 기도용 작은 양탄자, 짚으로 된 부채, 일상용 광주리 등과 까프까스 지방의 무기, 권총, 단검 등이 있다.

기아긴 지지 박물관

1989년 1월 1일 건립된 박물관에는 5개의 홀이 있는데 그들 각각은 기아긴(Гиагин) 마을 사람들의 삶에 대해서 말하고 있다. 첫 번째 홀은 기아긴 마을의 성립에 대해서 말하고 있고, 두 번째 홀은 2차 세계대전에 대해서, 세 번째 홀은 기아긴 주민들의 노동의 성과에 대해서, 네 번째 홀은 민족 간의 전쟁에 대해서 알려주고 있으며 다섯 번째 홀은 유물전시실이다.

아디게야 공화국 문화부 갤러리

이 갤러리는 주민 개인이나 단체가 전시관을 빌리는 것을 돕고 대중적인 선전수단을 강구함으로써 예술의 대중화에 힘쓰고 있다. 갤러리는 예술 작품의 이동전시를 조직하는데 힘쓰고 있다. 이 갤러리에는 '아디게야 그림'이라는 수집품이 전시되고 있다.

3) 여가 문화

아디게야 공화국에는 자신의 아름다움으로 보는 이를 놀라게 하는 적지 않은 훌륭한 장소들이 있다. 적당한 기후, 독특하고 풍부한 탄산수, 이국적인 자연 등의 특징은 요양소, 휴식처로서의 발전을 촉진시켰다. 휴식과 치료를 목적으로 찾아오는 수백만의 이곳에서 사람들은 건강을 되찾고 육체적, 정신적 힘을 회복시킨다.

아디게야는 러시아에서도 가장 훌륭한 요양지 중의 하나로 알려져 있다. 휴식하고 있는 사람들을 위해서 여러 가지 요양소와 치료 기관을 권유하고 있다.

아스뜨라한주

Астраханская Область

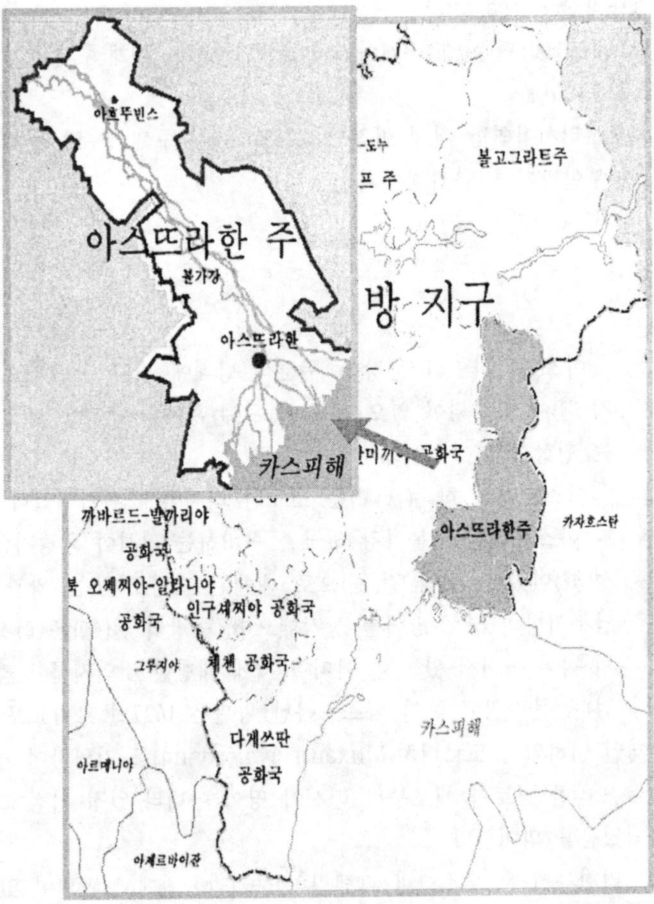

Ⅰ. 개황

1. 기초정보

주 성립일: 1943년 12월 27일.
주도: 아스뜨라한(Астрахань)
인구: 1,013,000명(2001년 현재: 러시아연방 전체의 0.69%, 89개 주체 중 55위)
인구밀도: 22.97명/㎢
면적: 44,100㎢(러시아연방 전체 면적의 0.26%; 89개 주체 중 58위)
소속지구: 남부연방지구, 볼가경제지구
한국과의 시차: -6시간

2. 상징

아스뜨라한주 문장

아스뜨라한주의 문장은 푸른색 방패에 황금 왕관과 은제 검(劍)이 묘사되어 있으며, 방패 위에 황제의 모자를 쓰고 있는 형상이다.

아스뜨라한 한국(汗國)은 1556년 러시아에 편입되었다. 당시 아스뜨라한은 볼가강 하구를 수비하는 러시아 국경지역의 성(城)이었다. 후에 검(劍)으로 대체된 기병도(刀)는 왕관 및 남부지방의 영토 방어를 상징했으며, 동방의 검(劍)은 러시아의 적이 어디서 왔는지, 어떠한 적에 대항한 것인지를 말해주었다. 문장위에 놓인 아스뜨라한 왕관은 1627년 로마노프 왕조의 1대 황제인 미하일 표도로비치(Михаил Федорович)를 기념하여 제작되었으며, 아스뜨라한 영토가 애초부터 러시아 땅이 아니라 일정 시점에 러시아에 편입되었음을 의미한다.

현재 아스뜨라한 왕관은 모스크바 크렘린의 무기박물관에 보관되어 있다.

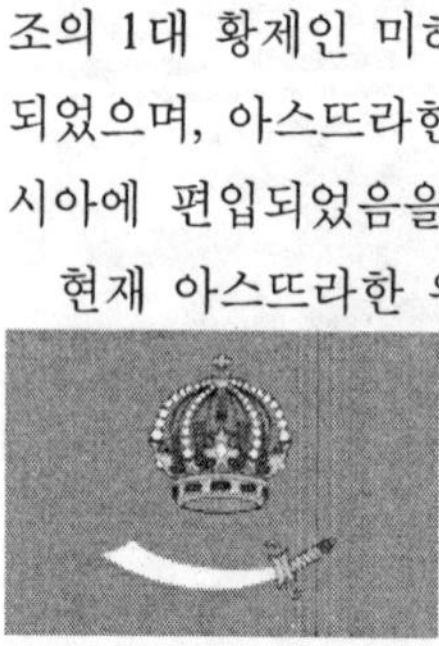
아스뜨라한주기

문장의 푸른색은 볼가강 하류에 있는 아스뜨라한주의 지리적 위치를 말해준다. 아스뜨라한주의 문장은 2001년 12월 17일 채택되었다.

아스뜨라한 주기는 푸른색 장방형 천으로 되어 있

으며, 바탕에 금빛 왕관, 그 밑에는 금빛 칼자루에 은빛 동방의 검이 묘사되어 있다. 아스뜨라한 주기는 2001년 12월 17일 채택되었다.

3. 주요도시

아스뜨라한(Астрахань): 인구 488,400명; 북위 46°22′, 동경 48°5′
아흐뚜빈스크(Ахтубинск): 인구 48,700명; 북위 48°18′, 동경 46°10′
즈나멘스크(Знаменск): 인구 36,600명; 북위 48°35′, 동경 45°45′
(인구: 2002년 현재)

4. 주요 산업 및 농업

주의 주요 산업으로 기계제작, 금속가공(조선, 선박수리, 선반, 가정용 냉장고 콤프레샤, 각종 기기 및 설비), 식료품 산업(생선가공, 과일 및 야채 통조림), 경공업(속옷, 봉재제품) 등이 발달했으며, 농업부문은 농작물재배, 야채, 멜론 재배, 육류 및 모피용 목양, 낙농업, 낙타사육 등이 발달했다.

Ⅱ. 자연환경

1. 지리적 위치와 구성

아스뜨라한주는 11개 행정구, 6개 시, 11개 도시형마을, 145개 농촌마을로 구성되어 있으며, 카스피해 저지대에 위치하고 있다.

볼고그라트주, 깔미끼야 공화국, 까자흐스딴과 경계를 이룬다.

주요 하천으로는 볼가강과 그 지류인 아흐뚜바(Ахтуба)강이다. 바스꾼차크(Баскунчак) 등의 염분 호수가 있다. 많은 담수 및 광천수 호수도 있다.

수도 아스뜨라한과 모스크바 간의 거리는 1,534㎞이다.

2. 기후조건

대륙성 혹한기후. 곳에 따라 건조기후도 나타난다.

1월 평균기온: -10(북부 지역) ~ -6℃(남부 지역)

7월 평균기온: 24℃

연강수량: 170 ~ 250㎜

식물 생장 기간: 170 ~ 185일

식생: 스텝 지대와 2차적 반사막 지대

토양: 함염토, 염택, 충적토(볼가 연안)

삼림분포도: 2%(주로 볼가강 연안의 침수지)

3. 주요 유용광물

원유, 가스, 석고, 석회암, 이탄암, 건축용 모래, 점토, 이탄석, 미네랄 염료 등이 있다.

주요산지:

식염: 바스꾼차크(Баскунчак)호수(러시아 연방 식염 생산의 약 1/2을 차지).

가스: 아스뜨라한(세계 최대의 산지 가운데 하나)과 쁘로미슬로프스크(Промысловск) 산지.

유황: 아스뜨라한 부근(러시아연방 생산량의 2/3 이상을 차지).

Ⅲ. 정치시스템

1. 역사[1)]

7-10세기에 아스뜨라한주의 장소에는 유대교를 믿고 이틸시를 수도로 하는 고대 투르크의 하자르 한국(汗國)이 존재했다. 10세기 말 - 13세기 초에 여기에는 투르크족의 견고하지 않은 유목민족-뻬체네그족과 뽈로베쯔-낍차크족-의 지도자들이 지배하고 있었다. 13세기 중반에 볼가 하류지방은 몽골-따따르 국가의 '낍차크 한국'의 중심이 되었다. 여기에는 사라이-바투, 사라이 베르께와 같은 도시들이 생겨났고 16세기 초부터는 현 아스뜨라한의 선조격인 하쥐-따르한 시가 알려졌다. 이집트를 포함하여 많은 나라들과 긴밀한 관계가 형성되어 있었다.

러시아 황제 이반4세(뇌제)의 1554년과 1556년 두 번의 원정으로 한국이 정복되었고 러시아 국가에 속하게 되었다. 1558년 요새 주변의 새로운 장소로 이전하면서 아스뜨라한 시는 러시아 남부에서 정치-군사적으로 중요한 전초기지, 까프까스와 아시아의 카스피해 연안으로 진출하는 데에서 적환지점, 활발한 상업 및 국제관계의 중심지가 되었다.

이렇게 아스뜨라한 지방은 형성되었다. 계속해서 뾰뜨르 1세와 예까쩨리나 2세하에서 아스뜨라한은 북 까프까스로부터 시작하여 사마라와 까잔에 이르는 러시아 남부지역을 포함하는 거대한 현(губерния)으로 변모했다. 이미 이 시기에 이 지역의 주민들 - 러시아 국민들에서는 루스끼, 노가예쯔 민족, 깔믜크 민족, 따따르 족, 까프까스의 산악민족인 '체르께스' 족, 저 멀리 인도에 이르기까지 아시아에서 온 상인들을 볼 수 있다. 오늘날 아스뜨라한주에는 사실상 러시아의 모든 민족 구성이 거주한다.

---

1) 아스뜨라한 주 역사 부분은 다음을 번역, 정리하여 구성한 것이다. 인터넷 자료에 대한 검색은 주로 2003년 11월부터 2004년 1월 사이에 이루어졌다. Dontr.Ru|ЮФО|Астраханская область - Общая характеристика. http://www.dontr. ru/ Environ/WebObjects/dontr.woa/wa/Ufo?item=general&section=4; Dontr.Ru|ЮФО |Астраханская область - История. http://www.dontr.ru/Environ/ WebObjects/ dontr.woa/wa/Ufo?item=history&section=4; Dontr.Ru|ЮФО|Астраханская облас ть - Астрахань. http://www.dontr.ru/Environ/WebObjects/ dontr.woa/wa/Ufo? item=astrahan&section=4.

행정적 용어 '아스뜨라한주'는 1785년 처음 등장했는데, 이때 아스뜨라한주는 (엄격히 말해 5월 5일) 까프까스 주와 함께 '까프까스 총독령'의 구성 안에서 분리되었다. 그런가 하면 보다 긴 기간 동안, 즉 1717년부터 1785년에 이르는 기간 동안, 그리고 이후 1802년부터 1928년에 이르는 기간 동안 '아스뜨라한현'이 존재했다. 여기에다 1918-20년의 혁명적 사건에 이르기까지 아스뜨라한 현은 또한 '깔미끼야 스텝지방'과 '끼르기즈-까이사쯔크(즉, 까자흐) 부께옙스크 한국'을 자신의 구성에 포함시켰다. 이로 인해 이후 영토획정과 관련된 어려움들이 나타나게 된다. 이후 아스뜨라한 구(다르게는 '메즈라이온')는 1930-40년대에는 니즈네-볼쉬, 이후에는 스탈린그라드 변강주에 속했다. 1943년 12월 27일 소연방 최고소비에트 상임위원회의 명령으로 아스뜨라한주는 러시아 사회주의공화국 소속의 독자적인 행정-영토적 단위로 다시 복구되었다. 1993년 러시아 헌법에 따라 아스뜨라한주는 '러시아 연방 주체'로서 완전한 지위를 획득하였다.

2. 권력기관[2)]

1) 전체 통치구조상의 특징

아스뜨라한주에서 국가권력은 러시아연방의 국가적 완전성, 국가권력체계의 통일성, 입법, 집행 그리고 사법권력으로의 분리, 연방 국가권력기관과 주 국가권력기관 사이의 권한의 분할 등을 기반으로 실현된다. 자신의 권한영역에서 입법, 집행, 사법권력기관은 독자적이다. 아스뜨라한주의 입법 및 집행 국가권력기관 체계는 러시아연방의 헌법적 구조 및 연방주체들의 국가권력기관 체계의 일반적 조직화의 원칙에 따라 독자적으로 세워진다. 법원은 연방 헌법 및 법률에 따라 구성되고 활동한다. 아스뜨라한주의 국가권력을 실행하는 기관은 주 의회, 주 행정부, 주에 소재하는 러시아연방 법원들이다.

---

2) 아스뜨라한주의 권력구조에 관한 내용은 공화국 헌법을 기본으로 하며 다음의 자료들을 번역, 정리하여 구성한 것이다. Устав Астраханской области. 러시아연방 법령자료집 <러시아연방 남부지구 기본법: 개별주체의 헌법, 헌장> (용인: 경희대학교 비교문화연구소 러시아 지역연구팀, 304-345쪽(이 법령자료집은 http://www.legislature.ru/regconst.html에 실린 각 연방주체들의 기본법을 모은 것으로서, 자료검색은 2003년 4월-5월에 이루어졌다).

또한 아스뜨라한주에서는 지방자치에 대한 주민의 권리가 인정되고 보장된다. 지방자치는 자신의 권한영역에서는 독립적이며 지방자치기관은 국가권력기관 체계에 들어가지 않는다.

2) 집행기관: 아스뜨라한주 지사와 행정부

(1) 아스뜨라한주 행정수반(주지사)의 권한

아스뜨라한주의 행정수반(주지사)는 아스뜨라한주의 최고지도자이다. 주지사는 러시아연방의 다른 주체들, 러시아연방의 국가기관, 외국의 국가기관들과의 관계에서 아스뜨라한주를 대표하며 주 의회가 최종적으로 동의한 그들과의 조약 및 협약에 서명한다. 주의 이름으로 체결되는 조약 및 협약안을 작성, 제기하며 러시아연방 대통령과 정부, 연방의 다른 주체들의 집행기관들에 파견되는 주 집행권력기관의 대표에 관한 문제를 결정한다. 러시아연방 대통령과 정부가 결정할 권리를 갖고 있는 규범적 규정들의 안을 그들의 심의에 부칠 수 있다. 아스뜨라한주에서 준법성, 시민의 권리와 자유, 안정과 공공질서의 보장에 관한 방책을 마련한다.

아스뜨라한주 지사는 주 행정부를 구성, 지휘한다. 이때 예산상 추가지출이 요구되는 새로운 하위부서의 도입은 주 의회의 승인을 받아야 한다. 집행권력기관과 의회 그리고 지방자치기관의 상호 활동을 지원한다. 주지사 산하에 자문 및 보좌기관을 구성하고 지휘한다. 주의 집행권력의 지역 기관, 연방기관의 구성, 재조직, 해체에 관한 결정 및 담당 인사의 임명에 동의하고 이러한 기관들의 활동과 관련된 제안을 러시아연방 정부의 심의에 부친다. 아스뜨라한주 선거관리위원회의 위원 절반을 임명한다. 아스뜨라한주 검찰총수의 임명에 동의한다.

아스뜨라한주 지사는 주의 사회-경제적 발전 계획, 운영구도 및 아스뜨라한주 기관들의 구조와 그에 관한 제안을 주 의회에 상정하며 주의 예산을 개발, 의회에 제출, 승인을 받으며 그 집행을 지원하고 집행결산을 의회에 한다. 주의 소유재산으로 있는 기업, 기관과 조직의 지도자를 임명한다. 주 의회에서 정한 지출을 제외하고 주 예산 집행에서 신용관리 기능을 실현한다.

아스뜨라한주 지사는 주 의회의 결정에 대해 법원에 공소를 제기할 수 있다. 주지사는 또한 주 의회에서 입법발의권을 갖는다. 주지사가 발의한 입법안은 우선적으로 의회에서 심의된다. 주 의회의 임시회의 소집을 요구할 수 있으며 주 의회가 채택한 법률에 서명, 공표한다. 심의권을 갖고 주 의회의 업무에 참여하고 공식적인 대표자를 파견할 수 있다. 주지사는 명령을 발포하며 이는 아스뜨라한주 전지역에서 집행되어야 한다.

아스뜨라한주 지사는 입법(대의)기관의 의원이 될 수 없고 실제적인 군업무에 종사할 수 없으며 다른 공직은 물론 국가기관, 지방자치기관, 기업, 조직 및 사회단체에서 유급의 업무에 종사할 수 없다. 기업활동을 하는 것, 경영활동에 개인으로 참여하는 것이 허용되지 않는다. 다만 연방법률이 정한 바에 따라 당연직으로 경영활동에 참여하게 되는 경우는 제외된다. 등록된 정당 및 사회단체의 지도기관에 속할 수 없다.

(2) 아스뜨라한주 행정수반(주지사)의 선출

아스뜨라한주 지사는 5년 임기로 선출되며 아스뜨라한주의 영토에 상시적으로 1년 이상 거주하는, 투표권을 갖는 30세 이상의 러시아연방 시민이 선출될 수 있다. 주지사의 권한은 새로 선출된 주지사의 선서가 이루어지는 순간부터 중지된다. 부지사 및 하위부서의 지도자들은 주지사가 새로 선출되면 권한이 중지된다.

아스뜨라한주 지사는 임기만료, 사임, 러시아 국적의 상실, 그와 관련된 법원의 유죄판결의 효력 발생, 효력을 발생하는 법원의 판결을 기반으로 한 그의 무능력상태에 대한 인정, 효력을 발생하는 법원의 판결을 기반으로 한 그의 사망에 대한 공고, 건강상의 이유로 인해 6개월 이상의 기간동안 연속하여 자신의 권한을 실현할 수 없는 자연적인 무능력 상태, 사망 등의 경우에 그 권한이 중지된다.

아스뜨라한주 지사는 사임할 수 있다. 그 사임 인정에 관한 문제는 의회가 결정한다. 의회는 주지사에게 새로운 주지사가 취임할 때까지 의무를 이행해주기를 요청할 수 있다. 주지사는 이에 동의하지 않을 수 있으며 이 경우 그의 권한은 사임을 인정하는 의회의 명령에 명시된 날로부터 중지된다. 나머지의 경우 주지사의 권한은 관련 사안이 제기된 순간부터 혹은 이러한 행위가 완료된 시점부터 중지된다. 임기만료 이전 권한 중지는 투표 없이 의회의 명령에 의해 확인된다.

아스뜨라한주 지사의 한시적인 부재 시에는 수석 부지사가 그 의무를 대행한다. 수석 부지사가 여러 명이거나 부재하면 주지사가 부지사들 가운데 한사람에게 자신의 의무 대행을 공식적으로 부과한다. 임기만료 이전 주지사가 자신의 권한을 중지하는 경우 의회는 2주일 이내에 주지사 선거를 지정한다. 이 경우 선거일은 주지사가 권한중지를 한 시점부터 2개월이 지나기 전 마지막 일요일이 된다. 임기만료를 1년 이내로 남겨놓은 상태에서 주지사의 권한이 중지된 경우 그 선거는 지정되지 않는다. 이 경우 의회의 결정에 따라 정기적인 선거 때까지 수석 부지사가 그 의무를 대행한다.

(3) 아스뜨라한주의 행정부

아스뜨라한주 행정부는 집행권력기관으로서 그 활동은 주지사가 지도한다. 주지사의 지도하에 주 행정부는 시민의 준법성, 권리와 자유의 보장, 소유재산과 공공질서의 보호, 범죄와의 투쟁에 관한 방책을 실현한다. 주 행정부는 주 발전계획과 프로그램을 개발, 실행하고 예산안을 개발하여 주지사가 의회의 승인을 받을 수 있도록 제출하며 예산을 집행하고 예산집행 결산을 주지사에게 제출한다. 주의 소유재산, 그 운영이 주에 이관된 연방재산을 운영하고 관리한다. 재정 및 투자정책을 개발, 실행하며 기업활동의 발전과 독점행위의 제한에 관한 방책을 실행한다. 은행, 화폐, 신용체계의 강화에 기여한다. 임금정책을 실행하고 국가보험과 단일한 회계 및 통계체계의 조직화에 기여한다. 사회영역의 발전, 주민복지의 성장, 주민의 노동 및 건강보호에 관한 대책을 마련하고 실행한다. 주민의 사회보장, 사회적 원조의 체계와 그 역할을 조직한다. 교육, 가족 및 모성, 부성과 어린이 보호의 발전에 관한 정책, 과학 및 문화 발전에 관한 방책, 청년정책을 실행한다. 주택-공동관리, 에너지, 교통, 통신의 발전에 관한 정책, 소비자권리의 보호에 관한 국가의 정책을 실현한다. 주택건설, 유통기업, 주민의 일상적 서비스의 발전을 위한 여건을 마련한다. 주 예산에서 지출되는 대상물의 건설을 조직하고 도시건설의 규준, 도시건설의 문서상의 증명을 확인하며 건설업의 허가업무를 조직한다. 자연보호, 합리적인 자연의 활용에 관한 국가 프로그램을 개발하고 그 이행을 지원한다. 지하공간의 이용에 관해 허가한다. 자연보호 법령의 준수에 관한 국가통제를 조직한다. 생산력의 합리적 배치를 지원한다. 주의 도시와 거주지역의 복합적인 경제적 사회적 발전에 기여한다.

아스뜨라한주 행정부는 자신의 권한영역 내에서 국가안보에 관한 정책, 아스뜨라한주의 국제관계 및 대외경제 활동을 실현하고 조절한다. 주의 경제의 동원준비(мобилизационную подготовку экономики)를 계획하고 조직하며 진행한다. 국가 및 상업 비밀, 그리고 국가 및 공무상의 비밀에 관련되는 내용을 갖는 정보의 보호에 관한 정책을 연방의 법령에 따라 조직하고 실현한다.

3) 입법기관: 아스뜨라한주의 의회(Астраханское областное Представительное Собрание)

아스뜨라한주에서 입법권력은 아스뜨라한주 의회에 의해 실현되며 주 의회는 상설적인 입법 및 대의기관이다. 의회는 5년 임기로 선출되는 29명의 의원으로 구성된다. 의원선거는 소선거구제로 진행되며 유권자들, 그 단체 및 블록이 후보를 내세울 수 있다. 의회의 의원은 선거일을 기준으로 21세 이상의 러시아연방 시민이 될 수 있다. 의원은 국가권력 및 지방자치의 대의기관의 의원이 될 수 없고 국가 및 시의 공무에 종사할 수 없다. 유급으로 일하는 의원들은 교육, 학문 및 다른 창조적 활동을 제외하고 유급의 업무에 종사할 수 없다. 의원은 면책특권을 가지며 현행범을 제외하고는 구속되지 않는다. 아스뜨라한주 검찰의 동의 없이 거주지 혹은 근무지에서 수색을 받거나 형사상의 책임을 지지 않는다. 의원은 권한 실현과 관련하여 주 국가권력기관, 지방자치기관, 사회단체, 기업, 기관과 조직의 지도부 및 담당자들과의 우선적인 접견권리를 가지며 주에서 활동하는 국가권력기관 및 담당자들 누구에게라도 의원으로서 질의할 수 있는 권한을 갖는다. 의원은 매년 소득신고를 해야 하고 이는 공식 출판물에 실린다.

아스뜨라한주 의회는 정해진 의원수의 3분의 2 이상이 선출되면 권한을 실현할 수 있다. 의회는 주 헌법, 그 개정과 보완, 주의 관할내용에 관한 법률 및 다른 규범적 규정, 러시아연방과 아스뜨라한주 공동관할 항목에 관한 법률 및 다른 규범적 규정들을 채택한다. 의회는 조직과 관련하여 주 헌법과 법률의 해석, 주의 행정-영토적 구성의 확정, 주 경계의 변경에 관한 문제의 해결, 주 의회의 구조 및 내규 승인, 주 의회의 지출 및 의회기구의 지불구조, 기구의 성원, 재원의 승인, 주지사의 주 운영구도, 집행권력기관의 구조

제시에 대한 승인, 시 규칙의 등록절차 확정, 시의 행정-영토적 구성문제의 해결절차 확정의 권한을 갖는다. 또한 주 의회, 주지사 선거의 지정, 주 선거관리위원회 위원의 절반 임명, 주민투표 실시에 관한 결정, 주 의회 의원들의 권한의 임기만료 이전 중지, 주 의회 의장, 부의장의 선출과 해임, 상설위원회의 구성과 위원장의 선출, 주 의회의 다른 기관의 구성 및 담당인사의 선출 혹은 승인, 주 의회 의원들의 질의 및 요구에 따른 결정 채택, 주 법률의 집행에 관해 주지사의 보고를 들을 수 있는 권리, 러시아연방 국가두마에서 입법주도권 실현에 관한 결정, 주의 이름으로 체결되는 조약과 협약의 최종적 합의, 주 의회가 채택한 주요문제들, 규범적 법규를 전 주민의 논의의 의제로 삼는 것에 대한 결정, 연방법률 및 주 법률에 따라 주의 검찰총수 후보에 대한 동의, 연방법률에 따라 판사 후보에 관할 결정의 채택, 분쟁 해결을 위해 러시아연방 헌법재판소, 러시아연방의 다른 법원들에 대한 청원 결정, 주 의회의 대표의 지명과 해임, 주 권력기관, 지방자치기관들 사이의 분쟁 해결을 위한 협의 위원회의 구성, 주지사와 주 검찰의 청원에 따른 결정, 주 행정부의 관측 위원회의 구성원에 대한 승인, 주지사의 제안에 따라 주의 공직 목록의 승인, 언론매체의 설립에의 참여 권한이 있다.

아스뜨라한주의 사회-경제적 발전과 관련하여 주 의회는 주 예산안, 그 변경 및 보완, 집행결산을 승인하며 주의 사회-경제 발전계획과 프로그램, 그 변경 및 보완, 집행결산을 승인한다. 주의 국가소유로 있는 기업 및 조직에 대한 세금, 납입금 등의 확정, 주 예산에서의 지불체계 승인, 주 예산에서의 세금 및 지불체계에 따라 면세 및 특전의 확정, 국가 채권 및 다른 종류의 유가증권의 발행과 실현조건의 입법적 조절, 그 현실화와 활동에 관한 정보의 청취, 주의 예산외의 통화기금의 구성과 활동절차의 법적 조절, 주의 국가소유 대상물의 시 소유로의 이관에 대한 법적 조절, 주의 국가소유 대상물, 주의 경제활동과 관련하여 이관된 연방 소유재산의 운영과 관리절차 확정, 주의 국가소유 대상물의 사유화, 점유, 이용, 관리 및 운영에 대한 법적 조절, 주의 국가소유 대상물에 대한 주단위 사유화 프로그램의 승인, 연방 및 지역 간 의미를 갖는 대상물이 위치한 대지를 주의 국가소유인 기업들의 건축 및 확장을 위해 허가하는 절차의 확정 등의 권한이 있다. 주 의회는 주에 있는 역사적, 생태적, 문화적, 학문적 가치를 갖는 자연적 대상물과 다른 대상물을 역사, 자연, 문화의 기념물로 공고하며 그 보존 및 활용절차를 확정한다. 아스뜨라한주 의회는 시민의 권리와 법적 이해의 보장과 관련하여 주의 법률과 지방자치기관의 규범적 법규가 이행되지 않은 것에 대해 시민과 담당자의 행정적 책임을 묻는 규범적 법규를 채택한다.

아스뜨라한주 의회는 주의 헌법과 법률, 의회의 명령의 이행에 대해, 주의 예산집행 및 예산외의, 통화 및 다른 기금들, 그리고 연방예산 출연 신용재원의 지출에 대해 독자적으로 통제하며 주의 법령이 연방법률에 따라 적절하게 맞추어지는 것을 통제한다.

아스뜨라한주 의회는 의회선거 결과가 주 선거관리위원회에 의해 확인된 후, 그리고 전체 의원의 3분의 2 이상이 선출된 조건에서 3일 이내에 첫 번째 회의에 소집된다. 의회의 임시회의는 주지사, 의회 의장의 제안으로, 혹은 전체 의원의 3분의 1 이상의 요구로, 서면 제안이 이루어진지 일주일 이내에 소집된다. 의회의 회의는 공개적으로 진행되며 내규에 정해진 경우 비공개로 진행할 수 있다. 비공개회의에서는 주 법률, 주 예산이 채택될 수 없고 예산집행, 국가의 예산외의, 통화 및 다른 기금의 자금활용에 관한 결산을 청취할 수 없다.

아스뜨라한주 의회의 권한은 자체 해산에 관한 결정을 채택하면 임기만료 이전에 중지된다. 이 명령은 의회의 전체 의원의 3분의 2 이상에 의해 채택된다. 의원선거까지 9개월이 남아 있어서 의회를 완전하게 구성할 수 없는 경우 만일 선출된 의원의 3분의 1 이상이 의회의 소속을 벗어나면 주 의회의 권한은 중지된다. 이 경우 의회의 권한 중지에 관한 결정은 주지사가 내린다. 의회 선거는 의회 권한의 중지에 관한 결정이 채택된 날로부터 3개월 이내에 실시된다. 자체 해산에 관한 명령을 채택했을 때 의회는 동시에 새로운 의회 선거를 지정한다.

법률안과 공공생활의 가장 중요한 문제들은 주민투표에 부쳐질 수 있다. 주민투표에 부쳐질 수 없는 것은 주지사와 주 의회의 임기만료 이전 권한중지 혹은 임기 연장, 주지사와 주 의회의 보궐선거 실시 혹은 선거의 연기, 주 예산의 채택 및 수정, 주 국가권력기관의 내부적인 재정적 의무의 이행과 수정, 주의 세금 및 납입금의 도입, 수정, 폐지 및 그 지불중지, 러시아연방 관할문제, 연방과 주의 공동관할 문제들에 관한 사항이다. 주민투표에 부쳐지는 문제들은 일반적으로 인정되는 시민의 권리와 그 실현을 위한 헌법적-법적 보장을 제한하거나 파기해서는 안 된다. 주민투표의 지정, 준비 및 진행 절차는 주 법률로 정해진다.

< 아스뜨라한주의 입법>

아스뜨라한주의 법령은 주 헌법과 법률, 규범적 성격을 띠는 의회 및 주지사의 명령으로 구성된다. 주 헌법은 기본법으로서 최고의 법적 효력을 갖고 직접적인 효력을 발생한다. 주 법률과 다른 법규는 이에 위배되어서는 안된다. 주지사의 명령, 주의 다른 법규는 주 법률에 위배되어서는 안 되며 주 법률과 주지사의 명령 사이에 모순이 있을 경우 주 법률이 유효하다.

러시아연방 관할항목과 연방 및 주의 공동관할 항목 이외에 아스뜨라한주는 주의 관할항목에 관한 입법적 조절을 독자적으로 그리고 완전하게 실현한다. 주의 관할항목에 관해 채택된 주 법률은 우선적인 효력을 갖는다. 이러한 법률과 연방법률 사이에 모순이 있을 경우 주 법률이 유효하며 적용된다.

연방과 주의 공동관할 항목에 대해 주는 연방법률에 따라 법률을 채택하며, 주 법률은 연방법률에 위배될 수 없다. 연방법률과 주 법률 사이에 모순이 있을 경우 연방법률이 효력을 갖는다. 연방과 주의 공동관할 항목에 관해 연방법률이 채택되면 주의 규범적 규정은 이에 따르게 된다.

아스뜨라한주의 모든 법률은 공표되어야 하며 공표되지 않은 주 법률은 적용되지 않는다. <아스뜨라한 소식>지에 전체 텍스트가 실린 것은 공식적으로 주 법률이 공표된 것으로 간주된다. 주 법률은 <아스뜨라한주 법률 및 규범적 법적 규정 모음집>에도 공식적으로 실려야 한다.

연방권력기관과 연방의 하위조직들을 포함하여 주에 소재하거나 활동하는 국가권력기관, 지방자치기관, 담당인사, 시민, 그 단체, 기업, 기관 및 다른 조직들은 주 헌법과 법률을 준수해야 한다. 주 헌법과, 연방과 주의 공동관할항목에 관해 그리고 주의 관할항목에 관해 채택된 주 법률과 다른 규범적 법규는 연방헌법과 법률과 마찬가지로 주에서는 국가적 보호를 받아야 한다.

아스뜨라한주 의회에서 입법발의권은 의회의 의원들, 주지사, 지방자치 대의기관에 속한다. 자신의 관할문제에 관하여 주 법원, 중재재판소, 검찰이 입법발의권을 갖는다. 입법발의는 또한 아스뜨라한주에 거주하면서 선거권을 갖는 1천명 이상의 시민이 실현할 수 있다. 시민들은 주 의회에 심의를 위한 제안을 상정함으로써 입법발의를 실현한다. 입법발의를 지지하는 서명용지의 형식은 주 의회가 정한다. 입법발의의 절차로 정식화된 제안은 주 의회가 한달 이내에 심의한다.

주 헌법, 그 수정 및 보완은 주 의회에 선출된 의원수의 3분의 2 이상에 의해 채택된다. 주 법률은 주 의회에 선출된 의원의 과반수 이상에 의해 채택된다. 그 어떤 법률도 주 의회의 내규에 따라 주 의회의 위원회에서 심의되지 않은 법률안 없이 채택될 수 없다. 세금의 도입 혹은 폐지, 그 지출 중지에 관한 규범적(입법적) 규정, 주의 재정적 의무 변화에 관한 규정, 그리고 주 예산에서 지출이 예상되는 다른 규범적 규정은 주지사의 제안으로 혹은 그의 긍정적 결정이 있는 상태에서 채택된다. 주 헌법, 주 법률의 채택에 관한 주 의회의 명령, 주 예산과 그 집행결산, 주 운영구도, 주 의회 내규의 승인에 관한 명령, 주 세금, 납입금의 확정, 시민과 담당인사의 행정적 책임, 토지 및 다른 자연자원, 자연보호대상 및 문화적 유산의 활용 절차의 확정에 관한 명령, 주 의회 의장, 부의장, 상설 위원회 위원장 및 다른 주 의회 기관의 장의 선출과 해임에 관한 명령, 주 의회의 명령에 대한 주지사와 주 검찰의 항의를 거부하는 것에 관한 명령은 만일 그것에 대해 주 의회의 선출된 의원의 절반 이상이 찬성하면 채택된 것으로 인정된다. 다른 문제들에 대한 명령은 주 의회의 회의에 참석한 의원의 다수결로 채택된다. 의회가 채택한 명령은 서명된 날 주지사에게 보내진다. 채택된 주 법률은 7일의 기간 동안 서명 및 공표를 위해 주지사에게 보내진다.

주지사는 주 의회로부터 법률을 받은 날로부터 14일의 기간 동안 그것에 서명, 공표하거나 거부하여 의회로 재심의를 위해 돌려보낸다. 주지사는 서명 공표를 위해 그에게 보내진 주 법률을 거부할 수 있다. 주 의회로부터 채택된 법률을 받은 순간부터 14일 동안 주지사가 그것을 전체 혹은 일부분 거부하면 주 의회는 이 법률을 재심의한다. 재심의에서 주 의회의 선출된 의원수의 3분의 2 이상에 의해 이전의 안이 채택된 경우 주지사는 7일의 기간 동안 반드시 그것에 서명, 공표해야 한다. 주지사가 거부한 법률의 재심의에서 주 의회가 주지사가 제안한 안에 동의하면 이 법률은 새로운 안으로 서명 및 공표되어야 한다.

주 법률은 달리 정한 절차가 없으면 공식적 공표일 이후 7일이 경과한 다음 주의 전 지역에서 동시에 효력을 발생한다. 시민의 권리와 자유에 관한 주 법률과 다른 규범적 법규는 그 공식적 공표이후 10일 이후에 효력을 발생한다. 주지사의 명령은 서명된 날 주 의회에 보내진다.

아스뜨라한주 국가권력의 규범적 규정은 연방헌법과 법률, 주의 헌법과 법률에 합치되지 않는다면 법원에 의해 전부 혹은 부분적으로 법적 효력을 갖지 못하는 것으로 인정될 수 있다. 주 집행권력기관의 법적 규정의 효력은 이 규정이 연방헌법과 법률, 연방의 국제적 의무에 모순되거나 혹은 연방헌법에 따르는 시민의 권리와 자유를 위반할 경우 관련 법원이 이 문제에 관한 결정을 내릴 때까지 러시아연방 대통령이 중단시킬 수 있다.

아스뜨라한주의 국가권력기관에는 법적 조절 분야에서 주의 법률적 권리와 이해의 방어에 관한 의무가 부여된다. 주의 국가권력기관은 연방권력기관으로 관할 및 권한이 치우치거나 공동관할 분야에서 연방의 권한에 부합되지 않는 연방의 규범적 규정 전부 혹은 일부를 법원에서 논박할 수 있다.

4) 사법기관

아스뜨라한주에서 사법권력은 주 법원, 라이온(도시) 법원, 중재재판소에 의해 실현된다. 주, 라이온(도시) 법원, 중재재판소의 권한, 조직 및 활동 절차는 연방법률에 의해 정해진다. 채택되고 효력을 발생하는 법원기관의 규정은 관련 국가기관, 지방자치기관, 사회조직, 기업, 기관, 조직, 담당 인사, 시민들에게 강제력을 가지며 주의 전 지역에서 이행되어야 한다. 효력을 갖는 법원의 규정의 불이행, 법원의 활동에 대한 방해와 법원에 대한 모욕은 유효한 법률에 따라 책임을 동반한다.

아스뜨라한주는 범죄와의 투쟁 문제에 관한 러시아연방의 통일적인 정책의 개발 및 실현에 참여하고 또한 시민의 법질서 및 안전 보호문제에 관한 독자적인 프로그램을 실현한다. 주는 범죄와의 투쟁 및 법질서 보호 문제에 관한 공동활동을 위해 러시아연방의 다른 주체들과 조약 및 협약을 체결할 수 있다. 주지사는 주에서 시민의 준법성, 법질서 및 안전에 관한 대책과 주 영토에서 준법기관들의 업무 조정에 관한 대책을 채택한다.

아스뜨라한주에서 시민의 개인적 안전, 그 재산의 보호, 질서의 보장 및 범죄와의 투쟁의 지원을 위해 내무부와 함께 공공안전 경찰 소속으로 시의 공공질서 보호기관이 세워지고 구성될 수 있다. 아스뜨라한주의 경찰 및 내무부에서 이러한 업무국의 설립, 구조 및 조직 절차는 연방법률과 주 법률로 정해진다. 주에는 연방안보국 기관이 활동하며 그 활동 여건은 연방법률이 정한다.

아스뜨라한주에서 법률 집행에 관한 감독은 러시아연방 검찰 및 그에 예속된 검찰이 실현한다. 주 검찰의 권한, 조직과 활동 절차는 연방법률이 정한다. 주 검찰총수는 주지사의 의견을 고려한 주 의회의 동의하에 러시아연방 검찰총수가 임명한다.

5) 지방자치

아스뜨라한주에서는 자신의 책임 하에 지방문제의 주민에 의한 독자적 결정을 보장하는 지방자치가 실현된다. 지방자치 주체들은 시, 즉 도시, 도시적 유형의 촌락, 농촌적 촌락, 전 영토에 의해 결합되는 일부의 부락, 부락의 부분, 다른 거주지역이다. 여기에서는 지방자치가 실현되고 시 소유재산, 지방예산 및 지방자치의 선출직 기관이 있다. 주의 주민은 직접적으로 그리고 그들이 구성한 지방자치기관을 통해 지방자치에 대한 자신의 권리를 실현한다.

아스뜨라한주에서 지방자치의 원칙은 지방자치기관의 구조 규정에서의 주민들의 독자성, 시의 주민들에 대한 지방자치기관 및 담당인사의 책임성, 시의 조직적, 경제적, 재정적 독자성(시 소유재산의 운영, 지방예산의 형성, 확정 및 집행의 독자성), 지방자치 기능의 이행을 위한 물질적, 재정적 자원의 존재, 자신의 권한영역에서 지방문제의 결정에서 갖는 시의 독자성, 주민의 이해의 최대한의 충족, 지방문제 해결에의 주민의 참여 등이다.

연방법률과 주 법률에 따라 시에는 지방자치기관이 세워지고 활동한다. 지방자치기관에는 연방법률, 주 법률, 시 규칙에 따라 구성되는 선출직 대의기관, 운영 및 통제기능의 이행을 위해 시 규칙에 따라 구성되는 다른 기관이 관계된다. 지방자치기관의 명칭은 민족적, 역사적 및 다른 지역적 전통을 고려하여 시 규칙에 의해 정해진다. 지방자치의 선출직 기관의 존재는 의무적이다. 시 규칙에 의해 시의 수장 및 지방자치의 다른 선출직 담당인사의 직위가 정해질 수 있다. 시의 수장은 선출직 담당인사로서 시 구성 지역에서 지방자치의 실현에 관한 활동을 지휘한다. 이들은 보통, 평등, 직접, 비밀투표에 의해, 시민들의 집회에 의해, 지방자치 대의기관에 의해 선출될 수 있다. 지방자치기관과 담당인사는 국가와 해당 시 구성 주민들에게 책임을 진다.

시의 권한, 그 기관 및 담당인사의 구성과 활동 절차, 지방자치의 다른 문제들은 연방법률 및 주 법률이 정한 지방자치 조직의 일반적 원칙을 기반으로 시가 독자적으로 개발한 시 규칙으로 조절된다. 시 규칙은 지방자치 대의기관에 의해 채택되거나 아니면 주민투표, 시민들의 집회에 의해 주민들이 직접 채택하며 주 법률이 정한 절차에 따라 국가에 등록해야 한다.

지방자치기관은 시 소유재산을 독자적으로 운영하고 지방예산을 형성, 확정, 집행하며 지방세금과 납입금을 정하고 공공질서의 보호를 실현하며 또한 지방적 의미의 다른 문제를 결정한다. 지방적 의미의 주요한 문제들로는 연방법률과 주 법률에 의해 지방자치의 관할항목에 관계되는 시의 활동의 직접적 지원문제 및 법령에 의해 국가권력기관의 권한에 관계되는 다른 문제들을 들 수 있다. 지방자치기관의 권한에는 또한 지방자치기관에 부여된 부분적인 국가권한, 조약을 기반으로 국가권력기관에 의해 이관된 권한, 조약을 기반으로 다른 시에 의해 이관된 권한 등이 관계된다. 필요한 물질적, 재정적 자원과 함께 부분적인 국가권한의 지방자치기관으로의 이관은 오직 연방법률 및 주 법률에 의해서만 실현된다. 이관된 권한의 실현은 주의 국가권력기관의 통제를 받는다. 지방자치기관은 양자 혹은 다자간 협약을 체결할 수 있고 협의기구에 속할 수 있으며 공동기관을 세울 수 있다.

러시아연방 헌법과 법률, 주 법률이 정한 지방자치 권한의 제한은 허용되지 않는다. 주 국가권력기관과 지방자치기관 사이의 분쟁은 협의절차의 활용으로 혹은 사법적 절차에 따라 해결된다.

지방자치의 경제적 기반을 구성하는 것은 시 소유재산, 지방재정, 국가소유로 있으면서 그 운영이 지방자치기관에 이관된 재산, 또한 법률에 따라 시의 주민의 필요를 충족시키는데 필요한 다른 소유재산이다. 지방자치의 재정적 기반을 구성하는 것은 지방예산 및 특수기금, 유가증권, 신용 및 다른 재정적 자원이다. 지방자치에는 국가권력기관이 채택한 결정의 결과 생기는 보완적 지출에 대한 보상이 보장된다.

아스뜨라한주의 독특한 문화적 가치를 위해 민족적 문화적 자산의 대상의 특수한 법적 지위가 정해진다. 해당 대상물과 그 보호의 법적 체제, 문화적 가치의 반입과 반출 절차 및 그 보관은 연방법률과 주 법률에 의해 규정된다.

<아스뜨라한주의 행정-영토적 구성 및 지역>

아스뜨라한주는 주의 행정-영토적 구성문제를 독자적으로 결정한다. 폐쇄 행정-영토적 구성을 제외한 행정-영토 단위의 구성, 변경 및 폐지 절차, 거주지역의 도시 및 농촌 촌락과의 관계 범주, 거주지역 및 행정-영토 단위의 명칭부여 및 개칭, 또한 행정-영토적 구성의 다른 문제들은 주 법률이 조절한다. 행정-영토 구성문제에 관한 결정은 관련 시의 주민의 견해를 고려하여 주 의회가 채택한다. 주의 행정-영토적 구성은 지역의 균형적 발전과 국가운영체계의 최적화(оптимизация), 지방자치 실현에 유리한 경제적, 재정적, 조직적 여건의 마련, 지역의 자연자원 및 사회경제적 잠재력의 합리적 활용, 사회적 하부구조와 통신체계의 발전에의 기여, 주민의 거주체계의 역사적 특성 고려, 밀집된 거주지에서 민족적 소수의 이해보호를 위한 여건 마련 등을 기반으로 실현된다.

아스뜨라한주는 도시, 라이온, 촌락, 농촌 소비에트 등과 다른 행정-영토적 단위로 구성된다. 아스뜨라한주 구성에는 아스뜨라한주 차원의 의미를 갖는 도시(아스뜨라한, 아흐뚜빈스크, 폐쇄된 행정-영토적 구성인 즈나멘스크시), 라이온적 의미의 도시(까미쟈크, 나리마노프, 하라발리), 주의 라이온(아흐뚜빈스끼, 볼로다르스끼, 예노따옙스끼, 이그랴닌스끼, 까미쟈끄스끼, 끄라스노야르스끼, 리만스끼, 나리마놉스끼, 쁘리볼쥐스끼, 하바발린스끼, 체르노야르스끼), 도시형의 촌락, 농촌 소비에트, 다른 촌락들이 들어간다.

3. 대의정치[3)]

3) 아스뜨라한 주 대의정치 부분은 다음을 번역, 정리하여 구성한 것이다. 인터넷 자료에 대한 검색은 주로 2003년 9월에 이루어졌다. 유권자수는, Дей ствующая схема одномандатных избирательных округов. Астраханская область. http://ww.fci.ru/way/1D9E70E5-D0B7-...(검색일:2003.12.3.). 표를 비롯하여 선거에 대한 부분은, Календарь выборов. Астраханская область. http://ww.fci.ru/html; Итоги голосования. Астраханская область. http://ww.fci.ru/EOUID/279541/way/203916/obj/290350.html; Сведения о кандидатах. Астраханская область. http://ww.fci.ru/EOUID/279541/way/203914/obj/

1) 연방차원의 선거

(1) 러시아연방 대통령 선거

아스뜨라한주에는 러시아연방 차원의 선거에서 하나의 선거구가 있다. 전체 유권자 수는 1999년 12월 러시아연방 국가두마의원 선거와 2000년 3월 러시아연방 대통령 선거의 경우 74만 1천명 안팎으로 집계되었다.

2000년 3월 26일 실시된 러시아연방 대통령 선거에는 유권자의 67.7%가 투표에 참여했고 뿌친이 투표참여 유권자의 60%를 넘는 지지를 획득했다. 주요 후보들의 득표율은 다음과 같다.

290315.html; Итоги голосования. Астраханская область. http://ww.fci.ru/EOUID/280640/way/203916/obj/290352.html; Итоги голосования. Астраханская область. http://ww.fci.ru/EOUID/290326/way/203916/obj/290321.html; Сведения о кандидатах. Астраханская область. http://ww.fci.ru/EOUID/290326/way/203914/obj/290323.html; Итоги выборов по одномандатным округам в разрезе окружных избирательных комиссий. Астраханская область. http://ww.fci.ru/v_razreze_okruzhnyh_izbiratelbnyh_komissiy; Выборы губернатора Астраханской области - 2000. http://www.dosye.ru/archiv/reg30el.htm; НСН | Выборы Президента РФ 26 марта 2000. Астраханская область. http://nsn.net.ru/print.pht... Оригинал документа: http://nsn.net.ru/?id=614&ch=5&sub=2. (검색일: 2003.12.7.). 아스뜨라한 주지사의 약력은, Анатолий Гужвин - биография. http://www.gubernator.astrakhan-region.ru/biography.htm. 상원의원에 대해서는, Горбунов Геннадий Александрович. http://council.gov.ru/sostav/member/m10738.htm. (검색일: 2003.12.3.); Маркелов Константин Алексеевич. http://council.gov.ru/sostav/member/m10784.htm. (검색일: 2003.12.3.). 국가두마의원 명단은, Астраханская область. Списки кандидатов. Список действующих депутатов Государственной Думы Федерального Собрания Российской Федерации третьего созыва (по состоянию на 3 апреля 2003 года). http://ww.fci.ru/way/18519C30-D0B7-... 32/61. (검색일: 2003.12.3.). 러시아연방과 관련해서는, Итоги выборов руководителей исполнительной власти субъектов РФ. http://ww.fci.ru/WAY/299554.html; Итоги выборов в законодательные (представительные) органы власти субъектов РФ. http://ww.fci.ru/WAY/299558.html; Статьи. Итоги голосования. Выборы Президента Российской Федерации 26 марта 2000 года. Российская Федерация. http://ww.fci.ru/way/203889/obj/202300.html. (검색일: 2003.9.5.); Итоги выборов по федеральному округу в разрезе окружных избирательных комиссий. Российская Федерация. http://ww.fci.ru/v_razreze_okruzhnyh_izbiratelbnyh_komissiy_1.(검색일: 2003.9.5.).

후 보 명	득표율(아스뜨라한주, %)	득표율(러시아연방, %)
지리놉스끼	2.6	2.70
쥬가노프	26.7	29.21
뿌친	61.0	52.94
찌또프	0.8	1.47
뚤레예프	3.0	2.95
야블린스끼	2.6	5.80
기타	1.2	2.11
모든 후보에 대한 반대	1.1	1.88

(2) 러시아연방 국가두마의원 선거

1999년 12월 19일 실시된 러시아연방 국가두마의원에서 정당별 투표에 참여한 유권자수는 45만 3천 명 정도로서 전체 유권자의 61%를 차지했다. 아스뜨라한주에서 정당별 투표의 최다득표자는 <단결당>이었다.

아스뜨라한주에서의 정당별 득표
(1999년 12월 19일 러시아연방 국가두마의원 선거)

목 록	득표수	득표율(%)	득표율(러시아연방,%)
야블로꼬	21043	4.64	5.93
단결(메드베드)	146443	32.28	23.32
쥐리놉스끼 블록	30197	6.66	5.98
조국-전러시아	24297	5.36	13.33
러시아연방 공산당	120259	26.51	24.29
우파연합	24347	5.37	8.52

소선거구제로 진행되는 지역구 선거는 61%의 투표율을 보였다. 10명의 등록된 후보를 대상으로 투표가 진행되었으며 쉐인이 당선되었다.

후보별 득표 (1999년 12월 19일 러시아연방 국가두마의원 선거)

	후보명단	득표수	득표율(%)
1.	알마예프(Алмаев А.И.)	74265	16.39
2.	아레프예프(Арефьев Н.В.)	86399	19.07
3.	보줴노프(Боженов С.А.)	64086	14.15
4.	까르파체프(Карпачев Б.А.)	3718	0.82
5.	꾸드랍쩨바(Кудрявцева С.П.)	58229	12.85

6.	미하일로프(Михай лов А.Д.)	3116	0.69
7.	네게로프(Негерев И.А.)	9922	2.19
8.	사리체프(Сарычев О.В.)	12942	2.86
9.	추노소프(Чуносов С.Ф.)	1490	0.33
10.	쉐인(Шеин О.В.)	97247	21.47
	모든 후보에 대한 반대	32474	7.17

(3) 러시아연방 상원(연방회의)의원

아스뜨라한주에서 선출된 러시아연방 상원의원은 고르부노프(Г. А. Горбунов)와 마르껠로프(К. А. Маркелов)이다. 고르부노프는 러시아연방 상원의 농업-생필품정책 위원회 수석 부위원장이고 의회활동의 규칙 및 조직위원회, 연방의회 헌법적 권한의 실현방법에 관한 위원회, 자연적 독점에 관한 위원회의 위원이다. 아스뜨라한주 국가두마에서 선출되었다. 1946년 1월 1일생으로서 2001년 12월 25일 선출되었고 그 임기는 2006년 10월에 만료된다. 마르껠로프는 러시아연방 상원의 독립국가연합문제 수석 부위원장이고 러시아연방 예산위원회와의 상호 활동에 관한 위원회, 연방의회 헌법적 권한의 실현방법에 관한 위원회, 정보정책에 관한 위원회의 위원이다. 아스뜨라한주 정부에서 임명했다. 1962년 6월 16일 생으로서 2001년 2월 15일 임명되었고 그 임기는 2004년 12월에 만료된다.

2) 연방주체 차원의 선거

(1) 연방주체의 수장 선거

2000년 12월 3일 아스뜨라한주 행정수반(주지사) 선거가 성립되었다. 3명의 등록된 후보가 입후보했고 투표는 한 번에 끝났다. 아스뜨라한주 선거관리위원회의 집계에 의하면 등록된 유권자의 55.03%가 투표에 참여했고 구쥐빈이 압도적인 지지를 얻어 재선에 성공했다.

후보별 득표 (2000년 12월 3일 아스뜨라한주지사 선거)

	후보명단	득표율 (%)
1.	구쥐빈 (Гужвин А.П.)	81.52
2.	리호바빈 (Лихобабин В.К.)	4.02
3.	미하일로프(Михай лов А.Д.)	6.16
	모든 후보에 대한 반대	5.96

구쥐빈은 1946년 3월 25일 생으로서 아스뜨라한 해양산업 기술대학을 마쳤으며 꼼소몰 활동을 했다. 1988년 1월 러시아 사회주의공화국 최고소비에트 의원, 1990년 러시아 사회주의공화국 인민대의원으로 선출되기 이전에는 지역의 꼼소몰과 공산당의 여러 직위를 거쳤으며 1986년에 아스뜨라한주의 지도부에 속하게 되었다. 1991년 8월 28일 러시아연방 대통령의 명령에 의해 아스뜨라한주 행정수반으로 임명되었다. 그리고 1996년 12월 8일 성립된 첫 번째 주지사선거에서 당선되었다. 이때 선거운동기간동안 그가 내세운 주요한 슬로건은 '아스뜨라한 주민은 보다 잘 살 수 있고 잘 살아야 한다'는 것이다. 국제정보화학회, 국제과학원, 환경학회 등에 소속되어 있기도 하다.

(2) 연방주체의 대의기관 구성원 선거

2001년 10월 28일 아스뜨라한주 의회의 의원선거가 진행되어 29명의 의원이 각 지역구에서 선출되었다. 전부 188명이 입후보했는데, 한 지역구에서 2명에서 11명까지, 162명의 후보가 등록되었다. 주의 선거법에 따르면 투표가 끝나는 시점에서 유권자 명부에 포함된 유권자의 25% 미만이 투표에 참여했거나 다른 후보에 비해 가장 많은 표를 획득한 후보가 얻은 표수보다 모든 후보에 대한 반대에 투표한 수가 더 많은 경우 선거는 성립되지 않은 것으로 인정된다. 각 선거구별로 가장 많은 득표를 한 후보가 당선된 것으로 인정된다. 동수의 득표자가 있을 경우 먼저 등록한 후보가 당선된 것으로 간주된다. 전체 29개의 선거구에서 선거가 성립되었으며 29.93%에서부터 45.87%의 투표율을 보였다. 주 의회의 전체 성원이 선출되었다.

(3) 연방주체의 수도의 장 선거

2000년 12월 3일 아스뜨라한 시장 선거가 진행되었다. 주의 법령에 따르면 유권자의 25% 미만이 투표에 참여하거나 가장 많은 득표를 한 후보가 얻은 표수가 모든 후보에 대한 반대에 투표한 수보다 적을 경우 선거는 성립되지 않은 것으로 인정된다. 선거는 성립되었고 50.79%의 유권자가 투표에 참여했다. 아스뜨라한 시장으로는 베스루까브니꼬브(И. А. Безрукавников)가 당선되었고 50.39%의 득표율을 보였다.

Ⅳ. 경제 시스템

1. 경제개황

아스뜨라한주는 7개의 연방지구 중 남부지구에 속하고 12개의 러시아 경제지역 중 볼가경제지역에 속한다. 아스뜨라한주는 볼가강이 흐르는 지역에 위치하고 있어 볼가강 수로를 따라 카스피해와 흑해의 여러 국가들, 발틱해와 북해에 인접해 있는 여러 국가들과의 전통적인 교류를 통한 산업발전에 큰 기여를 해오고 있다.

아스뜨라한 시는 산업과 교통의 중심지로서 아시아와 유럽을 잇는 교차발전지역의 역할을 하고 있다. 이것은 지리적 특성으로 인한 교통의 거점화로 성장했기 때문에 가능한 것이다. 그리고 교통시스템에서 아스트라한의 또 하나의 우위점은 항공으로는 세계의 거의 모든 지점으로 운송이 가능하다는 것을 들 수 있다.

소련의 몰락 이후 아스뜨라한주는 여러 유리한 조건들을 활용해서 힘 있게 발전해 온 지역들 중의 하나이며 공업은 몇 개의 부문에서 성과를 거두고 있다. 공업부문에서 연료공업은 생산량의 성장속도가 매우 높으며 아스뜨라한주를 대표하는 공업부문이다. 그 외 아스뜨라한주는 농업도 번성해 있으며 작물재배와 가축사육 고루 높은 생산량을 나타내고 있다. 그 중 곡물이 농업의 중심이 되고 있다.

아스뜨라한주에는 러시아에서 빼놓을 수 없을 정도로 자연자원들이 많이 생산되고 있다. 유용광물에서부터 해양자원까지 많은 종류의 유용물들이 생산되어지고 있다. 주요품목은 석유, 가스이고 특이하게 소금을 다량 생산하여 러시아 각 지역으로 공급하고 있다.

아스뜨라한주의 러시아경제에서 차지하는 비중을 경제적 측면에서 알아보기 위해 몇 가지 거시경제지표들을 살펴보면 대체로 러시아의 여타 주체 중에서 높은 편으로 형성되고 있지는 못하다. 자본투자가 최근 들어 매우 큰 폭으로 늘어 현재 러시아대비 1.1%의 자본투자를 차지하고 있는 것이 주목된다. 그리고 지역총생산은 0.5%, 공업과 농업생산량은 각각 0.4%와 0.4% 이다. 또 소매유통은 0.5%를 기록하고 있다.

아스뜨라한주의 지역총생산 추이와 지역총생산 지수를 표로 살펴보면 다음과 같다.

아스뜨라한주 지역총생산액 추이

항목 \ 년도	1996	1997	1998	1999
지역총생산	8,151	9,420	11,217	18,943
1인당 지역총생산	7,919	9,149	10,915	18,479
지역총생산 지수		104	101.2	111.7

http://www.infostat.ru/epub.htm (검색일: 2003.1.10)

아스뜨라한주의 지역총생산의 주요 구성에 따른 비율을 보면 공업부문이 월등히 높게 나타나고 있으며 지역총생산대비 38.4%이다. 농업은 6.4%, 건설이 7.6%, 운송이 7.7%, 유통이 9.6%로 나타나고 있다.

아스뜨라한주의 기업부문의 지표에 있어 총 기업수와 소 기업수 그리고 현재 공업부문에서 활동하고 있는 기업수를 표로 살펴보면 다음과 같다.

기업수 추이

항목 \ 년도	1997	1998	1999	2000
총기업수(연말)	14,386	14,385	15,245	15,998
소기업수(연말)	3,415	3,646	3,486	3,566
활동기업수	865	755	673	663

http://www.infostat.ru/epub.htm (검색일: 2003.1.10)

2. 산업

1) 공업

아스뜨라한주의 공업은 여러 부문의 공업이 조금씩 발달되어 있으나 기반공업으로는 연료공업을 들 수 있다. 연료공업이 발달하게 된 배경에는 자연자원이 풍부하여 지리적 호영향을 받은 것에 기인하기도 하고 그것을 특화하기 위해 자원배분을 집중해 온 주정부의 여러 정책들도 요인이 되고 있다.

그 외 여러 중요한 부문들이 활동하고 있고 또 각 부문마다 여러 대기업들이 활동을 하고 있다. 2000년 현재 아스뜨라한주에서 활동하는 기업들을 소유구조별로 분류해 보면 공기업이 34개, 지방자치단체 소유 기업이 7개, 주식회사가 7개, 민간-정부합작기업이 33개, 외국합작기업이 22개, 여타 개인기업으로 볼 수 있다.

아스뜨라한주의 공업을 전체적으로 조망하기 위해 총 공업생산량을 살펴볼 필요가 있다. 표로 연도별 추이를 보면 다음과 같다.

총 공업생산량 추이

항목 \ 년도	1997	1998	1999	2000
총 공업생산량	4,541	5,421	10,956	18,423
공업생산 지수	107	116	121	108

http://www.infostat.ru/epub.htm (검색일: 2003.1.10)

아스뜨라한주의 공업을 구성하고 있는 부문들의 비율을 표로 살펴보면 다음과 같다.

주요 공업생산부문별 생산비율

생산부문	아스뜨라한주 총공업생산 비율
전기전력	6.4%
연료공업	65.4%
철강업	0.3%
화학 · 석유화학	1.9%
기계제작 · 금속가공	6.6%
목재가공, 종이 · 펄프	0.4%
건재공업	2.6%
경공업	0.8%
식품공업	14.3%
기타	1.3%

http://www.infostat.ru/epub.htm (검색일: 2003.1.10)

아스뜨라한주에서 연료공업을 포함한 주요 산업들의 대표적 품목과 그 생산량을 보면 다음과 같다. (2000년 기준)

전기전력관련- 3.4 킬로볼트/시간, 석유제품들- 340만 톤, 천연가스- 98억 ㎥, 메리야스제품- 22만2,000개, 주식용 빵- 7만2,900 톤 등이다.

2) 농업

아스뜨라한주의 농업은 자연적 조건이 훌륭함에도 불구하고 상대적으로 크게 발달되어 있지 못하다. 그것은 상대적으로 자연자원의 채굴과 그것을 토대로 한 연료산업의 발달에 밀려 농업이 특화하지 못했던 것에 기인하고 있다. 그럼에도 불구하고 농업생산량은 자급자족이상으로 만들어 내고 있고 대표적 농산물도 몇 가지가 있다. 대표적 농산물과 그 생산량을 2000년 기준으로 들어 보면 다음과 같다.

곡물- 5만 9,200 톤(수확 후 무게), 우유- 11만 5,100 톤, 가축과 닭- 1만 8,300 톤(도살 후 무게), 감자- 7만 4,500 톤, 채소- 19만 500 톤 등이다.

아스뜨라한주의 전체적 농업을 조망하기 위해 총 농업생산량과 총 농업생산액 중 작물관련 생산액, 그리고 총 농업생산액 중 가축관련 생산액을 표로 살펴보면 다음과 같다.

농업생산량 추이

항목 \ 년도	1997	1998	1999	2000
총농업생산액	1,473.9	1,698.3	2,632.9	3,094.0
작물관련 생산액	755.9	820.8	1,397.5	1,500.6
가축관련 생산액	698.0	877.5	1,235.4	1,593.4
농업생산 지수	109	86	103	108

http://www.infostat.ru/epub.htm (검색일: 2003.1.10)

3. 자원 등 기타

아스뜨라한주는 카스피해의 진주라고 불릴 만큼 아름다운 지역이다. 카스피해와 공가강은 아스뜨라한 지역의 중요한 부분으로 아스뜨라한주의 전체 수면은 전 면적의 10%에 달한다. 볼가의 삼각주에는 900여개의 강이 있으며 그 중 물의 양이 가장 많은 강은 바흐쩨미르강이다.

아스뜨라한주의 수산자원은 매우 풍부하고 다양하여 이 지역의 주요 자원이 되고 있다. 볼가강과 카스피해에만 해도 이미 70여 종의 희귀한 어종들이 서생하고 있고 용철갑상어는 매우 가치 있는 어종으로 손꼽힌다. 이 지역에서 생산되는 대부분의 상어알과 붉은 생선은 세계 시장으로 수출된다.

아스뜨라한주의 땅은 많은 수의 섬들과 초원, 호수의 가장자리에 있다. 전체 면적의 70%는 카스피해연안의 염소지나 황량한 초원이다. 또한 아스뜨라한에는 700개 이상의 함호가 있으며 1,300개 이상의 염소지가 있다. 이들 지역은 막대한 양의 소금을 함유하고 있다. 이 호수들 중에 가장 큰 것은 바스꾼착 호수이고 이 호수의 풍경은 놀라우리만큼 아름다우며 그 면적은 115㎢이다. 현재 이 지역에서는 취소를 함유한 소금을 채굴하기 위한 작업을 하고 있다.

아스뜨라한의 토양은 몇 개의 유형으로 나누어진다. 북부지역의 경우는 밝은 밤색토양이 주종을 이루고 있으며 남부지역의 경우에는 사막지대이고 이들 대부분의 토양에서 염소지와 함염토양을 볼 수 있다.

아스뜨라한주는 러시아에서 유일하게 극적인 식물계가 동시에 나타나는 현상을 보이고 있다. 즉, 사막지대의 식물에서부터 해변지역에서 서식하는 식물들이 자라고 있다. 아스뜨라한의 식물은 사료용, 식용, 공업용뿐만 아니라 약용으로도 널리 사용된다. 구체적으로는 육상에서 서식하는 750-850여종의 식물과 수면이하에서 서식하는 700여종 이상의 식물들이 있는데 이처럼 다양한 식물들이 아스뜨라한주의 특이한 식물계를 이루고 있다. 특히 이 지역에는 20여종의 희귀식물들이 있는데 그 중에서 양치식물은 많은 관심을 끌고 있다.

아스뜨라한주의 삼림지역은 전체 면적의 1%정도에 불과하지만 저수지를 보호하는 기능을 하고 있고 휴식의 장소로 사랑받고 있다.

동물계를 살펴보면 무척이나 놀랍고 풍부하다. 담비와 너구리, 멧돼지 등의 포유동물뿐만 아니라 2,000여종 이상의 곤충들이 조사되어 있으며 볼가와 그 삼각주 부근에는 세계에서 가장 풍부한 양의 조류들이 둥지를 트고 있다. 이 지역의 동물계는 국가의 동물보호를 받고 있으며 많은 금렵지역이 있는 것으로 잘 알려져 있다.

아스뜨라한에는 많은 양의 유용광물자원들이 매장되어 있다. 특히 석유는 그 매장량을 기준으로 할 때 유럽에서 2번째의 위치를 차지하고 있으며 가스의 매장량 역시 풍부하다. 그 매장된 층이 깊고 유화수소의 함량이 뛰어난 점에서 기타의 가스와 차별화되고 있다. 이 외 건축용 모래를 포함한 건축자재들도 풍부하게 매장되어 있다.

V. 문화시스템

1. 지역정체성

1) 인구

2001년 현재 아스뜨라한주의 인구는 1,013,000명으로 러시아연방 전체의 0.69%, 89개 주체 중 55위이다. 주의 인구상황은 낮은 출생률과 높은 사망률에도 불구하고 주변의 구소련 국가들과 러시아연방의 타 지역으로부터의 인구유입이 많은 결과로 인해 비교적 안정된 상태로, 1998년까지 꾸준한 증가세를 보인 후 최근 들어서 약간의 감소세를 보이고 있다.

아스뜨라한주 인구변동 추이

연도	1990	1992	1993	1994	1995	1996	1997	1998	1999	2000	2001
인구수 (1,000명)	995	1,004	1,006	1,009	1,018	1,022	1,023	1,023	1,020	1,016	1,013

Россий ский статистический ежегодник. Госкомстат России. М., 2001. С. 83.

아스뜨라한주 인구의 자연증가율은 1990년대 초 급감, 1993년부터는 사망률이 출생률을 상회하기 시작하여, 주의 인구상황에 매우 부정적인 영향을 끼친다. 그러나 구소련 국가들 및 인근 지역으로부터 많은 인구가 유입됨으로써 급격한 인구감소현상은 나타나지 않고 있다.

아스뜨라한주 출생자수, 사망자수, 자연증가율

연도	출생자수(명)	사망자수(명)	자연증가율(명)
1990	15,067	10,412	4,655
1992	12,131	11,272	859
1993	10,384	13,176	-2,792
1994	10,811	14,399	-3,588
1995	10,362	13,868	-3,506
1996	9,944	13,449	-3,505
1997	9,976	13,026	-3,050
1998	9,798	13,553	-3,755
1999	9,662	13,932	-4,270
2000	10,027	14,466	-4,439

Россий ский статистический ежегодник. Госкомстат России. М., 2001. С. 113.

2000년 현재 아스뜨라한주의 경제활동인구는 총 502,000명으로 해가 갈수록 점차 증가하고 있다. 그러나 실업률은 11.5%로 비교적 높은 편이며, 이러한 고실업 사태는 1990년대 중반 이후 지속되는 상황으로 경제환경이 크게 개선되지 않는 한 실업률의 감축은 크게 기대할 수 없을 듯하다.

아스뜨라한주 경제활동인구(취업자, 실업자), 실업률

연도	경제활동인구 (1,000명)	취업자수 (1,000명)	실업자수 (1,000명)	실업률(%)
1992	504	471	33	6.5
1993	491	455	36	7.3
1994	491	455	36	7.3
1995	477	407	70	14.7
1996	475	414	61	12.8
1997	463	396	73	15.8
1998	463	390	67	13.9
1999	483	416	67	13.9
2000	502	444	57	11.5

Российский статистический ежегодник. Госкомстат России. М., 2001. С. 137.

2) 민족

아스뜨라한주에는 70여 이상의 민족이 거주하고 있다. 대부분의 주민은 러시아인으로 전체의 72%에 달하며, 나머지는 까자크인 12.8%, 따따르인 7.2%, 우끄라이나인 1.9%, 깔미크인 0.8%, 체첸인 0.8%, 아제르바이잔인 0.5%, 벨라루스인 0.4%, 노가이족 0.4%, 아르메니아인 0.3%, 다르긴인 0.3%, 집시 0.2%, 뚜르끄멘인 0.2%, 유태인 0.2% 등으로 구성되어 있다.

3) 교육

정보기술의 발달 및 전문가들의 수요 증대에 따라 아스뜨라한주에도 교육기관의 개혁이 요구되고 있다. 이와 관련하여, 주에서는 6세부터 학교에 입학할 수 있게 되었으며, 11학년제가 채택되고, 컴퓨터 교육을 시작하게 되었다.

현재 주에는 7개 고아원, 380개 취학전아동교육기관, 377개 중등학교, 19개 기숙학교, 33개 초급전문학교, 22개 중급전문학교, 23개 고급전문학교, 5개 국립대학, 8개 국립대학 분교 및 10개 사립대학 분교를 포함한 1,050개의 교육기관이 운영되고 있다.

국립 주간 중등학교에는 160,000명의 학생이 교육을 받고 있으며, 국립 중등전문학교에는 17,800명의 학생이 교육을 받고 있다. 국립대학 학생 수는 총 15,000명이다.

농촌지역 학교에서는 교사부족으로 인해서 아동들의 교육수준 저하가 우려되고 있는 실정이다.

아스뜨라한주는 물질적인 어려움에도 불구하고 전반적으로 비교적 높은 교육 및 과학-기술 잠재력을 유지하고 있다.

2. 지역문화

1) 문화개괄

아스뜨라한 건축 기념물

아스뜨라한주는 볼가하류유역의 산업의 중심지이지만 문화와 예술분야의 많은 탁월한 활동가들의 고향이기도 하다. 유물 중에서도 드라마 극장, 콘서트 홀, 필하모니 극장, 역사-건축 박물관 보호구역, 꾸스또지예프 (M. A. Кустодиев) 화랑, 많은 박물관과 아스뜨라한 크렘린의 주요한 건축 기념물들이 돋보이는 고적들이다.

아스뜨라한 사람들은 꾸스또지예프 미술 박물관을 자랑스럽게 생각하고 있다. 이 박물관은 1918년에 세워졌고 그 건물에는 꾸스또지예프 자신의 그림이나 러시아의 다른 화가들의 그림이 전시되어 있다.

역사에 관심이 있는 사람들은 크렘린에 가볼만한데 이곳에는 아스뜨라한 역사-건축 박물관의 전시실이 위치하고 있다. 이 전시관은 25만 점의 전시품을 가지고 있는데 이 모든 전시품들은 석기 시대부터 현대까지의 볼가 하류 지역의 역사의 풍부함을 보여주고 있다.

예술 학교들, 블라소프(В. А. Бласов) 예술 학교, 문화 전문학교들은 문화 분야의 8개 전문 분야에 대해서 알려주고 있다. 이 학교들의 교사들 중에는 공훈 예술가들과 공훈 배우, 공훈 예술 활동가들이 많이 있다.

아스뜨라한에는 발레리야 바르소바야(Валерия Барсовая)와 마리야 막사꼬바야(Мария Максаковая)의 이름을 딴 페스티벌이 개최되고 있는데 이는 러시아와 외국의 예술 활동가들의 관심을 끌고 있다. 볼가에서 가장 오래된 무소르그 음악 학교, 아스뜨라한 음악원, 아스뜨라한주 필하모니, 신 음악 극장은 풍부한 아스뜨라한의 음악 문화를 유지하고 창조적으로 발전시키고 있다.

아스뜨라한은 러시아의 많은 재능 있고 유명한 인물들의 고향인데 예를 들면, 영화감독 멘쇼프(П. А. Меньшов), 배우 스쩨끌로프 (О. А. Стеклов), 오페라 가수 이고리 나지예프(Игорь Наджиев), 시인 벨리미르 흘레브니꼬프(Велимир Хлебников)가 이 지역 출신이다. 흘레브니꼬프의 작품은 넓은 볼가 유역과 카스피해의 아름다움을 묘사하고 있고 민중에 대한 사랑이 잘 나타나 있다.

흘레브니꼬프는 "나 자신의 작품의 비밀 중의 하나는 내 앞에 있는 민중을 보고 그들을 위해서 쓰고 이러한 민중의 삶에 알맞은 언어를 찾는 것이다"라고 말했다.

2) 문화시설

아스뜨라한 국립 역사 건축 통합 박물관 -보호구역

1997년에 러시아의 지방 박물관 중에서 가장 오래된 박물관 중의 하나인 아스뜨라한 국립 역사 건축 통합 박물관은 160주년을 맞이했다.

6개의 시와 6개의 지방 지부 박물관 전시관에는 25만 점이 넘는 소장품이 있다. 그 중에는 여러 가지 독특한 고고유물과 옛날 동전, 민속 유물, 자연물 수집품, 필사본과 고서 수집품, 19-20세기의 사진과 문서들, 선박 모형과 노동도구, 생활도구들을 볼 수 있다.

박물관의 전시실은 지역에 나타난, 고대부터 현재 지역의 대단히 넓은 역사적 시기를 포괄하고 있다. 귀금속으로 된 고고유물 수집품인 '황금의 창고'가 박물관의 소장품 중에서 많은 부분을 차지하고 있다. 박물관의 고전(古錢) 수집품은 4만8천개 이상이며 그 외에도 풍부한 인류학 유물과 자연학 수집품이 있다.

아스뜨라한 국립 역사 건축 통합 박물관 -보호구역은 몇 개의 지부를 가지고 있으며 아스뜨라한 크렘린, 체르니세프스끼 문학 박물관, 지지박물관, 울랴노프 박물관, 전쟁 박물관 등이 그것이다.

지지 박물관

이 박물관에는 역사와 자연 전시실이 있다. 아스뜨라한 주지사의 전시관에 가보면 주의 발전에 커다란 기여를 한 러시아 정부의 뛰어난 인물들을 볼 수 있다. 이 전시관은 아스뜨라한 주의 성립 280주년인 1997년에 문을 열었다. 지부의 전시관은 주의 교육과 의학과 문학과 전통 음악의 발전에 기여하고 있다.

아스뜨라한 국립 드라마 극장

아스뜨라한 국립 드라마 극장 전경

아스뜨라한 국립 드라마 극장은 1810년에 세워졌다. 극장이 위치하고 있는 건물은 당시 시장이었던 쁠로뜨니꼬프(B. A. Плотников)의 주창에 의해 1883년에 특별히 이 극장만을 위해 세워졌고 지금은 건축 기념물이 되었다.

1986년에 극장은 '존경의 훈장'을 받았다. 극예술의 현대 수준에 알맞은 무대 예술을 올리는 것이 이 극장의 기본적인 역할이다. 현재는 극장의 무대에 다음과 같은 작품이 올려지고 있는데 예를 들면, 가즈다노프(П. А. Газданов)의 극 소설인 '알렉산드르 볼프의 축제일', 셰익스피어 극 판타지인 '태양', 도스또예프스끼의 소설 '백치', 꼴께르(П. А. Колкер)의 오페라 -익살극 '딸레낀(Талекин)의 죽음'등이 상연되고 있다.

아스뜨라한 국립 어린이 극장

이 극장은 1933년에 세스따꼬프(О. А. Шестаков)의 희곡 '먼 길'로 문을 열었다. 고골낀, 류비모프 감독들이 극장 창립에 주도적인 역할을 했다. 극장은 오랫동안 자신의 건물을 찾지 못하다가 1969년에야 이 극장만을 위한 특별 건물이 세워졌다. 이 극장은 어린이, 청소년들을 위한 작품을 상연하는 것을 자신의 주요업무로 삼고 있다.

인구세찌야 공화국
Республика Ингушетия

Ⅰ. 개황

1. 기초정보

공화국 성립일: 1991년 12월.

- 1991년 5월 - 체첸-인구셰찌야 공화국
- 1994년 체첸-인구셰찌야 자치 쏘비에트 사회주의 공화국 해체(1997년 복원)
- 1936년 12월 5일 - 체첸-인구셰찌야 자치 쏘비에트 사회주의 공화국
- 1934년 1월 15일 - 체첸-인구셰찌야 자치주
- 1924년 7월 7일 - 인구셰찌야 자치주

수도: 나즈란(Назрань)

인구: 460,000명(2001년 현재: 러시아연방 전체의 0.31%, 89개 주체 중 73위)

인구밀도: 106.97명/㎢

면적: 4,300㎢(러시아연방 전체 면적의 0.03%; 89개 주체 중 87위)

소속지구: 남부연방지구, 북 까프까스 경제지구

한국과의 시차: -6시간

2. 상징

인구셰찌야 공화국 문장

인구셰찌야 공화국의 문장에는 자유와 정의에 대한 국민들의 열망이 반영되어 있다. 문장은 총 다섯 가지 색상(백색, 청색, 녹색, 적색, 황금색)으로 구성되어 있다. 그 중 백색은 인구셰찌야인들의 생각과 행동의 순수함, 청색은 하늘과 우주의 상징, 녹색은 자연과 풍요 및 이슬람, 적색은 수세기간에 걸친 삶을 위한 투쟁, 황색은 인간과 자연에 생명을 주는 빛을 각각 상징한다.

독수리는 국가권력을 상징하며, 중앙의 망루는 전통적인 산악 마을의 망루를 상징한다. 태양은 빛, 생명, 부, 풍요를 상징하며, 이러한 개념은 태양으로부터 나오는 7개의 빛줄기에 의해서도 표현되고 있다. '7'은 예로부터 행운의 숫자로 여겨져 왔다. 인구셰찌야 공화국의 문장은 1994년 8월 26일 채택되었다.

인구셰찌야 공화국 국기

인구셰찌야 공화국 국기는 수평으로 난 3색(위로부터 녹색, 백색, 녹색) 띠로 구성된 장방형 천으로 되어 있다. 백색 띠 중앙에는 붉은 햇살이 묘사되어 있다.

백색은 인구셰찌야 공화국 국민들의 생각과 행동의 순수함, 녹색은 자연과 풍요 및 인구셰찌야 민족의 종교인 이슬람, 적색은 수세기간에 걸친 정의와 삶, 조국 땅에서 살고자하는 권리를 위한 힘겨운 투쟁을 상징한다. 햇살은 태양과 지구의 영원한 생명력, 상호관련성을 의미한다. 햇살의 방향은 시계 반대방향으로 나 있는데, 이는 지구의 공전 및 태양의 자전 방향과 일치한다. 이는 국민들의 번영과 발전, 행복의 상징이다. 인구셰찌야 공화국 국기는 1994년 6월 채택되었다.

3. 주요도시

나즈란(Назрань): 인구 120,300명; 북위 43°13′, 동경 44°48′
말고베크(Малгобек): 인구 50,400명; 북위 43°32′, 동경 44°35′
까라불라크(Карабулак): 인구 29,400명; 북위 43°2′, 동경 44°54′
(인구: 2002년 현재)

4. 주요 산업 및 농업

주요 산업으로 전기장비, 원유-가스 채굴산업, 석유화학산업, 식료품 산업 등이 발달했으며, 농업부문은 야채, 과일, 곡물재배, 벼재배, 세모(細毛)양 사육, 대형유각수(大形有角獸) 사육 등이 발달했다.

II. 자연환경

1. 지리적 위치와 구성

인구셰찌야 공화국은 4개 행정구, 3개 시, 27개의 농촌마을로 구성되어 있으며, 볼쇼이 까프까스 북사면, 쩨르스크-꿈스크(Терск-Кумск) 저지대에 위치하고 있다.

북 오세찌야 공화국, 체첸 공화국, 그루지야와 경계를 이룬다. 영토의 길이는 남북이 120㎞이고 동서가 50㎞이다.

주요 하천은 쩨레크강과 그 지류인 쑨자(Сунжа), 아싸(Асса)강 등이 있으며 많은 광천수 원천이 있다.

수도 나즈란(Назрань)과 모스크바 간의 거리는 1,922㎞이다.

2. 기후조건

온난기후대, 고산기후

1월 평균기온: -3 ~ -5℃(저지대)에서 -12℃(산악지대)

7월 평균기온: 25(저지대) ~ 21℃(산악지대)

연강수량: 300 ~ 1,200㎜

식물 생장 기간: 180일(산기슭 부분)

식생: 스텝 지대

토양: 흑토, 밤색토, 산악지역 삼림토

삼림분포도: 20% 이상

3. 주요 유용광물

적은 양의 원유(연 14만 톤)와 가스가 채굴되고 있다. 그밖에도 대리석 형태의 석회암, 석회-패각암, 백운석, 비철 건축 자재, 벽돌용 점토, 광천수 등이 채굴되고 있다.

Ⅲ. 정치시스템

1. 역사[1]

인구쉬족은 체첸족과 함께 전체적으로 바이나흐로 부른다. 이슬람의 수니파를 믿는다. 인구쉬라는 토착민족에 대한 러시아어 명칭은 안구쉬트 마을의 이름에서 유래한 것이며, 인구쉬족의 자체 명칭은 '산악인'이라는 갈라가이(Гіалгіай) 혹은 하무르이다. 바이나흐 종족은 이미 기원전 수세기부터 까프까스의 산악과 평원지대에 뿌리를 내렸다. 산악지대에서 인구쉬는 분절적인 사회, 즉 갈가예프, 쪼린스크, 드줴이라호프, 메쯔할과 같은 사회를 이루어 살았다. 16-17세기에 평야지대로의 이주가 시작되었으며 이는 19세기까지 이어졌다.

인구셰찌야는 1810년에 러시아 제국에 편입되었다. 1817년 순젠스크 방어선 및 까자크 마을의 건설과 관련하여 현지 주민들은 순젠스크 라이온에서 나르잔으로 이주하게 되었으며, 큰 규모가 아닌 군사적 요새인 나르잔은 이후 인구셰찌야의 중심지가 된다. 20세기 이전에 인구쉬는 인구쉬와 블라디까프까스 지구에 들어갔으며 1907년부터는 쩨르스크 주의 나르잔 지구에 속하게 되었다.

1921년부터 인구쉬는 산악 자치소비에트 사회주의공화국의 구성에 들어갔다. 1924년에 러시아 사회주의공화국 인구쉬 자치주로 분리되었고 블라디까프까스는 그 행정, 경제 및 문화의 중심지가 되었다. 1934년에 인구쉬 자치주는 체첸 자치주와 결합하여 체첸-인구쉬 자치주가 되었고 1936년에 이는 자치소비에트 사회주의공화국으로 개편되었다.

1944년에 인구쉬는 체첸족과 함께 중앙아시아와 까자흐스탄으로 강제이

---

1) 인구셰찌야 공화국 역사 부분은 다음을 번역, 정리하여 구성한 것이다. 인터넷 자료에 대한 검색은 주로 2003년 11월부터 2004년 1월 사이에 이루어졌다. Dontr.Ru|ЮФО|Республика Ингушетия - Общая характеристика. http://www.dontr.ru/ Environ/WebObjects/dontr.woa/wa/Ufo?item=general&section=12; Dontr.Ru|ЮФО|Республика Ингушетия - История. http://www.dontr.ru/Environ/WebObjects/dontr.woa/wa/Ufo?item=history&section=12; Dontr.Ru|ЮФО|Республика Ингушетия - Магас. http://www.dontr.ru/Environ/WebObjects/dontr.woa/wa/Ufo?item=magas&section=12; Республика Ингушетия. История и культура. http://www.ingushetia.ru/culture/index.htm.

주되었고 공화국은 폐쇄되었다. 인구쉬는 민족으로서 소멸의 기로에 서 있었다. 1957년 체첸-인구쉬 자치소비에트 사회주의공화국이 복구되었고 주민들은 다시 자기의 영토로 돌아왔다. 이때 평야지대의 인구셰찌야의 거의 절반을 차지하는 쁘리고로트 라이온은 북 오세찌야의 구성으로 남게 되었다.

1990년 체첸-인구쉬 자치소비에트 사회주의공화국의 최고소비에트는 공화국의 주권에 관한 선언을 채택했고 1991년 그 명칭을 체첸-인구쉬 공화국으로 개칭했다. 인구셰찌야 공화국은 1992년 12월 구성되었는데, 1992년 제7차 러시아 인민대표자회의에서 체첸-인구쉬 공화국을 러시아연방 소속의 인구쉬 공화국과 체첸 공화국으로 개편하는 것에 관한 결정을 채택했다.

인구셰찌야 공화국의 구성에는 이전의 체첸-인구셰찌야의 세 개의 행정구역-순줴트, 말고벡, 나르잔-이 들어갔다. 수도로는 이전의 지역중심지인 나르잔이 선택되었는데, 1994년 나르잔에서 수 킬로미터 떨어진 마가스시 건설이 결정되었고 1998년 10월부터 새로운 수도가 되었다.

2. 권력기관[2)]

1) 전체 통치구조상의 특징

인구셰찌야 공화국의 국가권력기관 체계는 공화국 국가수반 - 대통령, 입법권력 - 공화국 의회, 집행권력 - 공화국 정부, 사법권력 - 공화국의 모든 수준의 판사들, 지방자치기관으로 구성된다. 국가권력기관은 지방자치기관에 부분적인 권한을 이관할 수 있다.

2) 집행기관: 인구셰찌야 공화국 대통령과 정부

(1) 인구셰찌야 공화국 대통령의 권한

인구셰찌야 공화국의 국가수반은 공화국 대통령이다. 대통령은 헌법, 시민

2) 인구셰찌야 공화국의 권력구조에 관한 내용은 공화국 헌법을 기본으로 하며 다음의 자료들을 번역, 정리하여 구성한 것이다. Конституция Республики Ингушетия. 러시아연방 법령자료집 <러시아연방 남부지구 기본법: 개별주체의 헌법, 헌장> (용인: 경희대학교 비교문화연구소 러시아 지역연구팀), 346-368쪽 (이 법령자료집은 http://www.legislature.ru/regconst.html에 실린 각 연방주체들의 기본법을 모은 것으로서, 자료검색은 2003년 4월-5월에 이루어졌다).

의 권리와 자유, 인구셰찌야 공화국의 주권과 영토적 완전성을 보장한다. 그는 대내적, 대외적 관계에서 공화국을 대표하며 인구셰찌야 공화국 국가기관의 운영, 러시아연방 및 그 주체의 국가권력기관과의 상호작용에 관한 방침을 정한다.

인구셰찌야 공화국 대통령은 공화국 법률에 서명하고 그것을 공표하며 명령을 발포한다. 대외협상을 진행하고 공화국 간 그리고 국제조약 및 협약에 서명한다. 러시아연방 및 다른 연방주체들 그리고 외국 국가들에서 공화국의 특사를 지명하고 소환한다. 인구셰찌야 공화국의 안보회의를 구성하며, 공화국 일부 지역은 전 지역에 비상사태를 선포한다.

인구셰찌야 공화국 대통령은 공화국의 총리, 최고재판소 소장, 최고중재재판소 소장, 검찰총수의 후보를 의회의 동의를 얻기 위해 추천하며, 라이온과 시 법원의 수장과 판사들을 임면한다. 인구셰찌야 공화국 정부의 각료, 대통령 행정실장, 라이온과 촌락들의 행정담당 수장의 임면권을 갖고 있다. 연방과의 공동관할하에 있는 공화국 국가권력기관의 직위에 대한 후보 추천권을 갖고 있다.

또한 인구셰찌야 공화국 대통령은 입법발의권을 갖고 있으며 의회의 권한 속한 문제들을 긴급 의제로 의회의 토론에 부칠 수 있다. 대통령의 의견과 제안의 재심의 때까지 공화국 의회가 채택한 법률과 명령의 효력발생을 정지시킬 수 있는 권한(비토권)을 갖고 있다.

그는 인구셰찌야 공화국의 최고재판소가 의회가 공화국 헌법의 기본조항을 어겼다고 판결하는 경우, 그리고 입법권력과 집행권력의 갈등이 공화국의 국가 및 사회안전을 위협하는 위기상황을 초래하는 경우 의회를 해산하고 두달 내에 새로운 선거를 지정할 수 있다. 일 년에 한번이상 의회에서 공화국 상황에 대한 보고를 하며 국민에 대한 담화 및 의회에 보내는 발송문을 채택한다. 전 주민을 대상으로 한 투표의 실행을 결정할 수 있다.

인구셰찌야 공화국 대통령은 정부 및 지방권력기관의 결정사항이 공화국 헌법과 법률에 위배될 경우 파기시킬 수 있다. 연방 집행권력기관의 규정이 공화국 헌법과 법률에 배치되는 경우 그 효력정지에 관한 러시아연방 대통령에 제안할 수 있다.

인구셰찌야 공화국은 정부통령제를 채택하고 있다. 대통령과 함께 부통령이 선출된다. 부통령 후보는 대통령 후보가 추천한다. 부통령은 대통령의 위임 하에 독자적인 권한을 행사하며 대통령 부재 시 혹은 대통령이 자신의 의무를 수행하지 못하는 경우 그 역할을 대행한다. 인구셰찌야 공화국의 정부통령은 겸임이 금지되는데, 의회의 의원이 되거나 기업활동을 할 수 없다. 정부통령은 면책특권을 갖고 있다.

(2) 인구셰찌야 공화국 대통령의 선출

인구셰찌야 공화국의 대통령은 35세에서 65세까지의, 인구셰찌야의 국가언어를 구사하고 선거법을 준수하는 인구셰찌야의 시민은 누구나 선출될 수 있다. 인구셰찌야 공화국 대통령의 임기는 5년이며 두 번의 임기를 초과하여 연임할 수 없다.

인구셰찌야 공화국의 대통령의 권한은 사임, 해임, 건강상의 이유로 인한 무능력, 혹은 사망의 경우에 중지된다. 이 경우 60일 이내에 새로운 정부통령 선거가 실시되어야 한다. 건상상의 이유로 인한 대통령의 무능력상태에 대한 판정은 공화국 의회가 지정한 국가의료위원회의 제기로 공화국 최고재판소가 한다.

인구셰찌야 공화국 대통령은 최고재판소의 판정을 받은 범법행위로 해임될 수 있다. 이는 공화국 의회의 의원 과반수 이상의 제안으로 가능하며, 최고재판소의 판결이 있고 공화국 전체 의원수의 4분의 3 이상이 그의 해임에 찬성하면 주민투표에 부쳐진다. 인구셰찌야 공화국의 정부통령이 동시에 권한을 실현하기 어려울 때 새로운 대통령이 선출될 때까지 그 권한은 공화국 총리가 대행한다.

(3) 인구셰찌야 공화국 정부

인구셰찌야 공화국 국가권력의 집행 및 운영기관은 공화국 정부이다. 정부는 총리, 부총리 및 각료들로 구성된다. 공화국 총리는 공화국 대통령의 추천에 따라 공화국 의회가 그 임명에 승인하며 부총리 및 각료는 총리의 제안으로 대통령이 임명한다. 공화국 정부는 대통령과 의회에 책임을 지는데, 새로 출범하는 정부는 활동계획을 대통령의 심의를 받기 위해 제출하고 일 년에 한번이상 의회에서 업무의 결산보고를 한다.

공화국 정부 전체 혹은 개별적인 성원들은 사임할 수 있고 공화국 대통령이 그것을 수리 혹은 반려한다. 공화국 의회는 전체 의원의 과반수 이상의 제안으로 공화국 정부에 대한 불신임을 제기할 수 있다. 불신임 결정은 전체 의원수의 3분의 2 이상의 찬성으로 채택된다. 이 경우 공화국 대통령은 한 달 내에 그 결정의 수용 혹은 거부를 정한다.

인구셰찌야 공화국의 정부는 국가운영기관을 지도하며 공화국의 전 지역에 적용되는 명령을 발포하고 집행한다. 각 부 및 국가위원회, 정부 산하의 기관들과 지방권력기관의 명령을 폐기시킬 수 있는 권리가 있으며 연방수준의 국가기관과 상호작용하고 공동관할에 속하는 문제에 관한 법률 및 규정들을 상호합의하에 집행한다. 인구셰찌야 공화국 정부는 사회-경제, 문화발전 계획을 작성하여 의회의 심의를 받으며 그 이행에 관한 결산을 의회에 한다. 공화국 예산 및 결산을 작성하여 공화국 의회의 승인을 받는다. 경제과정을 운영하고 교육, 과학 및 문화의 발전, 공화국 이해의 보장 그리고 공공질서의 보장과 시민의 헌법적 권리, 자유 및 의무의 방어와 실현에 관한 대책을 마련한다.

3) 입법기관: 인구셰찌야 공화국 의회-할끄아 굴람(Народное Собрание - Халкъа Гулам)

인구셰찌야 공화국의 유일한 대의 및 입법기관은 공화국 의회-할끄아 굴람이다. 공화국 의회는 4년 임기로 선출된 27명의 의원으로 구성된다. 공화국 의원은 21세 이상의, 선거법을 준수하는 공화국 시민이 당선될 수 있다. 공화국 의회의 의원은 임기동안 면책을 갖는데, 이의 제한에 관한 문제는 공화국 검찰의 제기에 따라 특별위원회의 결정을 기반으로 공화국 의회가 정한다.

인구셰찌야 공화국 의회는 의장을 선출하며, 의장의 추천에 의해 두 명의 부의장이 의원들 가운데서 선출된다. 의회는 위원회를 구성할 수 있으며 자신의 활동을 위한 조직 및 절차에 관한 내규와 명령을 채택한다.

인구셰찌야 공화국 의회는 공화국 헌법의 개정, 헌법적 법률의 채택, 공화국 법률의 채택과 그 수정 및 보완을 한다. 공화국의 국가 및 행정-영토적 구성에 관한 결정을 하며 공화국 이름으로 체결된 조약 및 협약의 인준 및 폐기 권한을 갖는다. 공화국 대통령의 비상사태 선포를 3일내에 승인 혹은 폐기하며 공동관할문제에 관한 러시아연방 법률과 규정을 인준한다. 지방권력기관의 조직과 활동절차를 정하고, 공화국 법령에 위배될 시 그 결정을 파기시킨다.

인구셰찌야 공화국 의회는 공화국 예산과 결산을 승인하고 연금재단의 결산보고를 받는다. 공화국의 사회-경제, 문화발전 계획을 승인한다. 공화국 대통령이 추천한 총리, 최고재판소 소장, 최고 중재재판소 소장의 후보의 임명에 동의하고 공화국 중앙선거관리위원회의 구성을 승인한다. 공화국 대통령과 의회 의원선거를 정하며 공화국 대통령 해임안을 제출할 수 있다.

선거가 끝난 후 10일 이내에 공화국 의회는 첫 번째 회의를 갖는다. 회의는 대통령이 개회하고 최고 연장자 의원이 주재한다. 의장과 부의장이 선출되면 의장 혹은 부의장이 주재한다. 인구셰찌야 공화국 의회가 채택한 법률은 인구쉬어와 러시아어로 공표된다.

인구셰찌야 공화국 의회는 공화국 대통령이 해산시킬 수 있지만, 의회 선거이후 1년 동안, 공화국 대통령의 해임안이 제기되어 그 결정이 내려질 때까지의 기간 동안, 전쟁 및 비상사태 선포가 유효한 기간 동안, 공화국 대통령의 임기가 만료되기 6개월 전부터는 해산시킬 수 없다. 공화국 의회의 임기가 전쟁 혹은 비상사태 선포가 발효 중일 때 만료되면 의회의 활동은 이 기간이 끝날 때까지 연장된다.

인구셰찌야 공화국 의회에서 입법발의권은 공화국 의회의 의원, 대통령, 정부, 공화국 최고재판소, 최고 중재재판소, 검찰에 속한다. 공화국 법률은 의회에 의해 채택된 지 7일내에 대통령에게 보내지며 대통령은 그것을 받은 날로부터 10일내에 서명하고 공표한다. 이 기한 내에 대통령은 그것에 서명하지 않고 자신의 의견을 담아서 공화국 법률을 의회에 돌려보낼 수 있다. 이때 의회가 논의에 참여한 의원의 4분의 3 이상의 찬성으로 이전에 채택된 안을 승인하면 대통령은 다시 그것을 받은 후 3일 이내에 서명하고 공표해야 한다.

인구셰찌야 공화국의 헌법수정은 공화국 대통령, 의회의 의원 3분의 1 이상, 최고재판소, 성년의 공화국 시민 만 명 이상에 의해 제안될 수 있다. 선출된 전체 의원수의 3분의 2 이상이 찬성하고 대통령이 그것을 승인하면 헌법수정이 이루어질 수 있다. 시민의 권리와 자유를 제한하거나 공화국의 국가적 단일성과 영토적 완전성에 반하는 수정 및 보완은 이루어질 수 없다. 새로운 공화국 헌법의 채택에 관한 결정은 주민투표를 기반으로 이루어진다.

4) 사법기관

인구셰찌야 공화국의 사법권력은 헌법적 구조, 시민의 권리와 자유의 보호, 입법 및 집행권력 규정의 공화국 헌법에의 합치 등을 목적으로 한다. 사법권력을 실현하는 인구셰찌야 공화국의 사법기관은 공화국 최고재판소, 라이온과 도시의 법원, 최고 중재재판소로 이루어져 있다. 비상법원의 설립은 허용되지 않는다.

최고재판소와 최고 중재재판소의 판사는 5년 임기로 선출되며 라이온과 도시 법원의 판사는 5년 임기로 임명된다. 판사는 25세 이상의, 법학 고등교육을 받고 법률분야에서 5년 이상의 실무경력을 갖춘 시민이 될 수 있으며 법률에 의해 추가적인 요구사항이 정해진다. 판사는 의원이 되거나 정치-사회단체의 성원이 될 수 없고 기업활동을 할 수 없다. 학문, 문학, 그리고 교육활동은 허용된다.

판사는 독립적이며 오직 법에만 예속된다. 판사는 불가침권을 가지며, 판사는 자신이 내린 선고에 대해 범죄적 권한악용으로 인한 죄가 확정되지 않으면 책임을 지지 않는다. 판사의 활동에 대한 방해는 법에 의해 추적을 받는다.

모든 사건의 재판은 공개되는 것을 원칙으로 하며 사건심리의 비공개 진행은 형사소송법에 정해진 경우에 허용된다. 형사사건의 결석재판은 법률이 정한 경우에 허용되며, 재판은 양자의 논쟁과 동등권을 원칙으로 진행된다. 재판은 인구쉬어와 러시아로 진행되며, 이 언어를 구사하지 못하는 사건 관련자들은 통역을 통해 사건의 내용을 알고 자신의 권리를 보장받으며 자신의 모국어로 의견을 말할 수 있는 권리를 갖는다.

인구셰찌야 공화국 최고재판소는 헌법, 민사, 형사 및 행정소송에서 공화국의 최고 사법기관이며, 일반적 권한을 갖는 법원의 활동에 대한 사법적 감시를 실행한다. 인구셰찌야 공화국 최고재판소는 소장, 부소장 및 그 성원들로 구성된다. 소장은 법령에 따라 공화국 대통령이 추천하여 공화국 의회가 승인한다. 부소장 및 성원들의 후보는 소장이 추천하고 대통령이 임명한다.

인구셰찌야 공화국의 최고재판소는 공화국 전체에 적용되는 헌법에 대한 해석을 하는데, 인구셰찌야 공화국의 법률, 대통령의 명령, 의회와 정부의 명령, 공화국간, 국가간, 그리고 국제적 조약 및 협약, 정당 및 다른 사회단체의 활동, 법적용의 실제 등에서의 입헌성(конституционность)에 관한 사건을 결정한다. 그리고 국가의료위원회의 제기에 따라 건강상의 이유로 대통령이 자신의 권한을 실현할 수 없는 무능력상태가 대통령에 있는지에 관하여, 범법행위로 인한 탄핵에 의해 대통령의 해임기반이 있는지 그리고 그러한 탄핵 제기가 절차를 갖추고 있는지에 관하여 판결을 내린다.

인구셰찌야 공화국 최고 중재재판소는 경제분쟁 해결에 관한 사법기관이다. 소장은 공화국 대통령이 추천하고 의회가 승인한다. 부소장과 성원들은 소장이 추천한다. 일반적 권한의 법원은 라이온과 도시에 있으며, 그 판사들은 최고재판소 소장의 추천에 의해 공화국 법무장관의 결정을 고려하여 공화국 대통령이 임명한다.

인구셰찌야 공화국에서 준법기관의 장은 검찰총수이며 그에게 검사들이 예속된다. 검찰총수는 공화국 대통령이 추천하고 의회가 승인한다. 검찰의 부총수, 라이온과 도시의 검사들은 검찰총수의 추천에 의해 공화국 대통령이 임명한다. 인구셰찌야 공화국의 검찰총수 및 검사들의 임기는 5년이다.

인구셰찌야 공화국의 헌법적 질서, 시민의 권리와 자유, 물질적, 정신적 자신의 보호, 주권과 영토적 완전성의 보장, 대외적 외협에 대한 방어는 국가권력기관의 핵심적 목표이며, 국가안보 및 공공질서 주체들이 각기 자신의 권한영역에서 이를 실현한다. 개인, 사회와 국가의 핵심적 이해를 보호하기 위한 결정을 내리는 국가기관은 공화국 대통령 직속의 인구셰찌야 공화국 국가안보회의이다. 인구셰찌야 공화국의 국가안보체계의 구성, 활동원칙, 요소 및 기능은 법령에 의해 정해진다.

5) 지방권력과 운영

인구셰찌야 공화국의 지방권력과 운영은 집행-운영기관인 라이온, 도시, 촌락 및 다른 행정-영토적 단위의 행정기관이 실현한다. 이 기관들은 거주지역의 이해와 특성을 고려하여 사회-경제적, 문화적, 생태적 그리고 다른 문제들을 결정한다. 지방권력기관의 조직과 활동은 지방권력기관에 대한 경제적, 재정적 자율성의 부여, 지방권력기관의 구성에서 임명과 선출 원칙의 결합, 지방권력의 여러 수준들 사이의 권한의 분리, 지방의 이해와 공화국 전체의 이해의 결합을 기반으로 이루어진다.

지방권력기관은 독자적으로 시 소유재산을 운영하며 지방예산을 구성하고 집행한다. 공공질서 보호, 공화국 법령의 준수와 이행, 지방적 의의를 갖는 문제들의 결정을 행한다. 지방권력기관은 명령을 채택하고 발포하는데, 하위의 지방권력기관의 규범적-명령적 규정들은 상위의 권력기관 혹은 법원에 의해 폐기될 수 있다. 지방권력기관의 활동과 권한 등은 공화국 법률에 의해 규정되며, 시민의 권리와 이해를 제한하는 경우 이에 대해 시민들은 법적 절차를 제기할 수 있다. 인구셰찌야 공화국에서는 지방자치가 인정되고 보장되는데 시민들은 직접적으로 의사표출을 할 수 있고 또한 선출직 및 다른 기관을 통해 활동할 수 있다. 지방자치기관은 법률에 의해 물질적, 재정적 지원을 받으며 국가권한의 일부를 이양받는다.

3. 대의정치[3)]

---

3) 인구셰찌야 공화국 대의정치 부분은 다음을 번역, 정리하여 구성한 것이다. 인터넷 자료에 대한 검색은 주로 2003년 9월에 이루어졌다. 유권자수는, Действующая схема одномандатных избирательных округов. Ингушская Республика. http://ww.fci.ru/way/1D9E70E5-D0B7-...(검색일:2003.12.3.). 표를 비롯하여 선거에 대한 부분은, Календарь выборов. Республика Ингушетия. http://ww.fci.ru/html; Итоги голосования. Республика Ингушетия. http://ww.fci.ru/EOUID/282275/way/203916/obj/238164.html; Кандидаты. Республика Ингушетия. http://ww.fci.ru/EOUID/282275/way/203914/obj/238165.html; Диаграммы. Республика Ингушетия. http://ww.fci.ru/EOUID/282275/way/203912/img/238166.html; Итоги голосования. Республика Ингушетия. http://ww.fci.ru/EOUID/282587/way/203916/obj/238169.html; Кандидаты. Республика Ингушетия. http://ww.fci.ru/EOUID/282587/way/203914/obj/238170.html; Диаграммы. Республика Ингушетия. http://ww.fci.ru/EOUID/282587/way/203912/img/238171.html; Итоги выборов по одномандатным округам в разрезе окружных избирательных комиссий. Республика Ингушетия. http://ww.fci.ru/v_razreze_okruzhnyh_izbiratelbnyh_komissiy; Выборы Президента Республики Ингушетия - 2002. http://www.dosye.ru/archiv/reg06el.htm; НСН | Выборы Президента РФ 26 марта 2000. Ингушская Республика. http://nsn.net.ru/print.pht... Оригинал документа: http://nsn.net.ru/?id=590&ch=5&sub=2. (검색일: 2003.12.7.); НСН | Региональные Выборы.

1) 연방차원

(1) 러시아연방 대통령 선거

인구셰찌야 공화국에는 러시아연방 차원의 선거에서 하나의 선거구가 있다. 전체 유권자 수는 1999년 12월 러시아연방 국가두마의원 선거와 2000년 3월 러시아연방 대통령 선거의 경우 11만 5천명 안팎으로 집계되었다.

2000년 3월 26일 실시된 러시아연방 대통령 선거에는 유권자의 92.8%가 투표에 참여했고 뿌친이 절대적인 지지를 획득했다. 주요 후보들의 득표율은 다음과 같다.

후 보 명	득표율(인구셰찌야 공화국,%)	득표율(러시아연방,%)
지리놉스끼	0.3	2.70
쥬가노프	4.6	29.21
뿌친	85.4	52.94

Ингушская Республика. http://nsn.net.ru/print.pht... Оригинал документа: http://nsn.net.ru/?id=854&ch=5&sub=2. (검색일: 2003.12.7.). 인구셰찌야 공화국의 전직, 현직 대통령의 약력은, Ингуш.RU - Президент Республики Ингушетия. http://www.ingush.ru/z1.asp.; Федеральная и региональная элита России. 2003: Кто есть кто в политике и экономике. Ежегодный биографический справочник / Гл. ред.-сост. А.А. Мухин. М. Центр политической информации; Издательство ГНОМ и Д, 2003. С. 40-41. 상원의원에 대해서는, Ингушская Республика. Каменской Игорь Александрович. http://www.council.gov.ru... (검색일: 2003.12.3.); Костоев Исса Магометович. http://www.council.gov.ru... (검색일: 2003.12.3.). 국가두마의원 명단은, Ингушская Республика. Списки кандидатов. Список дейcтвующих депутатов Государственной Думы Федерального Собрания Российской Федерации третьего созыва (по состоянию на 3 апреля 2003 года). http://ww.fci.ru/way/18519C30-D0B7-... 23/61. (검색일: 2003.12.3.). 러시아연방과 관련해서는, Итоги выборов руководителей исполнительной власти субъектов РФ. http://ww.fci.ru/WAY/299554.html; Итоги выборов в законодательные (представительные) органы власти субъектов РФ. http://ww.fci.ru/WAY/299558.html; Статьи. Итоги голосования. Выборы Президента Российской Федерации 26 марта 2000 года. Российская Федерация. http://ww.fci.ru/way/203889/obj/202300.html. (검색일: 2003.9.5.); Итоги выборов по федеральному округу в разрезе окружных избирательных комиссий . Российская Федерация. http://ww.fci.ru/v_razreze_okruzhnyh_izbiratelbnyh_komissiy_1.(검색일: 2003.9.5.).

찌또프	0.2	1.47
뚤레예프	0.8	2.95
야블린스끼	4.5	5.80
기타	2.9	2.11
모든 후보에 대한 반대	0.6	1.88

(2) 러시아연방 국가두마의원 선거

1999년 12월 19일 실시된 러시아연방 국가두마의원에서 정당별 투표에 참여한 유권자수는 8만 2천 명 정도로서 전체 유권자의 68%를 차지했다. 인구셰찌야 공화국에서 정당별 투표의 압도적 승자는 <조국-전러시아>였다.

인구셰찌야 공화국에서의 정당별 득표
(1999년 12월 19일 러시아연방 국가두마의원 선거)

목 록	득표수	득표율(%)	득표율(러시아연방,%)
야블로꼬	2384	2.9	5.93
단결(메드베드)	855	1.0	23.32
지리놉스끼 블록	424	0.5	5.98
조국-전러시아	72407	87.9	13.33
러시아연방 공산당	1497	1.8	24.29
우파연합	309	0.4	8.52

소선거구제로 진행되는 지역구 선거는 59%의 투표율을 보였다. 6명의 등록된 후보를 대상으로 투표가 진행되었으며 자유민주당 소속의 구쩨리예프가 당선되었다.

후보별 득표 (1999년 12월 19일 러시아연방 국가두마의원 선거)

	후보명단	득표수	득표율(%)
1.	구쩨리예프(Гуцериев М.С.)	34555	51.3
2.	에블로예프(Евлоев З.И.)	13297	19.7
3.	꼬드조예프(Кодзоев Т.И.)	12276	18.2
4.	먀끼예프(Мякиев А.А.)	1519	2.2
5.	오즈도예프(Оздоев М.Д.)	2317	3.4
6.	쭈로프(Цуров А.М.)	1082	1.6
	모든 후보에 대한 반대	952	1.4

2001년 4월 15일 러시아연방 국가두마의원 보궐선거가 진행되었다. 인구셰찌야 유권자의 48%가 투표에 참여했고 선거는 성립되었다. 8명의 후보를 대상으로 투표가 진행되었고 아미르하노프가 당선되었다.

후보별 득표 (2001년 4월 15일 러시아연방 국가두마의원 보궐선거)

	후보명단	득표수	득표율(%)
1.	아미르하노프(Амирханов А.Х.)	20517	34.56
2.	벨호로예프(Белхороев Я.К.)	15516	26.13
3.	굴리예프(Гулиев А.С.)	256	0.43
4.	예브로예프(Евлоев В.С.)	5845	9.84
5.	예브로예프(Евлоев З.И.)	1796	3.02
6.	예브로예프(Евлоев О.Г.)	263	0.44
7.	꼬드조예프(Кодзоев Т.И.)	10858	18.29
8.	오즈도예프(Оздоев М.Д.)	2460	4.14
	모든 후보에 대한 반대	447	0.75

아미르하노프는 1956년 2월 17일 생으로서 1997년부터 인구셰찌야 공화국 기업활동 발전센터의 장으로 있었고 2000년에는 인구셰찌야 공화국 정부의 수석부총리로서 투자 및 건설관련 국가위원회의 위원장으로 임명되었다. 2001년 4월 인구셰찌야 공화국에서 러시아연방 국가두마의원으로 당선되었고 <단결>에 입당했고 연방 및 지역정책 위원회의 위원이 되었다.

(3) 러시아연방 의회 상원(연방회의)의 성원

인구셰찌야 공화국에서 선출된 러시아연방 상원의원은 까멘스꼬이 (И. А. Каменской)와 꼬스또예프(И. М. Костоев)이다. 까멘스꼬이는 러시아연방 상원의 사회정책에 관한 위원회의 부의장으로서, 인구셰찌야 공화국 의회에서 선출되었다. 1968년 1월 25일 생으로서 2002년 10월 29일 선출되었고 그 임기는 2003년 12월까지이다. 꼬스또예프는 러시아연방 상원의 사법문제에 관한 위원회의 위원으로서, 인구셰찌야 공화국 정부에서 임명했다. 1942년 8월 8일 생으로서 2002년 7월 1일자로 임명되었으며 그 임기는 2006년 4월 만료된다.

2) 연방주체 차원

(1) 연방주체의 수장 선거: 인구셰찌야 공화국 대통령 선거

2002년 4월 7일 인구셰찌야 공화국 대통령 선거가 실시되었고 선거는 성

립된 것으로 인정되었다. 8명이 입후보했고 두 번에 걸쳐 투표가 진행되었다. 결선투표는 2002년 4월 28일 성립되었다. 이 선거는 이전의 대통령 아우셰프(P. C. Аушев)의 임기만료 이전 권한중지와 관련하여 진행된 것이다.

1954년 생으로서 아프가니스탄 전쟁에 참전했던 장군 출신의 아우셰프는 1992년 11월 인구셰찌야 임시행정부 수반의 권한대행으로 임명되었고 그 이후 선출직으로 전환된 공화국 대통령으로 당선된 뒤 인구셰찌야 공화국의 분리, 인구쉬족과 오쎄찐족간의 민족갈등 등의 상황 속에서 2002년까지 인구셰찌야 주민들의 절대적인 지지를 받았다. 2002년 인구셰찌야 공화국 대통령 선거에는 참여하지 않았다. 러시아 예술아카데미 정회원이다.

2002년 4월 대통령 선거에는 등록된 유권자의 68%가 참여했다. 1차 투표에서는 러시아연방 국가두마의원인 아미르하노프가 32.04%를 얻어 우세를 보였으나 결선투표에서 쟈지꼬프가 투표참여 유권자의 과반수 이상의 지지를 얻어 대통령에 당선되었다.

후보별 득표 (2002년 4월 7일 인구셰찌야 공화국 대통령 선거 1차투표 결과)

	후보명단	득표율(%)
1.	아바지예프(Абадиев М.У.)	1.43
2.	아미르하노프(Амирханов А.Х.)	32.04
3.	아우셰프(Аушев М.И.)	17.17
4.	굴라예프(Гулаев И.Б.)	0.82
5.	쟈지꼬프(Зязиков М.М.)	19.2
6.	말사고프(Мальсагов А.И.)	13.82
7.	마스꾸로프(Маскуров Р.Ш.)	3.62
8.	함치예프(Хамчиев Б.Б.)	8.78
	모든 후보에 대한 반대	0.41

인구셰찌야 공화국의 선거법령에 따라 만일 투표 종료시점에 유권자 명부에 포함된 유권자의 50% 이상이 선거에 참여하고 또 승리한 후보의 득표수가 모든 후보에 대한 반대에 투표한 수보다 많으면 선거는 성립된 것으로 인정된다. 투표에 참여한 유권자의 50% 이상의 표를 얻은 등록된 후보가 당선된 것으로 간주된다. 한 후보도 당선자로 판명되지 않으면 최다득표를 한 두 후보를 대상으로 결선투표가 행해진다. 결선투표에서는 다수득표자가 당선되는 것으로 인정되는데, 이 경우 이 후보의 득표수는 모든 후보에 대한 반대에 투표한 수보다 많아야 한다.

결선투표에는 등록된 유권자의 65.72%가 참여했다. 아미르하노프가 43.19%를 얻은데 비해 쟈지꼬프가 53.13%를 얻어 당선되었다.

쟈지꼬프는 1957년 9월 10일 생으로서 1984년에서 1992년에 이르는 기간 동안 체첸-인구셰찌야 자치소비에트 사회주의공화국의 국가안보위원회의 여러 직위를 거쳤다. 1992년부터 1996년까지 아스뜨라한 주를 관할하는 러시아연방의 연방안보국의 부국장이면서 동시에 러시아연방 상원 산하 북 까프까스문제에 관한 위원회의 위원이었다. 2002년 1월 28일 남부연방지구의 러시아연방 대통령 부전권대표(заместитель полномочного представителя Президента РФ)으로 임명되었고 31일 인구셰찌야 공화국 대통령에 출마할 것을 밝혔다. 철학박사(кадидат филосовских наук)이고 아스뜨라한의 명예시민이다.

(2) 연방주체의 대의기관 구성원 선거: 인구셰찌야 공화국 의회 선거

21명의 의원으로 구성되는 인구셰찌야 공화국 의회 선거가 1999년 2월 28일 실시되었다. 유권자의 53%가 투표에 참여했다. 인구셰찌야 공화국 의회의 의장은 쁠리예프(Р. С. Плиев)이다. 1942년 11월 5일 생으로서 1999년 2월 28일 선출되었다. 그 임기는 2003년 12월 7일에 만료된다.

(3) 연방주체의 수도의 장: 마가스 시의 시장

마가스 시의 행정을 담당하는 장은 메르조에프(В. У. Мержоев)이다.

Ⅳ. 경제 시스템

1. 경제개황

인구셰찌야 공화국는 7개의 연방지구 중 남부연방지구에 속하고 12개의 러시아 경제지역 중 북 까프까스 경제지역에 속한다. 인구셰찌야 공화국은 이웃으로 체첸공화국과 북오세티야공화국을 두고 있고 경계를 두고 이웃나라 그루지야와 마주하고 있다.

이웃지역인 체첸과 함께 경제상황은 아주 절박한 상황이라 할 수 있다. 지역총생산의 비율이 러시아대비 0.0%로 통계에 잡히고 있다. 이것은 경제의 현황이 엉망이라 측정할 것이 거의 없음을 의미한다. 체첸공화국과 더불어 정치적 논리의 영향이 경제를 피폐하게 만들고 있다. 이러한 사정은 공업도 비슷하나 농업은 그나마 온화한 날씨덕분에 생존을 이어나갈 정도로 경작되고 있다. 공업은 0.02%, 농업은 0.1% 정도의 러시아대비 비율을 나타내고 있다. 그리고 유통은 0.04%, 자본투자는 0.1%를 기록하고 있다.

인구셰찌야 공화국의 지역총생산을 연도별로 살펴보면 다음과 같다.

인구셰찌야 공화국 지역총생산액 추이

항목 \ 년도	1996	1997	1998	1999
지역총생산	846	1,055	1,084	2,031
1인당 지역총생산	2,781	3,392	3,436	5,040
지역총생산 지수		109.1	78.4	94.1

http://www.infostat.ru/epub.htm (검색일: 2003.1.10)

그리고 공화국의 지역총생산의 주요 구성에 따른 비율을 알아보면 총생산에서 차지하는 비율은 19.6%, 농업부문은 12.9%, 건설부문은 8.1%, 운송부문은 1.4%, 그리고 유통부문은 11.5%를 기록하고 있다.

공화국의 총 기업수, 소 기업수, 현 공업관련 기업수를 표로 살펴보면 다음과 같다.

기업수 추이

항목 \ 년도	1997	1998	1999	2000
총기업수(연말)	8,701	7,459	8,185	7,737

소기업수(연말)	1,487	1,857	1,346	291
활동기업수	118	290	211	82

http://www.infostat.ru/epub.htm (검색일: 2003.1.10)

2. 산업

1) 공업

인구셰찌야 공화국의 공업은 매우 저조하여 형편없는 상태에 있다. 그런데 지역총생산에서의 비중은 상대적으로 작지는 않다. 인구셰찌야 공화국의 절대적으로 중요한 공업부문은 연료공업이다. 그래서 생산되는 주요 품목을 2000년 기준으로 보면 석유제품이 16만 4,000 톤으로 특화되어 생산되고 있다. 지역경제가 거의 이 석유산업으로 지탱되고 있다고 해도 과언이 아니다. 이 외 식량용 빵의 생산이 다소 있으며 2000년 9,600톤이 생산되었다.

인구셰찌야 공화국의 총 공업생산량을 살펴보자.

총 공업생산량 추이

항목 \ 년도	1997	1998	1999	2000
총 공업생산량	87	195	465	895
공업생산 지수	110	...	142	114

http://www.infostat.ru/epub.htm (검색일: 2003.1.10)

인구셰찌야 공화국의 공업을 부문별 구조로 나누어 그 비율을 살펴보면 연료공업이 월등히 높고 그 외 전기전력부문과 식품공업이 상대적으로 생산량이 높은 편이다. 표로 여타 부문도 살펴보면 다음과 같다.

주요 공업생산부문별 생산비율

생산부문	인구셰찌야 공화국 총공업생산 비율
전기전력	11.6%
연료공업	70.9%
기계제작 · 금속가공	3.4%
목재가공, 종이 · 펄프	0.5%
건재공업	2.5%
경공업	0.4%

식품공업	9.2%
제분.곡물.사료	0.7%
기타	0.8%

http://www.infostat.ru/epub.htm (검색일: 2003.1.10)

2) 농업

인구셰찌야 공화국의 농업은 지리적 조건과 자연적 요건이 매우 좋다고 할 수 있다. 그러나 실제 농업생산량은 미미한 수준에 머물고 있다. 이것은 정치적 문제에 의해 자원이 농업에 비효율적으로 투입되고 있기 때문이다.

또 농산물의 구성에 있어서 가축사육에 의한 생산과 작물재배에 의한 생산량의 비율에서 매우 큰 차이가 나고 있다. 이것은 또 기본적인 필요마저 대외에 의존해야 된다는 것을 의미한다. 인구셰찌야 공화국의 총 농업생산액과 작물관련 생산액 그리고 가축관련 생산액을 표로 살펴보면 다음과 같다.

농업생산량 추이

항목 \ 년도	1997	1998	1999	2000
총농업생산액	306.9	378.0	634.4	826.2
작물관련 생산액	164.6	100.9	160.0	194.9
가축관련 생산액	142.3	277.1	474.4	631.3
농업생산 지수	100.1	84	87	100.1

http://www.infostat.ru/epub.htm (검색일: 2003.1.10)

인구셰찌야 공화국의 2000년 총 파종면적은 5만 6,700 헥타르이고 이곳에 파종되는 작물들의 비율을 보면 다음과 같다.

곡물재배가 64.7%, 특용작물이 12.2%, 감자재배와 채소재배가 8.6%, 사료용 식물이 14.5% 파종되어 재배되고 있다.

인구셰찌야 공화국은 특히 가축사육이 작물사육에 비해 생산량이 많으며 2000년 기준으로 가축사육의 생산량을 보면 다음과 같다.

소사육이 3만 9,800 두, 이 중 암소가 2만 2,800 두이고 돼지는 예전에는 매우 많은 양을 길렀지만 최근에는 그 사육양이 기하급수적으로 줄어들어 근래에는 통계조차 잡히지 않고 있다.

3. 자원 등 기타

인구셰찌야 공화국은 까프까스산맥의 북부 경사지에 위치하고 있다. 인구셰찌야는 남북으로 총 120km, 동서로 50km의 넓이를 가진 규모의 공화국이며 북오셰찌야와 체첸 공화국, 그루지야 공화국과 경계면을 접하고 있다.

인구셰찌야 공화국의 기후는 대륙성 기후로 여름에는 몹시 더우며 온도는 지역의 고도에 따라서 변동이 심하다.

인구셰찌야 공화국은 전통적으로 삼림자원이 매우 풍부한 것으로 알려져 있으며 대부분 밤색 토양과 흑토질 토양위에 전개되어 있다. 이 비옥한 토양은 참나무, 너도밤나무, 플라타너스 등 아름답고 경제적 가치가 큰 나무들을 자연스럽게 성장하게 했다. 인구셰찌야의 산지대는 총 8만 4,400 헥타르이며 이 중 산림으로 덮여 있는 면적은 7만 5,400 헥타르나 된다. 이 모든 숲은 1등급으로 분류될 정도로 우수한 품질로 평가되고 있다. 또한 단순히 자연적인 풍요뿐만 아니라 공화국차원에서도 산림기금을 형성하고 주기적으로 식목을 지속하고 있다.

인구셰찌야 공화국의 동물계에서는 알프스영양, 멧돼지, 사슴, 곰, 늑대, 여우, 서구라파 야생소, 너구리 등을 자주 발견할 수 있다.

인구셰찌야 공화국의 변두리지방에는 천연지하자원이 많이 매장되어 있다. 석유의 경우에는 연간 14만 톤가량이 채굴되고 있고 대리석 석회석, 패각석 석회암, 백운석, 비광산 건축자재, 석교 점토, 미네랄 수 등의 매장지가 많이 분포되어 있다. 이들 매장량은 향후 500-100년 정도의 광물수요를 충당할 수 있는 양으로 평가되고 있다.

인구셰찌야 공화국의 주요 강은 파프탄가, 아름히 등이 있고 수면이 차지하는 면적은 3,073㎢이다.

V. 문화시스템

1. 지역정체성

1) 인구

2001년 현재 인구셰찌야 공화국의 인구는 460,000명으로 러시아연방 전체의 0.31%, 89개 주체 중 73위이다. 인구셰찌야 공화국의 인구상황은 체첸 공화국으로부터 분리된 이후부터 2001년 현재까지 매우 큰 폭의 증가세를 보여, 2001년 현재의 인구는 1994년 대비 119%, 250,000명이 증가했다. 이는 인구 자연증가율에 의해서 뿐 아니라 주변지역, 특히 체첸 공화국 및 북 오세찌야의 정치, 사회적 혼란 등으로 인한 난민 등의 유입에 의한 것이다. 이러한 추세는 체첸 공화국을 중심으로 한 인근 연방 주체의 정치, 사회적 안정이 회복되지 않는 한 지속될 것으로 보인다.

인구셰찌야 공화국 인구변동 추이

연도	1990	1992	1993*	1994	1995	1996	1997	1998	1999	2000	2001
인구수 (1,000명)	1,258	1,303	1,301	210	280	299	308	313	317	355	460

* 1993년까지의 수치는 체첸-인구셰찌야 공화국의 인구를 합한 것이며, 1994년도부터의 수치는 인구셰찌야만의 인구이다.

Российский статистический ежегодник. Госкомстат России. М., 2001. С. 83.

인구셰찌야 공화국 인구의 자연증가율은 공식적으로 조사된 바는 없으나, 높은 출생률(18.8/1000명: 러시아연방 평균 8.8/1000명)에 낮은 사망률로 인한 자연증가율이 매우 높은 것으로 알려져 있다. 반면에 유아 사망률이 매우 높고(10.6/1000명), 주민들의 평균 연령은 28.7세로 러시아에서 가장 '젊은' 공화국이다.

인구셰찌야 공화국 출생자수, 사망자수, 자연증가율

연도	출생자수(명)	사망자수(명)	자연증가율(명)
1990	31,993	11,039	20,954

1991	31,498	11,081	20,417
1992	28,875	10,666	18,209
1993~2000*	---	---	---

* 1993~2000년까지의 통계수치는 조사된 바 없음.

Россий ский статистический ежегодник. Госкомстат России. М., 2001. С. 112.

2000년 현재 인구셰찌야 공화국의 경제활동인구는 112,000명으로 전체인구의 31.5%로 매우 낮은 편이다. 그 중 실업인구는 36,000명으로 실업률은 32%에 달한다. 공화국의 실업률은 1997년 경제위기를 기점으로 58.2%에 육박하는 위기상황까지 치솟았으나, 차츰 안정되어 2000년도에는 32.0%를 기록했다.

인구셰찌야 공화국 경제활동인구(취업자, 실업자), 실업률

연도	경제활동인구 (1,000명)	취업자수 (1,000명)	실업자수 (1,000명)	실업률(%)
1992-94*	.....	.....	.....	.....
1995	100	57	43	43.1
1996	74	50	24	32.2
1997	91	38	53	58.2
1998	99	48	50	50.9
1999	105	51	54	51.8
2000	112	76	36	32.0

* 1992~1994년까지의 통계수치는 조사된 바 없음.

Россий ский статистический ежегодник. Госкомстат России. М., 2001. С. 136.

2) 민족

인구셰찌야 공화국에는 약 70여 민족이 거주하고 있다. 그 중 토착민족인 인구슈인이 공화국 인구의 74.5%로 절대다수를 차지하는 가운데, 체첸인 10.3%, 러시아인 13.2%, 우끄라이나인 0.4%, 꾸미크인 0.1%, 아바르인 0.1%, 따따르인 0.1%, 아르메니아인 0.08%, 유태인 0.04% 등이 거주하고 있다.

3) 교육

인구셰찌야 공화국은 교육에 많은 관심을 기울이고 있다. 특히 최근에는

원격교육을 도입하는 등 전면적인 교육개혁이 이루어지고 있다.

인구셰찌야 공화국은 대규모 과학, 기술 센터를 보유하고 있으며, 최근 5년 동안 4명 중 1명꼴로 중고등 특수교육을 받았다. 대학 및 대학원 진학에 어려움을 겪으면서도 해마다 고등교육 이수자가 늘고 있다.

최근에는 인구슈어와 체첸어에 대한 교육이 강화되고 있다.

1997년 현재 인구셰찌야 공화국에는 어린이를 위한 6개 음악, 미술, 무용, 예술학교가 있으며, 1997년에는 756명이 수학하여, 1996년 대비 9.0% 증가했다.

2. 지역문화

1) 문화개괄

수천 년의 세월이 흐르는 동안 인구셰찌야 민중은 자신에게 운명으로 주어진 많은 경험을 했다. 인구셰찌야 문화는 매우 독특해서 돋보이며 공화국에는 특이하고 귀한 문화 기념물들이 있다. 제이라흐스크-아신스크 (Джей р ахск-Асинск) 국립 역사건축 박물관 보호구역은 이러한 역사 유물을 보존하고 있는 곳이다. 이곳에서는 아름다운 풍경이 있는데, 수세기의 역사를 지닌 웅장하고 독특한 탑 건물은 산의 풍경과 잘 조화를 이루고 있다.

우셸리이 제이라흐(Ущельй Джей рах), 갈가이체(Галгай че), 아르므히(Армхи), 굴로이히(Гулой хи), 따르김스크(Таргимск), 꼬뜰로빈 (Котлови н), 이 모든 것들이 인구셰찌야의 유물들이다. 13세기에서 18세기까지의 건축물은 방어적 성격을 띠고 있는데 왜냐하면 북쪽으로부터 까체브족의 침략 위협이 항상 있어 왔기 때문이다.

아르히(Архы), 아싸 강을 따라서 풍부한 건축 기념물들이 보존되어 있다. 석탑, 분묘, 이교의 숭배물, 기독교의 사원들이 있다. 9-12세기에 건축물은 기독교의 영향을 받았다. 당시에 그루지야 건축가들의 참여하에 기독교회가 세워졌는데 뜨하브 에르다(Тхаб-Ерда) 사원이 좋은 예이다. 북 까프가즈에서 가장 주목할 만한 이 사원은 그루지야와 인구셰찌야가 경제적, 문화적, 군사적으로 밀접하게 연관되어 있다는 것을 보여준다.

이 지역은 문화와 역사 기념물이 풍부한 곳일 뿐만 아니라 외부 세계와 단절된 산악지대이기 때문에 가내 수공업이 발전했다. 수공업은 인구셰찌야 공화국 경제에서 중요한 역할을 하고 있다. 항상적인 외부의 침입 때문에 인구세찌야의 무기 산업은 상당히 발달했다.

공격과 방어용 무기에는 활, 돌을 날리는 병기, 창, 칼, 전쟁용 장검, 도끼, 갑옷, 투구, 방패, 고리가 있는 장갑 등이 있다. 가죽 세공은 가장 보편화된 기술이고 사냥꾼과 목동들은 가죽 끈으로 엮여 있는 생가죽으로 된 전통적인 옷을 입고 다녔다. 각반, 장화, 덧신이 외출용 신발들이다. 거의 모든 마을에 가죽 무두질 기술이 보편화 되어 있었다.

그러나 이미 19세기 말부터 이곳으로 공장의 기성 신발이 들어오기 시작해서 전통 신발이 타격을 입었다. 또한 여러 가지 식물장식과 다른 장식품으로 잘 장식된 두꺼운 양탄자 생산이 발달했다. 목공예 기술은 인구세찌야에서 가장 발달한 분야 중의 하나이다. 모든 세간과 가정용 용기는 거의 나무로 되어 있다.

나무나 철로 된 농업 기구는 이 지역 사람들에게 매우 중요 도구이다. 도자기 생산 종사자들은 씨앗을 담을 식기와 주전자 등을 만들었다. 도자기 제조의 중심지는 샬리(Шали), 두바-유르트(Дуба-Юрт), 구 유르트(Юрт), 신 유르트, 인구세찌야의 기타 다른 마을 등이다. 대장간업으로 유명한 바이나히(Вай нахи)는 양털을 깎기 위한 가위와 아궁이, 사슬과 솥, 낫 등의, 다른 농업 용기를 만들어 내고 있다.

돌 세공 기술자들은 독특한 분묘와 숭배 건축물과 층 사이의 밑받침들을 만들어내고 있다. 이러한 작업은 기술을 요하는 어려운 일이다. 또한 장식 세공 산업이 발달해 있다. 장식 세공 장인들은 다양하고 화려한 금속 귀고리와 거는 장신구들을 만들었다. 인구세찌야의 에기깔(Эгикал), 쪼리(Цори), 에르지(Эрзи), 에블로이(Евлой)는 세공품 생산의 중심지였다.

2) 문화시설

말사고프 인구세찌야 국립 지지 박물관

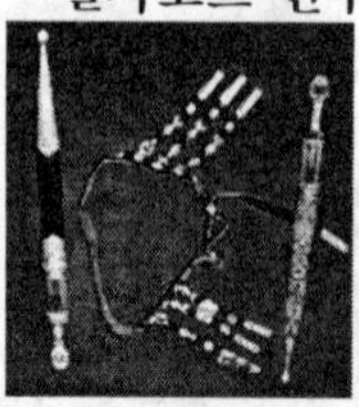
지지 박물관의 유물 1

뚜간 말사고프(Туган Малсагов) 인구세찌야 국립 지지 박물관의 전시실의 유물들은 이 박물관의 창립자인 뚜간 말사고프와 문화 공훈 예술가 보프에 의해 모아졌다. 그 덕분에 보프와 혁명 참가자들, 러-터 전쟁과 러-일 전쟁의 참가자들의 수천 명의 이름이 영원히 남게 되었다.

조국을 위해서 모든 것을 했고 할 수 있었던 사람들을 기억하는 것은 훌륭한 일이다. 박물관은 어려운 시기에도 활동을 계속했다. 박물관의 창시자인 뚜간 말사고프는 1912년에 태어나서 1983년까지 살았다. 박물관의 창립일은 1992년 1월 3일이다.

지지 박물관의 유물 2

체첸 공화국
Чеченская Республика

Ⅰ. 개황

1. 기초정보

공화국 성립일: 1991년 11월 - 체첸-인구셰찌야 공화국 분리 선언
- 1991년 5월 - 체첸-인구셰찌야 공화국
- 1957년 체첸-인구셰찌야 자치 쏘비에트 사회주의 공화국 복원
- 1944년 체첸-인구셰찌야 자치 쏘비에트 사회주의 공화국 해체
- 1936년 12월 5일 - 체첸-인구셰찌야 자치 쏘비에트 사회주의 공화국
- 1934년 1월 15일 - 체첸-인구셰찌야 자치주, 1922년 11월 30일 - 체첸 자치주

수도: 그로즈니(Грозный)

인구: 610,000명(2001년 현재: 러시아연방 전체의 0.42%, 89개 주체 중 69위)

인구밀도: 40.66명/㎢

면적: 15,000㎢(러시아연방 전체 면적의 0.09%; 89개 주체 중 82위)

소속지구: 남부연방지구, 북 까프까스 경제지구

한국과의 시차: -6시간

2. 상징

체첸 공화국 문장

체첸 공화국 문장은 고개를 든 채 반쯤 누워있는 이리를 상징한다. 이리는 반달 모양의 호를 둘러싼 민족 문양에 의해 둘러싸여 있으며, 밑에는 아홉 개의 오각성이 장식되어 있다. 이리의 윗부분에는 원형의 달 표면이 묘사되어 있다.

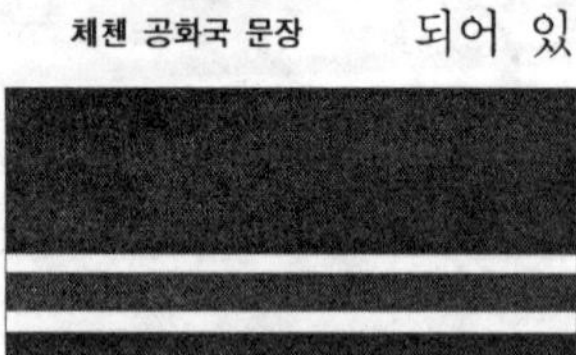
체첸공화국기

체첸 공화국 국기는 가로, 세로 11:7 비율의 녹색 장방형 천으로 되어 있다. 하반부에는 깃발 세로 길이의 1/10 너비로 백색, 적색, 백색, 녹색 띠가 드리워져 있다.

3. 주요도시

그로즈니(Грозный): 인구 123,300명; 북위 43°19′, 동경 45°41′

구제르메스(Гудермес): 인구 14,600명; 북위 43°22′, 동경 46°5′
(인구: 2002년 현재)

4. 주요 산업 및 농업

공화국의 주요 산업으로 기계제작, 금속가공, 원유, 가스채굴산업, 석유화학공업, 건축자재, 식료품산업, 목재가공산업 등이 발달했으며, 농업부문은 과일, 포도재배, 야채재배, 세모(細毛)양사육, 대형유각수(大形有角獸) 사육 등이 발달했다.

Ⅱ. 자연환경

1. 지리적 위치와 구성

체첸 공화국은 15개 행정구, 5개 시, 3개 도시형마을, 174개의 농촌마을로 구성되어 있으며, 체첸 평원에 인접한 볼쇼이 까프까스 북사면에 위치한다

북 오쎄찌야, 다게스딴, 인구셰찌야 공화국, 스따브로뽈 변강주, 그루지야와 경계를 이룬다.

주요 하천은 쩨레크강과 그 지류인 쑨자강이다.

수도 그로즈니(Грозный)와 모스크바 간의 거리는 2,007 ㎞이다.

2. 기후조건

온난기후대, 고산기후

1월 평균기온: -12(산악지역) ~ -3℃(평야지대)

7월 평균기온: 5(산악지역) ~ 25℃(평야지대)

연강수량: 400 ~ 1,200㎜(산악지대), 400 ~ 600㎜(산기슭 부분), 300 ~ 400㎜(평야지대)

식물 생장 기간: 140 ~ 160일

식생: 스텝 지대 및 스텝과 삼림대의 중간 지대

토양: 밤색토(스텝 지대), 흑토(스텝과 삼림대의 중간 지대)

삼림분포도: 21%(인구셰찌야 공화국이 포함된 1988년 수치)

3. 주요 유용광물

원유, 가스, 건축자재(석고, 석회암, 이탄암), 유황천 등이 있다.

주요 산지:

원유 및 가스: 그로즈니, 구제르메스(Гудермес).

건축자재: 치리-유르트(Чири-Юрт), 이뚬-깔레(Итум-Кале).

유황천: 쎄르노보쯔크(Серноводск).

Ⅲ. 정치시스템

1. 역사[1)]

체첸 민족의 역사는 인구쉬 민족의 역사와 밀접하게 연관된다. 두 민족은 함께 민족체를 구성했고 그 대표자들은 스스로를 바이나흐들(вай нахи, 이는 '우리 민족'을 의미한다)이라고 불렀다. 바이나흐(체첸 민족과 인구쉬 민족)의 인종적 역사는 고대 근동(近東)의 문명으로 거슬러 올라간다. 바이나흐의 선조의 하나로 고대 수메르인(шумеры)들의 문명 이상의 대표자인 고대 후리트(хуриты)로 생각된다. 바이나흐의 다른 선조들로 생각되는 것은 까프까스대 산맥의 중앙지역 북쪽 사면에 오래전부터 살고 있던 토착민들이다.

초기 중세시기에 현재의 체첸지역에는 알라니야로 불리게 되는 다인종, 다언어 연합이 형성되었다. 이 연합에는 고고학자, 언어학자, 인류학자와 유목민, 이 지역의 정착민들이 증명하듯이 주로 나흐어를 쓰는 종족들 (нахоязычные)이 포함되었다. 알라니야의 수도는 마가스 시(Магас, '태양의 도시')였다. 따따르-몽골의 침입시간에 알라니야 왕조는 친기스-한의 두 장군 제베와 수베제야의 유목민들에 의해 거의 완전히 제거되는 상태에 놓였다. 까프까스의 산악전방지대에 대한 다른 하나의 타격은 1238-1240년 바띠야의 대군에 의해 가해졌다. 체첸족의 경제적, 정치적, 사회적, 정신적 발전은 한 세기 이전으로 되돌려지고 말았다. 게다가 이 땅에 대한 마지막, 마무리의 타격은 잔혹한 점령자였던 티무르에 의해 가해졌다. 그의 주요한 목적이 된 것은 알라니야의 장소에 등장한 이슬람국가 심심(Симсим) 이었다. 체첸족은 그에 대한 충분한 저항을 했으며, 티무르를 격퇴했다. 그렇지만 문명은 박멸되었다. 문명으로부터는 오직 장엄한 석조 건축물만이 남게 되었다.

---

1) 체첸공화국 역사 부분은 다음을 번역, 정리하여 구성한 것이다. 인터넷 자료에 대한 검색은 주로 2003년 11월부터 2004년 1월 사이에 이루어졌다. Dontr.Ru | ЮФО | РеспубликаЧечня - Общая характеристика. http://www.dontr.ru/Environ/WebObjects/dontr.woa/wa/Ufo?item=general&section=8; Dontr.Ru | ЮФО | РеспубликаЧечня - История. http://www.dontr.ru/Environ/WebObjects/dontr.woa/wa/Ufo?item=history&section=8; Dontr.Ru | ЮФО | Республика Чечня - Грозный . ttp://www.dontr.ru/Environ/WebObjects/dontr.woa/wa/Ufo?item=grozny&section=8.

14세기 중반 무렵, 바이나흐들은 평야의 주민과 산악인들로 나눠졌다. 평야의 주민들은 농경에 종사했다. 산악인들은 무엇보다도 목축을 했다. 또한 바이나흐들에게서는 무기제조, 귀금속, 가죽 등에 관한 다양한 종류의 수공업이 발전했다. 체첸족들의 환경에서 심각한 (계층)분화현상은 일어나지 않았다. 여러 종류의 문제들은 마을 전체가 결정했다. 분화현상은 18세기 말 - 19세기 초에 일어났다. 이때 충분치 못한 토지를 갖고 있는 농민들은 보다 독자적인 토지소유자들에게 자신의 토지와 가축을 넘겨주어야만 했다.

1801년 러시아 제국은 외까프까스를 자신의 정치적 이해지역에 포함시켰다. 까프까스 전쟁이 시작되었다. 첫 번째 단계에서 짜르의 장군 에르몰로프가 짜르의 장군 예르몰로프가 전쟁을 성공적으로 이끌었다. 그는 나르자로프, 그로즈나야, 쁘레그라드 마을 등의 몇 개의 요새를 건설했다. 가장 강력한 반동은 이전의 다게스딴의 성직자 가지-마고메트와 샤밀의 반란이었다. 이 지도자들은 체첸 주민들 사이에서 빠르게 대중성을 얻었다. 결과적으로 이른바 샤밀의 영토가 생겨났다. 그리고 바이나흐들이 러시아 국적을 수용한 이후에 조차도 폭동은 여러 차례 돌발적으로 일어났다가 러시아 군대에 진압당했다.

러시아족은 체첸에 문화, 즉 문자와 문학을 가져왔다. 체첸족의 복리는 특히 석유 산지의 개발이 시작된 이후 상당히 개선되었다. 20세기 초 무렵 체첸의 영토에는 이미 세계에서 첫 번째 송유관이 놓여졌다.

혁명과 내전시기(1917-1925년)에 체첸에는 무정부주의와 무권력 상태가 지배했다. 민족운동은 분열되었고 사회를 통합시킬 수 없었다. 여기에서는 세 가지 방향, 즉 소비에트를 지향하는 공산주의자들의 국가민족주의, 서구를 지향하는 인종적 의미의 민주적 민족주의, 이슬람과 범터키주의를 지향하는 급진적 민족주의가 분류될 수 있었다. 신권(神權) 국가 건설시도는 성공을 거두지 못했다. 결국 주민의 다수는 자유, 평등, 토지를 약속한 소비에트 권력을 선택했다.

1922년 11월 30일 체첸 자치주가 구성되었고, 1934년 1월 15일 체첸-인구쉬 자치주가, 1936년 12월 5일부터는 체첸-인구쉬 자치소비에트 사회주의공화국(1944년에 폐지되었다가 1957년 복구됨)이 구성되었다.

1944년 1월 31일 소련의 ГКО는 체첸족과 인구쉬족을 까자흐 및 끼르끼즈

자치소비에트 사회주의공화국으로 추방하는 것에 관한 명령을 승인했다. 2월 21일 추방에 관한 소련 НКВД의 명령이 뒤따랐다. 이주의 결과 수천 명의 체첸족과 인구쉬족이 사망했다. 겨우 1956년 7월 16일에야 소련 최고소비에트 상임위원회는 <체첸인들의 특수거주 해제에 관한 명령>을 수용했으며, 여기에서는 특수거주 해제가 추방당하면서 몰수된 재산의 회복을 동반하지는 않는다고 확정했다. 20세기 중반 무렵 체첸-인구셰찌야 자치소비에트 사회주의공화국은 부유하고 산업이 발전된 지역으로 탈바꿈했다. 공화국 영토에 있는 광범위한 석유매장 덕분에 이것이 가능할 수 있었다.

1991년 5월부터는 체첸-인구쉬 공화국이 구성되었다. 1991년 11월에 체첸공화국의 건설과 체첸-인구쉬의 소속으로부터의 이탈에 관해 공고되었다. 자하르 두다예브의 권력장악과 함께 체첸-인구셰찌야는 체첸과 인구셰찌야로 분리되었고, 또한 체첸이 무기상인들의 적환지점이자 불법적 무장집단의 은신처가 된 이후에 상황은 근본적으로 변화되었다. 경제는 하강하기 시작하고 생산은 정체되었다. 현재는 지속되는 전투에도 불구하고 사정은 나은 상태로 변하기 시작했다. 조금씩 경제가 살아나고 있으며 다시 건물들이 지어지고 있다. 2002년 여름 최근 몇 년 만에 처음으로 곡물을 수확할 수 있었다.

체첸 공화국의 수도는 그로즈니 시이다. 그로즈니는 1818년에 예르몰로프 장군의 지시에 따라 그로즈나야 요새로 건설되었다. 이 요새는 한깔스크 협곡을 통해 산악에서 평야로 나가는 출구를 막으면서 순젠스크 방어선의 중요한 고리로 간주되었다. 레르몬또프(1840)와 똘스또이(Л. Н. Толстой, 1851-54)가 까프까스에서의 군복무를 위해 요새를 거쳐 갔다. 1870년 요새는 전략적 의의를 상실하면서 폐지되고 쩨르스크 주의 도시 그로즈니로 개편되었다. 19세기 말 - 20세기 초에 도시의 급속한 성장에 기여한 것은 베슬란 - 그로즈니를 잇는(1893년에는 더 나아가서 바꾸까지 이어지는) 철도의 운행과 그로즈넨스크 석유지대의 산업적 활용의 시작이었다. 1917년경에 386개의 유정(油井)이 있었다. 석유는 철도로 운송되었고, 카스피해의 연안 방면으로는 그로즈니-뻬뜨롭스크 항(현재의 마하치깔라 시)으로 이어지는 러시아에서는 최초의(1914년 건설된) 송유관으로 옮겨졌고, 또한 현지에는 석유 증류공장들이 세워졌다.

1922년부터 그로즈니는 체첸 자치주의 중심이었고, 1934년부터는 체첸-인구셰찌야 자치주의 중심이었는데, 이 자치주는 1936년에 자치소비에트 사회주의공화국으로 개편된다. 1944-57년에 그로즈니는 그로즈넨스크 주의 중심이었다. 1957-1992년에는 체첸-인구셰찌야 자치소비에트 사회주의공화국의 중심이 되었다.

1992년부터 체첸 공화국의 수도이다. 1993년에는 두다예프가 권력을 잡으면서 그로즈니는 이츠케리야 공화국의 수도로 선포되었다. 그로즈니는 체첸에서의 전투과정에서 심하게 고통을 받은 상태이다. 2001년경 도시와 모든 하부구조의 거의 90%가 파괴되었다. 도시에 상시 거주하는 인구수를 계산하는 것이 가능하지 않을 정도였다. 주민의 안전이 보장되지 않았기 때문에 계속 작은 교전, '청소', '지뢰 전쟁'이 일어났으며 일상적인 주거지로 돌아온 이들은 얼마 되지 않는다. 사람들은 주로 집과 아파트가 어떤 상태에 있는지 알기 위해, 파괴된 주거용 건물을 복구하고자 시도하기 위해, 사회적 지불금 수령을 위한 정산(定算)을 하기 위해 왔다가는 다시 인구셰찌야로 돌아갔다.

지금, 계속적인 테러행위에도 불구하고 상황은 어느 정도 호전되었다. 세 개의 국영 고등교육기관, 즉 대학, 석유연구소와 교육연구소가 기능하고 있다. 현재 텔레비전과 라디오가 일하고 있으며 공화국 수도에는 11개의 국영 지역신문이 배포된다. 일부 도서관, 일상적 용역회사, 중공업 및 경공업 공장들이 다시 업무를 시작했다. 최근에는 여기에 많은 카페와 식당이 문을 열었다. 가장 생기가 넘치는 곳은 시장이다.

2. 권력기관[2)]

1) 전체 통치구조상의 특징

체첸 공화국은 주권을 가진 독립적인 민주적 법치국가로서 체첸주민의 자결(自決)의 결과 세워졌다. 체첸 공화국은 자신의 영토 및 민족적 자산과 관련하여 최상위의 권리를 가지며 자신의 대외 및 대내 정책을 규정하고 그 영

---

2) 체첸 공화국의 권력구조에 관한 내용은 공화국 헌법을 기본으로 하며 다음의 자료들을 번역, 정리하여 구성한 것이다. Конституция Чеченской Республики. 러시아연방 법령자료집 <러시아연방 남부지구 기본법: 개별주체의 헌법, 헌장> (용인: 경희대학교 비교문화연구소 러시아 지역연구팀), 369-396쪽(이 법령자료집은 http://www.legislature.ru/regconst.html에 실린 각 연방주체들의 기본법을 모은 것으로서, 자료검색은 2003년 4월-5월에 이루어졌다).

토에서 최고의 효력을 갖는 헌법과 법률을 채택한다. 체첸 공화국의 주권과 독립은 분할될 수 없고 견고하며 국가권력기관의 권한에 관계되지 않는다.

국가, 그 기관 및 직위의 인사들은 사회의 일부가 아닌 전체 사회에 복무한다. 국가는 사회적 정의, 시민적 합의와 평화를 기반으로 체첸 공화국의 모든 사회계층과 집단, 민족과 민족체를 규합하는데 기여한다. 체첸 공화국에서 민주주의는 정치적, 이념적 다원주의를 기반으로 실현된다. 국가기관, 군대, 그리고 국영기업과 교육-양육기관에서 정당의 설립과 활동은 허용되지 않는다. 체첸공화국에서는 이슬람이 국가종교이다. 공화국에서는 각 개인에게 시각과 신앙의 존중, 그리고 종교적 의식의 자유로운 진행이 보장된다.

국가, 그 전체 기관과 담당인사들은 규범과 헌법적 구성에 의해 연관된다. 체첸공화국에서 헌법과 법률은 모든 다른 규범적 법규보다 상위에 존재한다. 헌법의 항목들에 위배되는 법률과 다른 법규들은 법률적 효력을 상실한다. 체첸 공화국에서 입법, 집행, 사법권력은 분립하며 상호작용하고 서로 균형을 유지하면서 자신의 권한의 틀 내에서는 독자적으로 활동한다.

2) 집행기관: 체첸 공화국 대통령과 정부

(1) 체첸 공화국 대통령의 권한

체첸 공화국의 집행 권력은 대통령이 지휘한다. 대통령은 공화국 의회의 성원이 될 수 없으며 상업구조의 직위를 갖거나 기업 활동에 참여할 수 없다. 대통령은 대내 및 국제적 업무에서 체첸 공화국을 대표한다.

체첸 공화국 대통령은 공화국 정부를 지휘하며 집행권력 기구를 구성하고 지도한다. 의회의 동의를 얻어 장관, 대사 및 공화국의 다른 인사를 임명하고, 장관 및 그가 임명한 다른 인사들을 해임한다. 대외정책 실행을 지도하고 협상을 진행하며 국제적 조약을 체결하고 그것을 의회에서 인준 받는다. 법률의 틀 내에서 대통령은 인준이 필요하지 않은 국제적 협약을 체결할 수 있다.

체첸 공화국 대통령은 공화국 군대의 최고 지휘관으로서 의회의 동의를 얻어 군대의 최고통수부를 임명한다. 장교들에게 계급을 부여한다. 공화국의 전역 혹은 일부지역에 비상사태를 선포하고 이어 이틀의 기한 내에 의회의 승인을 받는다. 공화국 군대의 고조된 전투준비 상태에서 부분 혹은 전면적인 이동에 관한 명령, 그리고 공화국에 대한 침략의 위협이 있는 경우에 다른 불가피한 행동에 관한 명령을 내리며 이는 3일의 기한 내에 의회의 승인을 받는다. 공화국에 대한 침략이 있는 경우 군사활동의 개시에 관한 명령을 내리며 3일의 기한 내에 의회의 인준을 받는다.

체첸 공화국의 대통령은 국가예산안을 의회의 심의와 승인에 부친다. 의회와 그 위원회의 회의에 참여할 수 있고 의회의 동의에 의해 국민투표를 실시할 수 있다. 의회에 발송문을 보내고 국민에게 담화를 발표한다.

체첸 공화국에서 모든 사항에 관해 특사권을 실현하며 공화국의 국적 획득 및 중지문제를 해결한다. 입법발의권을 가지며 자신의 명령을 발포한다. 일 년에 한 번 이상 의회에서 이미 채택된 경제 프로그램과 공화국 정세에 관한 다른 프로그램의 이행에 관해 연설하고 국민에게 담화문으로 호소한다.

체첸 공화국 대통령은 공화국 헌법, 법률, 의회의 명령을 기반으로 자신의 명령을 기반으로 자신의 명령을 발포하고 그 집행을 검증한다. 대통령의 명령은 공화국의 전역에서 이행되어야 한다. 대통령은 집행권력기관의 결정이 공화국 헌법에 위배된다면 그것을 중지시킬 수 있다. 정부통령은 면책특권을 가지며 법률에 의해 보호된다.

(2) 체첸 공화국 대통령의 선출

체첸 공화국 대통령은 5년 임기로 공화국 시민들에 의해 선출된다. 65세 이하의 공화국 시민이 대통령으로 선출될 수 있으며 동일 인물이 두 번을 초과하여 연속으로 대통령이 될 수 없다. 대통령직에 대한 후보수는 제한되지 않는다. 만일 유권자의 50% 이상이 투표에 참여하면 대통령 선거는 유효한 것으로 간주된다. 투표에 참여한 유권자의 과반수를 획득한 후보가 당선된 것으로 간주된다. 대통령의 권한을 갖는 것과 같은 다른 선거 혹은 임명은 불법적이며 유효하지 못하다.

체첸 공화국 대통령은 범법행위를 저질렀을 경우에 해임될 수 있다. 탄핵과 같은 대통령 사퇴에 관한 소의 제기 결정은 3분의 2 이상의 찬성에 의해 의회가 채택한다. 이 경우 소는 헌법재판소에서 이루어지며 헌법재판소는 법원 성원의 3분의 2 이상의 찬성에 의해 채택된 판결을 내린다. 헌법재판소의 판결에 의한 최종적인 결정은 의회가 내린다. 공화국 대통령의 사퇴에 관한 결정은 만일 이에 대해 의회 전체 성원의 3분의 2 이상이 찬성하면 채택된 것으로 간주된다.

5년 임기의 대통령과 함께 공화국 부통령이 선출된다. 부통령 후보는 대통령 후보가 정한다. 대통령 후보에 대한 투표는 동시에 그에 의해 제안된 부통령 후보에 대한 투표를 의미하기도 한다. 대통령의 위임 하에 부통령은 그 권한의 일부를 실현한다. 부통령은 만일 대통령이 한시적으로 자신의 직위상의 권한을 이행하지 못하면 그 의무를 대행한다. 이 경우 부통령의 권한은 24시간 내에 의회에 의해 승인되어야 한다. 대통령의 사임 혹은 사퇴의 경우 부통령은 새로운 대통령선거까지 대통령의 권한을 대행한다. 부통령의 해임 혹은 사임의 경우 대통령은 부통령을 임명한다. 이를 위해서는 의회의 과반수의 승인 받아야 한다. 부통령은 다른 어떤 직위도 가질 수 없다.

(3) 체첸 공화국 정부

체첸 공화국의 내각은 집행-명령기관이며 공화국 대통령에 예속된다. 내각은 총리, 부총리와 내각 성원들로 구성된다. 내각의 구조는 대통령의 제안에 의해 정해지며 의회가 확정한다. 내각은 대통령과 의회에 책임을 진다. 새로 구성된 내각은 임기 내에 이후의 활동 프로그램을 의회의 심의를 받기 위해 제출한다. 내각은 일 년에 한 번 이상 자신의 업무에 관하여 공화국 의회에 결산보고를 한다. 공화국 의회는 내각에 대해 그 사임을 동반하는 불신임을 표명할 수 있다. 이에 대한 결정은 공화국 의회의 전체 성원 3분의 2 이상의 찬성으로 채택된다. 내각은 대통령이 새로 선출되면 그 권한이 중지된다.

내각은 자신의 관할에 관련되는 국가운영문제를 결정할 권한을 갖고 있다. 공화국의 법률, 의회의 명령 그리고 대통령의 명령을 기반으로 자신의 명령을 발포하며 그 집행을 검증한다. 내각의 명령은 공화국 전역에서 집행되어야 한다.

3) 입법기관: 체첸 공화국의 의회

체첸 공화국의 최고 입법권력기관은 공화국 의회로서 상설적으로 활동한다. 의회는 5년 임기로 선출되는 의원들로 구성되며 공화국 시민이 선출한다. 17세 이상의 시민이 투표에 참여한다.

체첸 공화국에서 의회는 어떤 문제에 대해서도 심의하고 결정을 내릴 수 있다. 의회의 독점적 관할에 속하는 내용은 공화국 헌법의 채택, 그 수정 및 보완의 제기, 대내 및 대외정책 규정, 공화국의 국가구성 문제, 행정-영토적 구성문제, 공화국 경계 변화에 관한 결정, 사회-경제적 발전계획 승인, 공화국 의회의 의장, 수석 부의장, 부의장 선출, 국민투표 실시에 관한 결정, 공화국 대통령의 해임안 제기에 관한 결정 등과 관련된다.

체첸 공화국 의회는 의회의 의원, 대통령, 지방자치기관의 선거를 지정한다. 중앙선거관리위원회의 구성을 승인하며 내각의 구성을 승인하고 그 변경을 제기한다. 체첸 공화국에서 법적 조정의 단일성을 지원한다. 공화국 시민의 헌법적 권리, 자유와 의무의 보장에 관한 문제를 결정한다.

체첸공화국 의회는 공화국 헌법재판소 소장, 부소장, 판사들, 도시 및 지방 법원의 판사들, 중재재판소의 소장, 부소장, 판사들을 선출한다. 검찰총수와 부총수, 공화국 (사건)심리위원회 위원장과 국가안보국 국장과 부국장, 민족은행의 지도자, 보건-전염병 및 환경업무의 장을 임명한다. 장관, 대사 및 법률에 정해진 다른 인사를 대통령이 임명하는 것에 대한 동의를 하며, 판사를 제외하고 의회에 의해 구성 혹은 선출되는 기관들, 그리고 의회가 승인하거나 임명하는 인사들의 결산보고를 정기적으로 청취하며 내각 신임문제에 관한 문제를 결정한다. 헌법이 정한 경우에 대통령, 부통령, 헌법재판소 소장과 부소장을 해임하며 법률이 정한 경우 다른 인사들을 면직시킨다.

체첸 공화국 의회는 전면적 혹은 부분적 동원을 공고하고, 비상사태를 도입하거나 대통령의 관련 명령을 승인하며 공화국에 대한 군사적 침입이 있을 경우 전쟁상태를 선포한다. 비상사태 상황에서 그리고 국제적 의무의 이행에서 군사력의 활용에 관한 결정을 내린다. 공화국의 군사 및 국가안보 분야에서 근본적인 방책을 개발한다.

체첸 공화국 의회는 공화국 법률을 해석하고, 사면에 관한 규정을 발포한다. 지방자치기관의 조직과 활동절차를 정한다. 공화국의 예산을 논의하고 승인하며 세금과 의무적인 납부금을 정한다. 예산 집행과정을 통제하고 집행결산을 승인한다. 필요한 경우 예산의 수정을 제기하고 공채와 경제적 그리고 다른 원조의 중단에 관한 결정을 내린다.

체첸 공화국 의회는 국제조약을 인준하고 파기한다. 내각의 명령, 대통령의 명령이 공화국 헌법 및 법률에 위배될 경우 그것을 전부 혹은 부분적으로 폐기시킨다. 지방권력 및 운영기관의 결정이 공화국에 발효중인 법령에 위배될 경우 그것을 폐기시킨다. 의회 의원의 임기만료 이전 권한중지에 관한 문제를 결정한다. 대통령의 제안에 의한 것을 포함하여, 국민투표의 실시에 관한 결정을 내린다. 체첸 공화국 의회는 전체 의원수의 과반수 이상의 찬성으로 공화국 법률과 의회의 명령을 채택한다.

입법발의권은 공화국 의회의 성원, 대통령, 헌법재판소, 최고재판소, 최고중재재판소, 그리고 검찰총수에 속한다.

체첸 공화국 의회의 의장은 5년 임기로 의회 성원들 가운데서 선출되며 의회에 예속된다. 의장은 의원들에 의해 언제든지 비밀투표로 소환될 수 있다. 의장은 의회가 심의해야 하는 문제들의 준비에 대한 전반적인 지도를 실현하며 의회가 채택한 규정에 서명한다. 국가의 상황에 대한, 그리고 국가의 대내 및 대외정책의 중요한 문제에 관한 보고를 공화국 의회에 하고 수석 부의장, 부의장 후보를 의회에 추천한다. 의장은 명령을 발포한다. 수석 부의장과 부의장은 의장의 위임 하에 부분적인 역할을 이행하며 의장의 부재 시 혹은 그가 자신의 의무를 수행할 수 없을 때 의장을 대리한다.

체첸 공화국 법률은 채택된 날로부터 10일내에 의장에 의해 서명되고 공표되며, 서명된 날 공화국 대통령에게 보내진다. 공화국 대통령은 법률 텍스트를 받은 날로부터 10일내에 채택된 법률에 대해 거부권을 행사할 수 있다. 대통령이 거부권을 행사한 공화국 법률은 다시 공화국 의회에 의해 심의되며 의회의 전체 성원의 3분의 2 이상이 법률을 지지하는 경우 효력을 발생한다.

체첸 공화국 의회의 의원은 누구든 담당인사에게 질의할 권리를 가지며 질의를 받은 인사는 3일의 기한으로 그 요구에 대해 응답해야 한다. 그 요구에 대한 대답을 회피하거나 고의로 거짓된 정보를 의회에 제시한 담당인사는 파면될 수 있으며 법률에 따라 행정적 혹은 형사상의 책임을 져야 한다. 의원은 의회에서의 연설에서 그리고 의회 외부에서 의회차원의 활동의 실현에서 책임을 지지 않는다. 의원은 면책특권을 누린다. 그는 의회의 동의 없이는 체포되거나 형사상 혹은 행정적인 책임을 지지 않는다.

체첸 공화국 헌법은 공화국 의회의 전체 의원수의 3분의 2 이상의 찬성에 의해 채택 혹은 수정된다. 헌법수정에 대한 제안은 입법발의권을 갖는 기관과 인물들이 할 수 있다.

4) 사법기관

체첸 공화국에서 사법권력은 오직 법원에 의해서만 실현되며 입법, 집행권력, 그리고 정당, 다른 사회단체로부터 독립적으로 활동한다. 공화국 헌법과 법률에 의해 정해진 법원 이외에는 그 누구도 사법권력의 기능과 권한을 행사할 수 없다. 사법권력은 공화국의 헌법적 구조, 시민의 권리와 자유의 방어, 법률과 집행권력의 규정, 공화국 헌법의 올바른 적용과 집행에 대한 통제를 자신의 사명으로 한다.

사법권력은 재판의 진행에 의해 현실화된다. 사법권력의 규정은 모든 국가 및 사회조직, 담당인사, 법인 및 자연인에게 의무적이며 공화국 전역에서 이행되어야 한다. 공화국 시민은 배심원의 의무를 하면서 재판의 진행에 참여할 수 있다. 배심원은 법률에 정해진 절차에 따라 양자에 의해 구성된다.

판사는 독립적이며 오직 법에만 예속된다. 판사는 법률에 따라 선서를 한다. 판사는 교육을 제외하고는 어떤 유급 활동에도 종사할 수 없고 또한 정당의 당원이 될 수 없다.

체첸 공화국 헌법재판소 소장 및 부소장, 그 성원들, 공화국 최고재판소 소장과 부소장, 그 성원들, 도시와 라이온(지역) 법원의 판사들은 공화국 의회에 의해 선출된다.

체첸 공화국 헌법재판소는 공화국의 헌법적 법률과 대통령의 명령에 관한 사건, 국가기관들 사이의, 그리고 국가기관과 사회단체들 사이의 헌법적-법적 분쟁을 해결한다. 공화국 헌법에 부합되지 않는 것으로 헌법재판소가 인정한 공화국 법률, 그리고 공화국 대통령의 명령은 공화국 헌법재판소의 결정이 공표된 날로부터 효력을 상실한다. 헌법과 법률의 위반으로 인한 공화국 대통령에 대한 탄핵에 관한 결정을 한다. 자신의 관할에 관계되는 문제에 관한 헌법재판소의 모든 결정은 최종적이다.

체첸 공화국에는 최고재판소, 그로즈니 시 재판소, 도시, 라이온(지역) 법원, 또한 군사법원이 구성되고 활동한다. 다른 법원은 오직 공화국 법률을 기반으로 해서만 세워질 수 있다. 최고재판소는 하위 법원의 사법적 활동에 대해 감독하고 민사 및 형사사건을 심의한다.

모든 법정에서 재판은 공개되며 비공개로 진행되는 법원의 심리는 소송진행 규칙의 준수와 함께 법률이 정한 경우에만 허용된다. 법원에서 사건 심의는 집단적으로 혹은 단독으로 판사에 의해, 아니면 배심원들에 의해 진행된다. 형사사건의 결석재판은 법령이 정한 경우는 제외하고는 1심에서 허용되지 않는다. 소송 진행은 논쟁의 원칙을 기반으로 실현된다. 법률적 원조에 대한 권리는 모든 소송 진행의 경우에 인정된다. 용의자, 피고발자, 피고, 수형자에게는 방어권이 보장된다. 소송 진행에 참여하는 피해자와 다른 시민들에게는 그들의 권리 및 법적 이해의 방어가 보장된다. 피고발자는 그의 유죄가 법률에 정해진 절차에 따라 증명되지 않는 동안 그리고 효력을 발생하는 법정의 선고에 의해 그의 유죄가 확정되지 않는 동안 무죄로 간주된다. 소송은 체첸어와 러시아어로 진행된다. 이 언어를 구사하지 못하는 사건관계자들에게는 통역의 도움으로 사건의 모든 자료를 열람하고 사법적 활동에 참여하며 모국어로 법정에서 말할 수 있는 권리가 보장된다. 만일 구체적인 사건의 심리에서 법정이 적용하는 규범적 규정이 공화국 헌법에 모순된다는 것을 인정하다면 법원은 사건에 관한 심문을 중단하고 이 법률이 헌법에 부합되지 않는다는 인정에 관한 의견을 공화국 헌법재판소에 제출한다.

법인들 간의 경제적 분쟁의 심의를 위해 공화국 중재재판소가 구성되고 활동한다.

<법률의 보호 및 준법>

체첸 공화국내에서 법률과 법질서의 방어에는 입법, 집행, 사법권력, 변호사와 시민이 참여한다. 직접적으로 입법권력에 예속되는 준법기관은 공화국 검찰, 공화국 심리위원회, 공화국 국가안보국이다. 공화국 집행권력에 직접적으로 예속되는 준법기관은 법무, 내무, 국경수비 및 관세조정기관들이다. 공화국에서는 심리 및 범죄와의 투쟁에 관한 다른 기능을 독자적으로 수행하는 사설 및 민간조직의 설립은 허용되지 않는다. 공공단체는 준법성과 법질서, 시민의 권리와 자유의 방어에서 공화국의 법률에 따라 국가의 준법기관에 기여할 수 있다.

체첸 공화국 검찰총수 및 그에 예속된 검사들은, 공화국의 입법 및 집행권력과 법원의 상위기관을 제외하고, 공화국 영토에서 효력을 갖는 법률과 인준된 국제적-법적 규정들이 모든 국가기관, 공공단체, 그 담당인사 및 시민들에 의해 모든 장소에서 정확하고 일관되게 집행 및 적용되는 것에 대한 감독을 실현한다. 공화국 검찰총수는 5년 임기로 공화국 의회가 임명한다. 하위의 검찰은 검찰총수의 추천으로 같은 임기로 공화국 의회가 임명한다.

체첸 공화국 국가안보국과 그 기관은 자신의 권한영역에서 공화국의 헌법적 구조, 국가의 주권, 국가의 이해와 공화국의 영토적 완전성을 방어한다. 국가안보국의 장은 공화국 의회가 임명한다. 공화국 심리위원회와 그 기관은 공화국에서 범죄사건에 관한 사전적 심리를 실현한다. 공화국 심리위원회 위원장은 공화국 의회가 5년 임기로 임명한다.

시민과 조직에 대한 법률적 원조를 하는 것은 자발적인 변호인단체, 사적인 변호사 사무소와 변호활동을 할 수 있는 권리를 갖는 개인들이다. 법률에 정해진 경우에 법률적 원조는 무료이다.

5) 지방자치기관

지방자치는 대의 및 집행권력기관에 의해, 그리고 직접 민주주의의 형태로 실현된다. 지방자치기관은 자신의 권한영역에서 공화국 헌법 및 법률의 범주에서 국가권력으로부터 독립적으로 활동한다. 지방자치의 대의기관은 관련 영토에서 지방권력의 주요기관이다. 지방자치기관은 독자적으로 자신의 예산을 개발, 승인, 집행한다. 예산을 포함하여 지방자치 재원은 삭제되지 않는다. 시민들은 지방자치기관 및 그 담당인사들의 결정과 활동에 대해 사법적으로 공소를 제기할 수 있다.

3. 대의정치[3)]

---

3) 체첸공화국 대의정치 부분은 다음을 번역, 정리하여 구성한 것이다. 인터넷 자료에 대한 검색은 주로 2003년 9월에 이루어졌다. 유권자수는, Дей ствующая схема одномандатных избирательных округов. Чеченская Республика. http://ww.fci.ru/way/1D9E70E5-D0B7-...(검색일:2003.12.3.). 표를 비롯하여 선거에 대한 부분은, Федеральный Центр Информатизации при Центральный Избирательной Комиссии Россий ской Федераций Календарь выборов. Чеченская Республика. http://ww.fci.ru/html; Итоги голосования.Чеченская Республика. http://ww.fci.ru/EOUID/279403/way/203916/obj/303919.html; Кандидаты. Чеченская Республика. http://ww.fci.ru/EOUID/279403/way/203914/obj/283928.html; Итоги голосования.Чеченская Республика. http://ww.fci.ru/EOUID/299467/way/203916/obj/300775.html; Диаграммы.Чеченская

1) 연방차원의 선거

(1) 러시아연방 대통령 선거

체첸 공화국에는 러시아연방 차원의 선거에서 하나의 선거구가 있다. 전체 유권자 수는 66만 2천명으로 집계된다.

2000년 3월 26일 실시된 러시아연방 대통령 선거에는 유권자의 78.5%가 투표에 참여했고 뿌친이 최다득표한 것으로 집계되었다. 주요 후보들의 득표율은 다음과 같다.

Республика. http://ww.fci.ru/EOUID/299467/way/203912/img/300835.html; http://ww.fci.ru/EOUID/299467/way/203912/img/300832.html; http://ww.fci.ru/EOUID/299467/way/203912/img/300833.html; http://ww.fci.ru/EOUID/299467/way/203912/img/300834.html; Итоги выборов по одномандатным округам в разрезе окружных избирательных комиссий. Чеченская Республика. http://ww.fci.ru/v_razreze_okruzhnyh_izbiratelbnyh_komissiy; НСН | Выборы Президента РФ 26 марта 2000. Чеченская Республика. http://nsn.net.ru/print.pht... Оригинал документа: http://nsn.net.ru/?id=604&ch=5&sub=2. (검색일: 2003.12.7.). 체첸공화국 대통령의 약력은, Федеральная и региональная элита России. 2003: Кто есть кто в политике и экономике. Ежегодный биографический справочник / Гл. ред.-сост. А.А. Мухин. М. Центр политической информации; Издательство ГНОМ и Д, 2003. С. 201-202. 상원의원에 대해서는, Чеченская Республика. Музыкаев Адан Абдулаевич. http://www.council.gov.ru... (검색일: 2003.12.3.); Завгаев Ахмар Гапурович. http://www.council.gov.ru... (검색일: 2003.12.3.). 국가두마의원 명단은, Чеченская Республика Списки кандидатов. Список действующих депутатов Государственной Думы Федерального Собрания Российской Федерации третьего созыва (по состоянию на 3 апреля 2003 года). http://ww.fci.ru/way/18519C30-D0B7-... 25/61. (검색일: 2003.12.3.). 러시아연방과 관련해서는, Итоги выборов руководителей исполнительной власти субъектов РФ. http://ww.fci.ru/WAY/299554.html; Итоги выборов в законодательные (представительные) органы власти субъектов РФ. http://ww.fci.ru/WAY/299558.html; Статьи. Итоги голосования. Выборы Президента Российской Федерации 26 марта 2000 года. Российская Федерация. http://ww.fci.ru/way/203889/obj/202300.html. (검색일: 2003.9.5.); Итоги выборов по федеральному округу в разрезе окружных избирательных комиссий. Российская Федерация. http://ww.fci.ru/v_razreze_okruzhnyh_izbiratelbnyh_komissiy_1.(검색일: 2003.9.5.).

후 보 명	득표율(체첸 공화국,%)	득표율(러시아연방, %)
지리놉스끼	2.6	2.70
쥬가노프	22.8	29.21
뿌친	50.6	52.94
찌또프	0.3	1.47
뚤레예프	0.9	2.95
야블린스끼	9.3	5.80
기타	7.7	2.11
모든 후보에 대한 반대	3.1	1.88

(2) 러시아연방 국가두마의원 선거

체첸 공화국에는 하나의 선거구가 있으며 2000년 8월 20일 아슬라하노프(А. А. Аслаханов)가 선출되었다. 1942년 3월 11일생으로서 당시 러시아연방 준법기관 근무자 연합회의 회장이었다.

(3) 러시아연방 의회 상원(연방회의)의 성원

체첸 공화국에서 선출된 러시아연방 상원의원은 무지까예프(А. А. Музыкаев)와 자브가예프(А. Г. Завгаев)이다. 무직까예프는 러시아연방 상원의 연방 및 지역정책 위원회의 위원으로서, 체첸 공화국 국가평의회에서 선출되었다. 1959년 3월 8일 생으로서 2003년 7월 10일 선출되었고 그 임기는 체첸 공화국 의회의 업무가 개시될 때까지이다. 자브가예프는 체첸 공화국 정부에서 임명했다. 1947년 12월 20일 생으로서 2003년 10월 20일 임명되었다.

2) 연방주체 차원의 선거

(1) 연방주체의 수장 선거

2003년 3월 23일 체첸공화국 헌법안, <체첸공화국의 대통령 선거에 관하여>와 <체첸공화국의 의회선거에 관하여> 법률안에 관한 체첸공화국의 국민투표가 진행되었다. 체첸공화국의 헌법안, 체첸공화국의 법률안 <체첸공화국의 대통령 선거에 관하여>와 <체첸공화국의 의회선거에 관하여>에 대한 체첸공화국의 국민투표 진행에 관한 규정은 2002년 12월 12일부터 러시아연방 대통령의 명령에 의해 승인되었는데, 이 규정에 따르면 만일 체첸공화국 영토의 국민투표 선거구의 명부에 들어간 유권자의 50% 이상이 참여하지 않으면 국민투표는 성립되지 않은 것으로 인정된다. 선거관리위원회는 국민투표에 부쳐진 체첸공화국의 헌법안, 체첸공화국의 법률안 <체첸공화국의 대통령선거에 관하여>, <체첸공화국의 의회선거에 관하여>의 각각에 대해 국민투표에 참여한 유권자들의 50% 혹은 그 미만이 찬성하면 이 헌법과 법률들은 국민투표에서 채택되지 않은 것으로 인정한다. 만일 국민투표에 부쳐진 체첸공화국의 헌법안, 체첸공화국의 법률 <체첸공화국의 대통령선거에 관하여>, <체첸공화국의 의회선거 관하여>에 대해 결정이 채택되지 못하면 이 안들은 폐기된 것으로 간주된다.

국민투표는 성립되었다. 국민투표에는 88.41%의 유권자가 참여했다. 체첸 공화국의 헌법안에는 95.97%의 유권자가 찬성했고, <체첸공화국의 대통령 선거에 관하여> 법률안에는 95.37%가, <체첸공화국의 의회선거에 관하여> 법률안에는 96.06%의 유권자가 찬성했다.

2003년 10월 5일에는 체첸공화국의 대통령 선거가 진행되었다. 체첸 공화국 대통령의 직위에는 7명이 입후보했다.

	후보명	출생년도	당시 주요경력	거주지
1.	할추까예프 (Хальчукаев О.Р.)	1954년생	체첸 국립대학의 교수	그로즈니
2.	빠이줄라예프 (Пай зулаев Н.Т.)	1948년생	체첸 공화국 행정부 홍보담당	그로즈니
3.	사두예프 (Садуев К.В.)	1956년생	ОАО «Грознефтегаз»의 부사장	체첸 공화국 영토내에 거주
4.	비이불라또프 (Бий булатов Х.Г.)	1939년생	ЭНИЦ ВНИИАЭ의 이사회 자문역	모스크바 주 엘렉뜨로고르스크 시에 거주
5.	까듸로프 (Кадыров А.А.)	1951년생	체첸 공화국 대통령 권한대행	체첸 공화국 영토에 거주
6.	부가예프 (Бугаев А.М.)	1949년생	«Единая Россия» 당의 성원	모스크바에 거주
7.	부라예프 (Бураев Ш.Д.)	1958년생	-	모스크바 주에 거주

체첸 공화국의 법률 <체첸 공화국 대통령 선거에 관하여>에 따라 투표에 참여한 유권자의 과반수 이상이 지지한 후보가 대통령으로 선출되는 것으로

인정된다. 유권자 명부에 포함된 유권자의 30% 미만이 투표에 참여하거나, 최다득표를 한 후보의 득표수가 모든 후보에 반대한 유권자의 표수보다 적을 때 선거는 성립되지 않은 것으로 인정된다. 예비적 집계에 따르면 81.31%(오후 7시 20분 현재)의 유권자가 투표에 참여했고 선거는 성립했다. 모든 후보에 대한 반대에는 유권자의 2.47%가 투표했다.

후보별 득표는 다음과 같다.

	후보명	득표수	득표율(%)
1.	할추까예프(Хальчукаев О.Р.)	1111	0.45
2.	빠이줄라예프(Пай зулаев Н.Т.)	2141	0.88
3.	사두예프(Садуев К.В.)	2346	0.96
4.	비이불라또프(Бий булатов Х.Г.)	4162	1.70
5.	까디로프(Кадыров А.А.)	201838	82.55
6.	부가예프(Бугаев А.М.)	13151	5.38
7.	부라예프(Бураев Ш.Д.)	8303	3.40
	모든 후보에 대한 반대	6036	2.47

체첸 공화국 대통령으로는 현 체첸공화국 대통령 권한대행인 까디로프가 당선되었고 그를 82.55%의 유권자가 지지했다.

Ⅳ. 경제 시스템

1. 경제개황

체첸 공화국는 7개의 연방지구 중 남부연방지구에 속하고, 12개의 러시아 경제지역 중 북 까프까스 경제지역에 속한다. 러시아경제에서 체첸 공화국은 거의 통계에 잡히지 않고 있다. 그것은 러시아 중앙정부와 체첸 공화국과의 정치적 분쟁에 기인한 전쟁 때문이다. 경제활동을 할 수 있는 기업들과 공장들은 많은 부분이 파괴되었고 중요 인프라도 거의 무너진 상태에 있다.

러시아 정부도 체첸 공화국의 경제회생을 위해 노력을 하고 있으며 중앙정부의 도움으로 2000년 석유채굴은 7만 2,800 톤을 생산해내는 등 일부의 성과를 거두고 있기도 하다.

몇 가지 제시된 자료에 근거해 체첸 공화국의 경제에 대해 살펴보면 공업부문에서 주요한 것들은 기계제작과 금속가공, 식품공업, 석유화학, 목재가공, 석유·가스채굴산업, 건재산업 등으로 알려져 있다.

교통의 문제에 있어 러시아 중앙정부의 입장에서 체첸 공화국을 지나는 운송망은 매우 중요하다. 그것은 체첸 공화국을 정치적으로 통제할 필요성과 더불어 석유가 다량 생산되는 곳이므로 경제적으로도 원활한 물류를 위해 간선도로의 필요성이 있기 때문이다. 철도와 자동차도로의 간선은 마하치깔-바꾸-끼즐랴르-아스뜨라한이고 송유관의 간선은 바꾸-노보러시스크이다.

2. 산업

1) 공업

체첸 공화국의 공업은 통계에 잡히지 않고 또한 경제기반을 파악할 자료가 전혀 없는 상태에 있다.

2) 농업

체첸 공화국의 농업 또한 통계에 잡히지 않지만 몇 가지 주요 항목을 중심으로 보면 대체로 생산되는 농산품은 과일, 채소이고 곡물재배가 중심이 되고 있다.

가축사육으로는 목양, 양금, 낙농 등을 주요 구성요소로 들 수 있다. 하지만 농업생산량은 러시아에서 가장 적다.

장래 농업이 부활하기위해 정치안정은 물론이거니와 금융지원에 의한 농업투자가 절실히 요구되는 시점이다.

3. 자원 등 기타

자연 환경의 측면에서 까프까스의 산맥에 펼쳐진 계곡은 각각의 도시들을 분리시켜서 오랜 세월동안 공화국내에서 독립적인 삶을 지켜내도록 했다.

체첸공화국의 기후는 산악지대, 계곡지대, 평원지역별로 기후적 특성이 매우 다르다. 보통 1월의 평균기온은 -5℃에서 -12℃를 이루고 6월은 +5℃에서 +25℃에 해당한다.

체첸공화국의 토지는 대부분 높은 산으로 기복을 이루고 있고 토양의 성질과 기후적 관점에서 이 토지들은 전체적으로 3가지 그룹으로 나뉠 수 있다. 야생 산림지대, 목초지와 눈과 얼음으로 덮인 기타 대부분의 토지가 그것이다.

체첸공화국의 토지들은 지속된 석유공업으로 인하여 많은 부분의 토양이 훼손되었고 특히 석유사고와 수송으로 인하여 많은 손상을 입었다.

산림자원이 체첸공화국의 면적에서 차지하는 부분은 전체의 20%로 이 산림들은 참나무, 까치박달나무, 플라타너스, 너도밤나무 등 질 높은 나무들로 이루어져 있다. 산림자원은 체첸공화국의 국민경제에서 중요한 역할을 해왔지만 1917년부터 체첸공화국에서는 2억 평방미터 이상의 나무들이 벌목되어 왔다. 현재는 주요한 나무들의 종이 점점 사라지고 있는 실정이다.

체첸공화국의 유용광물자원은 대부분이 석유와 가스로 대표된다. 석회석과 점토석회, 석고 등의 건축용 자재도 매장되어 있다. 유명한 석유 가스 매장지는 그로즈니시와 구제르메스지역에 있다.

체첸공화국의 수자원은 지하수와 강들이 대부분을 차지하고 있다. 이 공화국에는 쩨레크강과 쑨자, 라르군, 벨까와 기타 다른 작은 강들이 흐르고 있다. 그러나 생태학적인 환경은 매우 열악하다. 이들 강뿐만 아니라 지하수의 경우도 구리, 아연, 납과 같은 중금속과 기타 유기물로 오염되어 있다. 따라서 체첸 공화국의 모든 자연환경은 산림자원, 토양, 수자원 등 모든 영역에서 환경오염이 심각한 상태라고 말할 수 있다.

V. 문화시스템

1. 지역정체성

1) 인구

2001년 현재 체첸 공화국의 인구는 610,000명으로 러시아연방 전체의 0.42%, 89개 주체 중 69위이다. 1992년 12월 인구셰찌야 공화국의 분리로 인해 인구가 현저히 감소했을 뿐 아니라, 두 차례의 전쟁을 겪으면서 정치, 사회, 경제적인 안정이 확보되지 않은 상황에서 인구의 대폭적인 감소현상이 지속되고 있다.

체첸 공화국 인구변동 추이

연도	1990	1992	1993*	1994	1995	1996	1997	1998	1999	2000	2001
인구수 (1,000명)	1,285	1,303	1,301	1,074	970	916	809	792	781	728	610

* 1993년까지의 수치는 체첸-인구셰찌야 공화국의 인구를 합한 것이며, 1994년도부터의 수치는 체첸 공화국만의 인구이다.

Россий ский статистический ежегодник. Госкомстат России. М., 2001. С. 83.

1992년까지의 인구 자연증가율은 긍정적으로 나타나고 있으나, 그 후 인구셰찌야 공화국의 분리, 두 차례의 전쟁 등으로 정치, 사회적 혼란으로 정확한 통계자료를 확보할 수 없는 상황이다.

체첸 공화국 출생자수, 사망자수, 자연증가율

연도	출생자수(명)	사망자수(명)	자연증가율(명)
1990	31,993	11,039	20,954
1991	31,498	11,081	20,417
1992	28,875	10,666	18,209
1993~2000*	---	---	---

* 1993~2000년까지의 통계수치는 조사된 바 없음.

Россий ский статистический ежегодник. Госкомстат России. М., 2001. С. 113.

체첸 공화국의 경제활동인구 및 실업률에 대한 통계자료도 확보할 수 없는 상태이다.

체첸 공화국 경제활동인구(취업자, 실업자), 실업률

연도	경제활동인구 (1,000명)	취업자수 (1,000명)	실업자수 (1,000명)	실업률(%)
1992-2000	…..	…..	…..	…..

Россий ский статистический ежегодник. Госкомстат России. М., 2001. С. 82.

2) 민족

북 까프까스에는 체첸인, 인구슈인, 아바르인, 다르긴인, 레즈기인, 라크인, 까바르드인, 체르께스인, 아디게인, 오쎄트인, 꾸미크인, 노가이인, 발까르인, 까라차이인 등을 비롯한 40여 민족이 거주하나, 체첸 공화국의 인구를 구성하는 민족에 대한 구체적인 자료는 파악되지 않고 있다.

3) 교육

체첸 공화국에서 일어나고 있는 최근의 사태는 교육에도 심각한 영향을 끼쳐 거의 모든 것이 파괴된 상태이다. 예를 들면, 1994~1995년 전쟁 기간 동안 그로즈니에서는 64개 학교 중 37개교가 파괴되었으며, 유치원 또한 비록 학교보다는 정도가 낮지만, 물과 전기가 공급되지 않아 제대로 기능하지 못하고 있는 상태이다. 2001년 1월 13일 난민들의 아이들을 위한 최초의 유치원이 개원되었으나, 이러한 시설물의 복구에는 아직도 많은 시간이 소요될 전망이다.

현재 1991년 대비 학교 총수는 2배, 학생수는 3배 감소했으며, 교육 자체가 매우 낮은 수준에서 진행되고 있다. 학교 시설물은 거의 파괴되고 교재 또한 없는 실정이다. 당국은 교원들에게 월급을 줄 형편이 못될 뿐 아니라, 주민들 또한 아이들에게 학용품이나 신발을 사 줄 형편이 못되는 실정이다.

체첸 공화국에서는 또한 전문기술 교육을 받을 수 있는 기회가 전혀 없다. 약 80% 정도의 관련 학교가 파괴되었으며, 남아 있는 20% 조차 군사훈련에 사용되고 있다.

전쟁 이전에 공화국에는 종합대학 및 교육대학, 석유대학 등 3개 고등교육 기관이 있었다. 그러나 현재 이들 대학에는 반파된 건물만이 서 있을 뿐이며, 석유대학에는 두다예프 정권 시절 '군사학교'가 개설되어 군을 양성하고 있다.

최근 러시아연방 대통령은 체첸 공화국의 3개 해방구에 교육을 완전히 복원하도록 지시함으로써, 일부 지역에 학교가 문을 열어 교재 및 학용품이 보급되고, 시설이 정비되고 있으며, 1992년 이래 급료를 받지 못한 교사들은 급료를 받게 되었다. 교육부의 잠재적 통계에 따르면, 2000년 현재 그로즈니의 고등학교 졸업생 1,400명 중 120명이 대학에 진학할 예정이며, 체첸 공화국 전체 고등학교 졸업생 7,000명 중 1,500명이 대학에 진학할 예정이다.

2. 지역문화

1) 문화개괄

이 작지만 위대한 민중에는 매우 어려운 운명이 놓여졌다. 몇 번이고 그들은 자신들의 고향에서 내쫓길 운명이었다. 체첸 민중들은 자신들의 문화적 전통을 잃을 운명이었다. 큰 나라 주위를 떠돌아다니면서 체첸인들은 오늘날까지 자신들의 삶과 풍속, 춤, 가내 수공업을 유지하고 이어가고 있으며 자신들의 언어를 지켜나가고 있다.

체첸 민중은 풍부한 예술 자질을 가지고 있는데 이것은 구전 민속 예술의 토대에서 발생했다. 현대 체첸 문학의 기본은 아랍 문학이며 이 아랍문학은 17세기 말부터 발전하기 시작했다. 체첸어속에서 이러한 문학의 탄생과 발전이 동시에 일어났다. 시인들은 동방언어의 번역가로 활동했고 시 작품은 아랍 시가의 모방 속에서 탄생했다. 그 기본에 있는 것은 성가와 서정시였다.

1994년 2월의 주민들의 강제 이주는 체첸 문학에 큰 타격을 주었다. 책과 수기의 희귀한 판본들이 파괴되고 사라졌다. 여러 가지 고문서와 주변 공화국의 개인 도서관에서 이 민족의 독특한 작품들을 볼 수 있다.

체첸의 음악은 3개의 기본적인 형태로 나누어지는데, 노래, 악기를 사용한 춤과 행군음악이 그것이다. 노래에는 민족의 자유를 위한 민중의 영웅적인 투쟁이 구현되어 있고 체첸인들은 자신들의 영웅을 노래할 뿐만 아니라 연가도 창조했다. 체첸에는 러시아의 속요 비슷한 노래 장르가 있다. 이 속요는 민중의 악기로 연주되어 진다. 체첸의 종교 악기로는 주르나(Журна)를 볼 수 있고 타악기로는 북과 부르나(Бурна)를 볼 수 있다.

1939년부터 체첸공화국에 국립 필하모니가 활동하기 시작했는데 체첸 민중의 음악 문화의 발전에 아주 커다란 역할을 하고 있다. 재능 있는 음악가와 작곡가들이 체첸의 민속 예술을 대표하고 있는데 이들은 비씨르호예프(Бисирхоев)가족과 아코디언 연주가인 마고마예프(О. А. Магомаев), 다슈까예프(В. В.Дашукаев), 지마예프(О. Г. Димаев), 가수인 이브라김 바따예프(Ибрагим Батаев), 사이트 지마예프(Саид Димаев), 아드난 샤흐불라또프(Аднан Шахбулатов), 알리 지마예프(Али Димаев), 수뺜 쭈가예프(Супьян Цугаев), 람잔 빠스까예프(Рамзан Паскаев) 등이다. 국립 춤 앙상블인 바이나흐(Вайнах)와 발레 예술가인 마흐무드 에삼바예프(Махмуд Эсамбаев)는 러시아뿐만이 아니라 외국에도 그 이름이 알려져 있다.

수천 년이 흐르는 사이 이곳에서 독창적인 풍속과 습관, 전통을 가진 독특한 문화가 생겨나게 되었다. 체첸의 놀라운 관습 중의 하나는 노인에 대한 존경과 환대이다. 나이든 사람들은 환대를 받고, 길에서, 교통수단에서 편안한 장소를 항상 양보 받는다.

이 지역에서는 노인들의 견해를 소중하게 생각한다. 체첸인들의 환대는 끝이 없는데 체첸인들은 자신들의 손님의 목숨과 명예와 이익을 지키기 위해서 생명의 위험을 감수한다. 산악 사람들의 견해에 따르면 손님은 성스러운 인물이며, 손님의 무엇인가를 훔친다는 것은 그가 머물고 있는 주인을 격렬히 모욕하는 것을 의미한다.

체첸 전통춤

절반은 파괴된 공화국의 문화와 예술 종사자들은 이러한 전통들을 유지하고 후손들에게 전달하려고 노력하고 있다. 그러나 지금 이들은 주민들 중에서 가장 불행한 부류에 속한다. 그들 중의 많은 사람들이 낮아진 생활수준을 참지 못하고 시장에서 장사에 종사하고 있으며 돈을 벌 목적으로 재능이 있는 예술가들과 가수, 음악가들은 자신들에게 기회를 주는 다른 도시로 이주해 갔다. 체첸 지역에는 148개의 문화 유적이 있으며 이들은 아주 위험한 상태에 있고 재건을 위한 재정적인 도움이 필요하다.

2) 문화시설

공화국 국립 연합 박물관

1924년에 세워졌고 자연과학과 고고유물 석기, 청동기, 철기 시대의 수집품들, 조형예술 작품과 인류학 유물들이 전시되어 있다.

수집품은 81,741점이 있으며 전시실의 면적은 516 평방미터이다.

체첸 공화국 조형예술 박물관

박물관의 전시실에는 체첸 공화국의 민족 예술품, 인구쎄띠야 공화국 민족예술품, 소비에트 예술품 등이 전시되어 있다.

1961년에 세워졌고 3,150점의 유물이 전시되어 있으며 전시실의 면적은 990 평방미터이다.

참고문헌

http://www.mojgorod.ru/karacherk_r/index.html

http://wgeo.ru/russia/reg07.shtml

http://wgeo.ru/russia/reg08.shtml

http://socarchive.narod.ru/bibl/polros/Krasnod/geogr-kras.html

http://wgeo.ru/russia/reg23.shtml

http://socarchive.narod.ru/bibl/polros/Dagestan/geogr-dagest.html

http://wgeo.ru/russia/reg05.shtml

http://wgeo.ru/russia/reg61.shtml

http://wgeo.ru/russia/reg34.shtml

http://socarchive.narod.ru/bibl/polros/Sevos_r/geogr-sev.html

http://wgeo.ru/russia/reg15.shtml

http://wgeo.ru/russia/reg26.shtml

http://wgeo.ru/russia/reg01.shtml

http://wgeo.ru/russia/reg47.shtml

http://www.ingushetiya.intergrad.ru/

http://wgeo.ru/russia/reg47.shtml

http://wgeo.ru/russia/reg20.shtml

http://www.intergrad.ru

http://www.gov.ru

http://www.regions.intergrad.ru/

http://wgeo.ru/russia/

http://www.roiip.ru/regions/index.htm

http://www.intergrad.ru/kultura_mus.htm

http://www.gov.ru

http://www.museum.ru

http://www.theatre.ru/

http://ys.mmc.ru/dagestan.html

http://www.towns.ru/main.html

http://www.lenobl.ru/culture

http://www.russianculture.ru/

http://www.bumbinorn.ru/index.php?page=6

Аронов. А. А. Мировая художественная Культура. Россия XX век. М., 1999.

Кононенко. Б. И., Культурология. Альбом схем. М., 1998.

Радугина. А. А. Культурология. М., 1998.

Регионалистика: Учебное пособие для вузов, М, 2000.

Региональная экономика: учебник/под ред. В. И. Видяпина, М. В. Степанова, М., 2002.

Регионы России : Стат. сб. В 2т. Т.2/ Госкомстат России, М., 2001.

Экономика и энергетика регионов Россий ской Федерации, М., 2001.

연 구 진

● **권 세 은**

모스크바 국립대학교 정치학 박사.
현 경희대학교 외국어대학 러시아어학과 부교수.

주요논저:
『한국과 러시아 관계』(공저, 2001); 『21세기 러시아 정치와 국가전략』(공저, 2001); 「Синергетический подход к описанию трансфо-рмации российского общества」(2003); 「지역연구의 패러다임으로서 복잡성에 대한 시론」(2004)

● **공 우 석**

영국 헐대학교(The Univ. of Hull) 지리학 박사.
현 경희대학교 문리과대학 지리학과 교수.

주요논저:
『정보화시대의 국토와 환경』(공저, 2000); 『한국의 제4기환경』(공저, 2001); 『경관생태학』(공저, 2001); 『러시아의 지리』(공저, 2002)

● **안 병 용**

모스크바 국립대학교 문학 박사.
현 경희대학교 외국어대학 러시아어학과 부교수.

주요논저:
「현대 러시아드라마 연구」(2001); 「<적자색 섬>에 나타난 작가와 검열의 문제」(2001); 「<위선자들의 까발라>에 표현된 불가꼬프와 몰리에르」(2002); 「한국에서의 러시아문학 수용 연구」(2003)

● **강 혜 련**

연세대학교 대학원 정치학박사
모스크바대학교 사회학부 독또르과정 재적
경희대학교 비교문화연구소 러시아지역연구팀 책임연구원.

주요논저:
『러시아의 민주화와 국가-노동관계』(1997); 『러시아 국가와 시민사회』(2003);

「러시아지방의 정치적 특성과 유형화」 (2005) 등

● **성종환**

한국외국어대학교 문학박사(노어학).
현 경희대학교 비교문화연구소 러시아지역연구팀 책임연구원.

주요논저:
『현대 러시아어 관용구연구』(2001); 「러시아 지역 정체성연구」(2003); 『동방특급열차』(역서, 2003)

● **공영호**

모스크바대학교 노문학 박사.
현 경희대학교 러시아지역연구팀 연구원.

주요논저:
「러시아 연방지구문화연구」(2005); 「러시아 지역문화연구방법론」(2004), 「러시아문화연구방법론」(2003)

● **김 성 훈**

모스크바대학교 경제학 박사.
현 경희대 비교문화연구소 러시아지역연구팀 연구원.

주요논저:
『이슬람경제의 사상과 적용』(공저, 1999);「Capital accumulation during the transition period in russian economy」(1999);「복잡시스템에 기초한 지방경제의 분석모델 연구-러시아 7개 지구 연방지구의 예시」(2004)

러시아 지방연구 Ⅵ : 남부연방지구

인 쇄 일 | 2006. 2. 20
발 행 일 | 2006. 2. 27
저 자 | 권 세 은 외
발 행 인 | 김 병 묵
발 행 처 | 경희대학교 출판국
등록번호 | 1977년 11월 8일 제6-5호
주 소 | (130-701) 서울시 동대문구 회기동 1번지
전 화 | (02) 961-0106 / 7
팩 스 | (02) 962-8840
이 메 일 | khup@khup.com
홈페이지 | http://www.khup.com
인 쇄 처 | 한다문화
Tel. (02) 961-7500 Fax. (02) 961-7400
Email. handapp@hanmail.net

ISBN 89-8222-122-0(94980) 정가 20,000원
89-8222-116-6(세트)